"十三五"江苏省高等学校重点教材

汽车嵌入式系统设计

主　编　刘　军

副主编　谢　俊　商高高　罗　石

参　编　袁鹏平　刘旻超

　　　　丁　华　张学荣

机 械 工 业 出 版 社

本书从汽车嵌入式系统设计的全流程出发，以 S12XEP100 为例，讲解了 MCU 内部结构和基本工作原理、软硬件开发以及接口与通信技术，对汽车嵌入式系统的系统架构及其软硬件的开发理论、开发方法、开发工具进行了系统介绍。书中结合工具软件使用和实例应用，系统介绍了汽车嵌入式系统 MBD 控制模型搭建和仿真、基于有限状态机和流程图的模型搭建和仿真、自动代码生成技术、在环仿真与测试技术等内容。

本书适合作为车辆工程、载运工具工程等专业本科生和研究生的专业课程教材，也可作为相关工程技术人员的参考书。

图书在版编目（CIP）数据

汽车嵌入式系统设计/刘军主编. —北京：机械工业出版社，2021. 5
（2025. 1 重印）
"十三五"江苏省高等学校重点教材
ISBN 978-7-111-67701-7

Ⅰ.①汽… Ⅱ.①刘… Ⅲ.①汽车-计算机控制系统-程序设计-高等学校-教材 Ⅳ.①U463.6

中国版本图书馆 CIP 数据核字（2021）第 041702 号

机械工业出版社（北京市百万庄大街22号　邮政编码100037）
策划编辑：尹法欣　责任编辑：尹法欣　丁昕祯
责任校对：李　杉　封面设计：张　静
责任印制：单爱军
北京虎彩文化传播有限公司印刷
2025 年 1 月第 1 版第 5 次印刷
184mm×260mm · 21.75 印张 · 582 千字
标准书号：ISBN 978-7-111-67701-7
定价：59. 80 元

电话服务　　　　　　　　　　网络服务
客服电话：010-88361066　　机 工 官 网：www.cmpbook.com
　　　　　010-88379833　　机 工 官 博：weibo.com/cmp1952
　　　　　010-68326294　　金 书 网：www.golden-book.com
封底无防伪标均为盗版　　机工教育服务网：www.cmpedu.com

前　言

随着汽车产业逐渐向"电动化、智能化、网联化、共享化"转型，汽车行业将进入机遇与挑战并存的发展新阶段，对汽车工程领域人才的综合能力要求也将更高。"汽车新四化"推动了汽车从传统的机械制造领域向电子信息互联网领域的逐渐融合，带来了一场影响汽车技术和交通出行的革命，促使车辆工程这一传统机械学科急需转型。由于相关领域的人才需求也呈多元化，因此必须改变以机械为主的培养模式，致力于培养兼具机械、电子、信息、人工智能等知识储备的车辆工程专业学生，以满足汽车工程领域对复合型人才的需求。

随着汽车电子技术的发展、汽车电子与控制类产品的普及应用，在传统车辆工程专业本科教学中，与汽车嵌入式系统相关的课程有微机原理与接口技术、单片机原理与接口技术等，这些课程主要讲解通用计算机/单片机的原理、接口技术和软件设计等内容。

汽车嵌入式系统与其他领域的嵌入式系统的设计理论与方法有很大差异。汽车嵌入式系统的设计和产品对硬件、软件、系统功能的完整性、鲁棒性、容错性等的要求更高，需要满足汽车电子产品开发的设计理论、方法与规范。此外，其开发模式和工具链也有很大不同。因此，车辆工程专业本科教育需要有全面系统地讲解汽车嵌入式系统的工作原理、硬件设计、软件设计、设计方法与规范、系统测试方法与工具等内容的教材。

本书以汽车嵌入式系统开发与实现过程作为教材编写的主线，结合车辆工程学科发展方向，以及车辆工程专业学生在汽车电子、汽车嵌入式系统设计方面的需求，引入该领域的新成果和素材、编者的教学和科研成果等内容。全书重视实例讲解，部分章节需要读者自主制定方案、自主设计硬件和软件、自主进行测试验证，从而增加感性认识和对本书内容的深入理解，并且可以培养动手能力及创新思维。为更好地将本书用于教学，本书配套了多媒体课件，同时专门设计开发了配套的 S12XEP100 汽车嵌入式系统学习板硬件和实验例程，并编写了相应的实验指导手册。

本书注重系统性、基础性、创新性、先进性和实用性。全书紧紧围绕汽车技术发展的主流方向和前沿技术，贴合汽车领域有关的国家或行业政策和本专业本科生教育的需要。

本书由江苏大学刘军、谢俊、商高高、罗石、袁鹏平、丁华、张学荣，国家电网江苏省电力有限公司技能培训中心刘旻超共同编写，刘军担任主编，刘旻超与江苏大学硕士研究生王菁菁、陈辰、李汉冰、王明远、高亮、陈岚磊等完成了本书的程序设计与调试、模型设计与调试等工作。此外，江苏大学江浩斌、刘志强、朱茂桃、严学华等对本书编写提出了宝贵意见和帮助，在此，对他们表示衷心的感谢。

限于时间与编者水平，本书难免存在欠妥之处，敬请广大读者批评指正。

编　者

目 录

第1章

概　　述

本章首先介绍嵌入式系统的定义、组成、分类、发展历史、应用及发展趋势；而后基于嵌入式计算机系统在汽车中应用的特殊性，重点从汽车电子系统划分、基于网络的分布式系统、体系架构、开发模式与方法、工具链等几个方面介绍了汽车嵌入式系统设计的相关技术。

1.1　嵌入式系统概述

1.1.1　嵌入式系统的定义与组成

1. 嵌入式系统的定义

计算机技术的应用已渗透到各行各业的各个领域，给人类社会的进步带来质的飞跃。作为计算机的重要分支——嵌入式计算机系统，在测量与控制、过程监测、装备智能化、自动化、人工智能等领域发挥了无可替代的巨大作用。

IEEE（Institute of Electrical and Electronics Engineers，美国电气和电子工程师协会）对嵌入式系统的定义："用于控制、监视或者辅助操作机器和设备的装置。"在 Jack Ganssle 和 Michael Barr 的著作《Embedded System Directory》中对嵌入式系统的定义是："一种计算机硬件和软件的组合，也许还有机械装置，用于实现一个特定的功能；在某些特定情况下，嵌入式系统为一个大系统或产品的一部分。"英国电动机工程师协会对嵌入式系统的定义："嵌入式系统是控制、监视或辅助某个设备、机器甚至工厂运行的设备。具有 4 个特征：用来执行特定的功能；以微型计算机与外围设备构成核心；具有严格的时序与稳定度；全自动操作，循环工作。"GB/T 22033—2017《信息技术　嵌入式系统术语》对嵌入式系统的定义是："置入应用对象内部起操作控制作用的专用计算机系统。"

由上可见，嵌入式系统是一种专用的计算机系统，作为装置或设备的一部分。事实上，所有带有数字功能与接口的设备，如电子手表、微波炉、空调、洗衣机、智能电饭煲、录像机、汽车、电动自行车、巡航导弹、跑步机等，都使用了嵌入式系统，尤其像汽车等复杂产品为了满足各种特定功能的需求而采用很多套嵌入式系统。大多数嵌入式系统都是由单个程序实现整个控制逻辑，还有一些嵌入式系统还包含操作系统。

从应用角度来说，嵌入式系统是软件和硬件的综合体，还可以涵盖机械等附属装置。普遍认同的嵌入式系统定义为："以应用为中心，以计算机技术为基础，软硬件可裁剪，适应应用系统对功能、可靠性、成本、体积、功耗等有严格要求的专用计算机系统"。嵌入式系统所用的计算机是嵌入被控对象中的专用微处理器，功能比通用计算机专门化，具有通用计算机所不具备的专门性能和功用，是针对某个方面特别设计的，具有合适的运算速度、高可靠性和较低成本的专用计算机系统。

2. 嵌入式系统的组成

嵌入式系统为专用计算机系统，同样遵循冯·诺依曼提出的"程序存储"和"程序控制"计算机基本工作原理，其内部也采用计算机经典结构，如图1-1所示。

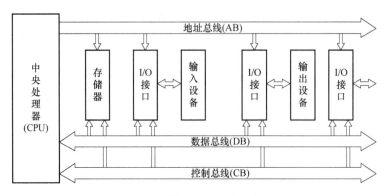

图 1-1　计算机经典结构示意图

中央处理器（CPU，central processing unit）是计算机的核心，是整个系统的运算和指挥控制中心，由运算器、控制器、寄存器等组成。运算器的核心是算术逻辑运算单元（ALU，arithmetic and logic unit），它以加法器为基础，辅以移位寄存器和相应的控制逻辑组合而成，在控制信号的作用下完成加、减、乘、除、各种逻辑运算等操作。控制器（CU，control unit）一般由指令寄存器、指令译码器和操作控制电路组成，是处理器的指挥控制中心，协调处理器有序工作，根据时序产生相应的控制信号，协调各部件工作。寄存器（R，registers）是处理器内部若干个存储单元。

计算机系统采用总线架构，包括：地址总线（AB，address bus），传递存储器存储单元、I/O接口或寄存器的地址信息；数据总线（DB，data bus），传递数据信息；控制总线（CB，control bus），传递控制信息。总线架构使得计算机系统的设计简单、灵活，可扩展性好，便于故障检测。

计算机完成任务的实际过程是通过不断从存储器里调用指令到CPU，逐条指令执行相应的操作，完成相应的任务。不同类型的CPU具有不同的指令集，程序是指令序列的集合，只有指令集里的指令才能被CPU识别与执行。

嵌入式系统装置一般由嵌入式计算机系统和传感器、执行器组成，其基本架构如图1-2所示。

嵌入式计算机系统主要由硬件层、中间层和软件层等几部分组成。

（1）硬件层　硬件层中包含嵌入式微处理器、存储器（SDRAM、ROM、Flash、EEPROM等）、通用设备通信接口（SCI、SPI、IIC、CAN、LAN等）和通用输入/输出接口（I/O、A/D、D/A、C/T等）。在一片嵌入式处理器基础上添加电源电路和时钟电路等，就构成了一个嵌入式核心控制模块。其中，应用程序和操作系统都可以固化在ROM中。

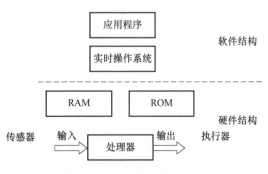

图 1-2　嵌入式系统装置的基本架构

1）嵌入式微处理器。嵌入式微处理器是嵌入式系统硬件层的核心，与通用 CPU 最大的区别在于它大多工作在为特定用户群专用设计的系统中，将通用 CPU 许多由板卡完成的任务集成在芯片内部，从而利于嵌入式系统在设计时趋于小型化，同时还具有很高的效率和可靠性。

嵌入式微处理器的体系结构可以采用冯·诺依曼体系或哈佛体系结构。按指令系统类型可以分为精简指令集计算机（RISC, reduced instruction set computer）和复杂指令集计算机（CISC, complex instruction set computer）。RISC 在通道中只包含最有用的指令，确保数据通道快速执行每一条指令，从而提高执行效率并使 CPU 硬件结构设计变得更为简单。

嵌入式微处理器有各种不同的体系，即使在同一体系中也可能具有不同的时钟频率和数据总线宽度，或集成不同的外设和接口。据不完全统计，全世界嵌入式微处理器已经超过 1000 多种，体系结构有 30 多个系列，其中主流的体系有 MCS-51、ARM、MIPS、RISC V、X86 和 X64 等。但与全球 PC（personal computer）市场不同的是，没有一种嵌入式微处理器可以主导市场，仅以 32 位的产品而言，就有 100 种以上的嵌入式微处理器。嵌入式微处理器的选择是根据具体的应用而决定的。

2）存储器。存储器用来存放数据和程序。嵌入式系统的存储器包含主存和辅存。主存可以被嵌入式微处理器直接访问，用来存放系统和用户的程序及数据；它可以位于微处理器的内部或外部，其容量为 256B～1GB，根据具体的应用而定，一般片内存储器容量小、速度快，片外存储器容量大。常用作主存的存储器有两类：ROM 类（NOR flash、EPROM 和 PROM 等）和 RAM 类（SRAM、DRAM、SDRAM、D-flash 等），其中 flash 存储器具有可擦写次数多、存储速度快、存储容量大、价格便宜等优点，在嵌入式领域内得到了广泛应用。辅存用来存放大数据量的程序代码或信息，它的容量大，但读取速度与主存相比要慢很多，一般用来长期保存用户的信息。嵌入式系统中常用的辅存有：硬盘、NAND flash、CF 卡、MMC 和 SD 卡等。

3）通用设备通信接口和通用输入/输出接口。通用设备通信接口和通用输入/输出接口是嵌入式计算机系统和外界交互的接口，通过与外部其他设备、传感器、执行器等连接来实现微处理器的输入/输出功能。考虑到其他设备、传感器、执行器等各自的种类繁多，嵌入式系统均具有非常强大的信息交互接口。接口主要有两类，一类是 MCU（micro controller unit，微控制器）通用输入/输出接口（针对测量与控制等应用领域），主要有 A/D（模/数转换）接口、D/A（数/模转换）接口、通用 I/O（输入/输出）接口、C/T（计数器/定时器）接口、PWM（脉宽调制）接口等。另一类是标准通信接口，以实现与外部对象之间的数据直接交互通信，有时又称为数字通信接口，该类接口都制定了严格的通信规范或标准，主要有 RS-232 接口（串行通信接口）、Ethernet（以太网接口）、USB（通用串行总线接口）、HDMI 接口、IIC（现场总线）、SPI（串行外围设备接口）、CAN 总线、LIN 总线和 IrDA（红外线接口）等。

（2）中间层　硬件层与软件层之间为中间层，也称为硬件抽象层（HAL, hardware abstract layer）或板级支持包（BSP, board support package），它将系统上层软件与底层硬件分离，使系统的底层驱动程序与硬件无关，上层软件开发人员无须关心底层硬件的具体情况，根据 BSP 层提供的接口即可进行开发。该层一般包含相关底层硬件的初始化、数据的输入/输出操作和硬件设备的配置功能。BSP 具有以下两个特点：①硬件相关性，因为嵌入式实时系统的硬件环境具有应用相关性，而作为上层软件与硬件平台之间的接口，BSP 需要为操作系统提供操作和控制具体硬件的方法。②操作系统相关性，不同的操作系统具有各自的软件层次结构，因此，不同的操作系统具有特定的硬件接口形式。

设计一个完整的 BSP 需要完成两部分工作：系统初始化以及 BSP 功能、设计硬件相关的设备驱动。

系统初始化过程可以分为 3 个主要环节，按照自底向上、从硬件到软件的次序依次为：片级初始化、板级初始化和系统级初始化。

1）片级初始化。完成嵌入式微处理器的初始化，包括设置嵌入式微处理器的核心寄存器和控制寄存器、嵌入式微处理器核心工作模式和嵌入式微处理器的局部总线模式等。片级初始化把嵌入式微处理器从上电时的默认状态逐步设置成系统所要求的工作状态。这是一个纯硬件的初始化过程。

2）板级初始化。完成嵌入式微处理器以外的其他硬件设备的初始化。另外，还需设置某些软件的数据结构和参数，为随后的系统级初始化和应用程序的运行建立硬件和软件环境。这是一个同时包含软硬件两部分在内的初始化过程。

3）系统初始化。该初始化过程以软件初始化为主，主要进行操作系统的初始化。BSP 将对嵌入式微处理器的控制权转交给嵌入式操作系统，由操作系统完成余下的初始化操作，包含加载和初始化与硬件无关的设备驱动程序，建立系统内存区，加载并初始化其他系统软件模块，如网络系统、文件系统等。最后，操作系统创建应用程序环境，并将控制权交给应用程序的入口。

与硬件相关的驱动程序是 BSP 设计与开发中非常关键的环节。尽管 BSP 中包含硬件相关的设备驱动程序，但是这些设备驱动程序通常不直接由 BSP 使用，而是在系统初始化过程中由 BSP 将它们与操作系统中通用的设备驱动程序关联起来，并在随后的应用中由通用的设备驱动程序调用，实现对硬件设备的操作。

（3）软件层　软件层由实时多任务操作系统（RTOS，real-time operation system）、文件系统、图形用户接口（GUI，graphic user interface）、网络系统及通用组件模块组成。RTOS 是嵌入式应用软件的基础和开发平台。

1.1.2　嵌入式系统的分类

1. 根据复杂程度分类

（1）小型嵌入式系统　小型嵌入式系统采用 8 位（如采用 MCS-51 系列单片机）或者 16 位的微控制器（MCU）设计，应用对象的要求较低、功能较简单，控制逻辑也不复杂。因而，该嵌入式系统的硬件和软件复杂度低，只需进行板级设计，一般不带操作系统。为这些系统开发嵌入式软件时，主要的编程工具是所使用的微控制器或者微处理器专用的编辑器、汇编器和交叉汇编器等，通常利用 C 语言、汇编语言开发这些系统的软件。

（2）中型嵌入式系统　中型嵌入式系统采用 16 位或者 32 位的微控制器、数字信号处理器（DSP，digital signal processor）或者 RISC 等设计，硬件和软件复杂度都比较大。对于复杂的软件设计，可以使用如下的编程工具：实时操作系统、源代码设计工具、模拟器、调试器和集成开发环境（IDE，integrated development environment）等，软件工具往往还提供了硬件复杂性的解决和分析方法。例如，飞思卡尔 S12XE 单片机具有丰富的存储资源和接口资源，提供 CodeWarrior IDE 开发工具、PE 自动系统配置工具等，可应用于开发发动机管理系统或后处理管理系统。

（3）复杂嵌入式系统　复杂嵌入式系统的软件和硬件都非常复杂，需要可升级的处理器或者可配置的处理器和可编程逻辑阵列（如 FPGA、CPLD 等）。该类系统主要面向特殊复杂应用，需要硬件和软件协同设计，并集成到最终的系统中。为了解决实时问题，提高系统运行速度，可以在硬件中实现部分软件功能，如通过硬件实现加密和解密算法、TCP/IP 协议栈和网络驱动程序等功能。当然，系统中某些硬件资源的功能模块同样也可以用软件来实现。这些系统的开发工具一般十分昂贵，有时还需要为这些系统开发编译器等。

由于嵌入式系统由硬件和软件两大部分组成，因此，也可以从硬件和软件方面进行分类。

2. 根据硬件（嵌入式处理器）分类

1）嵌入式微处理器（MPU, micro- processor unit）。

2）嵌入式微控制器（MCU, micro- controller unit）。

3）嵌入式 DSP 处理器（EDSP, embedded digital signal processor）。

4）嵌入式片上系统（SoC, system on chip）。

3. 根据软件（操作系统）分类

1）实时系统，实时系统又分为硬实时系统和软实时系统两类。

2）分时系统。

4. 根据应用形态分类

（1）由单个程序实现整个控制逻辑　该系统相对来说硬件和软件要求较低，没有操作系统，直接通过程序控制嵌入式系统硬件完成相应的工作。

（2）带有操作系统的嵌入式系统　相对来说，该类系统对硬件和软件要求高，带有操作系统，而且配置了中间层软件和硬件驱动，应用层软件不直接与硬件打交道，软件和驱动可以根据应用需求进行裁剪。

常用的嵌入式操作系统有 μTenux、μC/OS II、RT- thread、uCLinux、FreeRTOS、RTX、Arm-Linux、VxWorks、RTEMS、pSOS、Nucleus、PalmOS、Windows CE、Windows XP Embedded、Windows Vista Embedded、Win IOT、嵌入式 Linux、ECOS、QNX、Lynx、Symbian、HOPEN OS、Android、IOS 等，其中应用较多是嵌入式 Linux、Android、μC/OS 等。

一般带有操作系统的嵌入式系统具有以下特点：

1）可裁剪性。支持开放性和可伸缩性的体系结构。

2）强实时性。实时性一般较强，可用于各种设备的控制中。

3）统一的接口。提供设备统一的驱动接口。

4）操作方便、简单，提供友好的 GUI 和图形界面，追求易学易用。

5）提供强大的网络功能，支持 TCP/IP 协议及其他协议，提供 TCP/UDP/IP/PPP 协议支持及统一的 MAC 访问层接口，为各种移动计算设备预留接口。

6）强稳定性，弱交互性。嵌入式系统一旦开始运行就不需要用户过多地干预，这就要系统管理的稳定性要强。嵌入式操作系统的用户接口一般不提供操作命令，它通过系统的调用命令向用户程序提供服务。

7）固化代码。在嵌入式系统中，嵌入式操作系统和应用软件被固化在嵌入式系统计算机的 ROM 中。

8）更好的硬件适应性，即良好的移植性。

9）嵌入式系统和具体应用有机结合在一起，它的升级换代也是和具体产品同步进行，因此嵌入式系统产品进入市场后往往具有较长的生命周期。

1.1.3　嵌入式系统的发展历史

1946 年 2 月 15 日，美国宾夕法尼亚大学设计制造的全球第一台计算机 ENIAC 问世，这标志着计算机时代的到来，开创了计算机科学技术新纪元，对人类生产和生活方式产生了巨大的影响。

1. 计算机系统发展方向及其产品

1）面向科学运算和海量数据处理的超级计算机或服务器。

2）面向个人应用的 PC。硬件采用 Intel（英特尔）公司的 X86 和 X64 的 CPU 作为核心，软件采用 Microsoft（微软）公司的 Windows 作为操作系统。PC 应用软件丰富，性能越来越强大，使用操作方便简单，普及率高，价格越来越低。

3）面向嵌入式应用的嵌入式计算机系统。嵌入式计算机系统以微控制器（MCU，micro controller unit）为核心，强调控制功能，解决特定问题。

2. 嵌入式计算机系统的发展经历

（1）初级阶段（单芯片微型计算机形成阶段）　1976 年，Intel 公司推出了 MCS-48 系列单片机，8 位 CPU、1KB ROM、64B RAM、27 根 I/O 线和 1 个 8 位定时/计数器。特点：存储器容量小，寻址范围小（不大于 4KB），无串行接口，指令系统，功能不强。

（2）成熟阶段（性能完善提高阶段）　1980 年，Intel 公司推出了 MCS-51 系列单片机，8 位 CPU、4KB ROM、128B RAM、4 个 8 位并口、1 个全双工串行口、2 个 16 位定时/计数器，寻址范围 64KB，并有控制功能较强的布尔处理器。特点：结构体系完善，性能已大大提高，面向控制的特点进一步突出。现在 MCS-51 已成为公认的单片机经典机种，单片机得到应用推广。

（3）高速发展阶段（微控制器化阶段）　1982 年，Intel 公司推出 MCS-96 系列单片机，芯片内集成：16 位 CPU、8KB ROM、232B RAM、5 个 8 位并口、1 个全双工串行口、2 个 16 位定时/计数器，寻址范围 64KB，片上还有 8 路 10 位 ADC、1 路 PWM 输出及高速 I/O 部件等。特点：片内面向测控系统电路增强，使之可以方便灵活地用于复杂的自动测控系统及设备。微控制器（MCU）的称谓更能反映单片机的本质。

此外，还出现了很多非 51、96 架构的单片机：Microchip 的 PIC 系列精简指令系统单片机；TI（Texas Instruments，美国德州仪器公司）的 MSP430F 系列 16 位低功耗单片机；NXP（恩智浦半导体公司）的 8 位 S08、16 位 S12XE 单片机；ARM 架构的单片机，如 STM32。

近年来，SoC 得到迅猛发展。SoC 在单个芯片上就能实现一个电子系统的功能，而这个系统的功能在以前往往需要一个或多个电路板，以及板上的各种电子器件、芯片和互连线共同配合才能实现。SoC 有两个显著的特点：一是硬件规模庞大，通常基于知识产权核（IP，intellectual property core）设计模式；二是软件比重大，需要进行软硬件协同设计。

SoC 在性能、成本、功耗、可靠性，以及生命周期与适用范围各方面都有明显的优势，因此，它是集成电路设计发展的必然趋势。目前在性能和功耗敏感的终端芯片领域，SoC 已占据主导地位，而且其应用正扩展到更广的领域。单芯片实现完整的电子系统，是 IC 产业未来的发展方向。

可见，嵌入式系统将先进的计算机技术、半导体技术和电子技术嵌入到对象体系中，是实现对象体系智能化控制的计算机系统。不同于通用计算机体系结构，嵌入式系统采用了系统芯片化的独立发展道路，力求将 CPU、各类存储器、各种接口在内的计算机系统集成在一个芯片上。嵌入式系统的硬件核心可以是单片机、DSP 和 FPGA 等。

1.1.4　嵌入式系统的应用

嵌入式系统的应用前景非常广泛，占据着电子产业神经中枢的地位，其应用可谓"无所不在，无所不为"。

（1）智能交通　智能交通系统（ITS，intelligent transportation systems）主要由交通信息采集、交通状况监视、交通控制、信息发布和通信 5 大子系统组成。各种信息都是 ITS 的运行基础，而以嵌入式为主的交通管理系统就像人体内的神经系统一样在 ITS 中起着至关重要的作用。嵌入式系统应用在测速雷达、运输车队遥控指挥系统、车辆导航系统等方面，这些应用系统能对交通数据进行获取、存储、管理、传输、分析和显示，为交通管理者或决策者对交通状况进行决策和研究提供服务。智能交通系统对产品的要求比较严格，而嵌入式系统产品的各种优势都可以非常好地符合要求。嵌入式一体化的智能化产品在智能交通领域内的应用已得到越来越多的认同，在车辆导航、流量控制、信息监测与汽车服务方面，嵌入式系统技术已经获得了广泛的应用，内嵌 GPS 模块、GSM 模块的移动定位终端也已经在各种运输行业获得了成功的使用。

（2）环境工程与自然　如今我们的生存环境受很多因素影响，如气候变暖、工业污染、农业污染等，传统的人工检测无法实现对环境的大规模管理。嵌入式系统在环境工程中的应用包含很多，如水文资料实时监测、防洪体系及水土质量监测、堤坝安全监测、地震监测、实时气象信息监测、水源和空气污染监测等，利用最新的嵌入式系统技术可完成水源和空气污染监测，在很多环境恶劣、地况复杂的地区，实现无人监测。

（3）机器人　机器人技术的发展从来就是与嵌入式系统的发展紧密联系在一起的。最早的机器人技术是 20 世纪 50 年代 MIT（麻省理工学院）提出的数控技术，当时使用的控制技术还远未达到芯片水平，只是简单的与非门逻辑电路。之后，由于处理器和智能控制理论的发展缓慢，在 20 世纪 50 年代到 20 世纪 70 年代初期，机器人技术一直未能获得充分的发展。近年来由于嵌入式处理器的高度发展，机器人从硬件到软件也呈现了新的发展趋势。嵌入式系统技术的发展将使机器人在微型化、高智能方面的优势更加明显，可大幅度降低机器人的价格，使其在工业领域和服务领域获得更广泛的应用。随着嵌入式控制器越来越微型化、功能化，微型机器人、特种机器人等也将获得更大的发展机遇。

（4）工业控制　工业 4.0、智能制造、人工智能（AI, artificial intelligence）等已经成为我国重点发展领域，正在逐步推进，未来应用自动化技术实现工业生产和管理是一大趋势，而嵌入式系统就是其中的关键技术之一。相对于其他领域，机电产品可以说是嵌入式系统应用最典型最广泛的领域之一，从最初的单片机、工控机到现代的 SoC，它们在各种机电产品中均有着巨大的市场。此外，在工业自动化领域需要各种智能装备、智能测量仪表、数控装置、可编程控制器、分布式控制系统、现场总线仪表及控制系统等，它们都将广泛采用嵌入式系统。

（5）智能汽车　智能汽车是一个集成环境感知、规划决策、多等级辅助驾驶等功能于一体的综合系统，它集中运用了计算机、现代传感、信息融合、通信、人工智能及自动控制等技术，是典型的高新技术综合体。汽车导入更多的电子功能设计，使汽车更智能、控制更准确，汽车四化（电动化、智能化、网联化、共享化）、汽车先进驾驶辅助系统（ADAS, advanced driver assistance system）、汽车无人驾驶技术等，这些关键技术的实现都需要依赖 MCU，如车辆动态控制、发动机管理系统、防抱制动系统、安全气囊、智能安全带、胎压监测、车载娱乐系统、车载网络系统、车内/外监控装置与车用导航系统等。一辆车所需要使用到的 MCU 数目多达数十个，通过先进的电子技术可让汽车驾驶更安全、更节能、更环保、更智能。

（6）网络管理　互联网的发展产生了大量网络基础设施、接入设备、终端设备的市场需求，这些设备中大量使用嵌入式系统，如各类收款机、POS 系统、电子秤、条形码阅读机、商用终端、银行点钞机、IC 卡输入设备、取款机、自动柜员机、自动服务终端、防盗系统、各种银行专业外围设备以及各种医疗电子仪器，无一不用到嵌入式系统。

（7）智能医疗　通过打造健康档案区域医疗信息平台，利用最先进的物联网技术，实现患者与医务人员、医疗机构、医疗设备之间的互动，逐步达到信息化。嵌入式技术是未来智慧医疗的核心，其实质是通过将传感器技术、RFID 技术、无线通信技术、数据处理技术、网络技术、视频检测识别技术、GPS 技术等综合应用于整个医疗管理体系中，进行信息交换和通信，以实现智能化识别、定位、追踪、监控和管理，从而建立起实时、准确、高效的医疗控制和管理系统。在不久的将来，医疗行业将融入更多人工智能、传感技术等高科技，使医疗服务走向真正意义的智能化,推动医疗事业的繁荣发展,智慧医疗正在走进寻常百姓的生活。

(8)智慧家庭 随着嵌入式系统在物联网中的广泛运用,智能家居控制系统可以对住宅内的家用电器、照明灯光进行智能控制,实现家庭安全防范,结合其他系统为住户提供一个温馨舒适、安全节能的家居环境。智能家居网络通常分为家居数据网络和家居控制网络两种。家居数据网络,提供高速率的数据传输服务,如家用计算机和数字电视、视频和音频播放器、资源共享及高速上网等。家居控制网络,提供便捷和低速率的控制和互联网络,用于灯光照明控制、家居安防、家居环境监测以及家庭应急求助等功能。如水、电、煤气表的远程自动抄表,安全防火、防盗系统,其嵌入的专用控制芯片将代替传统的人工检查,并实现更高、更准确和更安全的性能。家居控制网络是智能住宅系统的重要组成部分,家居控制网络子网和远程管理是该系统的重点和难点。家居数据网络中,音频、视频等大数据传输需要高速的数据通信接口;而家居控制系统需要的是经济、低功耗的控制网络,其主要功能在于设备的连接与控制,基本上无需高速的通信方式支撑,在这些家居控制设备中,嵌入式系统将大有用武之地。

1.1.5 嵌入式系统的发展趋势

信息时代使得嵌入式产品获得了巨大的发展契机,为嵌入式系统的市场展现了美好的前景,同时也对嵌入式系统生产厂商提出了新的挑战,未来嵌入式系统的几大发展趋势为:

1)嵌入式系统开发是一项系统工程,因此要求嵌入式系统厂商不仅要提供嵌入式软硬件系统,同时还需要提供强大的硬件开发工具和软件包支持。目前很多厂商已经充分考虑到这一点,在主推系统的同时,将开发环境也作为重点推广,比如三星在推广 ARM7、ARM9 芯片的同时还提供开发板和板级支持包(BSP)。

2)网络化、信息化的要求随着因特网技术的成熟、带宽的提高而日益提高,使得以往单一功能的设备(如电话、手机、冰箱、微波炉等)功能不再单一,结构更加复杂。这就要求芯片设计厂商在芯片上集成更多的功能,为了满足应用功能的升级,设计师们一方面采用更强大的嵌入式处理器,如 32 位、64 位精简指令集芯片或信号处理器(DSP)增强处理能力,同时增加功能接口(如 USB),扩展总线类型(如 CAN BUS),加强对多媒体、图形等的处理,逐步实施片上系统(SoC)的概念。另一方面,软件采用实时多任务编程技术和交叉开发工具技术来降低开发难度,基于模型的软件开发会越来越普及,从而简化应用程序设计,保障软件质量和缩短开发周期。

3)网络互联成为必然趋势。未来的嵌入式设备为了适应网络发展的要求,必然要求硬件上提供各种网络通信接口。传统的单片机对于网络支持不足,而新一代的嵌入式处理器已经开始内嵌网络接口,除了支持 TCP/IP 协议,还会支持 IEEE1394、USB、CAN、bluetooth 或 IrDA 等通信接口,同时也提供相应的通信组网协议软件和物理层驱动软件。软件方面,系统内核支持网络模块,甚至可以在设备上嵌入 Web 浏览器,真正实现随时随地使用各种设备上网。

4)精简系统内核、算法,降低功耗和软硬件成本。未来的嵌入式产品是软硬件紧密结合的设备,为了降低功耗和成本,需要设计者尽量精简系统内核,只保留和系统功能紧密相关的软硬件,利用最低的资源实现最适当的功能,这就要求设计者选用最佳的编程模型并不断改进算法,优化编译器性能。因此,既要软件人员有丰富的硬件知识,又需要发展先进嵌入式软件技术。

5)提供友好的多媒体人机界面。嵌入式设备能与用户亲密接触,最重要的因素是它能提供非常友好的用户界面,使得嵌入式软件设计者要在图形界面、多媒体技术上多下苦功。

1.2　汽车嵌入式系统概述

汽车是全球经济的支柱产业，汽车机械结构更新越来越慢，随着汽车电动化、智能化、网联化、共享化等技术的发展，汽车电子技术得到迅猛发展与普及，给汽车的技术发展注入了新的动力。众所周知，嵌入式系统具有体积小、功耗低、集成度高、子系统间能通信融合的优点，这就决定了它非常适合应用于汽车工业领域。目前，车身控制、底盘控制、发动机管理、主/被动安全系统、车载娱乐、信息系统都离不开嵌入式技术的支持。嵌入式技术使汽车更安全、更节能、更环保、更舒适、更智能、控制更精准，将驾驶员从繁杂紧张的驾驶作业中不断解放出来，最终实现无人驾驶。嵌入式系统是实现汽车智能化和无人驾驶的关键技术。

嵌入式系统引入汽车行业后，给汽车行业的发展带来了新的方向，同时汽车行业的不断发展也促进了嵌入式系统的发展，总结出的开发方法、体系结构、开发流程是值得各种嵌入式系统开发借鉴的。

1.2.1　汽车电子系统划分

汽车电子产品可分为两大类：

1）汽车电子控制装置。汽车电子控制装置包括动力总成控制、底盘和车身电子控制、乘坐舒适和防盗系统。该类应用强调实时、高效、高可靠性等，一般不带操作系统。

2）车载汽车电子装置。车载汽车电子装置包括汽车信息系统（车载计算机）、导航系统、汽车视听娱乐系统、车载通信系统、车载网络等，一般带有操作系统，以方便完成复杂繁多任务和 GUI（图形用户使用界面）设计。汽车电子系统的划分如图 1-3 所示。

图 1-3　汽车电子系统的划分

1.2.2　汽车嵌入式系统发展的三个阶段

第一阶段：SCM（single chip microcomputer）单片机系统。以 4 位和低档 8 位微处理器为核心，将 CPU 和外围电路集成到一个芯片上，配置了外部并行总线、串行通信接口、SFR 模块和布尔指令系统。硬件结构和功能相对单一、处理效率低、存储容量小、软件结构也比较简单，不需要嵌入操作系统。这种底层的汽车 SCM 系统主要用于任务相对简单、数据处理量小和实时性要求不高的控制场合，如刮水器、车灯系统、仪表盘以及电动门窗等。

第二阶段：MCU（micro controller unit）微控制器系统。以高档的 8 位和 16 位处理器为核心，集成了较多外部接口功能单元，如 A/D 转换、PWM、watchdog、高速 I/O 口等，配置了芯片间的串行总线，软件结构比较复杂，程序数据量有明显增加。第二代汽车嵌入式系统能够完成简单的实时任务，目前在汽车电控系统中已得到最广泛的应用，如 ABS、智能安全气囊、主动悬架以及发动机管理系统（EMS，engine management system）等。

第三阶段：SoC。以性能极高的 32 位甚至 64 位嵌入式处理器为核心，在对海量离散时间信号要求快速处理的场合使用 DSP 作为协处理器。为满足汽车系统不断扩展的嵌入式应用需求，不断提高处理速度，增加存储容量与集成度。在嵌入式操作系统的支持下，具有实时多任务处理能力，同时与网络的耦合更为紧密。汽车 SoC 是嵌入式技术在汽车电子上的高端应用，满足现代汽车电控系统功能不断扩展、逻辑渐趋复杂、子系统间通信频率不断提高的要求，代表着汽车电子技术的发展趋势。汽车嵌入式 SoC 主要应用在混合动力总成、汽车复杂 ADAS、无人驾驶、底盘综合控制、汽车定位导航、车辆状态记录与监控等领域。

随着后 PC 时代的来临，基于网络通信和实时多任务并行处理的嵌入式高端应用将会越来越广泛。汽车嵌入式 SoC 在硬件上采用 32 位或 64 位高性能处理器，在软件上嵌入了实时操作系统，具有功能多样、集成度高、通信网络化、开发快捷及成本低廉的特点，在汽车电子控制和车载网络通信系统方面有着广泛的应用，是未来汽车电子的最佳解决方案。

汽车嵌入式 SoC 是嵌入式系统向实时多任务管理、网络耦合与通信的高端应用过渡的产物，大大提高了汽车电子系统的实时性、可靠性和智能化程度。除具备普通嵌入式系统的共有特性之外，汽车嵌入式系统还具有以下几个优点：

1）对实时多任务处理有很强的支持能力，中断响应时间 $1 \sim 2\mu s$。

2）具有很强的存储区保护功能。

3）在嵌入式实时操作系统的支持下能合理进行任务调度，以很好地利用系统资源。

4）硬件结构和软件功能都有很强的扩展能力，系统集成度大大提高。

5）超低功耗，静态功耗为毫瓦级。

6）系统硬件抗干扰能力增强，适应高温、潮湿、振动和辐射等工作环境。

7）提供了强大的网络通信功能，具备 IEEE1394、USB、CAN、bluetooth 或 IrDA 通信接口，支持相应的通信组网协议软件和物理层驱动软件，提供容错数据传输能力和更大的通信带宽。

汽车嵌入式 SoC 由硬件和软件两大部分组成。硬件包括嵌入式处理器和外围设备，软件包括应用软件和操作系统。软件通过数据结构、算法和通信协议实现汽车电子控制策略，硬件则为软件提供了运行平台，执行具体控制。

现代汽车电子系统从单一控制逐渐发展到多变量多任务协调控制，软件越来越庞大，越来越复杂，使得汽车嵌入式系统需要寻找新的软件解决方案。采用基于标准化接口和通信协议的模块化软件设计，系统内部通信由交互层直接完成，保障应用程序间的信息传送。网络层拥有数据流处理能力，是不同系统层面间信息交换的中间接口，能最大限度地整合系统资源。嵌入式实时操作系统摒弃了传统操作系统的前后台模式，使用总线驱动层和硬件抽象层管理 I/O 端口，合理分配 CPU 资源，采用基于优先级的事件管理策略，通过 API（应用程序接口）调用应用程序，根据邮箱、消息队列和信号量机制等来综合管理中断、系统行为和任务。

1.2.3 基于网络技术的分布式汽车嵌入式系统

汽车集成了大量的嵌入式系统，包括各类传感器、执行器，以及大量不同架构的微处理器和控制器。一辆高端汽车会配备几十个甚至上百个嵌入式系统，以及大量的传感器、控制器和执行器，导致汽车上线缆的数量急剧增加，带来一系列问题：

1）整车需要大量的导线将传感器和执行器与控制器连接，使得整车布线十分复杂、凌乱，一根线束包裹着几十根导线的现象相当普遍。

2）在有限的汽车空间内布线越来越困难，限制了功能的扩展。

3）电路的复杂性，电源线、大功率导线、模拟信号线、数字信号线等混叠成线束，大大降低了汽车电子与控制系统的可靠性。

4）一旦线束出现问题，维护维修非常困难、麻烦，增加了维修的难度。

为了使汽车复杂多嵌入式电子系统能够在一个共同的环境下协调工作，减少导线数量，进而降低成本、提高电信号传输的可靠性，车载嵌入式系统的分布式网络应运而生。汽车电子分布式网络通过总线将汽车上的各种电子装置与设备连成一个网络，实现相互之间的信息共享，其应用减少了连接导线的数量和重量，简化了布线，减少了电气节点的数量和导线的用量，同时也增加了信息传送的可靠性，使布线简单、设计简化、成本降低、可靠性和可维护性得到提高、功能扩展更方便，使各嵌入式子系统的协调性得到加强，实现了信息共享，提高了汽车性能，满足了现代汽车电子设备的功能要求。

伴随着计算机软件、硬件技术以及通信技术的发展，汽车嵌入式系统经历了中央计算机集中控制、多嵌入式系统分散控制和多嵌入式系统分布式网络控制三个阶段。目前车载网络的主流协议标准分为以下几种。

（1）中速网络协议标准 其包括德国博世（Bosch）公司发明的控制器局域网络（CAN，controller area network）、ISO（International Organization for Standardization）的 VAN（value added network）和美国汽车工程师协会（SAE，Society of Automotive Engineers）的 J1850 等。在各种汽车网络中，CAN 以其独特的设计、优异的性能和极高的可靠性得到了最为广泛的应用，奔驰、宝马、大众、沃尔沃等公司都将 CAN 作为其电子系统控制器网络化的手段。美国的制造商也正逐步将其汽车网络系统由 J1850 过渡到 CAN。CAN 是最早成为国际标准的汽车总线协议，已经成为必须采用的技术手段，广泛应用于发动机管理系统（EMS）和 ABS 等。

CAN 是一种串行数据通信协议，它是一种多主总线，通信介质可以是双绞线、同轴电缆或光导纤维。通信速率最高可达 1Mbit/s。其特点有：

1）数据通信没有主从之分，任意一个节点可以向任何其他（一个或多个）节点发起数据通信，利用各个节点信息优先级先后顺序来决定通信次序。

2）多个节点同时发起通信时，优先级低的避让优先级高的，不会对通信线路造成拥塞。

3）通信距离最远可达 10km（速率低于 5kbit/s），通信速率可达到 1Mbit/s（通信距离小于 40m）。

4）CAN 总线传输介质可以是双绞线、同轴电缆或光纤。CAN 总线适用于在大数据量短距离通信或者长距离小数据量通信，实时性要求比较高，多主多从或者各个节点平等的现场中使用。

（2）低速网络协议标准 车内还有许多 ECU（electronic control unit）的控制（如车门控制、刮水器控制、车灯控制等）并不需要 CAN 这样高速率和高可靠性的通信，本地互联网络（LIN，local interconnect network）就是为适应这类应用而设计的低成本解决方案。LIN 协议已经成为汽车低端控制网络的应用标准。

LIN 标准包括了传输协议的定义、传输媒质、开发工具间的接口以及和软件应用程序间的接口。LIN 提升了系统结构的灵活性，并且无论从硬件还是软件角度，都为网络中的节点提供了相互操作性，并可预见获得更好的 EMC（电磁兼容）特性。

LIN 补充了当前的车辆内部多重网络，并且为实现车内网络的分级提供了条件，这有助于车辆获得更好的性能，并降低成本。LIN 协议致力于满足分布式系统中快速增长的对软件的复杂性、可实现性、可维护性所提出的要求，它将通过提供一系列高度自动化的工具链来满足这一要求。

（3）多媒体网络协议标准　汽车除了面向控制的嵌入式系统以外，还有诸如媒体播放器、导航系统、无线通信系统以及其他多种面向信息及娱乐的设备，这些设备之间的通信需要更大的信息量，因此其互联需要更高速的通信协议。面向媒体系统的传输协议（MOST，media oriented system transport）是目前车载信息娱乐系统普遍接受的高速通信协议。MOST 网络以光纤为载体，通常是环形拓扑。MOST 可提供高达 25Mbit/s 的集合带宽，远高于传统汽车网络，也就是说，可以同时传输 15 个不同的音频流。因此，MOST 网络主要应用于汽车信息娱乐系统。

（4）高安全性网络协议标准　汽车线控系统（x-by-wire）使传统的汽车机械系统（如制动、转向等）变成通过高速容错通信总线与高性能 CPU 相连的电子系统。在一辆装备了综合驾驶辅助系统的汽车上，诸如 steer-by-wire、brake-by-wire 和电子节气门控制等特性将为驾驶员带来全新的驾驶体验。这些涉及汽车主动安全控制的系统对于通信的实时性、可靠性方面要求极高，因此需要一个高速、容错和时间触发的通信协议，而 CAN 的本质是一种事件驱动的协议，传输速度最快也不超过 1Mbit/s，在高安全性的系统中，CAN 缺乏必要的确定性、同步性和容错性，因此在此类应用中，传统的 CAN 总线系统不再适用。为了满足线控汽车设计的要求出现了 FlexRay、TTCAN 和 TTP 等新一代汽车主干通信网络。

FlexRay 可以为下一代的车内控制系统提供所需的速度和可靠性。FlexRay 两个信道上的数据速率最大可达到 10Mbit/s，总数据速率可达到 20Mbit/s，因此，应用在车载网络中时，FlexRay 的网络带宽可能是 CAN 的 20 倍之多。

FlexRay 还能够提供很多 CAN 网络所不具有的可靠性特点。尤其是 FlexRay 具备的冗余通信能力可实现通过硬件完全复制网络配置，并进行进度监测。FlexRay 同时提供灵活的配置，可支持各种拓扑，如总线、星形和混合拓扑。设计人员可以通过结合两种或两种以上的该类型拓扑来配置分布式系统。

FlexRay 可以进行同步（实时）和异步的数据传输，来满足车辆中各种系统的需求。譬如说，分布式控制系统通常要求同步数据传输。

FlexRay 在每个通信周期内都提供静态和动态通信段。静态通信段可以提供有界延迟，而动态通信段则有助于满足在系统运行时间内出现的不同带宽需求。FlexRay 帧的固定长度静态段用固定时间触发的方法来传输信息，而动态段则使用灵活时间触发的方法来传输信息。

FlexRay 不仅可以像 CAN 和 LIN 网络这样的单信道系统一样运行，而且还可以作为一个双信道系统运行。双信道系统可以通过冗余网络传输数据——这也是高可靠系统的一项重要性能。

BMW 已经在 X5 车型中有 5 个 ECU 应用了 FlexRay 通信技术。

随着汽车局域网技术和智能交通技术的发展，汽车嵌入式系统将会形成以 C 级或 D 级网络为基础的整车分布式控制系统和以无线通信为基础的远程高频网络通信系统。图 1-4 是目前汽车常用网络通信技术成本与速度对比。

1.2.4　面向汽车嵌入式系统的体系架构

1. 汽车嵌入式系统的传统开发体系

汽车电子控制系统的发展经历了近半个世纪，早期由于汽车电子系统开发手段的相对落后和认识的制约，汽车嵌入式系统基本上是围绕单一功能的 ECU 的开发，开发流程大多是自发且

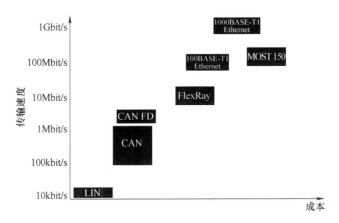

图 1-4 汽车常用网络通信技术成本与传输速度对比

不成系统。传统基于代码的汽车嵌入式系统开发大致流程如图 1-5 所示。传统的汽车嵌入式系统开发主要包括硬件和软件的设计与开发两部分，再加上一些必要的试验验证等。

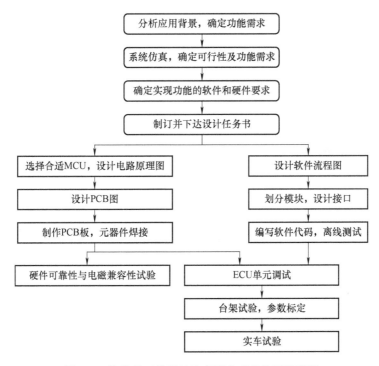

图 1-5 传统基于代码的汽车嵌入式系统开发流程

传统汽车嵌入式系统开发流程存在以下不足：

（1）系统设计的错误不易发现 硬件开发和软件开发过程相互独立，缺乏前期必要的验证，ECU 直到台架调试时才真正与被控对象结合，系统设计的错误到此时才会真正暴露出来，发现越迟，解决问题的成本就越高。此外，对系统设计人员的经验要求较高。

（2）排除错误花费时间较长 在 ECU 调试阶段，软、硬件的错误往往会交织在一起，单纯软、硬件工程师都不易单独解决，因此对调试人员要求较高。

（3）软件与硬件协同调试困难　大量的软件代码采用手工编制，而硬件制作又需要较长的时间，一旦发现有错误，可能又会涉及硬件的改进和加工制作。

（4）系统仿真阶段和实现阶段脱离　仿真阶段的模型与控制算法一般都采用图形化软件搭建和仿真，无法变成实际嵌入式系统的运行代码，无法实时运行。因此，仿真模型无法在后续过程使用。

（5）移植性差　所开发的软件直接对选定的 MCU 硬件进行操作，程序的可读性、可继承性、可移植性等均较差。

基于传统的汽车电子系统开发存在诸多的缺点与不足，针对汽车电子系统和嵌入式系统开发的特点，提出了 V 模式的汽车电子系统开发流程。实践证明，该流程可极大地提高汽车嵌入式系统产品的开发效率和品质，减小产品上市风险，极大地减少汽车嵌入式系统开发工程师的工作量。

2. 汽车嵌入式系统的现代开发体系

2003 年 9 月，德国的汽车制造商和汽车电子产品供应商成立了汽车开放系统架构 AUTOSAR（Automotive Open System Architecture）组织，旨在推动建立汽车电气/电子（E/E）架构的开放式标准，使其成为汽车嵌入式应用功能管理的基础架构，并规范汽车电子产品、软件和元器件的互通性。

（1）AUTOSAR 的主要驱动力

1）管理随着功能的不断提升、复杂程度不断增加的 E/E 设备。

2）提高产品更改、升级和更新的灵活性。

3）提升生产线内或者跨生产线的可度量性。

4）提升 E/E 系统的质量和可靠性。

5）能够在早期设计阶段检测错误。

（2）AUTOSAR 采取的主要技术

1）标准化的规范交换格式。

2）基础软件核。

3）微控制器抽象。

4）运行时环境。

5）接口标准化。

AUTOSAR 是面向汽车工业的通用嵌入式系统架构，实现标准的接口、高质量的无缝集成、高效的开发以及通过新的模型来管理复杂的系统。AUTOSAR 定义一个软件架构以支持汽车电子系统的集成。其体系架构从上至下依次为应用层、运行环境层（RTE，runtime environment）、系统服务层、ECU 抽象层和微控制器抽象层以及复杂驱动模块，一般情况下，每一层只能使用下一层的接口，并向上一层提供服务接口。图 1-6 所示为 AUTOSAR 的体系架构。

AUTOSAR 的开发涉及系统级、ECU 级和软件组件级。系统级主要考虑系统功能需求、硬件资源、系统约束，然后建立系统架构；ECU 级根据抽象后的信息对 ECU 进行配置；系统级和 ECU 级设计的同时，伴随着软件组件级的开发。上述每个环节都有良好的通信接口，并使用统一的 arxml（AUTOSAR extensible markup language）描述文件，以此构建 AUTOSAR 方法论。

1.2.5　面向汽车嵌入式系统的开发方法

汽车电子产品是软硬件结合的嵌入式系统。为了节约资源，缩短产品开发周期，一般应采取软硬件同步开发的方案。汽车电子产品的软件开发分为功能描述、软件设计、代码生成、操作系

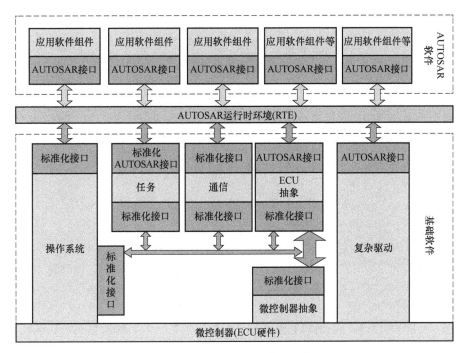

图 1-6　AUTOSAR 的体系架构

统环境下的高级调试等步骤。汽车电子产品的硬件开发分为硬件描述、硬件设计、硬件调试等步骤。当软件设计完成后，通过使用相应的工具，完成在虚拟 ECU 平台上的验证。当硬件设计完成后，与硬件一起进行软硬件集成调试。通过这种开发方式，缩短了产品的上市时间。

1. 汽车电子产品软件开发方法

随着汽车嵌入式系统越来越复杂，系统开发的时间和空间的跨度也相应变大，基于模型的开发方法（MBD，model-based development）也得到了越来越广泛的应用。

基于模型的开发方法是一种以模型为中心的软件设计方法。该方法通过采用特定的建模语言对系统进行建模，抽象出软件系统的关键问题，并描述系统的解决方案；通过采用形式化的工具对系统模型进行验证，以保证系统设计的正确性。

基于模型的开发方法在汽车嵌入式系统开发中主要用于四个方面：概念设计与交流，设计信息的文档化与管理，系统分析，系统综合。

基于模型的开发方法的优势为：精确简明的对象描述，文档的管理、分析和综合简单，产品开发周期短，设计成本低，产品质量高。

2. 开发流程

由于传统的开发流程低效而且成本较高，在很大程度上阻碍了嵌入式系统的进一步发展。各厂商为了提高产品开发的效率，减小产品上市风险，纷纷提出不同的开发流程，总结起来主要的开发流程模型有：

（1）V 模型　V 形开发流程分为五个阶段，如图 1-7 所示，主要有：①需求定义与功能设计；②快速控制原型（RCP，rapid control prototype）；③目标代码生成；④硬件在环（HIL，hardware in loop）；⑤测试与标定。

V 模型开发流程的特点是无论进行开发、编程或测试总是在同一环境下工作，开发过程的每一步都可以得到验证，使用这一方法最直接的效果就是加速和简化了开发流程。

从功能分析的角度而言，V 模型的开发流程可以分为功能分解和功能集成两个部分，V 模型的左侧（从功能设计到自动代码生成）表示系统功能的分析和分解，右侧（从自动代码生成到标定）表示的是系统功能的整合和综合。

V 模型中的过程从左到右，描述了基本的开发过程和测试行为。V 模型的价值在于它非常明确地标明了测试过程中存在的不同级别，并且清楚地描述了这些测试阶段和开发过程期间各阶段的对应关系。其局限性为：把测试作为编码之后的最后一个活动，需求分析等前期产生的错误直到后期的验收测试才能发现。

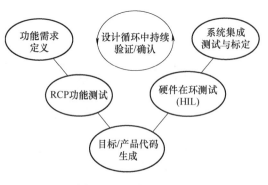

图 1-7　V 形开发流程

（2）W 模型　V 模型的局限性在于没有明确地说明早期的测试，无法体现"尽早地和不断地进行软件测试"的原则。在 V 模型中增加软件开发时应同步进行测试，就演化为 W 模型，如图 1-8 所示。在 W 模型中不难看出，开发是"V"，测试是与此并行的"V"。

W 模型是 V 模型的发展，强调的是测试伴随整个软件开发周期，而且测试的对象不仅仅是程序，需求、功能和设计同样要测试。测试与开发是同步进行的，从而有利于尽早地发现问题。W 模型也有局限性：W 模型和 V 模型都把软件的开发视为需求、设计、编码等一系列串行的活动，无法支持迭代、自发性以及变更调整。

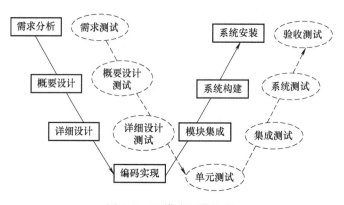

图 1-8　W 模式开发流程

（3）X 模型　X 模型也是对 V 模型的改进，X 模型提出针对单独的程序片段进行相互分离的编码和测试，此后通过频繁的交接，通过集成最终合成为可执行的程序，如图 1-9 所示。

X 模型的左边描述的是针对单独程序片段所进行的相互分离的编码和测试，此后将进行频繁的交接，通过集成最终成为可执行的程序，然后再对这些可执行程序进行测试。已经通过集成测试的成品可以进行封装并提交给用户，也可以作为更大规模和范围内集成的一部分。多根并行的曲线表示变更可以在各个部分发生。

X 模型还定位了探索性测试，这是不进行事先计划的特殊类型的测试，这一方式往往能帮助有经验的测试人员在测试计划之外发现更多的软件错误。但这样可能对测试造成人力、物力和财力的浪费，对测试员的熟练程度要求比较高。

（4）H 模型　H 模型中，软件测试过程完全独立，贯穿于整个产品的周期，与其他流程并

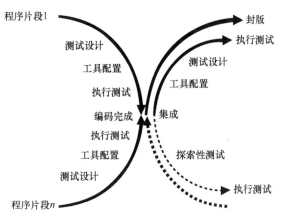

图 1-9　X 模式开发流程

发进行，当某个测试点准备就绪时，就可以从测试准备阶段进行到测试执行阶段。软件测试可以尽早地进行，并且可以根据被测物的不同而分层次进行，如图 1-10 所示。

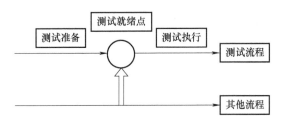

图 1-10　开发流程的 H 模型

H 模型揭示了一个原理：软件测试是一个独立的流程，贯穿产品整个生命周期，与其他流程并发进行。H 模型指出软件测试要尽早准备、尽早执行。不同的测试活动可以是按照某个次序先后进行的，但也可能是反复的，只要某个测试达到准备就绪点，测试执行活动就可以开展。

1.2.6　面向汽车嵌入式系统开发的工具链

经过几十年的发展，在控制系统建模、代码自动生成、硬件在环仿真测试、系统标定等环节，汽车电子与嵌入式系统已经形成了体系比较完备的开发工具链。表 1-1 是现阶段主要的面向 AUTOSAR 的开发工具。

第 7 章将详细介绍面向 AUTOSAR 的开发工具链，此处仅简单介绍 MATLAB/Simulink/Stateflow、dSPACE、CANoe 和 CANape 等几个工具软件。

表 1-1　现阶段主要的面向 AUTOSAR 的开发工具

	系 统 级	软件组件级	ECU 级	虚拟 ECU 仿真平台
Bosch ETAS	ISOLAR A	ASCET	RTA 系列（RTA RTE、RTA BSW、RTA OS 等）	ISOLAR EVE
dSPACE	SystemDesk	TargetLink	—	VEOS
ElektroBit	—	—	EB tresos 系列（EB tresos Studio、EB tresos Safety 等）	—

（续）

	系 统 级	软件组件级	ECU 级	虚拟 ECU 仿真平台
恒润科技	EAS. SwcDeveloper	—	EAS. Configurator	—
MathWorks	—	MATLAB/Simulink	—	—
Mentor	VSA	—	VSB	VSI
普华	ORIENTAIS 系列	—	ORIENTAIS 系列	—
Vector	PREEvision DaVinci Developer	—	DaVinci Configurator Pro	vVIRTUALtarget 系列
浙大 ESE	SmartSAR Designer	—	SmartSAR Configurator	—

1. 控制系统建模 MATLAB/Simulink/Stateflow

MATLAB 是美国 MathWorks 公司出品的商业数学软件，用于算法开发、数据可视化、数据分析以及数值计算的高级技术计算语言和交互式环境。将数值分析、矩阵计算、科学数据可视化以及非线性动态系统的建模和仿真等诸多强大功能集成在一个易于使用的视窗环境中，为科学研究、工程设计以及必须进行有效数值计算的众多科学领域提供了一种全面解决方案，并在很大程度上摆脱了传统非交互式程序设计语言（如 C、FORTRAN）的编辑模式。

Simulink 是 MATLAB 中的一种可视化仿真工具，是一种基于 MATLAB 的框图设计环境，Simulink 提供一个动态的系统建模、仿真和综合分析的集成环境。在该环境中，无需大量书写程序，而只需要通过简单直观的鼠标操作，就可构造出复杂的系统，是实现动态系统建模、仿真和分析的一个软件包，被广泛应用于线性系统、非线性系统、数字控制及数字信号处理的建模和仿真中。

Stateflow 是一个基于有限状态机和流程图来构建组合和时序逻辑决策模型并进行仿真的环境。它可以将图形表示和表格表示（包括状态转换图、流程图、状态转换表和真值表）结合在一起，针对系统对事件、基于时间的条件以及外部输入信号的反应方式进行建模。

Stateflow 可以直接嵌入 Simulink 模型中，并且在仿真的初始化阶段，Simulink 会把 Stateflow 绘制的逻辑图形通过编译程序转换成 C 语言，使二者可以有机地结合在一起。

此外，MATLAB 中的 RTW（real-time workshop）能够生成与 ANSI/ISO 标准相兼容的 C 语言代码，该代码可以运行于目标微控制器和实时操作系统（RTOS）。

2. 硬件在环仿真工具 dSPACE

dSPACE 实时仿真系统是由德国 dSPACE 公司开发的一套基于 MATLAB/Simulink 的控制系统开发及半实物仿真的软硬件工作平台，实现了和 MATLAB/Simulink/RTW 的完全无缝连接。dSPACE 实时系统拥有实时性强，可靠性高，扩充性好等优点。dSPACE 硬件系统中的处理器具有高速的计算能力，并配备了丰富的 I/O 支持，用户可以根据需要进行组合；软件环境的功能强大且使用方便，包括实现代码自动生成/下载和试验/调试的整套工具。dSPACE 软硬件目前已经成为进行快速控制原型验证和半实物仿真（即硬件在环仿真）的首选实时平台。

开发人员在进行控制系统开发时，常常需要同时面临许多难以解决的问题，而开发的时间却要求越来越紧迫。因此，只有高度集成的系统才能满足这一切要求，dSPACE 系统不仅是进行控制方案的设计和离线仿真，还包括实时快速控制原型、已验证的设计向产品型控制器的转换和硬件在回路测试。dSPACE 为 RCP 和 HILS 提供了一套计算机辅助控制系统设计的工具（CDP，control development package）。CDP 主要基于下列工具：①MathWorks 公司 Simulink，用来搭建系统模型，进行基于框图的离线仿真；②MathWorks 公司 real-time-workshop，用来从框图生成 C 代码；③dSPACE 公司的 TargetLink，用来产生与硬件系统相关的代码，使代码可以在单处理器/处理器目标系统中运行；④dSPACE 系列软件工具，用来对闭环试验进行交互操作（自动/手动）。

3. 汽车网络仿真工具 CANoe（CAN open environment）

CANoe 是德国 Vector 公司面向汽车总线开发的系统，是网络和 ECU 开发、测试和分析的专业工具，支持从需求分析到系统实现的整个系统开发过程。CANoe 丰富的功能和配置选项被 OEM 和供应商的网络设计工程师、开发工程师和测试工程师广泛使用。

在开发的初期阶段，CANoe 可以用于建立仿真模型，在此基础上进行 ECU 的功能评估。在完成 ECU 的开发后，该仿真模型可以用于整个系统的功能分析、测试以及总线系统和 ECU 的集成，这样就可以尽早地发现问题并解决问题。

CANoe 具有测试功能集，用来简化或自动进行测试。运用该功能，可以进行一系列的连续测试，并自动生成测试报告。另外，CANoe 具有诊断功能集，用以与 ECU 进行诊断通信。

4. ECU 测量、标定和诊断的综合工具 CANape

CANape 是德国 Vector 公司为汽车 ECU 开发、标定、诊断和测量数据采集的综合性工具。CANape 主要用于电控单元（ECU）的参数优化（标定）。它在系统运行期间同时标定参数值和采集测量信号。CANape 与 ECU 的物理接口可以是使用 CCP（CAN 标定协议）或者是使用 XCP（多标定协议，如 LIN、CAN、FlexRay 等）来实现。另外，通过集成的诊断功能集，CANape 提供了对诊断数据和诊断服务的符号化访问，这样，它就为用户提供了完整的诊断测试仪功能。CANape 使用标准协议的特性使其成为覆盖 ECU 开发所有阶段的一种开放而灵活的平台。

CANape 的基本功能包括：同步实时采集和显示 ECU 内部信号（通过 CCP/XCP），CAN、LIN、FlexRay 总线信号以及来自外部测量设备的信号；通过 CCP/XCP 进行在线标定和通过 XCP 进行实时激励；离线标定；快速而安全地使用二进制文件和参数组刷写 Flash（Flash 编程）；无缝集成 KWP2000 和 UDS 诊断函数；强大的标定数据管理、参数组比较和合并功能；在测量、离线分析或旁通过程中使用集成的 MATLAB / Simulink 模型进行计算；ASAM MCD3 测量和标定自动化接口；与 ECU 测量数据一起同步采集视频、音频、GPS 和外部测量设备的环境数据；使用集成的编程语言自动执行用户输入序列和处理测量值与信号。

特殊功能和选项：通过 CAN、FlexRay、LIN、USB、LAN 和串口通信进行测量和标定；支持 Flash 和诊断数据的 ODX2.0 标准；通过音频和视频记录对驾驶状况进行可靠且同步的评价；数据库工具 eASEE. cdm 可对标定数据进行可靠、基于服务器的管理；选用插件可扩充 CANape 的功能，使其能够显示 GPS 车辆位置、在开发驾驶员辅助系统时通过目测法来主观评价目标识别算法。

拓展内容——计算机中关于数的基础知识
扫描下方二维码查看。

第2章

S12XE 微控制器的结构与组织

  S12XE 是汽车电子系统中有较多运用的 MCU，具有速度快、功能强、成本低、功耗低等特点。本章系统介绍了 S12XE 系列 MCU 的特点和系统架构，重点阐述了 S12XE 的存储器组织、中断系统、指令系统。围绕 S12XE 的应用开发，介绍了以 S12XE 为核心的嵌入式系统最小系统硬件。

2.1　S12XE 系列 MCU 介绍

2.1.1　S12XE 主要功能特性

  S12XE 是飞思卡尔（Freescale）半导体公司（已被 NXP 收购）针对汽车电子市场推出的高性能 16 位微控制器，具有低成本、低功耗、EMC 和代码效率高等优点，甚至能达到许多 32 位 MCU 的性能，特别适用于汽车电子领域，广泛用于车身控制、乘客舒适性应用、发动机管理等领域。

  S12XE 系列微控制器的主要功能特性如下：

  1）S12XE 的核心。其为 16 位 MCU，最高 50MHz 总线速率，向上兼容 S12X 指令集；增强指令集，增强型索引寻址；通过页面方式访问大数据段，寻址 8MB 存储空间；具有 16 位条件码寄存器（CCRW = CCRH：CCRL）。

  2）中断控制管理模块（INT）。支持 8 层嵌套中断，每层中断源可灵活分配；不可屏蔽外部中断（XIRQ）高优先级；内部不可屏蔽的高优先级存储器保护单元中断；支持部分外设和端口的唤醒中断；多达 24 脚（端口 J、H、P）的可编程上升沿或下降沿触发中断。

  3）模块映射控制（MMC）、运行监视调试（DBG）、单线背景调试模式（BDM）。

  4）存储器保护单元（MPU）。每个存储器操作任务最多可以定义 8 个地址区间，地址范围间隔低至 8B，禁写禁执行保护，出错产生不可屏蔽中断。

  5）XGATE 协处理器。XGATE 是可编程高性能的 I/O 协处理模块，最大总线频率为 100MHz，无需 CPU 介入或等待，即可完成 RAM 与各接口间的数据传送，执行数据的逻辑、移位、算术、位等运算。数据传送完成触发中断，可由任何硬件模块触发，两级中断满足高优先级的任务。

  6）时钟。低噪声、低功耗皮尔斯振荡器，晶振频率 4～16MHz 选择。

  7）锁相环。内部数字滤波频率调制的锁相环（PLL），通过程序设置总线运行频率。

  8）复位发生器（CRG）。看门狗（COP watchdog），实时中断，时钟监视器，从 STOP 模式快速唤醒。

  9）存储器选项（Memory）。Flash，128KB、256KB、384KB、512KB、768KB、1MB；模拟 EEPROM，2KB、4KB；RAM，12KB、16KB、24KB、32KB、48KB、64KB。Flash 具有以下特点：

64 数据位 +8 位 ECC（error correction code）实现 1 位出错修正和加倍出错保护；擦除区大小为 1024B；用于验证和产生 ECC 校验位的自动编程和擦除算法。D-Flash 的特点有：多达 64KB，按 256B 划分区域；用于 D-Flash 访问的专有命令；字读操作的 1 位出错修正和 2 位出错保护；用于验证和产生 ECC 校验位的自动编程和擦除算法；快速区域擦除和按字编程操作；4 字编程操作能力。

10）2 个 16 通道、12 位模数转换器（ATD）。可配置 8、10 或 12 位模数转换器（ADC）；两个 16 选 1 复用器最多可实现 32 个通道模拟量输入；10bit 转换时间为 3μs；AD 结果可选左、右对齐方式；转换结果可为有符号或无符号数；外部/内部触发转换；连续转换模式；在停止模式下内部时钟可实现 ATD 转换；支持通过模拟量 "＞" 或 "＜＝" 的 MCU 低能耗模式唤醒。

11）5 个 MSCAN 总线模块（最高速率 1Mbit/s，兼容 CAN2.0 A/B）。5 个接收缓冲器，3 个发送缓冲器；4 个独立的中断通道，分别是发送中断、接收中断、错误中断和唤醒中断；可编程报文 ID 低通滤波器功能（2×32bit/4×16bit/8×8bit）；低通滤波器唤醒功能；支持自环测试模式和总线监听模式。

12）增强定时器模块（ECT）。8 个 16 位可编程输入捕捉或输出比较通道；16 位自由计数器，8 位预分频器；4 个 8 位或 2 个 16 位脉冲累加器。

13）周期中断定时器（PIT）。8 个周期溢出定时器；可选的溢出周期 1 ~ 2^{24} 个总线时钟周期；定时溢出和触发。

14）脉宽调制模块（PWM）。8 通道 8 位或 4 通道 16 位脉宽调制通道；每个通道的周期和占空比可编程设定；各通道独立控制；脉冲在周期内中心对称或左对齐输出；可编程时钟选择逻辑；紧急事件关断输入。

15）8 个异步串行通信接口（SCI）。

16）3 个同步串行设备接口（SPI）。

17）2 个 IIC 接口。

18）片上电压调节器。2 个并行线性电压调节器；带低压中断（LVI）的低电压检测；上电复位电路；低电压复位；芯片可在 5V 或 3.3V 电源下使用。

19）低功耗唤醒定时器（API）。

20）输入/输出端口（I/O）。多达 152 个通用输入/输出端口 +2 个输入端口；所有输入端口可配置上下拉电阻；所有输出端口可配置驱动能力。

21）封装选择。MAPBGA208 脚、LQFP 144 引脚、LQFP 112 引脚、QFP 80 引脚。

22）温度性能：-40 ~ 125℃宽温度使用范围。

2.1.2 S12XE 内部结构

S12XE 系列芯片的内部结构如图 2-1 所示，由 MCU 核心、XGATE、MCU 外设接口三部分构成，对应图 2-1 的左边、中间、右边部分。这里重点介绍 S12XE 内部结构的基础部分：MCU 核心与 MCU 外设接口，关于 XGATE 请参考芯片手册和其他参考书。

1. MCU 核心

S12XE 以增强 16 位 CPU12X 为基础，由算术逻辑单元、控制单元和寄存器构成。此外，还包括 MCU 的 3 种存储器（Flash/RAM/EEPROM）、电压调节器、单线背景调试接口（BDM）、锁相环（PLL）电路、时钟、复位模块和运行监视、看门狗模块、程序存储器的页面模式控制模块，具有中断定时器、中断管理、读/写控制、工作模式等控制功能的系统综合模块，可用于通用并行输入/输出的 8 位 A 口、B 口、C 口、D 口、E 口、K 口、F 口，也可用于实现总线扩展，

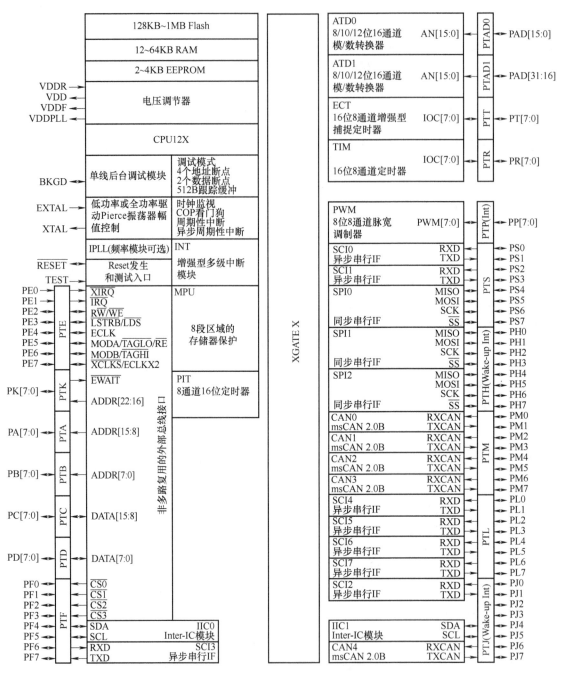

图 2-1　S12XE 系列芯片的内部结构图

其中，A 口、B 口、K 口可作为外扩存储器或接口电路时的超 16 位地址总线，C 口、D 口作为扩展时的 16 位数据总线，而 E 口可作为控制总线，F 口产生 4 个片选、1 个 IIC 和 1 个 SCI 通信接口。

2. MCU 外设接口

S12XE 外设接口有 A/D 转换器（ATD0 和 ATD1）、定时器（ECT 和 TIM）模块、PWM、

SCI、SPI、CAN、IIC 等接口。此外，还有大量的通用并行输入/输出口（GPIO），这些 GPIO 接口大多与外设接口模块有复用关系。

3. S12XE 芯片封装与引脚分类

S12XE 芯片有 4 种封装形式：MAPBGA208 脚、LQFP 144 引脚、LQFP 112 引脚、QFP 80 引脚。LQFP 是（薄）四方扁平、表面贴焊型封装。

图 2-2、图 2-3 为 S12XE 系列 MCU 芯片的两种常见封装和引脚定义，不同封装的芯片对图中粗体、斜体标注接口引脚做了相应的裁减。

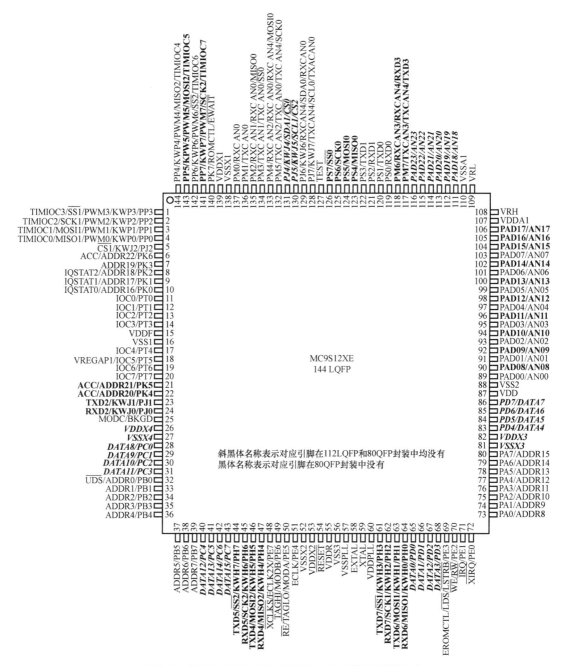

图 2-2　S12XE 系列 MCU 的 LQFP 144 封装及引脚定义

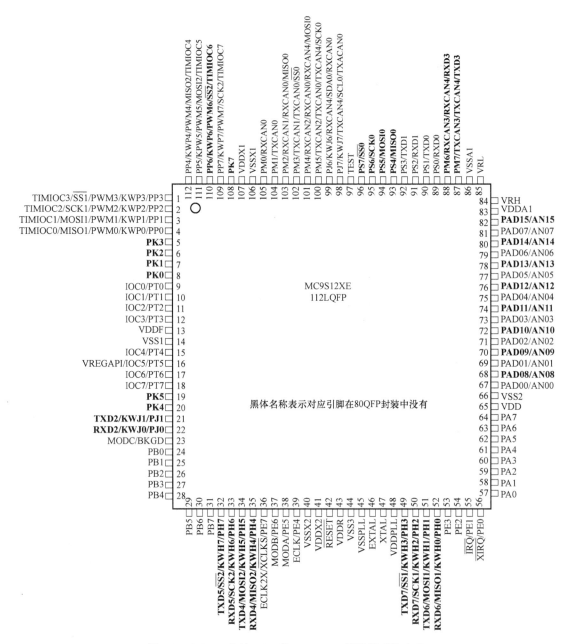

图 2-3 S12XE 系列 MCU 的 LQFP 112 封装及引脚定义

S12XE 引脚功能总体上可分为 3 大类。

（1）系统功能类引脚

1）EXTAL、XTAL：振荡器引脚，即晶振电路或外部时钟引脚。

2）RESET：外部复位引脚，低电平有效。当输入低电平时，MCU 初始化成默认状态。

3）TEST：厂家测试预留。实际应用中应将该引脚连至 VSS。

4）BKGD/MODC：背景调试/模式选择引脚。在背景调试时作为 BDM 的通信引脚，在复位时作为 MCU 运行模式的选择引脚。该引脚有默认使能的内部上拉电阻。

(2) 电源类引脚　S12XE 的电源和电源地所涉及引脚较多，在应用中所有的 VSS 引脚必须连在一起。

1）VDDX [2:1] 和 VSSX [2:1]：I/O 驱动的外部输入电源和接地引脚。VDDX 标称电压为 5V，所有 VDDX 在内部是连接在一起，所有 VSSX 在内部也连接在一起。

2）VDDR：供给内部电压调节器的外部电源输入引脚，标称电压为 5V。

3）VDD 和 VSS2、VSS3：内核工作的电源和接地引脚。VDD 标称电压为 1.8V，来源于内部电压调节器，负责给 MCU 内核供电。

4）VDDF 和 VSS1：内部非易失存储器的电源和地引脚。VDDF 标称电压为 2.8V，来源于内部电压调节器。

5）VDDA 和 VSSA：模/数转换器和电压调节器的电源和接地引脚。VDDA 标称电压 5V。

6）VRH 和 VRL：模/数转换器参考电压输入引脚。

7）VDDPLL 和 VSSPLL：振荡器和锁相环工作电源引脚和接地。VDDPLL 标称电压 1.8V，来源于内部电压调节器。

这些引脚不允许悬空，电源应能提供瞬时大电流。上述各电源和地之间应使用高频旁路电容，并尽可能靠近相应引脚，旁路要求取决于 MCU 引脚的负载大小，应满足信号快速上升和滤波的要求。

(3) I/O 类引脚　S12XE 的 I/O 类引脚众多，MAPBGA208 封装有 152 个端口，LQFP144 封装有 119 个端口，LQFP112 封装有 91 个端口，QFP80 封装有 59 个端口。具体包括 AD、A、B、C、D、E、F、H、J、K、L、M、P、R、S、T 共 16 组端口。

1）AD 口（PAD [31:16]，PAD [15:0]）：可用作通用输入/输出口，也可为模拟量输入口。

2）A、B、C、D、E、K 口：单片模式下用作通用输入/输出口；在扩展运行模式下，扩展为地址总线、数据总线、控制总线。其中，E 口用作通用输入/输出口时，PE0、PE1 只能用作输入口。

3）F 口（PF7～PF0）：与 IIC0、SCI3 通信引脚复用。

4）H 口（PH7～PH0）：与 SPI1、SPI2 通信引脚复用，也可作为唤醒中断输入。

5）J 口（PJ7～PJ0）：与 SCI2、IIC1、CAN4 通信引脚复用，也可作为唤醒中断输入。

6）L 口（PL7～PL0）：与 SCI4、SCI5、SCI6、SCI7 通信引脚复用。

7）M 口（PM7～PM0）：与 CAN0、CAN1、CAN2、CAN3 通信引脚复用。

8）P 口（PP7～PP0）：与 PWM 模块关联作为通信引脚，也可作为唤醒中断输入。

9）R 口（PR7～PR0）：与 TIM 模块复用。

10）S 口（PS7～PS0）：与 SCI0、SCI1、SPI0 通信引脚复用。

11）T 口（PT7～PT0）：与 ECT 模块复用。

S12XE 的 I/O 接口在用作通用输入/输出时，各口引脚可以独立设置其输入/输出方向、是否启用上拉或下拉电阻等；P 口、H 口、J 口的引脚具有唤醒中断输入功能。

4. 运行模式

S12XE 系列微控制器有多种运行模式，以满足各种用户的应用需要，具有较强的灵活性和可扩展性。

(1) 芯片模式的分类

1）单片模式。单片模式是 S12XE 最常用的工作模式，此模式下，总线系统在芯片外部不可用。单片模式又有两种模式：普通单片模式和特殊单片模式。

普通单片模式是最终产品正常运行程序代码的工作模式。特殊单片模式是 Freescale MCU 在线仿真、调试、下载工作模式，又称为背景调试模式（BDM，background debug mode）。用户使用时往往就在这两种模式间切换。

BDM 硬件调试器一端通过 USB 接口接入微型计算机，另一端插头通过 6 针连接器与目标板连接，6 针连接器引脚定义如图 2-4 所示。BDM 调试接头实际只用到了 4 个引脚。引脚 BKGD 在 MCU 内部设有上拉电阻，悬空时默认为高电平。当插上 BDM 连接器，由 BDM 调试工具给 BKGD 提供低电平，使 MCU 自动进入特殊单片模式（BDM）。若不插 BDM 连接器，BKGD/MODC 为高，则自动进入普通单片模式。

2）其他模式。包括特殊测试模式、特殊外设测试模式和扩展运行模式。

S12XE 系列单片机的芯片特殊测试模式和特殊外设测试模式等，用于芯片生产中的测试，在此不作详述。

S12XE 系列 MCU 可以支持扩展运行模式，增加了用于更多模式选择的 MODA、MODB 引脚功能。扩展模式允许通过 CPU 外部总线扩展 RAM、Flash、I/O 等，在此不作详述。S12XE 系列 MCU 在单片模式下，功能与资源已经非常强大，基本不需要扩展功能就可以满足大多数应用开发的需要。

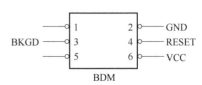

图 2-4　BDM 调试器 6 针
连接器引脚定义

（2）芯片模式的配置　S12XE 上电后，复位信号 RESET 上升沿触发将 MODC 引脚上的电平状态锁存进模式寄存器的相应位，用来决定进入普通单片模式还是特殊单片模式。低电平进入特殊单片模式，BDM 允许并处于激活状态；高电平进入普通单片模式，BDM 禁止。

（3）低功耗模式　S12XE 运行时支持 4 种低功耗模式。

1）系统停止模式（System STOP）。该模式通过 CPU 执行 STOP 指令进入，只有非易失存储器（NVM）指令还可以被执行；该模式下，系统时钟将继续运行，直到系统非易失存储器操作完成。系统由 CLKSEL 寄存器中 PSTP 决定是进入完全停止状态还是进入伪停止状态，当 CLKSEL 寄存器中 PSTP = 0 时，停止所有的时钟和晶振，使单片机进入完全停止状态。外部复位或外部中断才能将 S12XE 从该模式下唤醒。

2）完全停止模式（Full STOP）。在该模式下，晶振时钟停止，所有的时钟和计数设备将被冻结，自由周期中断和 ATD 模块可以提供自唤醒。快速唤醒模式将支持在不启动晶振时钟情况下，通过 PLL 时钟成为系统内部时钟。

3）伪停止模式（PSEUDO）。当 CLKSEL 寄存器中 PSTP = 1 时，CPU 执行 STOP 指令时 S12XE 进入伪停止模式。此时时钟振荡器仍然工作，实时时钟和看门狗模块通过设置也可以继续工作，其他的外设接口都关闭。外部复位或外部中断能将 S12XE 从该模式下唤醒。

4）等待模式（WAIT）。通过 CPU 执行 WAIT 指令进入等待模式。在这种模式下，CPU 不再执行指令，CPU 内部进入完全静止的状态，但所有的外设接口保持激活状态。外部中断及外设中断能激活 CPU 的继续运行。

在正常的运行模式（RUN）下，为了降低功耗，未被使用的外设接口应不被使能。

（4）冻结模式　当背景调试模块处于活动状态，定时器模块、脉冲宽度调制器、模/数转换器、定时器和周期性中断提供一个软件可编程选项的冻结模式状态。

（5）加密模式　MCU 的加密模式用于防止未经授权的闪存访问，保护闪存中的程序和数据。

2.2 S12XE 系列 MCU 的存储器组织

2.2.1 S12XE 存储器分类

嵌入式系统的 MCU 在芯片内部布置有一定容量的存储器,用来存放程序和数据。存储器可分为只读存储器(ROM)和随机存储器(RAM)两大类。

1. ROM

ROM 也叫程序存储器,是一种非易失性半导体存储器(NVM)。ROM 掉电能保持数据,通常用来保存不需要擦除的最终应用程序信息。ROM 进一步可分为以下类型:

(1)EPROM 可编程的非易失性存储器。可以用特殊的方法写入数据,但当把 EPROM 暴露在紫外光线下几分钟时间,就可以擦除其中的内容然后重新编程写入。

(2)EEPROM 可编程的非易失性存储器。与 EPROM 的区别是其信息的擦除不是用紫外线,而是仅使用 DC 电源就可以方便快捷地编程和擦除,已取代了 EPROM。

(3)Flash 俗称程序闪存。除具有电擦除、可编程、非易失的特性外,还具有更高速、更方便、容量大的特点,可多次反复擦写(10 万次以上),并允许在线编程。现代 MCU 的程序运行代码都是写入 Flash。

(4)DataFlash 简写为 D-Flash,数据闪存,用于存储数据。

S12XE 将 Flash 分为 D-Flash(数据存储器)和 P-Flash(程序存储器)。D-Flash 和 P-Flash 没有多大差别,只是一次擦写的扇区大小不同。

2. RAM

RAM 也叫数据存储器,是可读/写存储器。用于保存需要经常改变的数据。RAM 是易失性存储器,一旦掉电就会丢失所有的数据。采用"随机访问"机制,每个地址的访问时间相等,所以叫随机存取存储器。

目前,MCU 中应用广泛的存储器有 RAM、Flash 和 EEPROM。S12XE 系列 MCU 片内集成了这 3 种存储器,D-Flash 也可以取代 EEPROM。Flash 存储器用于存放整个程序代码或者需要高速访问的参数,如操作系统核心、应用程序、标准子程序库、表格数据等,Flash 允许在现场进行代码测试和更新。EEPROM 或 D-Flash 一般用来保存定制的标定信息和特定数据。

表 2-1 为 S12XE 系列不同型号 MCU 的存储器资源,其中 S12XEP100 有 64KB RAM、1MB Flash、32KB D-Flash、4KB EEPROM。S12XE 的存储器采用冯·诺依曼结构,RAM、ROM 是统一编址的。S12XE 系列 MCU 的地址线为 16 位,其逻辑地址空间为 64KB(2^{16}),地址范围是 0x0000~0xFFFF,被分成多个不同区段,每个区段的作用不同。除 RAM、D-Flash 和 P-Flash 占据相应的地址空间外,各种 I/O 外设接口寄存器也占用地址空间。而且地址分配并不是固定不变的,可以通过修改地址映射寄存器重新分配。

2.2.2 S12XE 存储器组织

1. 本地地址分配及分页

图 2-5 为 S12XE 芯片单片运行模式下的一种典型的存储空间分配图。通过页面扩展机制,S12XE 可以管理远超 64KB 的存储器空间。当 S12XE 的存储分配出现地址重叠时,MCU 内部的优先级控制逻辑会自动屏蔽级别较低的资源,保留级别最高的资源存储器的优先级,优先级按照 I/O 寄存器、RAM、D-Flash、Flash 的顺序递减。

表 2-1　S12XE 系列不同型号 MCU 的存储器资源

Device	Package	Flash	RAM	EEPROM	D-Flash
9S12XEP100	208 MAPBGA	1MB	64KB	4KB	32KB
	144 LQFP				
	112 LQFP				
9S12XEP768	208 MAPBGA	768KB	48KB		
	144 LQFP				
	112 LQFP				
9S12XEQ512	144 LQFP	512KB	32KB		
	112 LQFP				
	80 QFP				
9S12XEQ384 9S12XEG384	144 LQFP	384KB	24KB		
	112 LQFP				
	80 QFP				
9S12XES384	144 LQFP	384KB	16KB		
	112 LQFP				
	80 QFP				
9S12XET256 9S12XEA256	144 LQFP	256KB	16KB		
	112 LQFP				
	80 QFP				
9S12XEG128 9S12XEA128	112 LQFP	128KB	12KB	2KB	32KB
	80 QFP				

按图 2-5 所示的存储器地址分配，分为本地存储区映射地址区间及其右侧扩展出来的分页窗口的各逻辑地址空间两部分，以下是存储器空间的详细分配。

1）0x0000 ~ 0x07FF（2KB）：I/O 寄存器区。安排 S12XE 的众多不同 I/O 接口模块的几百个寄存器，也有部分空间未被分配使用。例如，PORTA 的实际地址是 0x0000；PWM 允许寄存器 PWME 的实际地址是 0x00A0。I/O 寄存器区也可以映射到其他位置，一般情况该区域地址尽量不要改变。

2）0x0800 ~ 0x0BFF（1KB）：分页 EEPROM 区。通过分页扩展的方法以达到管理 256KB 空间的 EEPROM，此区间对应 0x00 ~ 0xFE 共 255 个页面窗口，每个页面为 1KB 空间，其中本地地址空间固定占用 0xFE 页面。

3）0x0C00 ~ 0x0FFF（1KB）：固定 EEPROM 区，固定占用 0xFF 页面。

4）0x1000 ~ 0x1FFF（4KB）：分页 RAM 区。通过分页扩展的方法以达到管理 1022KB（1MB – 2KB）空间的 RAM，此区间对应 0x00 ~ 0xFD 共 254 个页面窗口，每个页面为 4KB 空间，其中本地地址空间固定占用 0xFD 页面。

5）0x2000 ~ 0x3FFF（8KB）：固定 RAM 区，固定占用 0xFE、0xFF 页面。如果使用复位默认地址分配（0xFD 页面），RAM 空间实际为 0x1000 ~ 0x3FFF。因此，如果要使全部的 8KB RAM 都可见，就需要将 RAM 的地址空间映射到 0x2000 ~ 0x3FFF 这个区域，即需调整 0xFE 页面开始，才可访问到实际的连续 8KB。

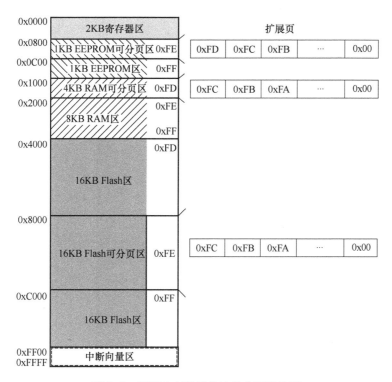

图 2-5　S12XE 存储器的地址分配及分页

6）0x4000 ~ 0xFFFF（48KB）：Flash 区，分成 3 块，每块 16KB。其中 0x8000 ~ 0xBFFF 的 16KB 区域是页面窗口，通过分页扩展的方法以达到管理超过 64KB 空间的 Falsh。而 0x4000 ~ 0x7FFF、0xC000 ~ 0xFFFF 为两个 16KB 的固定 Flash 区，固定占用 0xFD、0xFF 页面。

7）0xFF00 ~ 0xFFFF（256B）：中断向量区。占用 Flash 的最后 256B 的空间，BDM 模式下能被 BDM 指令访问。其中，复位中断向量地址为 0xFFFE，是整个程序的入口地址。

前述各个分页窗口的页面值是通过对应的页面管理寄存器进行设定的。

2. 全局访问

S12XE 具有强大的存储器管理控制模块，除了可以通过页面扩展机制实现全局管理 8MB 存储区空间外，还可以通过 GPAGE 寄存器，采用 23 位的地址定位和全局存储器操作指令来管理全局 8MB 存储器空间，如图 2-6 所示。其中右半部分就是以 7 位全局页面寄存器扩展的 128 个 64KB 页面地址空间（128 × 64KB = 8MB），用本地 64KB 空间地址外加全局页面寄存器值 0x00 ~ 0x7F 表示，那么 8MB 全局存储器地址空间就可以连续地表示为 0x00_0000 ~ 0x7F_FFFF。这样，S12XE 就能支持容量足够大的 RAM、D- Flash、Flash。

S12XE 总共新增了 84 条这类全局寻址指令。全局地址 [22:0] 由 CPU 本地地址 [15:0] 和 GPAGE 寄存器 [22:16] 联合组成。按全局地址方式进行存储器访问的可寻址连续地址空间安排表达如下：

1）0x00_0000 ~ 0x00_07FF：2KB 的 I/O 寄存器区。

2）0x00_0800 ~ 0x0F_FFFF：16 × 64KB − 2KB = 1022KB 的 RAM 区。

3）0x10_0000 ~ 0x13_FFFF：4 × 64KB = 256KB 的 D- Flash 区。

4）0x14_0000 ~ 0x3F_FFFF：44 × 64KB = 2.75MB 的保留未用区。

5）0x40_0000～0x7F_FFFF：64×64KB＝4MB 的 Flash 区。

在可以访问的 8M 地址空间里，I/O 寄存器、RAM 空间可以使用全局读写指令进行读写操作，Flash、D-Flash 空间只能使用全局读指令进行读取。

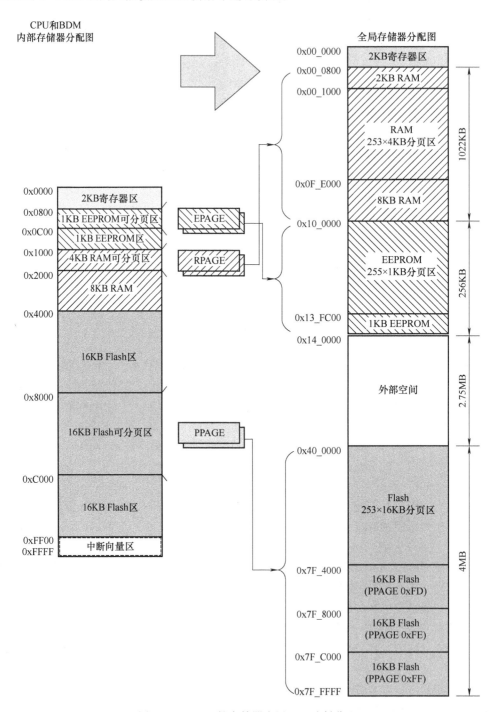

图 2-6　S12XE 的存储器全局地址映射分配

S12XE 嵌入式系统的链接文件 Project.prm 中，定义和划分了芯片所有可用的内存资源，包括程序空间和数据空间，可以通过这个文件了解 S12XE MCU 的存储器分页管理。通常本地 64KB 空间分配的 RAM、EEPROM、D-Flash、Flash 容量已足够满足一般应用的需求。

2.3　S12XE 系列 MCU 的中断系统

中断是指 MCU 在正常执行程序的过程中，由于内部/外部事件的发生或由程序的预先安排，引起 CPU 暂时停止执行当前的程序，转而执行由内部/外部事件或预先安排的事件而需要执行的中断服务程序。在中断服务程序处理完毕后，返回继续运行调用中断前的程序。提出中断处理请求的来源称为中断源。

中断方式与查询方式相比，可使 MCU 的程序设计更加高效与灵活，可以提高嵌入式系统的实时处理能力和工作效率，扩大应用范围。

中断系统应具有以下基本功能：

1）能实现中断响应、中断服务、中断返回和中断屏蔽。当出现中断请求时，MCU 能决定是否响应该请求。如果允许响应这个中断请求，MCU 由硬件自动保护断点，转而执行相应的中断服务程序。中断处理完成后，能自动恢复断点返回原中断处继续执行被中止的程序。

2）能实现中断优先级配置。当多个中断源同时发出中断申请时，优先级较高的中断申请首先得到处理。

3）能实现中断嵌套。中断处理过程中，有优先级较高的中断请求时，MCU 能暂停正在执行的中断处理程序，转去响应与处理优先级较高的中断申请，结束后再返回原先优先级较低的中断处理过程。

4）能通过软件实现模拟中断，便于中断调试。

2.3.1　S12XE 中断源

S12XE 的中断源可分为 3 大类：复位中断、特殊中断和普通中断。

1. 复位中断

S12XE 有 3 个不可屏蔽的复位中断。S12XE 的复位中断不返回原来的程序，而是程序重新开始运行。

S12XE 复位发生后，一些内部资源寄存器恢复到默认状态。S12XE 的引脚状态取决于对应的控制寄存器，内部 RAM 的内容不随复位的发生而变化，PC 指针将根据复位向量指定的内容（地址），跳转到指定地址开始重新执行整个程序。

S12XE 的复位向量有 3 个，触发复位的动作有 4 个，即上电复位、外部复位、时钟监视复位和看门狗定时器溢出复位。上电复位与外部复位共用一个向量（0xFFFE ~ 0xFFFF）；时钟监视复位的向量为（0xFFFC ~ 0xFFFD）；看门狗定时器溢出复位的向量为（0xFFFA ~ 0xFFFB）。寄存器 PLLCTL 中的位 CME = 1、SCME = 1 使能，时钟失效时产生复位；COPCTL 的位 CR [2:0] 非零使看门狗定时器溢出时产生复位。

2. 特殊中断

特殊中断包含 3 个不可屏蔽特殊中断，分别是非法指令陷阱中断、软件中断、非屏蔽的外部中断。但外部中断可以在系统复位初始化时，通过设置 CCR 寄存器的中断屏蔽位 X 来进行屏蔽或开放设置。

（1）非法指令陷阱中断　当 MCU 执行程序时受到干扰或产生混乱时，有可能无法取得正确的操作码，得到的是无法识别的非法指令，MCU 就会自动产生中断，即为非法指令中断，其中断向量为0xFFF8～0xFFF9。用户可以根据需要定义相应的中断服务程序，以防止某些软件错误如程序跑飞、死机等。

（2）软件中断　软件中断实际上是一条指令，执行过程与中断相同，也是通过中断向量确定下一步要执行的目标地址，其中断向量为0xFFF6～0xFFF7。MCU遇到软件中断指令会自动保护断点，中断服务程序完成后必须以RTI指令返回。软件中断可人为设定外部事件，如可以用来设置程序断点、进行软件调试，其作用类似某个子程序的调用。

（3）非屏蔽的外部中断（$\overline{XIRQ}$）　非屏蔽的外部中断（$\overline{XIRQ}$）用来响应来自$\overline{XIRQ}$引脚的外部低电平触发的中断，中断向量为0xFFF4～0xFFF5。该中断一般用于系统掉电、硬件故障等十分关键的环节，也可用于等待模式和停止模式的唤醒。非屏蔽的外部中断是S12XE中断源中唯一一个只能一次性打开的非屏蔽中断，一旦打开就无法关闭。

3. 普通中断

S12XE普通中断包括$\overline{IRQ}$外部中断和时钟定时器、并行I/O口、SCI/SPI/CAN接口、A/D等内部功能部件的中断，共有多达几十个的中断源。S12XE普通中断属于可屏蔽中断，CCR的I控制位是可屏蔽中断的全局中断屏蔽位。实际上这些普通中断中，各个中断源的使能允许由各个中断源对应的控制位进行预先设定。

S12XE为每个中断源都指定一个中断向量号，S12XE在64KB存储器地址空间的末端区域设置中断向量映射表，每一个向量对应一种中断处理程序的入口地址。CPU在中断响应时，依据中断信号的来源在中断向量表中对应的位置取得中断向量的2B地址，即中断处理程序的入口地址，进而再转到相应的中断服务程序。

S12XE常规的中断向量地址的具体安排及其屏蔽情况、使能情况见表2-2。向量表中的每个向量占用2个字节的存储空间，0xFF10～0xFFFF共占近256个字节的存储空间，所以最多可有100多个中断向量。例如，外部中断IRQ的向量地址为0xFFF2～0xFFF3；定时器通道7中断的向量地址为0xFFE0～0xFFE1等；复位的向量地址为0xFFFE～0xFFFF。向量地址通常可只用前面的一个16位地址值表示，即用0xFFF2、0xFFE0、0xFFFE等来表示，各组向量地址所对应的序号也就是中断向量号。

S12XE单片机的中断向量地址也可以通过"基地址＋偏移地址"的方式表达，并且基地址可以由用户改变配置到Flash区域的任何地址。这可以通过配置中断向量基址（interrupt vector based，IVB）寄存器予以实现，但S12XE的3个复位中断源（0xFFFE、0xFFFC、0xFFFA）的基址是固定不变的，为0xFF，见表2-3。中断源优先级是按中断向量地址递减顺序排列的。S12XE复位时基址IVBR的默认值为0xFF，优先级最高。

表2-2　S12XE常规的中断向量地址的具体安排及其屏蔽情况、使能情况

中断向量地址[①]	XGATE 通道ID[②]	中　断　源	CCR 屏蔽	内　部　允　许	停止 唤醒	等待 唤醒
Vector base＋0xF8	—	Unimplemented Instruction trap	无	无	—	—
Vector base＋0xF6	—	SWI	无	无	—	—
Vector base＋0xF4	—	$\overline{XIRQ}$	X位	无	是	是
Vector base＋0xF2	—	$\overline{IRQ}$	I位	IRQCR（IRQEN）	是	是
Vector base＋0xF0	0x78	Real time interrupt	I位	CRGINT（RTIE）	参考CRG 中断部分	

（续）

中断向量地址[①]	XGATE 通道 ID[②]	中 断 源	CCR 屏蔽	内 部 允 许	停止 唤醒	等待 唤醒
Vector base + 0xEE	0x77	Enhanced capture timer channel 0	I 位	TIE（C0I）	否	是
Vector base + 0xEC	0x76	Enhanced capture timer channel 1	I 位	TIE（C1I）	否	是
Vector base + 0xEA	0x75	Enhanced capture timer channel 2	I 位	TIE（C2I）	否	是
Vector base + 0xE8	0x74	Enhanced capture timer channel 3	I 位	TIE（C3I）	否	是
Vector base + 0xE6	0x73	Enhanced capture timer channel 4	I 位	TIE（C4I）	否	是
Vector base + 0xE4	0x72	Enhanced capture timer channel 5	I 位	TIE（C5I）	否	是
Vector base + 0xE2	0x71	Enhanced capture timer channel 6	I 位	TIE（C6I）	否	是
Vector base + 0xE0	0x70	Enhanced capture timer channel 7	I 位	TIE（C7I）	否	是
Vector base + 0xDE	0x6F	Enhanced capture timer overflow	I 位	TSRC2（TOF）	否	是
Vector base + 0xDC	0x6E	Pulse accumulator A overflow	I 位	PACTL（PAOVI）	否	是
Vector base + 0xDA	0x6D	Pulse accumulator input edge	I 位	PACTL（PAI）	否	是
Vector base + 0xD8	0x6C	SPI0	I 位	SPI0CR1（SPIE, SPTIE）	否	是
Vector base + 0xD6	0x6B	SCI0	I 位	SCI0CR2（TIE, TCIE, RIE, ILIE）	是	是
Vector base + 0xD4	0x6A	SCI1	I 位	SCI1CR2（TIE, TCIE, RIE, ILIE）	是	是
Vector base + 0xD2	0x69	ATD0	I 位	ATD0CLT2（ASCIE）	是	是
Vector base + 0xD0	0x68	ATD1	I 位	ATD1CLT2（ASCIE）	是	是
Vector base + 0xCE	0x67	Port J	I 位	PIEJ（PIEJ7-PIEJ0）	是	是
Vector base + 0xCC	0x66	Port H	I 位	PIEH（PIEH7-PIEH0）	是	是
Vector base + 0xCA	0x65	Modulus down counter underflow	I 位	MCCTL（MCZI）	否	是
Vector base + 0xC8	0x64	Pulse accumularor B overflow	I 位	PBCTL（PBOVI）	否	是

（续）

中断向量地址①	XGATE 通道 ID②	中 断 源	CCR 屏蔽	内 部 允 许	停止 唤醒	等待 唤醒
Vector base + 0xC6	0x63	CRG PLL lock	I 位	CRGINT（LOCKIE）	参考 CRG 中断部分	
Vector base + 0xC4	0x62	CRG self-clock mode	I 位	CRGINT（SCMIE）	参考 CRG 中断部分	
Vector base + 0xC2	0x61	SCI6	I 位	SCI6CR2（TIE, TCIE, RIE, ILIE）	是	是
Vector base + 0xC0	0x60	IIC0 bus	I 位	IBCR0（IBIE）	否	是
Vector base + 0xBE	0x5F	SPI1	I 位	SPI1CR1（SPIE, SPTIE）	否	是
Vector base + 0xBC	0x5E	SPI2	I 位	SPI2CR1（SPIE, SPTIE）	否	是
Vector base + 0xBA	0x5D	FLASH Fault Detect	I 位	FCNFG2（FDIE）	否	否
Vector base + 0xB8	0x5C	FLASH	I 位	FCNFG（CCIE, CBEIE）	否	是
Vector base + 0xB6	0x5B	CAN0 wake-up	I 位	CAN0RIER（WUPIE）	是	是
Vector base + 0xB4	0x5A	CAN0 errors	I 位	CAN0RIER（CSCIE, OVRIE）	否	是
Vector base + 0xB2	0x59	CAN0 receive	I 位	CAN0RIER（RXFIE）	否	是
Vector base + 0xB0	0x58	CAN0 transmit	I 位	CAN0TIER（TXEIE [2:0]）	否	是
Vector base + 0xAE	0x57	CAN1 wake-up	I 位	CAN1RIER（WUPIE）	是	是
Vector base + 0xAC	0x56	CAN1 errors	I 位	CAN1RIER（CSCIE, OVRIE）	否	是
Vector base + 0xAA	0x55	CAN1 receive	I 位	CAN1RIER（RXFIE）	否	是
Vector base + 0xA8	0x54	CAN1 transmit	I 位	CAN1TIER（TXEIE [2:0]）	否	是
Vector base + 0xA6	0x53	CAN2 wake-up	I 位	CAN2RIER（WUPIE）	是	是
Vector base + 0xA4	0x52	CAN2 errors	I 位	CAN2RIER（CSCIE, OVRIE）	否	是
Vector base + 0xA2	0x51	CAN2 receive	I 位	CAN2RIER（RXFIE）	否	是
Vector base + 0xA0	0x50	CAN2 transmit	I 位	CAN2TIER（TXEIE [2:0]）	否	是
Vector base + 0x9E	0x4F	CAN3 wake-up	I 位	CAN3RIER（WUPIE）	是	是
Vector base + 0x9C	0x4E	CAN3 errors	I 位	CAN3RIER（CSCIE, OVRIE）	否	是
Vector base + 0x9A	0x4D	CAN3 receive	I 位	CAN3RIER（RXFIE）	否	是
Vector base + 0x98	0x4C	CAN3 transmit	I 位	CAN3TIER（TXEIE [2:0]）	否	是

（续）

中断向量地址①	XGATE 通道 ID②	中 断 源	CCR 屏蔽	内 部 允 许	停止 唤醒	等待 唤醒
Vector base + 0x96	0x4B	CAN4 wake-up	I 位	CAN4RIER（WUPIE）	是	是
Vector base + 0x94	0x4A	CAN4 errors	I 位	CAN4RIER（CSCIE, OVRIE）	否	是
Vector base + 0x92	0x49	CAN4 receive	I 位	CAN4RIER（RXFIE）	否	是
Vector base + 0x90	0x48	CAN4 transmit	I 位	CAN4TIER（TXEIE [2:0]）	否	是
Vector base + 0x8E	0x47	Port P Interrupt	I 位	PIEP（PIEP7-PIEP0）	是	是
Vector base + 0x8C	0x46	PWM emergency shutdown	I 位	PWMSDN（PWMIE）	否	是
Vector base + 0x8A	0x45	SCI2	I 位	SCI2CR2（TIE, TCIE, RIE, ILIE）	是	是
Vector base + 0x88	0x44	SCI3	I 位	SCI3CR2（TIE, TCIE, RIE, ILIE）	是	是
Vector base + 0x86	0x43	SCI4	I 位	SCI4CR2（TIE, TCIE, RIE, ILIE）	是	是
Vector base + 0x84	0x42	SCI5	I 位	SCI5CR2（TIE, TCIE, RIE, ILIE）	是	是
Vector base + 0x82	0x41	IIC1 Bus	I 位	IBCR（IBIE）	否	是
Vector base + 0x80	0x40	Low-voltage Interrupt（LVI）	I 位	VREGCTRL（LVIE）	否	是
Vector base + 0x7E	0x3F	Autonomous periodical Interrupt（API）	I 位	VREGAPICTRL（APIE）	是	是
Vector base + 0x7C	—	High Temperature Interrupt	I 位	VREGHTCL（HTIE）	否	是
Vector base + 0x7A	0x3D	Periodic interrupt timer channel 0	I 位	PITINTE（PINTE0）	否	是
Vector base + 0x78	0x3C	Periodic interrupt timer channel 1	I 位	PITINTE（PINTE1）	否	是
Vector base + 0x76	0x3B	Periodic interrupt timer channel 2	I 位	PITINTE（PINTE2）	否	是
Vector base + 0x74	0x3A	Periodic interrupt timer channel 3	I 位	PITINTE（PINTE3）	否	是
Vector base + 0x72	0x39	XGATE software trigger 0	I 位	XGMCTL（XGIE）	否	是
Vector base + 0x70	0x38	XGATE software trigger 1	I 位	XGMCTL（XGIE）	否	是
Vector base + 0x6E	0x37	XGATE software trigger 2	I 位	XGMCTL（XGIE）	否	是
Vector base + 0x6C	0x36	XGATE software trigger 3	I 位	XGMCTL（XGIE）	否	是
Vector base + 0x6A	0x35	XGATE software trigger 4	I 位	XGMCTL（XGIE）	否	是
Vector base + 0x68	0x34	XGATE software trigger 5	I 位	XGMCTL（XGIE）	否	是

（续）

中断向量地址[1]	XGATE 通道 ID[2]	中 断 源	CCR 屏蔽	内 部 允 许	停止 唤醒	等待 唤醒
Vector base + 0x66	0x33	XGATE software trigger 6	I 位	XGMCTL（XGIE）	否	是
Vector base + 0x64	0x32	XGATE software trigger 7	I 位	XGMCTL（XGIE）	否	是
Vector base + 0x62		保留				
Vector base + 0x60		保留				
Vector base + 0x5E	0x2F	Periodic interrupt timer channel 4	I 位	PITINTE（PINTE4）	否	是
Vector base + 0x5C	0x2E	Periodic interrupt timer channel 5	I 位	PITINTE（PINTE5）	否	是
Vector base + 0x5A	0x2D	Periodic interrupt timer channel 6	I 位	PITINTE（PINTE6）	否	是
Vector base + 0x58	0x2C	Periodic interrupt timer channel 7	I 位	PITINTE（PINTE7）	否	是
Vector base + 0x56	0x2B	SCI7	I 位	SCI7CR2 （TIE, TCIE, RIE, ILIE）	是	是
Vector base + 0x54	0x2A	TIM timer channel 0	I 位	TIE（C0I）	否	是
Vector base + 0x52	0x29	TIM timer channel 1	I 位	TIE（C1I）	否	是
Vector base + 0x50	0x28	TIM timer channel 2	I 位	TIE（C2I）	否	是
Vector base + 0x4E	0x27	TIM timer channel 3	I 位	TIE（C3I）	否	是
Vector base + 0x4C	0x26	TIM timer channel 4	I 位	TIE（C4I）	否	是
Vector base + 0x4A	0x25	TIM timer channel 5	I 位	TIE（C5I）	否	是
Vector base + 0x48	0x24	TIM timer channel 6	I 位	TIE（C6I）	否	是
Vector base + 0x46	0x23	TIM timer channel 7	I 位	TIE（C7I）	否	是
Vector base + 0x44	0x22	TIM timer overflow	I 位	TSRC2（TOF）	否	是
Vector base + 0x42	0x21	TIM Pulse accumulator A overflow	I 位	PACTL（PAOVI）	否	是
Vector base + 0x40	0x20	TIM Pulse accumulator iuput edge	I 位	PACTL（PAI）	否	是
Vector base + 0x3E	0x1F	ADT0 Compare Interrupt	I 位	ATD0CTL2（ACMPIE）	是	是
Vector base + 0x3C	0x1E	ADT1 Compare Interrupt	I 位	ATD1CTL2（ACMPIE）	是	是
Vector base + 0x3A to Vector base + 0x18		保留				
Vector base + 0x16	—	XGATE software error interrupt	无	无	否	是
Vector base + 0x14	—	MPU Access Error	无	无	否	否

（续）

中断向量地址[①]	XGATE 通道 ID[②]	中 断 源	CCR 屏蔽	内 部 允 许	停止 唤醒	等待 唤醒
Vector base + 0x12	—	System Call Interrupt（SYS）	—	无	—	—
Vector base + 0x10	—	Spurious interrupt	—	无	—	—

① 16 位向量地址，Vector base 为中断基地址，S12XE 复位后中断基地址默认值为 0xFF。

② 关于 XGATE 通道 ID 的详细描述请参考 XGATE 使用指南。

表 2-3　S12XE 复位源及其中断矢量表

向 量 地 址	复 位 源	CCR 屏蔽	本 地 允 许
0xFFFE	上电复位（POR，power-on reset）	无	无
0xFFFE	电压低复位（LVR，low voltage reset）	无	无
0xFFFE	复位引脚信号复位（external pin $\overline{\text{RESET}}$）	无	无
0xFFFE	非法地址复位（illegal address reset）	无	无
0xFFFC	时钟监视器复位（clock monitor reset）	无	PLLCTL（CME，SCME）
0xFFFA	COP 看门狗复位（COP watchdog reset）	无	COP 速率选择

2.3.2　中断处理流程、优先级与嵌套

1. 中断处理流程

S12XE 中断处理流程是硬件和软件编程相结合的处理过程。

（1）中断请求　当 S12XE 的外部设备或者内部模块发生中断事件时，首先向 CPU 发出中断请求信号。若该中断源未被屏蔽，并且中断允许触发器被置位时，成功发出中断请求。

（2）中断响应　中断源的中断请求是随机的，S12XE 一般会在现行指令执行完成时去检测中断请求。当检测到有中断请求，且满足中断响应条件，则 S12XE 在当前指令执行结束时，进入中断响应周期，通过内部硬件自动完成以下 3 步操作：

1）关中断，即将 CCR 寄存器 I 位置 1，以禁止其他中断干扰将要执行的中断服务程序。

2）现场保护，即将断点地址和 CCR 寄存器内容推入堆栈区。

3）跳转到中断服务程序的入口地址，即将中断向量地址的内容载入 PC。

（3）中断服务程序处理　中断服务程序一般做如下处理：

1）服务中断，如清除标志位复制数据、保护现场等。

2）通过执行 CLI 指令清除 CCR 中的 I 位（这样允许高优先级别的中断请求）。

3）处理数据，完成要处理的功能，通常要求中断处理程序的设计，应力求简短。

4）通过执行 RTI 指令返回。中断服务程序的最后一条指令必须是返回指令 RTI。

S12XE 执行中断返回指令时，自动将保存在现行堆栈中的寄存器内容和断点地址弹出，使程序回到中断前的地址继续执行，即 S12XE 从中断服务程序返回而继续执行被中止的原来正常运行的程序。

2. 中断的现场保护

发生中断时，所有涉及的寄存器最好都要进行临时保护，通常保存到堆栈中。堆栈的方向是向低地址增长的。触发中断后，S12XE 由硬件自动将 CPU 寄存器（PC、IY、IX、D、CCR）按顺序压入堆栈，完成内部寄存器的保存，但并没有保存分页寄存器 PPAGE。寄存器内容保存后，

其内容保持不变。

发生中断时，一般要等待当前指令完成后才响应中断，但 S12XE 有些指令的执行周期较长，S12XE 可以在这些指令执行过程中打断当前指令，在中断完成后继续进行指令执行。但由于中断过程中曾经转向执行别的程序，所以指令队列中存入的指令将被清空。

S12XE 中断发生后的现场保护的整个过程都由硬件自动完成，用户不需要编写任何代码。

3. 中断服务程序

中断发生并进行现场断点保护后，CPU 将打断当前的操作，进入中断处理程序。S12XE 从中断向量地址读取中断处理程序的入口地址，载入 PC 指针，继而跳转到中断处理程序。

S12XE 每个中断向量指向的处理程序可以是 64KB 地址空间的任何值，这就意味着中断程序可以放在 RAM、EEPROM 或 D-Flash、Flash 的任何位置中。一般大部分程序设计只需要将中断服务处理程序放入常规的不分页 Flash 区域中。

中断处理程序要尽量简洁，条件苛刻时还需要使用汇编语言进行编写，尽量把占用时间较多的程序放在主程序中完成。

4. 中断优先级与嵌套处理

S12XE 每个可屏蔽中断请求有一个可配置的优先级，并可选定由 CPU 或 XGATE 处理。可屏蔽中断请求可以嵌套，这取决于优先级。优先级的作用只有在多个中断源同时请求中断时才能体现。默认情况下，可屏蔽中断请求不能被另一个可屏蔽中断请求所中断。为了使一个中断服务程序（ISR，interrupt service routing）可以被中断，ISR 必须明确地清除 CCR 中的 I 位。清理了 I 位后，具有更高优先级的可屏蔽中断请求中断当前 ISR。

每一个可屏蔽中断可分为 8 个优先级，支持灵活的优先级控制。对于那些被 CPU 处理的中断请求，优先级可以用于处理嵌套中断，如果一个高优先级的中断正在进行，优先级低的中断会被自动阻断。由 XGATE 模块处理配置的中断请求是不能被嵌套的，因为 XGATE 在运行时不能被中断。

系统复位后，向量地址不大于向量基地址 +0x00F2 的中断请求被使能且优先级设定为 1，并可以由 CPU 处理。不过有一例外，地址为（向量基地址 +0x0010）的伪中断向量不能被禁止，它的优先级总是为 8，且总是由 CPU 处理这个虚假的异常中断请求。若优先级为 0，则禁用相关的中断请求，如果不止一个中断请求被配置为相同的中断优先级，向量地址高的中断请求获得了优先权。

满足下列条件之一，可屏蔽中断请求必须进行处理：

1）外设模块中的中断使能位必须被置位。

2）相应的中断请求通道的配置寄存器的设置，必须符合：①XGATE 使能位必须是 0，中断请求由 CPU 处理；②优先级必须为非零；③优先级必须大于 CPU 中条件码寄存器 CCR 当前的中断级别。

3）CPU 中条件码寄存器 CCR 的 I 位必须被清零。

4）没有 SWI、TRAP 和 XIRQ 中断在等待。

需要注意：所有的非屏蔽中断请求总是比可屏蔽中断请求的优先级更高。如果一个可屏蔽中断请求被一个非屏蔽中断请求所中断，中断处理级别 IPL 不受影响。非屏蔽中断请求是可以被嵌套的。

当前的中断处理级别 IPL 是存储在 CPU 的条件码寄存器 CCR 中。这样，当前的 IPL 自动被标准中断堆栈程序压入堆栈，新的 IPL 从具有最高优先级的中断请求通道复制到 CCR，该中断请求通道是由 CPU 处理的。复制动作是在中断向量到达时发生的，先前的 IPL 通过执行 RTI 的指令而自动恢复。

2.3.3 中断的使用和配置

S12XE 的中断系统支持以下 4 种模式：

1）运行模式。这是基本的工作模式。

2）等待模式。在等待模式，XINT 模块被冻结。不过，如果中断发生或 XGATE 请求发生，CPU 将被唤醒。

3）停止模式。在停止模式，XINT 模块被冻结。不过，如果中断发生或 XGATE 请求发生，CPU 将被唤醒。

4）冻结模式（BDM 启用）。在冻结模式，中断向量基址寄存器是全局控制的。

S12XE 的中断除了 CPU 遇到软件中断 SWI 指令后必须执行、遇到非法指令立即中断不能禁止以及 XIRQ 只能一次性打开不能关闭（复位默认为关闭）外，其余各种中断在实际应用时根据需要进行相应的启用和配置，即进行中断初始化。

1. 中断屏蔽

S12XE 中 CCR 寄存器（CPU 内部的条件码寄存器）中有两个控制位与中断控制有关。中断屏蔽位 X 位专门用来控制非屏蔽中断 XIRQ 的打开与关闭。中断屏蔽 I 位专门用来控制可屏蔽中断的打开与关闭，I 位设为 0 相当于打开总中断。

2. 中断优先级控制

在 MCU 应用系统中，外部端口的某些变化会比其他中断重要得多，比如复位信号时钟异常信号等。在 S12XE 的优先级处理中，不可屏蔽中断总体要比可屏蔽中断优先级高。

实际上 6 个不可屏蔽中断也有优先级之分，高优先级中断将被优先处理。比如复位信号来临时，S12XE 都将立即响应复位信号。

不可屏蔽中断通过硬件自动实现以下递减顺序优先级：

1）上电复位或 $\overline{RESET}$ 引脚复位。

2）时钟监视复位。

3）看门狗复位。

4）非法指令陷阱。

5）软件中断（SWI）。

6）不可屏蔽外部中断 $\overline{XIRQ}$。

可屏蔽中断的优先级默认由中断向量在向量表中的排序确定，位于向量表较高位置中断向量的优先级比较低位置中断向量优先级高。但可屏蔽中断的优先级，也可通过中断请求配置数据寄存器（INT_CFDATA0 ~ CFDATA7）配合中断请求配置地址寄存器（INT_CFADDR）进行改变。中断请求配置地址寄存器（INT_CFADDR）、中断请求配置数据寄存器（INT_CFDATA0 ~ CFDATA7）和 XGATE 中断优先级寄存器（INT_XGPRIO）请参考相关手册。

3. 中断使能及方式控制

S12XE 有关中断全局管理的相关寄存器如前所述，它们占据寄存器地址区域的 0x0120 ~ 0x012F 地址，在需要改变中断的向量地址、使能、优先级时可进行初始化配置。简单应用情况下使用复位默认配置即可。

MCU 的诸多资源模块都有事件型中断功能，合理使用各个模块的中断，可以使程序更加高效、简洁。MCU 的各个模块除实现具体的功能外，一般都可以通过一个标志位使能中断，具体参见各个功能模块的寄存器设置。

现以外部中断 IRQ 初始化为例，说明中断的使能及触发方式控制，即中断的初始化过程，是通过设置外部中断控制寄存器（IRQCR）来实现的，其他功能模块的可屏蔽中断的设置类似。MCU 复位时默认外部中断 IRQ 是禁止的。如果要设定允许外部中断 IRQ、下降沿触发，则需在主程序中安排下面的初始化程序，并在整个源程序的末尾声明中断子程序的所对应的向量地址（IRQ 中断的向量地址是 0xFFF2），当然还要编写相应的中断服务子程序，C 语言主程序片段示例如下：

```
#define EnableInterrupts {_asm CLI;} //CodeWarrior 中预定义,C 程序中可直接使用
#define DisableInterrupts {_asm SEI;} //CodeWarrior 中预定义,C 程序中可直接使用
void main()
{
    IRQCR = 0xC0;                //1100 0000B,IRQ中断的初始化
    EnableInterrupts;            //开中断
    for(;;)
    {
        ...
    }
}
```

2.4　S12XE 系列 MCU 的内核

2.4.1　S12XE 系列 MCU 内核基本情况

S12XE 系列 MCU 是 16 位微控制器，内部有高速 16 位中央处理器 CPU12X 和 6 个寄存器。其内核具有以下特点：

1）16 位数据宽度支持高效算术运算和高速数学计算。

2）支持多字节指令，包括大量单字节指令，能更有效地利用 ROM 空间。

3）CPU12X 指令运行效率更高。CPU12X 能够在指令队列缓冲区中立即保存和读取至少 3B 的机器码。

4）强大的变址寻址能力。包括：堆栈指针作为变址寄存器寻址；程序计数器作为变址寄存器寻址；A、B 或 D 累加器偏移量寻址；自动先递增或先递减、后递增或后递减变址寻址。

S12XE 系列 MCU 内核的内部寄存器如图 2-7 所示。

S12XE 的内核寄存器包括：

1. 累加器 A、B（accumulator）**或 16 位累加器 D**

累加器 A、B 是 8 位通用寄存器，用于存放操作数和运算结果。读取数据时，累加器 A、B 用于存放从存储器读出的数据；写入数据时，累加器 A、B 用于存放准备写入存储器的数据。执行算术、逻辑操作时，累加器首先存放一个操作数；执行完毕时，累加器存放操作结果。累加器 A、B 是指令系统中最灵活的寄存器，各种寻址方式均可对其寻址。复位时，累加器中的内容不受影响。有些指令将累加器 A、B 组合为一个 16 位累加器 D 使用。绝大多数指令都可使用累加器 A 或 B，但也有些特殊指令 A 和 B 不能交换使用（如 ABA、SBA、CBA 和 DAA 等），必须使用指定的累加器。

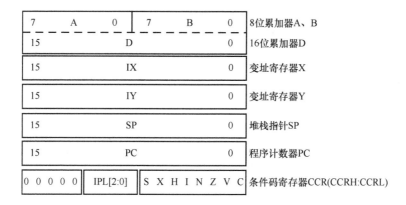

图 2-7　S12XE 系列 MCU 内核的内部寄存器

2. 变址寄存器 X、Y（index register）

S12XE 内核有两个 16 位地址寄存器 X 和 Y，称为间接寻址寄存器，简称间址寄存器或变址寄存器。一般情况下作为指针寄存器，用于多种寻址方式下的地址计算，也可用于临时存放数据或参与一些运算，只能按照 16 位方式访问。这两个变址寄存器可交替使用，不会降低执行速度或增加程序长度。

汇编语言中，数据块传送时，X 和 Y 寄存器都可自动加、减 1 ~ 16，X 寄存器常作为源地址指针，Y 寄存器常作为目的地址指针，故 X 和 Y 寄存器有时也称作指针寄存器。

当指令具有一个以上 16 位数值作为其结果时，变址寄存器也可当作累加器使用。由于 S12XE 内核的通用数据寄存器较少，因此，乘法运算时需要 X 参与，除法运算时需要 X、Y 同时参与。仅有的两条特殊的 8 位与 16 位相加指令为 B 与 X 或 Y 相加，结果分别放在 X、Y 中，实际上它们已经演变成有效地址加载指令。此外，X、Y 不再参与其他的算术运算。例如，不存在 X、Y 与存储器字之间的加、减法运算，也没有 X、Y 与 A 或 D 之间的加、减法运算。复位时，X、Y 均为 0x0000。

3. 堆栈指针（SP，stack pointer）

堆栈是在内存中专门开辟出来的、按照"先进后出，后进先出"原则进行存取的区域。堆栈指针是指向下一个栈地址的 16 位寄存器。堆栈指针作为 8 位或者 16 位的偏移量寻址中，SP 充当变址寄存器功能，CPU 利用 SP 的内容来确定操作数的地址。

4. 程序计数器（PC，program counter）

16 位程序计数器的内容决定了程序的执行顺序，用户可以读取，但不能直接写入。复位后 PC 自动回到默认状态。

S12XE 工作时，PC 始终指向指令序列中下一条要执行的指令，分支、调用或转移指令均能改变 PC 值。PC 是特殊寄存器，决定 S12XE 内核的取指地址，不能挪作他用。

PC 主要为 S12XE 内核的 CPU 服务，不能参与任何运算，但可辅助进行变址寻址操作。

5. 条件码寄存器（CCR，condition code register）

CCR 中的低 8 位包括两部分：5 个算术标志位 H、N、Z、V、C，反映上一条指令执行结果的特征（状态）；3 个 MCU 控制位，即中断屏蔽位 X 和 I 以及 STOP 指令控制位，通常由软件设定，以控制 S12XE 内核行为。复位后，X、I 位均为 1，即屏蔽系统中断。除 C、H 位，其他各位不参与运算。

上述各位含义如下：

1）C：进位/借位标志。当加法运算产生进位或减法运算产生借位时，C = 1，否则，C = 0。此外，乘法、除法、移位操作或 C 语言相关指令也会改变 C 的值。

2）V：溢出标志。算术运算后，若出现补码运算溢出，则 V = 1；若无溢出，V = 0。

3）Z：零标志。算术运算、逻辑运算、比较、加载、存入等指令执行后，若操作结果为 0 时，Z = 1，否则，Z = 0。

4）N：符号位标志。当运算结果为负时，则 N = 1。N 位表示运算结果最高位，算术或逻辑运算后，或者比较、加载、存入操作后，将 N 置为最高位。N 位主要用于二进制补码运算中，负数的最高位是 1，正数的最高位是 0。当运算结果最高位是 1 时，则 N = 1。

5）H：辅助进位（半进位）标志。加法过程中，若累加器 A 中的第 3 位向第 4 位产生进位，则 H = 1；否则，H = 0。H 位仅仅由累加器 A 和 B 的加法指令 ABA、不带进位加法指令 ADD 和带进位加法指令等改变。H 标志位主要用于 BCD 码运算，十进制调整指令 DAA 利用 H 标志位将累加器 A 中的结果调整为 BCD 码。

6）I：可屏蔽中断位。I 位是全局中断屏蔽控制位，用于禁止或允许所有可屏蔽中断源，这些中断源包括外部中断和片内中断请求。当 I = 1 时，禁止可屏蔽中断请求；当 I = 0 时，允许可屏蔽中断请求。

7）X：非屏蔽中断位。X 位用于屏蔽来自引脚的外部中断请求。当 X = 1 时，禁止外部中断请求；当 X = 0 时，允许外部中断请求。

8）S：STOP 指令屏蔽位。当 S = 1 时，禁止执行 STOP 指令；当 S = 0 时，允许执行 STOP 指令。STOP 指令将关闭 MCU 时钟信号，令振荡器停止工作，MCU 处于低功耗工作模式。若该位置为 1，若遇到 STOP 指令，则作为 NOP 指令处理。复位时 S = 1。

CCR 的高 8 位中还有 IPL [2:0] 位，这些位允许中断嵌套，但限制同级或低级嵌套，IPL 位通过标准中断栈处理程序放进栈中，新的 IPL 位通过高优先权的最高级别中断请求通道，复制到 CCR 中。当接到中断矢量时开始复制，通过执行 RTI 指令先前的 IPL 被自动重新保存。

2.4.2　S12XE 的寻址方式、指令集和汇编语言程序设计

寻址方式是指 CPU 在执行指令时确定操作数所在单元地址的方式。在 MCU 中，指令是对数据的操作，通常把指令中所要操作的数据称为操作数。CPU 所需的操作数可能来自寄存器、指令代码或存储单元，CPU 在执行指令时（NOP 指令除外），都要先找到操作数的地址，从中得到内容，然后再完成相应的动作。显然，寻址方式越多，指令系统的功能就越强、灵活性越大。

S12XE CPU 指令共可综合为 9 种寻址方式。

1. 隐含寻址

指令本身已经隐含了操作数所在地址的寻址方式，指令的操作数隐含在助记符中或无需操作数，这类指令一般为单字节指令。例如，ROLA、PSHB、INX 等指令，操作数隐含分别是 CPU 寄存器 A、B、X 中；NOP 指令无需操作数。

2. 立即寻址

指令的操作数在指令中立即给出，在汇编语言中用"#"号代表一个立即数。立即寻址类指令常用于给寄存器赋值。如：

```
LDDA #$BF          ;将十六进制数 BF 立即装载到 A 中
LDX #1234          ;将十进制数 1234 立即装载到 X 中
```

3. 直接寻址

直接寻址又叫零页寻址，指令中直接给出操作数的地址。这种方式可以直接访问存储器空间中 $00000 \sim $00FF 段的 256 个单元，直接寻址方式默认的地址高 8 位为 $00，指令中只需给出单字节地址。在 S12X 单片机默认的存储器地址分配中，这一段是 I/O 寄存器地址，因此访问这些 I/O 寄存器可以使用直接寻址。如：

```
LDAA $55           ;将 8 位地址 $0055 单元的内容装载到 A 中
```

4. 扩展寻址

扩展寻址与直接寻址类似，指令中给出操作数地址，只是这时的地址是 16 位地址，可以寻址整个 64KB 地址空间，寻址范围远大于立即寻址方式。如：

```
LDAA $200A         ;将 16 位地址 $200A 单元的内容装载到 A 中
```

5. 相对寻址

相对寻址只用于转移指令，用于程序跳转和子程序调用。在程序中写出需要跳转的目的地址的标号，汇编语言程序会自动计算出相对转移地址并完成跳转。如：

```
BRA LABEL          ;无条件跳转到 LABEL 标号的地址处
BRA *              ;无条件跳转到当前地址（*），此语句实现原地等待
BCC DONE           ;如果 C 标志为 0，则跳转到 DONE 标号的地址处
```

6. 变址寻址

变址寻址方式以变址寄存器 X、Y 或者 SP、PC 寄存器的内容为基址，再加上或减去一个偏移量，作为操作数的最终地址。这个偏移量可以是 5 位（ $-16 \sim 15$ ）、9 位（ $-256 \sim 255$，IDX1）或 16 位（ $-32768 \sim 32767$，IDX2）常数，也可以是 0，对应指令的占用字节数分别为 2B、3B 和 4B，功能相同。如：

```
STD 7,X            ;5 位常数偏移量，偏移量为 7
                   ;X 寄存器内容加上 7 作为地址，2B 的 D 内容存储到这里
                   ;其中，低地址字节存 D 的 A，高地址字节内容存 D 的 B
LDAA 0,X           ;5 位常数偏移量，偏移量为 0
                   ;X 寄存器内容作为地址，其指向单元的内容装载到 A
LDAB -$FA,PC       ;9 位常数偏移量，偏移量为 -$FA
                   ;PC 寄存器内容减去 $FA 作为地址，其指向单元的内容装载到 B
LDAA 1000,X        ;16 位常数偏移量，偏移量为 1000
                   ;X 寄存器内容加 1000 作为地址，其指向单元的内容装载到 A
```

7. 累加器变址寻址

累加器变址寻址也简称 IDX，这种变址寻址的偏移量来自累加器 A、B 或 D，基址寄存器内容加上这个无符号偏移量构成操作数的地址。如：

```
LDAA D,X           ;将 X 值加上 D 值作为地址，其指向单元的内容装载到 A
LDAD A,Y           ;将 Y 值加上 A 值作为地址，其指向的连续两个单元的内容装载到 D
```

8. 自加自减的变址寻址

有附带功能的变址寻址，这种寻址方式提供 4 种方式（先加、先减、后加、后减）自动改

变变址寄存器值,加、减数值的范围是 1 ~ 8,然后确定操作数的地址。变址寄存器可以是 X、Y 和 SP,这种变址寻址对于连续数据块的操作十分方便,适合字节、字、双字、四字变量的快速定位。如:

```
STAA 1,-SP          ;SP 寄存器先减 1,然后将 A 内容存储到 SP 指向的单元
                    ;等效于入栈指令 PSHA
LDX 2,SP +          ;SP 指向的字内容先装载到 X 寄存器,然后 SP 寄存器加 2
                    ;等效于出栈指令 PULX
MOVW 2,X +,4, + Y   ;X 寄存器内容指向的字数据传送到 Y + 4 指向的地址单元
                    ;传送后 X 自动后加 2,传送前 Y 已经自动先加 4
```

9. 间接变址寻址

该寻址方式将变址寄存器的值加上一个 16 位偏移量或累加器 D 的值,形成一个地址,该地址中的内容并不是实际操作数,该地址中所存放的内容才是最终操作数的有效地址。如:

```
LDAA [1000,X]       ;((1000 +X))→A
                    ;X +1000 的地址单元内容作为地址,其指向内容装载到 A
LDAA [D,Y]          ;((D+Y))→A
                    ;Y + D 的地址单元内容作为地址,其指向内容装载到 A
```

以上寻址方式中,变址寻址相当于 C 语言中的指针操作,间接变址寻址则相当于 C 语言中的 "指针的指针"。变址寻址方式的通常表象是:如果指令操作码后面跟的操作数是变址寄存器 X、Y 或者 SP、PC 寄存器,那么该指令的寻址方式就是变址寻址 (LEA 指令除外),X、Y、SP、PC 用作指针。

此外,如果把一个 16 位数写入存储器,则高 8 位在存储器低地址处,低 8 位在存储器高地址处。Freescale 公司的 CPU 对于 16 位、32 位数据与存储器字节的对应关系都是规定为高位低地址、低位高地址,这和 Intel 公司的规定正好相反,Intel 公司 CPU 系列使用高位高地址、低位低地址的方式。

按照操作类别 S12XE CPU 的常用指令大致可以分为数据传送类指令、算术运算类指令、逻辑运算类指令、程序控制类指令、CPU 控制类指令、中断类指令、全局读写指令和其他指令。每一类别中又有很多小类和多种指令,指令条数繁多,还涉及各种寻址方式,难以一一尽述。考虑到 S12XE 嵌入式系统实际应用,大都采用 C 语言编程开发,使用者也并不需要完全掌握指令集。但对于需要采用汇编语言进行 S12XE 应用程序开发的程序员,则需要全面掌握 S12XE 的指令集,以及各指令的功能、特点和使用方法,建议查阅、参考其他相关资料。

2.4.3 关于 prm 文件

1. prm 文件组成结构

按所含的信息 prm 文件有五个组成部分:

1) NAMES...END 部分用以指定在连接时加入除本项目文件列表之外的额外的目标代码模块文件,这些文件都是事先经 C 编译器或汇编器编译好的机器码目标文件而不是源代码文件。

2) SEGMENTS...END 部分定义和划分芯片所有可用的内存资源,包括程序空间和数据空间。一般将程序空间定义成 ROM,把数据空间划分成第 0 页的 .Z_RAM. 和普通区域的 .RAM.,

但实际上这些名字都不是系统保留的关键词，可以由用户随意修改。用户也可以把内存空间按地址和属性随意分割成大小不同的块，每块可以自由命名。

3）PLACEMENT... END 部分将指派源程序中所定义的各种段，如数据段 DATA_SEG、CONST_SEG 和代码段 CODE_SEG 被具体放置到哪一个内存块中，它是将源程序中的定义描述和实际物理内存挂钩的桥梁。

4）STACKSIZE 定义系统堆栈长度，其后给出的长度字节数可以根据实际应用需要进行修改。堆栈的实际定位取决于 RAM 的划分和使用情况。在常见的 RAM 线性划分变量连续分配的情况下，堆栈将紧挨在用户所定义的所有变量区域的高端。但如果将 RAM 区分成几个不同的块，应确保其中至少有一个块能容纳已经定义的堆栈长度。

5）VECTOR 定义中断向量入口地址。模板在生成 prm 文件时已经定义了复位向量的入口地址。对于各类中断向量用户必须自己按向量编号和中断服务函数名相关联，如果中断函数的定义是用 interrupt 加上向量号，则无需在此重复定义。

2. 内存划分的具体方式

由 SEGMENTS 开始到 END 为止，中间可以添加任意多行内存划分的定义，每一行用分号结尾。定义行的语法形式为：

［块名］=［属性］［起始地址］TO ［结束地址］；

其中，块名的定义和 C 语言变量定义相同，是以英文字母开头的一个字符串。属性可以有三种不同的类型。对于只读的 Flash-ROM 区，其属性一定是 READ_ONLY，对于可读写的 RAM 区，其属性可以是 READ_WRITE，也可以是 NO_INIT。它们两者的关键区别是 ANSI-C 的初始化代码会把定位在 READ_WRITE 块中的所有全局和静态变量自动清零，而 NO_INIT 块中的变量将不会被自动清零。对于 MCU 系统，变量在复位时不被自动清零这一特性有时是很关键的。

起始地址和结束地址决定了一内存块的物理位置，用十六进制表示。

3. prm 文件实例

关于 prm 文件的具体内容可扫描文中二维码获取。

prm 文件

2.5 S12XE 最小系统硬件设计

2.5.1 S12XEP100 最小系统

S12XEP100 芯片的最小系统包括电源电路、复位电路、晶振电路、BDM 调试接口电路、PLL 电路等，如图 2-8 所示，图中也给出了外围元器件的参考取值，以及一个连接在 PK4 口上的 LED 指示灯。

MCU 芯片外部供电电压 VCC 为 +5V，供给 VDDR、VDDX1、VDDX2 及 VDDA、VRH。电源电路部分的电容 CA2、CA3、CA8～CA10、CA12～CA14 构成滤波电路，可以改善系统的电磁兼容性，降低电源波动对系统的影响，增强电路工作稳定性。为保证模拟电路部分不受数字电路输出干扰，在模拟电源端串接了小电感 LA1 和 LA2。

复位电路实现了上电复位和按键复位操作，$\overline{RESET}$ 低电平起效。正常工作时，复位引脚通过上拉电阻 RA7 接到电源正极，对应为高电平。系统上电时，$\overline{RESET}$ 由低到高自动复位；若按下复位按钮 SA1，则 $\overline{RESET}$ 引脚接地（低电平），芯片复位。

晶振电路与 BDM 电路采用前述的 S12XE 标准接法时，其中的 RA8 电阻也可以不接。JA6 是

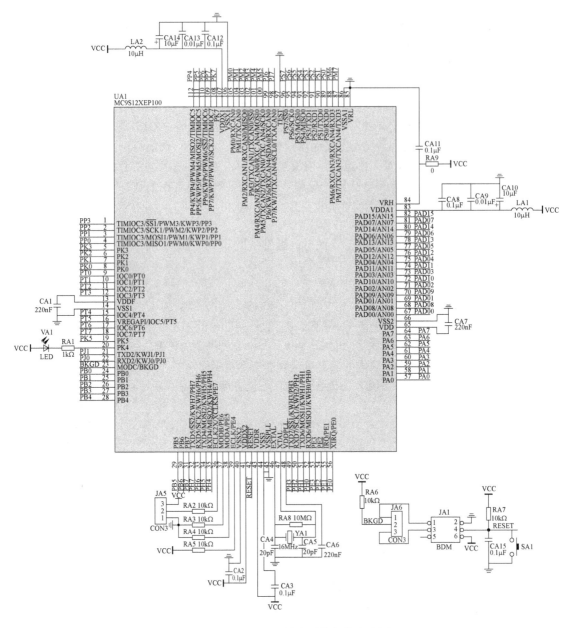

图 2-8　S12XEP100 最小系统硬件电路图

为了适应某些国内生产的 BDM 调试器（引脚定义上有差异）而设置 BDM 连接器（JA1）的跳线。RA6 作为上拉电阻，确保 MCU 在非 BDM 模式时处于普通单片运行模式。

片内的 PLL 电路兼有频率放大和信号提纯的功能，使系统可以以较低的外部时钟信号获得较高的系统工作频率，以降低因高速开关时钟所造成的高频噪声。VDDPLL 引脚由单片内部提供 1.8V 电压。

为使系统的电磁兼容性得到保证，必须：

1）晶振应尽量靠近 MCU 时钟输入引脚，晶振外壳要接地。

2）尽量让时钟信号回路周围电场趋近于零。用地线将时钟区圈起来，时钟线要尽量短。

3）晶振以及对噪声特别敏感的器件下面不要走线。

4）锁相环 PLL 的滤波电路要尽量靠近 MCU。

5）每个电源端和接地端都要至少接一个去耦电容，并尽量靠近 MCU 对应引脚。

2.5.2　振荡器和时钟电路

系统时钟是 MCU 工作的基础，S12XE 的系统时钟信号由时钟振荡电路产生，并由时钟和复位发生器（CRG）模块管理，形成内核和外设所需的各种内部时钟信号，其产生与供给情况如图 2-9 所示。系统时钟将决定或影响整个 MCU 的工作频率，MCU 内部的所有时钟信号都来源于 EXTAL 引脚，也为 MCU 与其他外接芯片之间的通信提供了可靠的同步时钟信号。

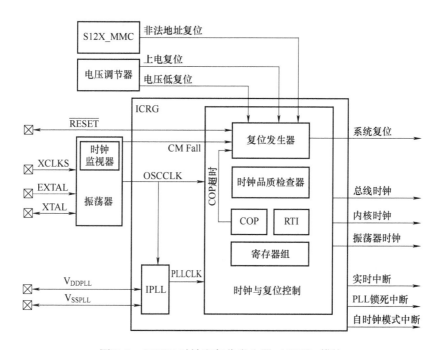

图 2-9　S12XE 时钟和复位发生器（CRG）模块

晶体振荡器有无源晶振和有源晶振两种类型。有源晶振需要外接电源。无源晶振为两个引脚的无极性元件，借助于振荡电路产生振荡时钟信号，自身无法起振。S12XE 的 $\overline{\text{XCLKS}}$（PE7）引脚是晶振电路类型选择引脚，在有效复位信号的上升沿被检测。当 $\overline{\text{XCLKS}}$ =1 时，选用内部环路控制型皮尔兹（Pierce）振荡器连接；当 $\overline{\text{XCLKS}}$ =0 时，选择全振荡型皮尔兹振荡器连接或外接时钟电路。皮尔兹振荡器是一种常用的石英晶体振荡器。

S12XE 由于 $\overline{\text{XCLKS}}$ 引脚有内部上拉，若该引脚不外接电路（悬空），则复位时 $\overline{\text{XCLKS}}$ 默认为 1，使用内部环路控制 Pierce 振荡器类型，如图 2-10 所示。时钟电路的外接电容 C_1、C_2 的取值和晶振类型、参数有关，典型值为 16pF 和 25pF。为减少高频噪声干扰，振荡电路的地应连接在 V_{SSPLL} 上。当 $\overline{\text{XCLKS}}$ 设为 0，可采用如图 2-11 所示的全摆幅 Pierce 振荡器时钟电路。

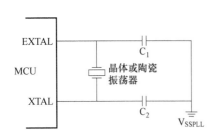

图 2-10　内部闭环控制 Pierce 振荡器时钟
电路（$\overline{\text{XCLKS}} = 1$）

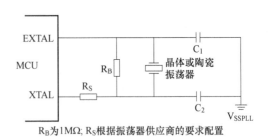

R_B为1MΩ; R_S根据振荡器供应商的要求配置

图 2-11　全摆幅 Pierce 振荡器时钟
电路（$\overline{\text{XCLKS}} = 0$）

S12XE 在内部集成了完整的振荡电路，XTAL 和 EXTAL 分别为振荡器的输出和输入引脚，XTAL 和 EXTAL 引脚可接入一个石英晶体或陶瓷振荡器。如果将 S12XE 的 XTAL 引脚悬空，则内部振荡器停止工作，应通过 EXTAL 引入 CMOS 兼容的外部时钟信号，如图 2-12 所示。

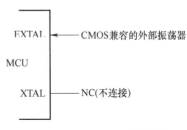

　　总线时钟（BUSCLK）是整个 MCU 系统的定时基准和工作同步脉冲，其频率固定为供给时钟频率的 1/2。当使用复位默认的时钟选择时，MCU 时钟源直接来自外部晶振，此时总线频率就是晶振时钟（OSCCLK）频率的 1/2，例如，当晶振频率为 16MHz 时，总线时钟频率为 8MHz。当然，

图 2-12　外部时钟电路（$\overline{\text{XCLKS}} = 0$）

MCU 总线时钟还可以选择使用锁相环时钟（PLLCLK），以获得更高的总线频率。

2.5.3　系统复位与时钟选择

1. 复位功能

　　S12XE 共有 5 种复位情况，分别是上电复位、低电压复位、外部复位、看门狗复位和时钟监视复位。系统复位后，MCU 各个寄存器和控制位都被预置到默认状态，也有很多内部资源不进行预置，保持复位前一刻的状态，尤其是内部 RAM 和 NVM（non-volatile memory，非易丢失存储器）不受复位影响。

　　S12XE 在响应各种外部或侦测到的内部系统故障时可进行系统复位，系统复位的用途是错误恢复。

　　（1）上电复位、低电压复位　当 MCU 内部检测电路发现电源端 VDD 引脚出现正跳变或电压过低时，MCU 自动进入复位过程。S12XE 上电时，会引发一个已知的、确定的复位启动。

　　（2）外部复位　S12XE MCU 配备一个标记为$\overline{\text{RESET}}$的低电平有效复位引脚，当该引脚电压为低时触发复位。

　　（3）看门狗（COP）复位　COP 系统允许 S12XE 检测软件执行故障。通常 COP 在软件开发过程中是关闭的。COP 系统包含一个用户设置的倒计数定时器，若定时器过期，则触发一个系统复位。为了防止定时器过期，执行程序必须在倒计数定时器失效前向其中顺序写入 0x55 和 0xAA。若程序陷入一个循环，它将不能发送上述信息，因此将产生 COP 复位。

　　（4）时钟监视复位　S12XE 内部集成的时钟监视电路，专门负责监视系统时钟是否正常，为 MCU 限定了一个最低工作频率。如果系统时钟频率低于某个预设值或时钟停止时，将强制触发系统复位。如果确实需要在低时钟频率下工作，则可以关闭时钟监视功能。

2. 时钟选择

MCU 工作的总线时钟频率（f_{BUS}）可以使用默认的外部晶振频率（f_{OSC}），也可以选择使用来自内部的锁相环时钟频率（f_{PLL}），以获得更高的总线时钟频率。此时，需要在 MCU 最开始初始化时设置时钟合成寄存器和时钟分频寄存器，以确定锁相环时钟频率。然后设置时钟选择寄存器的控制位 PLLSEL $= 1$，则总线时钟频率选定锁相环时钟频率（$f_{BUS} = f_{PLL}/2$），而不用复位默认的外部晶振频率（$f_{BUS} = f_{OSC}/2$）。

$$f_{VCO} = 2 \times f_{OSC} \times (SYNDIV + 1)/(REFDIV + 1) \tag{2-1}$$

式中，f_{VCO} 为压控振荡器频率（Hz）；SYNDIV 为时钟合成分频系数值；REFDIV 为时钟参考分频系数值。

$$f_{PLL} = f_{VCO}/(2 \times POSTDIV) \tag{2-2}$$

一般默认 POSTDIV $= 0$ 时，$f_{PLL} = f_{VCO}$。

如 S12XEP100 配用 16MHz 外部晶振频率时，若将 SYNDIV 设为 2，REFDIV 设为 1，即可得到 $f_{PLL} = 48MHz$ 的锁相环时钟频率和 $f_{BUS} = 24MHz$ 的总线频率。

3. 相关寄存器

S12XE MCU 的时钟、复位和 WDT、CM 的操作控制需要设置一些基本的寄存器，下面是涉及的各个寄存器描述。

（1）时钟合成寄存器——SYNR　如图 2-13 所示。

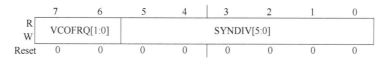

图 2-13　时钟合成寄存器——SYNR

VCOFRQ [1:0]：压控振荡器频率范围选择因子，与 f_{VCO} 范围有关，目的是保证时钟锁相稳定。其在 f_{VCO} 为 32 ~ 48MHz 时，设为 00；f_{VCO} 为 48 ~ 80MHz 时，设为 01；f_{VCO} 为 80 ~ 120MHz 时，设为 11；10 值保留未用。该寄存器任何时候可读，当 PLLSEL $= 1$ 时，不可写入，其他情况均可写入。

SYNDIV [5:0]：锁相环时钟的合成分频参数，与时钟参考分频寄存器配合决定锁相环产生的时钟频率。

（2）时钟参考分频寄存器——REFDIV　如图 2-14 所示。

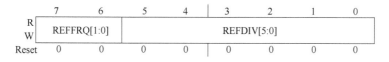

图 2-14　时钟参考分频寄存器——REFDIV

REFFRQ [1:0]：参考频率范围选择，与 f_{REF} 范围有关，目的是保证时钟锁相稳定，这里 $f_{REF} = f_{OSC}/(REFDIV + 1)$。$f_{REF}$ 为 1 ~ 2MHz 时，设为 00；f_{REF} 为 2 ~ 6MHz 时，设为 01；f_{REF} 为 6 ~ 12MHz 时，设为 10；$f_{REF} > 12MHz$ 时，设为 11。该寄存器任何时候可读，当 PLSEL $= 1$ 时，不可写入，其他情况均可写入。

REFDIV [5:0]：锁相环时钟的参考分频参数，与时钟合成寄存器配合决定锁相环产生的时钟频率。

（3）时钟后分频寄存器——POSTDIV　如图2-15所示。

图2-15　时钟后分频寄存器——POSTDIV

POSTDIV [4:0]：提供锁相环时钟的后分频参数，与f_{VOC}配合决定锁相环产生的最终时钟频率，$f_{PLL} = f_{VOC}/(2 \times POSTDIV)$。当POSTDIV的值为0，则认为$f_{PLL} = f_{VOC}$。

（4）时钟和复位模块标志寄存器——CRGFLG　如图2-16所示。

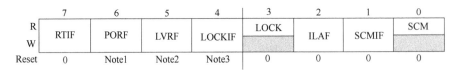

图2-16　时钟和复位模块标志寄存器——CRGFLG

RTIF：实时中断（RTI）标志位。0为未发生实时中断；1为发生实时中断。

PORF：上电复位标志位。0为未发生上电复位；1为发生上电复位。

LVRF：低压复位发生标志，写1清零。0为低压复位未发生；1为低压复位发生。

LOCKIF：锁相环中断标志位。0为锁相环锁定位未发生变化；1为锁相环锁定位发生变化时，产生中断请求。

LOCK：锁相环频率锁定标志位。0为锁相环频率未锁定；1为锁相环频率已锁定。

ILAF：非法地址复位标志，写1清零。0为非法地址访问复位未发生；1为非法地址访问复位发生。

SCMIF：自给时钟中断标志位。0为SCM位未发生变化；1为SCM位发生变化。

SCM：自给时钟状态位。0为系统靠外部晶振正常工作；1为外部晶振停止工作，系统靠自给时钟工作。

（5）时钟和复位模块中断使能寄存器——CRGINT　如图2-17所示。

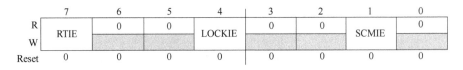

图2-17　时钟和复位模块中断使能寄存器——CRGINT

RTIE：实时中断（RTI）使能位。0为实时中断无效；1为一旦RTIF=1，即发出中断请求。

LOCKIE：时钟中断使能位。0为时钟中断无效；1为一旦LOCKIF=1，即发出中断请求。

SCMIE：自给时钟模式中断使能位。0为自给时钟模式中断无效；1为一旦SCMIF=1，即发出中断请求。

（6）时钟选择寄存器——CLKSEL　如图2-18所示。

PLLSEL：选定锁相环位。0为选定外部时钟，$f_{BUS} = f_{OSC}/2$；1为选定锁相环时钟，$f_{BUS} = f_{PLL}/2$。

PSTP：选定伪停止位。0为伪停止模式下振荡器停止；1为伪停止模式下振荡器工作。

XCLKS：时钟配置状态位，只读。0为环路控制晶振选择标志；1为外部时钟或全振荡晶振

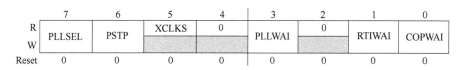

图 2-18　时钟选择寄存器——CLKSEL

选择标志。

PLLWAI：等待模式下锁相环停止工作位。0 为等待模式下锁相环正常工作；1 为等待模式下锁相环停止工作。

RTIWAI：等待模式下实时时钟停止工作位。0 为等待模式下实时时钟正常工作；1 为等待模式下实时时钟停止工作。

COPWAI：等待模式下看门狗时钟停止工作位。0 为等待模式下看门狗时钟正常工作；1 为等待模式下看门狗时钟停止工作。

（7）锁相环控制寄存器——PLLCTL　如图 2-19 所示。

图 2-19　锁相环控制寄存器——PLLCTL

CME：时钟监视使能位。0 为时钟监视禁止；1 为时钟监视使能。

PLLON：锁相环电路使能位。0 为锁相环电路禁止；1 为锁相环电路使能。

FM1、FM0：频率调制控制位。00 为关闭；01 为幅度频率比变化 ±1%；10 为幅度频率比变化 ±2%；11 为幅度频率比变化 ±4%。

FSTWKP：快速唤醒使能位。0 为关闭快速唤醒；1 为使能快速唤醒。

PRE：实时中断控制位。0 为实时中断禁止；1 为实时中断使能。

PCE：看门狗使能位。0 为看门狗禁止；1 为看门狗使能。

SCME：自给时钟方式使能位。0 为探测到外部晶振失效时，进入自给时钟方式；1 为探测到外部晶振失效时，产生复位信号。

（8）看门狗控制寄存器——COPCTL　如图 2-20 所示。各位均随时可读。写时：WCOP、CR2、CR1 和 CR0 位在用户模式只能写一次，在特殊模式随时可写；但 RSBCK 位只能写一次。

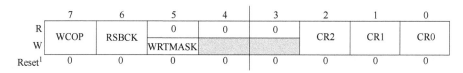

图 2-20　看门狗控制寄存器——COPCTL

WCOP：COP 窗口模式位。0 为 COP 正常模式，窗口模式无效；1 为 COP 窗口模式有效。

RSBCK：COP 和 RTI 在 BDM 模式下停止使能位。0 为 COP 和 RTI 在 BDM 模式下继续有效；1 为 COP 和 RTI 在 BDM 模式下停止。

WRTMASK：WCOP、CR［2:0］写屏蔽位。0 为 WCOP、CR［2:0］写有效；1 为 WCOP、

CR [2:0] 写无效。

CR [2:0]：看门狗溢出时间选择位。000 为无效；001 为 2^{14}；010 为 2^{16}；011 为 2^{18}；100 为 2^{20}；101 为 2^{22}；110 为 2^{23}；111 为 2^{24}；对应的溢出周期数是振荡周期 OSCCLK 被 CR [2:0] 位分频后的周期数量。CR [2:0] 写入非 0 值，启动 COP 功能。如果看门狗溢出，则引起系统复位。为避免看门狗引起复位，必须周期性初始化 COP 定时器，即向 ARMCOP 寄存器写入数据。

(9) 看门狗定时器加载/复位寄存器——ARMCOP 该寄存器写入数据后重新开始看门狗周期，通常应周期性写入数据防止看门狗溢出复位。必须遵守"向 ARMCOP 寄存器先写入 0x55，后写入 0xAA"，两次写操作之间可以执行其他指令，但均应在溢出时间内完成，否则会触发看门狗溢出复位。如果使用 BDM 方式进行程序调试，这时 COP 默认被禁止，不会影响调试。但如果采用单步、断点等调试方式，看门狗可能频繁溢出，此时程序里应先关闭 WDT，待调试结束后再使 WDT 有效。

4. 初始化锁相环程序代码

```
#define BUS_CLOCK    32000000        //总线频率
#define OSC_CLOCK    16000000        //晶振频率
/*---初始化锁相环---*/
void INIT_PLL(void)
{
    CLKSEL &=0x7f;                   //设置 OSCCLK 为系统时钟
    PLLCTL &=0x8F;                   //失能 PLL 电路
    CRGINT &=0xDF;
    #if(BUS_CLOCK ==40000000)
      SYNR =0x44;
    #elif(BUS_CLOCK ==32000000)
      SYNR =0x43;
    #elif(BUS_CLOCK ==24000000)
      SYNR =0x42;
    #endif
    REFDV =0x81;                     //f_PLL = 2 × OSCCLK × (SYNR[5:0] +1)/(REFDV
                                     //  [5:0] +1) = 64MHz, f_bus = 32MHz
    PLLCTL =PLLCTL|0x70;             //使能 PLL 电路
    asm NOP;
    asm NOP;
    while(!(CRGFLG&0x08));           //PLLCLK 已锁定
    CLKSEL |=0x80;                   //设置 PLLCLK 为系统时钟
}
```

5. 看门狗程序代码

```
#include <hidef.h>              /* 通用定义和宏 */
#include "derivative.h"         /* 导出定义 */
void INIT_COP(void)             //初始化看门狗
{
```

```
        COPCTL = 0x07;                //CR[2:0] = 111——2²⁴,设置看门狗复位间隔为
                                           2²⁴/(16*10⁶) = 1.048576s
}
void delay(void)                      //延时函数
{
    unsigned int i;
    for(i = 0;i < 50000;i ++);
}
void main(void){                      //主函数
    DisableInterrupts;
    INIT_COP();
    delay();
    EnableInterrupts;
    for(;;)
    {
        _FEED_COP();                  //喂狗函数
        delay();
    }
}
```

2.5.4 S12XE 系列 MCU 型号

在汽车嵌入式系统设计时，必须根据使用环境、应用规模等选定 MCU 型号。S12XE 系列 MCU 型号定义如图 2-21 所示，由 8 部分组成。

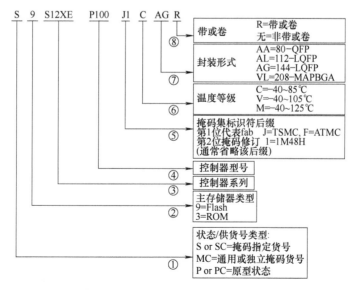

图 2-21 S12XE 系列 MCU 型号定义

◉ 第 3 章

汽车嵌入式系统软件设计基础

本章讲解汽车嵌入式系统软件开发流程和开发方法。分别介绍基于代码和基于模型的嵌入式系统软件开发方法。考虑到 C 语言是嵌入式系统软件开发中使用最广泛的编程语言，本章简明扼要地讲解了面向嵌入式系统的 C 编程语言，介绍了时间片轮询法的嵌入式软件 C 语言程序设计框架。围绕 S12XE 的应用开发，介绍了 S12XE 集成开发环境 CodeWarrior IDE 的使用方法，以及在 CodeWarrior IDE 环境下的 C 语言编程要点。

3.1 汽车嵌入式系统的软件基础

3.1.1 MCU 开发的编程语言

嵌入式系统软件的要求与通用计算机软件的要求差异较大。通用计算机软件强调通用性，几乎与硬件没有关联，可以运行于不同的通用计算机。而嵌入式系统的软件运行于特定硬件平台，生成的机器语言依赖于实际的硬件系统。

嵌入式系统开发的常用编程语言有汇编语言和 C 语言。用汇编语言编写程序，更适合程序存储器和数据存储器规模较小的单片机（如 MSC-51 系列 MCU），汇编语言程序可以被编程者优化，而不是由编译器优化，但程序的安全性和执行速度受编程者水平限制，不过总体上执行速度比 C 语言快，代码占用程序存储器空间比 C 语言要小。学习汇编语言编程有利于更好地理解 MCU 的结构与原理，但是，汇编语言程序存在指令难记、指令功能弱、编程效率低等缺点。

在较复杂的嵌入式系统中，汇编语言很难胜任程序的开发，通常采用 C 语言之类的中级语言。C 语言具有较好的学习性，编译时的优化由编译器管理，一般不受编程者水平限制。C 语言具有广泛的库程序，是嵌入式系统中应用最广泛的编程语言，更适合程序存储器和数据存储器规模较大的 MCU。

近年来，随着基于模型的软件开发（MBD）技术的兴起，嵌入式系统软件的开发也逐渐从基于编程语言的代码式开发模式中摆脱出来，可以借助工具软件完成控制模型的搭建和算法实现，并由工具软件自动生成目标程序代码。

3.1.2 嵌入式系统软件开发

1. 嵌入式系统软件的功能及其特点

与基于 PC 的软件相比，基于嵌入式系统的软件在以下功能上存在非常突出的特点。

（1）系统启动 一旦复位信号有效后，处理器就从程序空间特定的地址开始运行程序空间中的程序。首先需运行初始化程序，对处理器和各种硬件资源进行初始化设置。系统复位后的初始化非常重要，因为涉及输出端口的状态，影响到对执行器的控制。

（2）控制硬件　嵌入式系统程序员经常需要编写一些直接控制外设的代码，对于不同的计算机体系结构，设备可能是端口映射（I/O与存储器独立编址），或者是内存映射（I/O与存储器统一编址）。

如果系统采用I/O与存储器独立编址，因为C语言没有真正的"端口"概念，开发人员可能只能使用汇编语言完成实际操作。如果系统采用I/O与存储器统一编址，访问I/O端口与访问存储器方法相同，只是需要对I/O进行地址的绝对定位。

通常，特定MCU的C语言编译器提供了针对该MCU硬件操作的专有函数。在生成目标代码时，这些专有函数会被该MCU的汇编语言操作所取代。这些专有函数可使编程人员免于使用内嵌式汇编语言编程。

（3）按位操作　嵌入式系统编程经常需要操作硬件寄存器的某个二进制位。在大多数情况下，最好的方法是读出整个寄存器值，改变二进制位，然后把整个值再写回到设备寄存器中。尽管在大多数情况下可以放心使用这种"读-改-写"的方法，但在一些设备中，读操作可能会引起一些副作用，如清除了没来得及处理的中断。如果从寄存器读出会引发这种情况，那么程序就必须使用影子寄存器（shadow register），它定义为一个用于保存设备寄存器内容的变量。在这种情况下更改一个二进制位的基本步骤应为：读出影子寄存器；修改影子寄存器；保存影子寄存器；将新值写到设备。

（4）软件要求固态化存储　为了提高系统可靠性，嵌入式系统的软件一般都固化在存储器芯片或MCU内部的ROM或Flash中，而不是存储于磁盘等载体中。

为了节省宝贵的程序存储器空间，满足实时性要求，要求程序编写和编译工具的质量要高，尽可能缩短程序代码长度，提高程序执行速度。

（5）软件的执行速度和代码效率　在多任务嵌入式系统中，由于不同任务的实时性要求是有差异的，需要进行统筹兼顾、合理调度，确保每个任务及时执行。单纯通过提高处理器速度的手段无法完成上述任务且没有效率，这种任务调度只能通过优化程序代码和编译系统软件来完成。开发人员在使用C语言或汇编语言编程时，需要注意节约存储空间和缩短执行时间。常用方法有：

1）如果中断服务程序（ISR，interrupt service routines）或其他例程有严格的时序要求限制时，应考虑用汇编语言编写。

2）在很多情况下，如果是通过指针而不是变量的引用来执行操作，编译器就能生成占用空间更少并且运行速度更快的代码。

3）如果某个函数多次操作同样的变量，或者逐个访问某个数组的成员变量，通过指针进行访问通常会生成更有效率的代码。

（6）中断与中断服务程序　采用轮询法处理事件时，嵌入式系统处理器需要花费时间对事件触发条件进行轮询和等待，严重影响系统的运行效率。中断可以很好地解决这个问题。从概念上讲，一个ISR只是编写的一小段代码。外设发出中断信号到处理器的中断输入，如果处理器能接收这个中断，它就开始执行硬件ISR响应周期。

尽管在所有的计算机体系结构中，中断的切换机制是相同的，但不同的处理器在实现细节上（如中断屏蔽、中断优先级、中断入口的获取、处理器如何进行现场的保护和恢复等）还是会有一些差异。

（7）中断的嵌套与可重复性　如果高优先级的中断可以中断低优先级中断而得到优先响应，那么该中断系统是可嵌套的。在可嵌套的中断系统中，编程更为复杂。为了避免这种复杂性，简单的系统可在响应当前中断时屏蔽其他中断，当中断服务例程完成时才重新开中断。

在允许中断嵌套时，编程必须特别小心，确保所有在中断服务例程运行期间被调用的函数不是可重入的。可重入是指函数在不必关心同步或互相访问的情况下，能被来自不同任务（或称为线程）的程序异步调用。如果 ISR 调用了不可重入函数，程序最终可能会出现相互访问或同步方面的错误，此时系统将会崩溃。

例如，系统中的实时时钟每秒产生一个中断，ISR 更新内存中的时钟数据结构。如果在时钟中断发生并更新数据时产生一个优先级更高的中断服务，就会造成此任务读出一部分是旧时间、另一部分是新时间的内容，读出的时间就会出现带有错误的年月日数值。

（8）需要了解程序执行时间　嵌入式系统编程时应遵循"功能第一，速度第二"的原则，但如果执行速度太慢，系统根本无法按设计所要求的那样进行工作，所以速度也是同样重要的。

在许多嵌入式应用开发中，程序员需要精确了解程序执行时间，许多时间要求苛刻的 ISR 尽管在逻辑上是正确的，但可能会由于执行时间太长而产生错误。尽管在理论上计算汇编语言程序运行时间能精确到每个机器周期，但随着系统体系结构变得越来越复杂，计算过程也会变得越来越复杂。

用汇编语言编写的程序可以为每条指令计算确切的执行时间，而用 C 语言编写的程序就无法用简单的方法计算出其确切的执行时间。当然，也可以使用编译器产生汇编语言输出文件并对代码进行计算，但这样就失去了使用 C 语言编程的意义。测量执行时间最有效的方法是使用定时器。在进入被测程序时开启定时器，当被测程序执行结束后立即停止定时器，即可得到被测程序的执行时间，测量精度取决于定时器的定时精度。

（9）发布嵌入式系统程序的方法

1）编写的代码作为硬件的一部分。可以使用 ROM 来保存系统软件的代码，这种方法的优点在于只需直接编写代码，而不用再编写复杂的支持程序，其缺点在于它必须在产品的第一个版本时就是完美无缺的。

2）运行加载。在系统内只存放启动装载程序，当系统开始运行后再下载最新的软件映像。其优点在于适应性好，缺点在于实现起来比用 RAM 存放系统软件代码要复杂得多，必须要有获得最新的软件映像的有效、安全且可靠的方法和途径。

3）IP OEM 方式。IP OEM 是指在处理器的程序存储器的特殊部分存放具有 IP（知识产权）的代码，此特殊的程序存储器部分具有保密和安全措施。用户可以在加载了代码的处理器上进行二次开发，加入自己的代码及调用已加载的代码，完成特殊的功能而无需编程，但用户无法通过任何手段破译已加载的代码。

（10）应用中可编程（IAP，in application program）功能　Flash 是系统具有 IAP 功能的必要条件。系统具有 IAP 功能意味着能在系统处于工作状态时进行重新编程，而不需要特殊的电源提供编程电压。这种特性不仅使开发人员在现场可以修改和升级程序，极大地方便了调试，还大大降低了嵌入式开发工具的成本，所以具有很强的优越性。

IAP 的实现一般需要 3 个独立的程序，每个程序都有独立的代码与数据内存映像。

1）引导装载程序。在系统加电时运行后，引导装载程序以基本方式初始化系统，这样 RAM 与一些 I/O 支持就可以正常使用了。引导装载程序提示用户决定是正常运行应用程序，还是开始执行 IAP。因为在大多数情况下，并不需要在系统加电时进行这一过程，所以这个提示是否出现可以由一个拨码开关或跳线开关的状态来决定，这一状态开关一般装在启动过程中要进行检测的 I/O 口上。

2）Flash 编程算法。Flash 编程算法实际上就是完成对 Flash 的擦除和写入的一段应用程序，该算法与具体的硬件有关。

3）最新软件映像的下载程序。下载程序通过约定的途径和方法来获得无差错的最新的软件映像。

车用控制器的程序经常需要更新升级，一般情况下，开发人员需要拆卸安装在车上的控制器，再通过背景调试模式（BDM）工具进行程序下载升级，这样做是十分繁琐低效的。为此，出现了基于CAN通信的Bootloader程序下载方式，通过CAN总线通信将程序下载到目标控制器中，实现程序的更新升级。

Bootloader是微控制器上电后最先运行的一段固化程序，主要完成软、硬件所需要的初始化工作。待软、硬件状态调整完毕后，便从ROM、Flash等非易失存储器或网络上加载操作系统映像文件（或应用程序映像），最终引导操作系统（或应用程序运行）。Bootloader一般包括两种模式：启动加载模式和下载模式，简单来说，启动加载模式就是直接将存储在固态存储设备中的应用程序加载到RAM中执行；下载模式则是Bootloader通过通信接口从主机中下载应用程序，先将程序存在RAM中，再将其刷写在Flash等固态存储设备中，大多数开发者更关心Bootloader的下载模式。

以S12XEP100为例，简单说明Bootloader下载模式的实现方法和步骤。每次上电启动可根据EEPROM的控制字判断是运行Bootloader程序还是运行应用程序，由于Bootloader程序和应用程序均存放在P-Flash中，不能有冲突，因此，必须对MCU的内存结构有十分清晰的了解，大致包括：EEPROM（通过buffer RAM模拟EEPROM）、D-Flash、P-Flash、RAM、buffer RAM、EEPROM；内存映射local memory map和global memory map之间的换算；内存分页与非分页分配，三个分页寄存器EPAGE、RPAGE、PPAGE；对prm文件的熟悉，包括内存划分、三个复位向量、中断向量的定义。当上电启动进入Bootloader程序，会通过CAN总线通信读取上位机发送过来的应用程序S19格式文件数据，并写入MCU的P-Flash的指定位置，文件读取结束后将控制字设为启动进入应用程序模式。上位机应用程序部分包括CAN总线通信、多线程的调用、基于对话框编程的界面设计，主要功能有设置MCU的EEPROM中的Bootloader控制字，当目标MCU为Bootloader模式时，通过CAN总线将应用程序S19格式文件发送给MCU。具体实现请查阅相关资料。

2. 嵌入式系统软件的一般开发流程

（1）创建工程项目　在配置硬件设备和安装软件开发工具后，就可以开始创建工程项目，通常需要选择项目文件的存储位置及目标处理器。

（2）添加项目文件　开发人员需创建源程序文件，编写应用程序代码，并添加到工程项目中；还需将使用设备驱动程序的库文件，包括启动代码、头文件和一些外设控制函数，甚至中间件等，也添加到项目中。

（3）配置工程选项　源于硬件设备的多样性和软件工具的复杂性，工程项目提供了不少选项，需要开发人员配置，如输出文件类型和位置、编译选项和优化类型等，还要根据选用的开发板和在线仿真器，配置代码调试和下载选项等。

（4）交叉编译连接　利用开发软件工具对项目的多个文件分别编译，生成相应的目标文件，然后连接生成最终的可执行文件映像，以下载到目标设备的文件格式保存。如果编译连接有错误，则返回修改；如果没有错误，先进行软件模拟运行和调试，再下载到开发板运行和调试。

（5）程序下载　目前，绝大多数微控制器都使用闪存保存程序。创建可执行文件映像后，需要使用在线仿真器（USB或串口或网口等），将其下载到微控制器的闪存中，实现闪存的可编程。

（6）运行和调试　程序下载后，可以启动运行，看是否正常工作。如果有问题，连接在线仿真器，借助软件开发工具的调试环境进行断点和单步调试，观察程序操作的详细过程。如果应用程序运行有错误，则返回修改。

嵌入式系统通常是一个资源受限的系统，因此直接在嵌入式系统的硬件平台上编写软件比较困难，有时候甚至是不可能的。目前，一般采用的解决办法是首先在通用计算机上编写程序，然后通过交叉编译生成目标平台上可以运行的二进制代码格式文件，最后将生成的文件下载到目标平台上的特定位置上运行。

需要交叉开发环境（cross development environment）的支持是嵌入式应用软件开发时的一个显著特点，交叉开发环境是指编译、链接和调试嵌入式应用软件的环境，它与运行嵌入式应用软件的环境有所不同，通常采用宿主机/目标机模式。

宿主机（host）是一台通用计算机（如 PC 机或者工作站），它通过 USB 或以太网接口与目标机进行通信。宿主机的软硬件资源比较丰富，不但包括功能强大的操作系统（如 Windows 或 Linux），而且还有各种各样优秀的开发工具（ARM 的 μVision、Freescale 的 Codewarrior、Microsoft 的 Visual C++、MATLAB 及其工具箱等），能够大大提高嵌入式应用软件的开发速度和效率。

目标机（target）一般在嵌入式应用软件开发期间使用，用来区别与嵌入式系统通信的宿主机。它可以是嵌入式应用软件的实际运行环境，也可以是能够替代实际运行环境的仿真系统，但软硬件资源通常都比较有限。嵌入式系统的交叉开发环境一般包括交叉编译器、交叉调试器和系统仿真器。其中，交叉编译器用于在宿主机上生成能在目标机上运行的代码，而交叉调试器和系统仿真器则用于在宿主机与目标机间完成嵌入式软件的调试。

采用宿主机/目标机模式开发嵌入式应用软件时，首先利用宿主机上丰富的资源和良好的开发环境开发和仿真调试目标机上的软件；然后通过串口、USB 或 LAN 接口将交叉编译生成的目标代码传输并装载到目标机上，并在监控程序或者操作系统的支持下利用交叉调试器进行分析和调试；最后目标机在特定环境下脱离宿主机单独运行。因此，建立交叉开发环境是进行嵌入式软件开发的必备条件。

3.1.3 MCU 软件开发方法

作为嵌入式系统的设计人员，需要从体系结构的角度了解嵌入式系统。尽管绝大多数嵌入式系统是用户针对特定应用而定制的，但它们一般都是由几个模块组成的：①嵌入式处理器；②用于保存程序代码的程序存储器，如 Flash memory 等；③用于存储数据的数据存储器，如 EE-PROM、D-Flash 等；④外部设备，如连接嵌入式处理器的开关、按钮、传感器、模/数转换器、控制器、LED 或显示器的 I/O 端口，以及通信接口等。

嵌入式系统开发人员在软件开发初期，面临的主要问题表现在以下几个方面：

（1）嵌入式微处理器的选择 嵌入式微处理器可谓多种多样，品种繁多，而且都在一定领域内应用广泛，即使在一个公司之内，也会同时使用好几种类型的处理器。如果需要同时调试多种类型的开发板，每块开发板又运行着多个任务或进程，其复杂性可想而知。

（2）开发工具链的构建 在整个设计过程中，开发工具的选择是一个关键所在。要想完全从众多的软、硬件工具中创建一个完整的跨平台开发环境，需要大量的调研、实施、培训和维护方面的工作。当然，还需要有足够的时间和资金的支持。

（3）目标系统的观察与控制 由于嵌入式系统千差万别，软件模块和系统资源也多种多样，要使系统能正常工作，软件开发者必须对目标系统具有完全的观察和控制能力，如硬件的各种寄存器、内存空间，操作系统的信号量、消息队列、任务、堆栈等。

（4）是否使用操作系统及嵌入式操作系统的选择 在嵌入式系统的前期设计过程中，必须确定是否采用操作系统。如果系统比较复杂，则一定要选用操作系统，并需确定所采用嵌入式操作系统的类型。这是一个很重要的决定，因为这会影响工程后期的发布以及软件的维护。

嵌入式系统设计的基本原则是"物尽其用"。与通用的计算机相比，嵌入式系统的硬件和软件都必须高效率地设计，量体裁衣、去除冗余。在汽车嵌入式系统开发中，大量的主要是面向控制需求的应用，该类应用一般基于特定 MCU 的软硬件开发，一般不带操作系统，该类嵌入式系统软件开发涉及对 MCU 硬件的调度、面向控制对象的控制策略与算法的软件实现。控制系统实现的核心是其控制策略，具体表现形式为软件，因此对于软件的开发至关重要。软件开发贯穿于产品开发的整个周期，为了提高产品的开发效率，需要选择科学适宜的开发方法。同时，嵌入式系统设计还应尽可能采用高效率的设计方法，这样才有助于提高系统的整体性能。在汽车工业中，更强调开发方法和开发流程的标准化。

1. 传统基于代码的软件设计

汽车行业控制器软件的传统开发流程如图 3-1 所示，主要有需求分析、软件设计、功能实现以及测试验证四个步骤。从第一个汽车电子装置的出现，到早期大量电子装置的应用，传统的汽车电控软件开发方法发挥了巨大的作用。

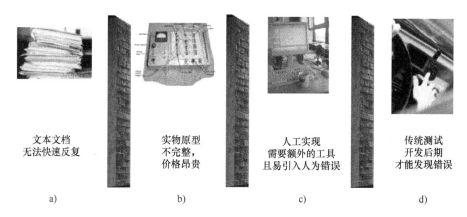

文本文档
无法快速反复

a)

实物原型
不完整，
价格昂贵

b)

人工实现
需要额外的工具
且易引入人为错误

c)

传统测试
开发后期
才能发现错误

d)

图 3-1　汽车行业控制器软件的传统开发流程

a）需求分析　b）软件设计　c）功能实现　d）测试验证

但在这数十年的应用过程中，传统开发方法也暴露出了一些缺点：

1）开发中各个阶段相对独立，过多依赖文档来传递信息。一方面文档本身会出现错误；另一方面对同一份文档，不同开发人员的理解会有差异，极有可能造成偏差，进而引起设计上的错误。

2）开发过程中比较依赖实物原型等硬件。一方面硬件原型比较昂贵，增加了研发成本；另一方面若缺少开发所需的硬件，将会导致整个项目的停滞。

3）整个程序的代码都是由人工编写。工作量大，效率低，容易引入人为的错误。

4）软件的测试验证只能在开发后期进行。不能进行早期的算法策略验证，难以发现软件中的设计缺陷，开发周期较长。

5）软件的后期维护工作量大，而且难度大。

6）对软件开发员的素质要求极高。软件开发员需要全面掌握 MCU 的硬件资源及其使用方法，需要掌握编程语言的软件开发，需要扎实的专业知识和数学功底，需要学会各种编程工具和测试工具。

随着科技的飞速发展，汽车嵌入式代码的数量呈爆炸性增长；人们对汽车的功能需求越来越多，功能的变化也越来越快，代码越来越庞大。传统的开发方法已经难以满足市场需求，所以必须提高汽车嵌入式软件的开发效率，采用更为科学的开发流程。

2. 基于模型的软件设计

随着计算机技术以及相关工具的飞速发展，基于模型的设计（MBD）在汽车软件开发效率低下的困境下应运而生。在实际的软件开发过程中，由于底层软件相对独立，不可进行仿真，所以基于模型的设计主要针对系统应用层算法策略。基于模型的设计开发流程如图 3-2 所示，由于其像 V 字形，也被广泛称为 V 字型开发流程即 V 流程。V 流程的左边为系统的需求设计，底部为代码的实现，右侧部分为一系列测试流程。

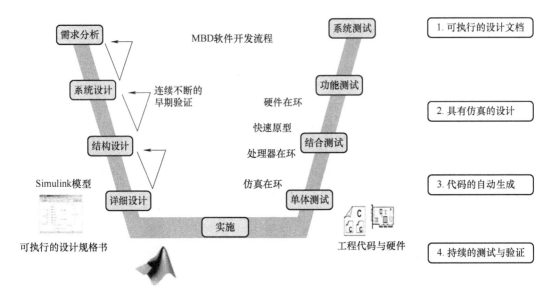

图 3-2　基于模型的设计开发流程

相比于传统的软件开发设计，基于模型的设计有很多优点：

1）在开发过程中使用图形化的设计语言，便于工程师开发策略、交流理解和维护升级。

2）开发完成的策略模型可以立即进行仿真，方便设计人员在早期进行算法的验证，评估算法的可行性，避免早期引入 bug，提高开发效率。

3）仿真验证过后的算法模型可以通过相关工具转换生成标准 C 代码，避免了传统模式下手工编写代码工作量大、效率低、bug 率高等弊端。

4）基于模型的设计（MBD）可以提高产品的开发效率，降低产品的研发成本，提高产品的综合竞争力。

5）软件开发人员基本上从需要手工编写代码、深入了解硬件等问题中摆脱出来，更多关注控制模型的搭建、控制算法的实现等方面，回归到软件开发的本职工作。

6）基于模型的嵌入式系统软件开发需要学会各种相关工具软件（如 Matlab Simulink/State-flow、Carsim、dSPACE、CANoe、CANape 等）的使用。此外，还需进行嵌入式系统 MIL、SIL、PIL、HIL 等多环节不同层次的在环测试工作。

随着 MBD 开发工具不断成熟，汽车 AUTOSAR 开放软件架构的制定，各种在环测试工具的出现，汽车嵌入式系统软件开发已经全面进入 MBD 时代。

3.1.4 MCU 应用程序架构模式

MCU 应用程序的架构模式大致有三种：①简单的前后台顺序执行法，这类写法是大多数人使用的方法，无需思考程序的具体架构，直接通过执行顺序编写应用程序即可；②时间片轮询法，此方法是介于顺序执行与操作系统之间的一种方法；③操作系统，此法应该是应用程序编写的最高境界。

1. 前后台顺序执行法

前后台程序一般是指没有"操作系统"的程序。所谓前台，就是主动去判断是否需要处理某个任务，这需要在主循环里完成，也是编程员主要要写的代码。所谓后台，指的是中断，也就是不需要 MCU 去判别，就会自动进入某一种状态，在这个状态下也需要编写代码完成所要处理的任务。

采用这种方法，应用程序比较简单，在实时性、并行性要求不太高的情况下是一种不错的方法，程序简单而且清晰。但是当应用程序比较复杂时，如果没有一个完整的流程图，很难理解程序的运行状态。而且随着程序功能的增加，编写应用程序的工程师也会出现思维混乱，程序的开发和维护越来越困难，既不利于升级维护，也不利于代码优化。

下面写一个顺序执行的程序模型，方便和后面的两种架构模式对比：

```
/*********************************************************
FunctionName:main();Description:主函数
********************************************************* /
int main(void)
{
    uint8 keyValue;
    InitSys();                  //系统初始化
    while(1)                    //无限循环
    {
        TaskDisplayClock();     //
        keyValue = TaskKeyScan();//
        switch(keyValue)
        {
            case x:TaskDispStatus();break;
            ...
            default:break;
        }
    }
}
```

2. 时间片轮询法

时间片轮询法是在有操作系统的环境下编程的常用方法。对于在不带操作系统环境下的嵌入式系统编程也可以采用时间片轮询法。

使用 MCU 的 1 个定时器进行精确计时，时间片轮询法可按如下步骤实现：

1）初始化定时器。这里假设定时器的定时中断为 1ms（中断间隔时间太短会造成中断过于频繁、效率低，中断间隔太长则实时性差）。

2）定义任务处理变量。代码如下：

```
#define TASK_NUM 3              //这里定义的任务数为3,表示有3个任务会使用此定时
                                  器定时。
uint16 TaskCount[TASK_NUM];     //这里为3个任务定义任务定时计数变量。
uint8  TaskMark[TASK_NUM];      //这里为3个任务定义任务定时标志变量。0表示任务定
                                  时时间未到,1表示任务定时时间已到。
```

3）定时器中断服务函数设计。

```
/*******************************************
FunctionName:TimerInterrupt();Description:定时中断服务函数; *
******************************************* /
void TimerInterrupt(void)
{
    uint8 i;
    for(i=0;i<TASKS_NUM;i++)
    {
        if(TaskCount[i])
        {
            TaskCount[i]--;
            if(TaskCount[i]==0)
            {
                TaskMark[i]=0x01;
            }
        }
    }
}
```

在定时器中断服务函数中逐个判断任务的定时值（存放在 TaskCount 数组中），如果定时值不为0，任务定时计数值减1，直到为0时，相应的任务定时标志置1，表示此任务的定时值到了，需要被执行。

4）应用程序中对各个任务的变量进行初始化设置。下面就以任务1为例说明。

```
TaskCount[0]=20;  //20次定时器中断,该任务被执行一次。定时器中断为1ms时,该任务
                     每20ms执行一次。
TaskMark[0]=0x00; //任务定时标志置为0。
```

只需在任务中判断 TaskMark[0] 是否为0x01即可。其他任务也做类似初始化处理。

可以看出，通过1个定时器可以对各个任务定时标志 TaskMark[x] 进行循环判断，确定任务定时是否到来。

下面进一步介绍采用结构体的时间片轮询法架构。

1）设计结构体。

```
typedef struct_TASK_COMPONENTS
{
    uint8 Run;                //任务运行标记:0为不运行,1为运行
    uint8 Timer;              //任务计时器
```

```
    uint8 ItvTime;                      //任务运行间隔时间,ItvTime*定时器定时时间。
    void(*TaskHook)(void);       //任务函数
} TASK_COMPONENTS;                //任务定义
```

该结构体,定义了 4 个参数,它们的作用参见注释。

2）产生任务运行标志。要运行的任务函数类似于中断服务函数,需要在定时器的中断服务函数通过对任务运行标志的置值决定是否要运行任务函数。代码如下:

```
/*FunctionName:TaskRemarks();Description:任务标志处理*/
void TaskRemarks(void)
{
    uint8 i;
    for(i=0;i<TASKS_MAX;i++)              //逐个任务时间处理
    {
        if(TaskComps[i].Timer)           //时间不为 0
        {
            TaskComps[i].Timer--;        //减去一个节拍
            if(TaskComps[i].Timer==0)    //时间减完了
            {
                TaskComps[i].Timer=TaskComps[i].ItvTime;
                                         //恢复任务计时器初值,重新开始下一次
                TaskComps[i].Run=1;      //任务可以运行
            }
        }
    }
}
```

3）任务处理。

```
/*FunctionName:TaskProcess();Description:任务处理*/
void TaskProcess(void)
{
    uint8 i;
    for(i=0;i<TASKS_MAX;i++)             //逐个任务进行处理,TASKS_MAX 为总任务数
    {
        if(TaskComps[i].Run)            //任务运行标记为 1 时,运行该任务函数
        {
            TaskComps[i].TaskHook();//运行任务函数
            TaskComps[i].Run=0;         //该任务运行标记清 0
        }
    }
}
```

此函数是判断什么时候该执行哪一个任务,实现任务的管理操作,应用者只需要在 main() 函数中调用此函数就可以,并不需要分别调用和处理任务函数。

至此,一个时间片轮询应用程序的架构就建好了。此架构只需要两个函数,一个结构体。

下面介绍一个实际应用，假设有 3 个任务：时钟显示、按键扫描和工作状态显示。

1）定义一个结构体变量。代码如下：

```
static TASK_COMPONENTS TaskComps[] =
{
    {0,1000,1000,TaskDisplayClock},        //时钟显示
    {0,20,20,TaskKeyScan},                 //按键扫描
    {0,30,30,TaskDispStatus},              //工作状态显示
    ...                                    //这里可添加其他任务
}
```

在定义变量的同时，也进行了初始化，与具体的执行时间优先级等都有关系，这个需要自己掌握。3 个任务的安排如下：①每 1000ms 执行一次时钟显示；②每 20ms 执行一次按键扫描，一般按键的抖动大概是 20ms，每 20ms 扫描一次，既达到了消抖的目的，也不会漏掉按键输入；③每 30ms 执行一次工作状态显示。后面的名称是对应的任务函数名，在应用程序中编写这 3 个函数名称的任务函数。

2）任务列表。

```
typedef enum TASK_LIST
{
    TASK_DISP_CLOCK,                       //显示时钟
    TASK_KEY_SCAN,                         //按键扫描
    TASK_DISP_WS,                          //工作状态显示
    ...                                    //这里可以添加其他任务
    TASKS_MAX                              //总的可供分配的定时任务数目
} TASK_LIST;
```

这里定义任务列表清单的目的其实就是为了确定参数 TASKS_MAX 的值，其他值没有具体的意义，仅是为了清晰地表明任务关系。

3）编写任务函数。

```
void TaskDisplayClock(void)
{
    //加入相应的处理代码
}
void TaskKeyScan(void)
{
    //加入相应的处理代码
}
void TaskDispStatus(void)
{
    //加入相应的处理代码
}
    //这里添加其他任务函数。
```

4）主函数。

```
int main(void)
{
    InitSys();              //初始化
    while(1)
    {
        TaskProcess();    //任务处理
    }
}
```

至此，一个完整的时间片轮询法应用程序的架构就完成了。需要注意：①任务之间不能相互干扰；②任务之间进行数据传递时，需要采用全局变量；③划分任务以及任务的执行时间时，应尽量让任务尽快地被执行完成。

时间片轮询法结构清晰、简单，非常容易理解，既有顺序执行法的优点，也有操作系统的优点。

3. 操作系统

操作系统本身比较复杂，任务的管理与执行不需要去了解。真正能使用操作系统的人并不多，不仅是因为系统的使用本身很复杂，如果商用还需要购买许可证。

下面列出 μC/OS 操作系统下编写的该程序模型，可对比一下 3 种程序架构模式下各自的优缺点。

```
int main(void)
{
    OSInit();                                    //初始化 μCOS-II
    OSTaskCreate((void(*)(void *))TaskStart,
                                                 //任务指针
        (void *)0,                               //参数
        (OS_STK *)&TaskStartStk[TASK_START_STK_SIZE-1],
                                                 //堆栈指针
        (INT8U)TASK_START_PRIO);                 //任务优先级
    OSStart();                                   //启动多任务环境
    return(0);
}
/ **********************************************
* FunctionName:TaskStart();* Description:任务创建,只创建任务,不完成其他工作;
* EntryParameter:None   * ReturnValue  :None
    ********************************************** /
void TaskStart(void * p_arg)
{
    OS_CPU_SysTickInit();                        //初始化 SysTick.
    #if(OS_TASK_STAT_EN > 0)
        OSStatInit();                            //可以测量 CPU 使用量
    #endif
```

```
OSTaskCreate((void(*)(void *))TaskLed,
                                    //任务 1
    (void *)0,                      //不带参数
    (OS_STK *)&TaskLedStk[TASK_LED_STK_SIZE -1],
                                    //堆栈指针
    (INT8U)TASK_LED_PRIO);          //优先级
//这里是创建的任务
while(1)
{
    OSTimeDlyHMSM(0,0,0,100);
}
}
```

3.1.5 嵌入式应用软件架构

在嵌入式系统软件开发中，好的软件架构可以事半功倍，而且代码可以复用和移植。嵌入式系统产品设计很少从零开始，大都复用现有成熟的模块，专注于某个擅长领域。汽车嵌入式应用架构思路来源于此，即功能模块设计与分层。

先把一个应用进行功能模块划分，并对整体结构进行分层，然后设计出功能独立的各个模块（如硬件接口模块、算法模块、文件库模块、通信库模块），在模块之上开放公共接口。

Android 的系统架构采用了分层的架构，如图 3-3 所示，共分为四层，从高到低分别是应用层、应用框架层、系统运行层和 Linux 内核层。

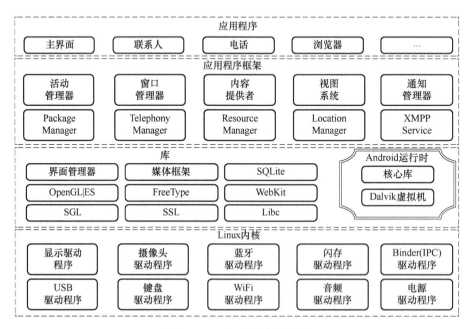

图 3-3　Android 系统架构图

AUTOSAR 汽车开放软件架构就是面向汽车嵌入式系统软件的模块化、层次化开发思路而制定的开发规范。

AUTOSAR 用于支持完整的软件和硬件模块的独立性，实时运行环境（RTE，runtime environment）作为虚拟功能总线（VFB，virtual functional bus）的实现，隔离了上层的应用软件层（application layer）与下层的基础软件（basic software），摆脱了以往 ECU 软件开发与验证时对硬件系统的依赖。AUTOSAR 实现了软硬件分离的分层设计，对于 OEM 及供应商来说，提高了系统的整合能力，尤其标准化交互接口以及软件组件模型的定义提高了各层软件的复用能力，从而降低了开发成本，使得系统集成与产品推出的速度极大提升。7.1 节将对 AUTOSAR 的具体内容做详细讲解。

3.2 嵌入式系统 C 语言编程

考虑 C 语言是嵌入式系统编程中应用最多的编程语言，本节重点介绍 C 语言编程的特点，讨论 C 语言在嵌入式系统程序设计时涉及的一些问题。

3.2.1 编程语言的选择

为了进行嵌入式系统的开发，选择合适的嵌入式系统编程语言是非常重要的，需要了解以下问题：

1）只有"机器码"（即目标代码）指令才能被计算机理解和执行。严格来说，机器码才是计算机的语言，而不是程序员使用的其他语言。但如果由程序员去解释机器码，则工作量是非常巨大的，而且也容易出错，是不可行的。

2）所有编程语言（如汇编语言、C 语言、C++ 语言、Java 语言等）编写的软件，为了能够被计算机执行，最终都必须翻译成机器码，才能运行。

3）嵌入式处理器的资源和内存有限，所以编程语言必须具有高效率。

4）嵌入式系统编程，经常需要对硬件进行底层访问。

当然，编程语言的选择过程中还有一些并非技术方面的问题需要考虑：

1）每个项目开发都从头编写代码，显然软件程序员是不乐意的。编程语言必须能够支持创建灵活方便的库，这样同类的项目可以重用那些经过充分测试的代码模块。当使用新的处理器或升级处理器时，整个代码系统移植到新系统应该是可行的，并且工作量应尽可能少。

2）编程语言的选择应该具有通用性，这样才比较容易培养更多有经验的开发人员，而且开发人员也容易获得相关设计实例以及编程实践信息。

3）由于系统和处理器的不断升级，程序代码往往需要进行经常性的维护。好的程序代码应该是容易理解的，同时程序代码的维护、升级也应该非常便利。

基于上述原因，嵌入式系统开发的编程语言应该是：高效率的高级语言，能够访问底层硬件，并且是良性定义的；同时该语言也支持想要开发使用的平台。综合考虑这些因素，C 语言是非常合适的。

C 语言的特性总结如下：

1）C 语言属于"中级语言"，不仅具有"高级语言"的特征（如支持函数和模块），还有"低级语言"的特性（可以通过指针等访问硬件）。

2）编程效率很高，生成的代码效率高。当前较好的 C 语言编译系统编译出来的代码效率只比直接使用汇编语言低 20% 左右，如果进一步使用优化编译选项，甚至可达到 10% 左右。

3）十分流行且容易理解。C 语言程序比汇编语言程序可读性好，编程效率高，便于修改、维护和升级。用 C 语言开发的程序模块，可以不经修改而直接被其他工程所用，使开发者能够很好地利用已有的大量标准 C 程序资源与丰富的库函数，减少重复劳动，同时也有利于多个程序设计者协同开发。

4）即使是 PC 程序员，以前只使用过 Java 或 C++语言，也能够很快理解 C 语言的语法和编程方法。

5）一个嵌入式处理器（从 8 位到 32 位或以上）都有良好且得到充分验证的 C 编译器。

6）可移植性好。为某种型号单片机开发的 C 语言程序，只需对与硬件相关的头文件和编译链接的参数进行适当修改，就可方便地移植到其他型号的单片机上。

7）易找到有 C 语言编程经验的开发人员。易找到有关资料、培训课程及相关网站等技术支持。

是不是因为 C 语言的存在，就不需要再使用汇编语言编写程序了呢？答案是否定的，因为还是有一部分程序必须使用汇编语言来编写，以下是需要使用汇编语言编写程序的一部分情况说明。

1）系统的初始化。其包括所有应用程序寄存器的初始化，各个端口、各个寄存器位在系统中的定义，以及栈指针的设置等，这些都需要使用汇编语言编写，以建立 C 语言程序运行的环境。

2）中断向量的初始化、中断服务的入口和出口、开关中断等，也需要使用汇编语言编写。中断服务本身可以用 C 语言编写，但需要用汇编语言调用 C 语言程序运行的环境。

3）用汇编语言编写输入/输出端口的输入/输出函数，在 C 语言程序中再调用这些函数。

实际上，通常使用汇编语言编写与硬件有关部分的程序，用 C 语言编写与硬件无关部分的程序。如果同时使用了汇编语言和 C 语言编写程序，处理好两部分程序之间的参数传递是非常关键的。

3.2.2　C 语言编程要点

1. 全局变量和局部变量

变量是程序运行时在内存中存放数据的一个存储空间。对于嵌入式系统，它是 RAM 或 ROM（甚至是处理器的寄存器）上的存储单元。

全局变量是为整个程序定义的，在程序运行中始终有效。用全局变量传递参数，是参数传递的常用方法。局部变量是在某个函数内部声明的变量，它只能被该函数访问。在嵌入式系统中，局部变量通常位于堆栈中。全局变量和局部变量的区别取决于在程序中声明它的位置，全局变量必须在函数外部声明，局部变量在函数内部声明。

程序是固化在 ROM 中的，而 RAM 中的内容在开机时是随机的，应用程序运行开始后可向 RAM 中写入数据和读取数据，这就要求在用 C 语言开发嵌入式应用程序时不要使用初始化变量。

当希望在多个源文件中共享变量时，需要确保定义和声明的一致性。最好的安排是在某个相关的 .c 文件中定义，然后在 h 头文件中进行外部声明，在需要使用的时候，只要包含对应的头文件即可。定义变量的 .c 文件也应该包含该头文件，以便编译器检查定义和声明的一致性。

2. 头文件

通常在一个程序的开始部分进行头文件包含操作。头文件通常包括常量定义、变量定义、宏定义和函数声明等，程序员可以在自己的程序中嵌入它们。内嵌库中最常见的头文件是标准输入/输出文件（stdio.h），该头文件包含用于输出信息和接收信息的函数声明。在很多情况下，出于特定系统要求，程序员通常需要创建自己的头文件，并将它们包含在程序中。要包含一个头文件，必须在程序的开始部分使用编译预处理指令#include。

3. 编译预处理

（1）用于包含文件的#include 指令　任何 C 语言程序首先都要包含那些准备使用的头文件和源文件，include 是用于包含某个文件内容的预处理指令。以下给出了可以被包含的文件：

1）包含代码文件。这些文件是已经存在的代码文件。

2）包含常量数据文件。这些文件是代码文件，可以有扩展名 .const。

3）包含字符串数据文件。这些文件是包含字符串的文件，可以带扩展名 .string、.str 或者 .txt。

4）包含初始数据文件。这些文件用于嵌入式系统掩模（复制、覆盖、拷贝）只读存储器的初始或默认数据，启动程序运行后会被复制到 RAM 当中，可以具有扩展名 .init。

5）包含基本变量文件。这些文件是存储在 RAM 中的全局或者局部静态变量文件，因为它们不具有初始（默认的）值。所谓静态的意思是变量只有一个普通的变量地址实例，这些基本变量都被存储在以 .bss 为扩展名的文件中。

6）包含头文件。这是一个预处理指令，其目的是要包含一组源文件的内容（代码或者数据），它们都是某个特定模块的文件，头文件的扩展名为 .h。

include 指令是最常用的包含头文件指令，其格式为：

```
#include <stdio.h>
#include <math.h>
#include "myheaderfile.h"
```

其中，第 1 行和第 2 行语句告诉编译器包含标准输入/输出库和数学函数的头文件，< ... > 符号表示编译器在指定位置头文件；第 3 行的语句包含自己创建的头文件 myheaderfile.h,"..." 表示在当前源文件所在目录下查找这个头文件。

（2）宏定义#define 指令　C 语言中允许用一个标识符来表示一个字符串，称为宏，被定义为宏的标识符称为宏名。在编译预处理时，对程序中所有出现的宏名，都用宏定义中的字符串去代换，这称为宏代换或宏展开。宏定义是由源程序中的宏定义命令来完成的，宏代换是由预处理程序自动完成的。宏分为带参宏和无参宏两种。

1）无参宏定义。宏名后不带参数。其定义的一般形式为：

```
#define 标识符 字符串
```

其中，标识符为所定义的宏名；字符串可以是常数、表达式、格式串等。例如：

```
#define HIGH  100
#define M  (a+b)
```

第一句定义符号 HIGH 为常数 100；第二句定义标识符 M 来代替表达式（a + b）。在编写源程序时，所有的（a + b）都可由 M 代替，而对源程序作编译时，将先由预处理程序进行宏代换，即用（a + b）表达式去置换所有的宏名 M，然后进行编译。

2）带参宏定义。C 语言允许宏带有参数。在宏定义中的参数称为形式参数（简称为形参），在宏调用中的参数称为实际参数（简称为实参）。对于带参数的宏，在调用中，不仅要宏展开，而且要用实参去代换形参。带参数宏定义的一般形式为：

```
#define 宏名(形参表)字符串
```

带参数宏调用的一般形式为

```
宏名(形参表)
```

例:

```
#define M(y)   y * y + 3 * y        //宏定义
...
k = M(5);                          //宏调用
```

在宏调用时，用实参 5 去代替形参 y，经预处理，宏展开后的语句为：

```
K = 5 * 5 + 3 * 5
```

例:

```
#define MAX(a,b)(a > b)? a:b      //宏定义
```

符号 MAX 是宏名称，而第二部分（a > b）？a：b 定义了这个宏，可以在 a 和 b 中选择一个较大值作为输出结果。

对于宏定义再做以下几点说明：

1）宏定义是用宏名表示一个字符串，在宏展开时又以该字符串取代宏名，这只是一种简单的代换，字符串中可以含任何字符，可以是常数，也可以是表达式，预处理程序对它不进行任何检查。如有错误，只能在编译已被宏展开后的源程序时才能发现。

2）宏定义不是说明或语句，在行末不必加分号，如加上分号则连分号也会一起置换。

3）宏定义必须写在函数之外，其作用域为宏定义命令开始到源程序结束，如果要中止其作用域，则可使用#undef 命令。

4）关于 typedef 和#define 的区别：typedef 用来定义新的类型名称，而不是定义新的变量或函数。对于用户定义类型，这两者都可以使用，但一般来说，最好使用 typedef，部分原因是它能正确处理指针类型。例如：

```
typedef char * String_t;
#define String_d char
String_t s1,s2,s3;
String_d s4;
```

对于这个例子，s1、s2 和 s3 都被定义成了 char *，但 s4 却被定义成了 char 型。

（3）条件编译指令　条件编译指令包括#if、#ifdef、#ifndef、#else、#elif 和#endif。这些指令用于根据某个表达式有条件地编译一部分代码，可以仅在程序开发过程中利用这些指令来编译部分调试代码。

指令#if 和#endif 用于选择性地编译某段代码。#if 后的表达式值为 TURE 或 FALSE。如果是 TRUE，#if 和#endif 之间的所有代码将被编译；否则，这些代码将被忽略。#else 和#elif 指令可以用于更灵活地选择编译功能，它们也必须同#if 和#endif 一起使用。

例如，编写程序希望在多个嵌入式处理器平台上执行，就可以通过上述指令选择处理器中的某一个。

```
#define MC9S08      1
#define MC9S12XE    2
#define AT89C51     3
#define Processor   2
void main(void)
{
```

```
#if Processor ==MC9S08
    Instructions A
#elif Processor ==MC9S12XE
    Instructions B
#elif Processor ==AT89C51
    Instructions C
else
    Instructions I
#endif
}
```

上述代码通过 #if、#elif、#else 和 #endif 定义了三种不同的嵌入式处理器，并选择了 MC9S12XE。当判断出 Processor 的值是 MC9S12XE，则"#elif Processor == MC9S12XE"后面的指令被编译，其余的代码将被跳过。

此外，还有两条指令 #ifdef 和 #ifndef。#ifdef 表示如果宏已经定义，则编译下面代码；#ifndef 表示如果宏没有定义，则编译下面代码。前面提到的放置头文件被多次包含的问题，这里可以得到解决了。

```
#ifndef _X_H_
#define _X_H_
    //... 头文件 x.h 的其余部分
#endif
```

这样每一个头文件都使用了一个独一无二的宏名，头文件可以自我识别，以便可以被安全地多次包含。

4. 数据类型

数据命名后，就会在存储器中分配地址，地址分配取决于数据类型。以 Freescale 公司的 CodeWarrior 开发工具为例，其中定义的数据类型见表 3-1。

表 3-1　CodeWarrior 中规定的基本数据类型

类　　型	描　　述	占用内存大小	默认取值范围
char	字符型	1B	−128～127
unsigned char	无符号字符型	1B	0～255
int	整型	2B	−32768～32767
unsigned int	无符号整型	2B	0～65535
short	整型	2B	−32768～32767
unsigned short	无符号整型	2B	0～65535
long	长整型	4B	−2147483648～2147483647
unsigned long	无符号长整型	4B	0～4294967295
float	单精度浮点数	4B	$−3.402823466 \times 10^{38}$～$3.402823466 \times 10^{38}$
double	双精度浮点数	4B	$−3.402823466 \times 10^{38}$～$3.402823466 \times 10^{38}$

表 3-1 中 float 和 double 两种类型数据的操作往往需要很多条指令来实现，建议尽量避免在单片机中使用这两种类型。

除上述几种基本数据类型外，C 语言还有以下 5 种数据元素：

1）array（数组）：一组类型相同的数据元素。

2）pointer（指针）：存储某种数据类型的地址的变量。

3）structure（结构）：一组类型不同的数据元素。

4）union（联合）：由两种不同数据类型共享的存储元素。

5）function（函数）：函数本身也可以作为一种数据类型。

在声明变量时，可以规定变量的访问存储类型，C 语言有 6 个访问/存储关键字：extern、auto、static、register、const 和 volatile。

1）extern 说明该变量已在另一个目标代码文件中声明和定义，这些变量可以被所有函数访问。

2）auto 是默认的存储类型，在一个代码块内（或在一个函数头部作为参量）声明的变量，无论有没有访问存储关键字 auto，都属于自动存储类。如果未初始化，其值不确定。在 S12XE 单片机中，这种类型的变量存放在栈中，一旦某个函数（一段程序）结束任务，这些用 auto 声明的变量将从栈中清除，不再有效。另外，只有声明这种变量的函数才有权访问该变量。

3）static 存储类型与 auto 类型类似，但它存储在 RAM 中而不是栈中，因此它在程序运行的整个过程中都有效。在 C 语言中，关键字 static 有三个明显的作用：在函数体内，一个被声明为静态的变量在这一函数被调用过程中维持其值不变；在模块内（但在函数体外），一个被声明为静态的变量可以被模块内所有函数访问，但不能被模块外的函数访问，它是一个本地的全局变量；在模块内，一个被声明为静态的函数只可被这一模块内的其他函数调用，也就是说，这个函数被限制在声明它的模块的本地范围内使用。

4）register 声明的变量表明要求编译器使用（如果可能）微处理器中的一个寄存器来存放该变量。使用微处理器的寄存器存储一个变量可以减少总线访问存储单元的时间，加速程序的运行。因此，若某个变量在程序中需要经常访问，可以考虑这种存储类型。

5）const 有以下作用：合理地使用关键字 const 可以使编译器很自然地保护那些不希望被改变的参数，以防代码被无意修改，简而言之，这样可以减少 bug 的出现。

如果某个变量的值在程序运行中保持不变，则可以用 const 类型来声明它，该变量通常存放在 ROM 中。一个 const 变量必须由程序员初始化。有的程序员认为"const 意味着常数"，这种说法其实有一些问题；有一种理解认为 const 意味着"只读"，这种理解更准确。下面说明以下几个声明的含义。

```
const int a;
int const a;
const int * a;
int * const a;
int const * a const;
```

前两个声明的作用是一样的，a 是一个常整型数；第 3 个声明意味着 a 是一个指向常整型数的指针（也就是，整型数是不可修改的，但指针可以）；第 4 个声明意味着 a 是一个指向整型数的常指针（也就是说指针指向的整型数是可以修改的，但指针是不可修改的）；最后一个声明意味着 a 是一个指向常整型数的常指针（也就是说，指针指向的整型数是不可修改的，同时指针也是不可修改的）。

6）volatile 访问类型表示它所声明的变量值在程序运行中可能不经过相关指令就能发生变

化。在 S12XE 单片机中，当某个变量的值被硬件输入端口改变时，这些变量应用 volatile 声明。S12XE 中端口的声明也用到了 volatile，比如对 PORTB 的地址定义为：

```
#define PORTB(*((volatile unsigned char *)(0x0001)))
```

一般来说，volatile 用在如下几个地方：中断服务程序中可能会修改的供其他程序检测的变量需要加 volatile；多任务环境下各任务间共享的标志应该加 volatile；存储器映射的硬件寄存器通常也要加 volatile，因为每次对它的读/写都可能有不同含义。

比如 S12XE 单片机中某个只读的状态寄存器，如果使用 volatile 限定词就有可能被意想不到地改变，而使用 const 限定词就可确保程序不能修改。

5. 运算符

C 语言有很多种运算符，C 语言的运算符可以分为 5 大类：通用运算符、算术运算符、位操作运算符、逻辑运算符和一元运算符。C 语言运算符见表 3-2。

表 3-2　C 语言运算符

优先级	名称	符号	优先级	名称	符号
	通用运算符			逻辑（关系）运算符	
1	括号	(), ‖	6	小于	<
1	结构访问符	->, .	6	小于等于	<=
11	条件	?:	6	大于	>
12	赋值符	=，+ =，* = 等	6	大于等于	>=
	算术运算符		7	等于	==
3	乘	*	7	不等于	! =
3	除	/	9	逻辑与	&&
3	求余	%	10	逻辑或	‖
4	加	+		一元运算符	
4	减	−	2	取反	!
	位操作运算符		2	取补	~
5	左移	< <	2	自增	++
5	右移	> >	2	自减	−−
8	按位与	&	2	一元负号	−
8	按位异或	∧	2	类型转换	(类型)
8	按位或			2	重定向	*
			2	地址符	&
			2	大小	sizeof

嵌入式系统经常需要对变量或寄存器进行位操作。而 C 语言的一个优势就是它可以对某个存储单元的内容进行位操作，如按位与、按位或和按位异或。

6. 指针

指针是存放变量地址的变量。例如，一个字符型变量指针存放的是该字符变量的地址。声明一个指针变量的格式与声明一个变量的格式相同，只是在变量名前加一个"*"运算符。例如：

```
unsigned char *a;
```

变量 a 被声明为一个存放无符号字符型变量的起始地址。指针可以存放各种类型变量的地址，如字符、字符数组、整型、整型数组、单精度浮点或双精度浮点等。由于指针存放的是一个变量的地址，所以必须确保这个指针存放的确实是个内存地址。

前面已经举例说明过，在S12XE单片机中，如果需要处理输入/输出端口，使用指针就很方便。例如前面举过的例子：

```
#define PORTB(*((volatile unsigned char *)(0x0001)))
```

指针在C语言中的另一个重要应用是动态内存分配。动态内存分配与其他内存分配方式不同，区别在于动态内存分配的存储单元在程序运行过程中才确定，这些分配的内存通常来自RAM中未被使用的部分，称这一部分为堆。动态内存分配常用在不知道RAM大小又想充分利用RAM资源的情况下。动态内存分配的两个主要函数是malloc()和free()，malloc()函数用于分配内存空间，而free()用于释放被分配的内存空间。两个函数的格式是：

```
void *malloc(sizeof(variable));
void free(void *ptr);
```

malloc()函数返回一个可分配给任何指针变量的指针。如果申请的内存空间是可用的，返回申请空间的第一个存储单元的地址；如果申请失败，则返回空（NULL），所以一定要记住在使用任何指针前，必须判断它是否为空。

在嵌入式系统程序设计中，程序员经常面临着要求去访问某特定的内存位置的情况，此时可以利用指针方便地实现这个要求。例如，要求设置绝对地址为0x67A9的整型变量的值为0xAA66，可以用下面的代码完成这任务：

```
int *ptr;
ptr = (int *)0x67A9;
*ptr = 0xAA66;
```

7. 条件语句、循环语句及无限循环语句

（1）条件语句　条件语句中，如果某个定义的条件能够被满足，那么执行紧跟在条件语句之后大括号内的语句（或者不带大括号的语句），否则程序会转到下一条语句或者转到另一组语句中执行。条件语句可以分为if语句和switch语句两大类。

1）if语句的一般形式。

```
if(<表达式>)
{
    语句体;
}
```

2）if-else语句的格式。

```
if(<表达式>)
{
    语句体1;
}
else
{
    语句体2;
}
```

3）if- else if- else 语句的格式。

```
if(<表达式1>)
{
    语句体1;
}
else if(<表达式2>)
{
    语句体2;
}
else
{
    语句体3;
}
```

4）switch 格式。

```
switch(<表达式>)
{
    case <常量表达式1>:<语句序列1>;break;
    case <常量表达式2>:<语句序列2>;break;
    case <常量表达式3>:<语句序列3>;break;
    ...
    case <常量表达式n>:<语句序列n>;break;
    [default:<语句序列n+1>]
}
```

switch- case 的执行效率比 if- else 要高，因为 switch 语向会生成一个跳转表来指示实际的 case 分支的地址，而这个跳转表的索引号与 switch 变量的值是相等的。if- else 需要遍历条件分支直到命中条件。但 switch 语句占用较多的代码空间，因为它要生成跳转表，特别是当 case 常量分布范围很大但实际有效值又比较少的情况，使得 switch 的存储空间利用率变得非常低，还有就是 switch 语句只能处理 case 为常量的情况，对非常量的情况是无能为力的。例如，"if（a > 1 && a < 10）"是无法使用 switch 语句来处理的。

（2）循环语句　C 语言有三种不同的循环结构：for 循环、while 循环和 do- while 循环。

1）for 循环语句格式。

```
for(<初始化表达式>;<条件表达式>;<更新表达式>)
{
    <循环体语句>
}
```

2）while 循环语句格式。

```
while(<表达式>)
{
    <循环体语句>
}
```

3）do- while 循环语句格式。

```
do
{
    <循环体语句>
}while(<表达式>)
```

（3）无限循环语句　无限循环是嵌入式系统编程的一个特征，程序中的 main( ) 函数内有一个大循环，其间有对函数进行的调用以及对中断的处理等程序，周而复始地循环，系统永远都不出现停止状态。实现无限循环可以使用以下几种方案。

1）while 无限循环方案。

```
while(1)
{
    ...
}
```

2）for 无限循环方案。

```
for(;;)
{
    ...
}
```

3）goto 无限循环方案。

```
Loop:
    ...
goto Loop;
```

8. 函数

（1）函数定义　函数是完成某个特定任务的一段独立代码，它必须具备三个特征：独立性、灵活性和可移植性。一个函数必须独立于程序的其他代码，才能确保函数可以被不同的用户调用。函数还必须是可移植的。C 语言可以在不同的硬件平台上使用同一段代码，一旦某段代码编写完毕，特定的编译器/汇编器将其转换为相应的机器代码，它就可以在不同的硬件平台上运行。

（2）主程序　主程序也是一种函数，区别在于当程序名被调用时，这个函数首先被执行。主程序是程序执行的管理者，它包含程序的总体结构，通过调用其他不同的函数来处理、完成具体的任务，并因此避免由主程序来处理这些具体任务。可以把主函数想象成一个在其他函数的帮助下控制各种命令执行的管理者。

（3）函数原型　函数在被调用前必须在程序的头部声明，这些声明称为函数原型。

函数声明的格式为：

返回类型 函数名（［变量类型 1　变量名 1］，［变量类型 2　变量名 2］，...，［变量类型 n 变量名 n］）；

其中，变量名是可选的，需要注意的是函数声明后必须有分号。以下给出几个函数声明的例子。

```
int compute(int,int);
float change(char name,float number,int a);
double find(unsigned int,float,double);
```

有时还会遇到以关键字 extern 作为函数声明的情况，例如：

    extern not_here(int a,int b,int c);

extern 关键字通知编译器 not_here 函数的声明不在这个源文件中，而在另一个外部程序中。

（4）函数定义　当某个函数在一个源文件的开始部分声明后，程序员必须在该源文件或其他伴随的源文件中定义这个函数。函数还可以在伴随的库文件中定义。函数定义可以在程序的任何地方进行，但通常都位于主程序后。除末尾没有分号，函数定义与函数声明的格式差不多。例如，假设前面声明的 compute 函数接收两个输入参数作为一个向量，计算该向量的长度并返回该长度值。该函数可以进行如下定义。

```
int compute(int a,int b)
{
    int sum,result;
    sum = a * a + b * b;
    result = (int)(sqrt(sum));
    return(result);
}
```

每个函数必须用正确的格式来定义：定义的开头是一条包含返回类型和参数的语句，中间是完成该函数功能的语句，最后是一条返回语句。如果返回类型是 void，最后的返回语句则可以没有。

（5）函数调用　在程序的任何地方，都可以用函数名和位于一对圆括号中的参数来调用某个函数。仍然以计算向量的长度为例，可以使用如下方式调用该函数。

    magnitude = compute(12,24);

（6）函数间参数的传递　在函数的调用过程中，调用者（即函数的触发者）可以向该函数传递多个参数。以上面一个例子作为参考，调用 computer 函数时，需要传递两个整型参数，因为该函数在定义和声明时就已经确定了两个参数。

在 C 程序中，参数都是通过堆栈传递的，使用的 C 编译器不同，参数进入堆栈的顺序，以及最后一个参数或第一个参数保存在什么地方也会有所不同，故与汇编语言程序的接口形式会有所不同。在开发嵌入式应用程序中，因不可避免地会使用到汇编语言，因此使用一个新的 C 交叉编译工具软件时，要搞清楚汇编语言程序和 C 程序之间是如何传递参数的。

3.2.3　程序编译器与交叉编译器

C 语言程序设计需要两个编译器：一是开发环境编译器，在主机上运行，编译器生成目标文件，编译器可以是使用 Turbo C、C++、VC 等高级语言，用于开发、设计、测试以及调试目标系统；二是交叉编译器，也是在主机上运行的，用于为目标系统生成机器代码。对于大多数的嵌入式系统微处理器和微控制器，多选用商用的交叉编译器。主机同时运行开发环境编译器和交叉编译器，就可以在主机上仿真、调试、模拟目标系统。

图 3-4 给出了将汇编程序转换为机器码，最后得到一个 ROM 映像文件的过程。

1）汇编器（assembler），将汇编语言程序翻译为机器码。

2）链接器（linker），将这些代码与其他必要的汇编语言代码链接在一起。由于有多组代码需要链接在一起，形成最后的二进制文件，因此链接是很有必要的。例如，如果汇编语言程序中有一个对延迟任务的引用，就可以由标准代码来完成这个任务。延迟代码必须与汇编语言代码

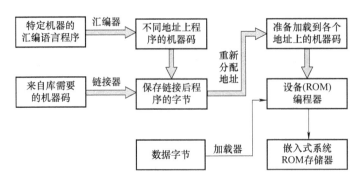

图 3-4　汇编程序转换 ROM 映像文件的过程

相链接，延迟代码从某个地址开始是连续的，汇编语言软件代码从某个地址开始也是连续的。两段代码都必须处于不同的地址上，这些地址还必须是系统中的可用地址，链接器将这两者链接在一起，链接后要在机器上运行的二进制文件通常称为可执行文件或者简称为 ".exe" 文件。链接就是将代码实际放入存储器之前，必须重新分配代码序列的排放过程。

3）加载程序和数据。当发现给定的立即数是一个物理 RAM 地址时，加载器（loader）执行重新分配代码的任务。加载器是操作系统的一部分，读取 .exe 文件之后将代码放置到存储器中。这个步骤也是很有必要的，因为可用的存储器地址可能不是从 0x0000 开始的。在运行过程中，二进制代码必须装载到不同的地址上，加载器能够找到适当的起始地址，也可以使用加载器将准备运行的程序装载到 RAM 中。

4）代码定位为 RAM 映像，并将其永久存放到 ROM 可用的地址中。嵌入式系统不像通用计算机，有一个单独的程序可以跟踪运行过程中的可用地址。嵌入式系统开发者必须定义用于加载的可用地址，并创建用于永久定位代码的文件。定位器程序将重新分配链接过的文件，并且以静态格式创建用于永久定位代码的文件。这种格式可以是 Intel 的 Hex 文件格式或者 Freescale 的 S-record 格式。

5）设备编程器装置，将 ROM 映像文件作为输入，并最终将这个映像写到 PROM 或 P-Flash 中，或者由半导体厂商在工厂里，将映像文件做成嵌入式系统 ROM 的掩模，根据映像创建的掩模使 ROM 成为 IC 芯片的形式。

图 3-5 给出了将一个 C 程序转换为 ROM 映像文件的过程。其中，编译器产生目标代码。编译器根据处理器指令和其他说明对代码进行汇编。作为编译的最后一个步骤，嵌入式系统的 C 编译器必须使用代码优化器。在链接之前，优化器对代码进行优化；在编译之后，链接在一起。例如，链接器将某些函数代码包含进来，如 printf 和 sqrt 代码。设备管理和驱动程序代码（设备控制代码）也是在这个阶段链接的，如打印机设备管理和驱动程序代码。链接之后，创建 ROM 映像文件的其他步骤与图 3-5 所示的步骤相同。

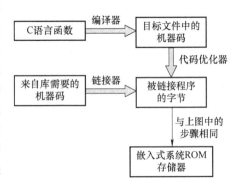

图 3-5　C 程序转换为 ROM 映像文件的过程

集成开发环境（IDE，integrated development environment）是用于提供程序开发环境的应用程序，一般包括代码编辑器、编译器、调试器和图形用户界面等工具。集成了代码编写功能、分析功能、编译功能、调试功能等一体化的开发软件服务套件。所有具备这一特性的软件或者软件套（组）件都可以叫集成开发环境。MCS-51 系列嵌入式系统可采用 ARM 公司提供的 KEIL μVision 集成开发环境，S12XE 系列嵌入式系统采用飞思卡尔公司提供的 CodeWarrior 集成开发环境。

3.3 S12XE 软件开发环境 CodeWarrior IDE

3.3.1 CodeWarrior IDE 概况

以 CodeWarrior for S12（X）V5.9 版本软件为例。CodeWarrior（CW）软件的安装与常规 Windows 软件一样，按安装向导逐步进行即可完成。在 Windows 菜单程序列表中找到并运行 CodeWarrior IDE，即可进入 CW 软件。

使用 CW 进行 S12XE 嵌入式系统软件开发的主要步骤如下：

1. 建立工程文件

在 CW 软件菜单中选择 File→New Project，如图 3-6 所示，出现 New Project 向导页。

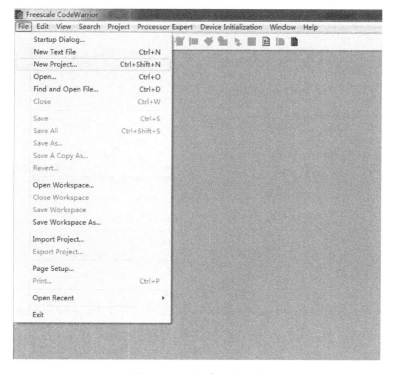

图 3-6 CW 新建工程文件

1）选择 MCU 型号，预选调试连接类型。若是使用 BDM 调试器（需要在计算机上安装调试器的驱动程序），则选择 TBDML；若是纯软件仿真调试的情况，就选择 Full Chip simulation，如图 3-7 所示。

2）选择单核或多核（启用 XGATE），如图 3-8 所示。

3）选择编程语言，可选 Absolute assembly（绝对定位汇编）/Relocatable assembly（可重定位汇编）/C（C 语言编程）/C++（C++语言编程），同时修改输入工程名，如 RunLED. mcp；选择

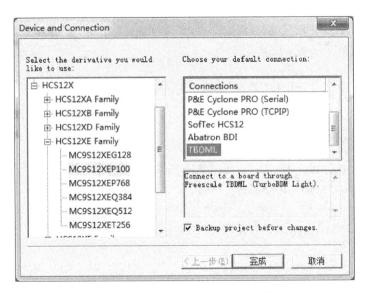

图 3-7　选择 MCU 型号和调试连接模型

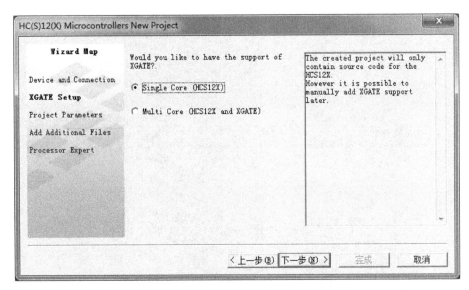

图 3-8　选择单核或多核（启用 XGATE）

或修改工程存放位置，例如 "E:\CodeC\WRunLED"，此处工程存放位置最好也命名为和工程名相同的名字，如图 3-9 所示。

　　4）提示是否需要加入已有的其他模块程序文件，如果有则选择加入到列表，当然也可从列表中删除，如图 3-10 所示。在出现的 New Project 向导页中，是 CW 提供的快速开发选项，允许开发人员通过图形化操作界面进行器件初始化、处理器专家（PE）的高级功能操作，如图 3-11 所示，此处可直接选择 None。还有 C/C++ 选项，如图 3-12 所示；Memory model options 选项，如图 3-13 所示。点选"完成"即可，最后进入 CW 的 C 语言开发主界面。

　　工程建立过程中的其他设置一般按默认选择（C 编程的存储器模式在程序量小于 64KB 时选择 Small）。图 3-14 是 CW 的 C 语言程序开发主界面。CW 工程名的后缀为 mcp，工程一旦建立，以后

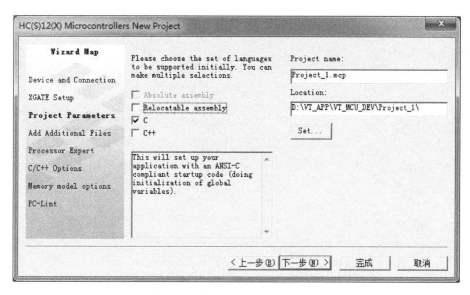

图 3-9　编程语言选择和输入文件名及其设置路径

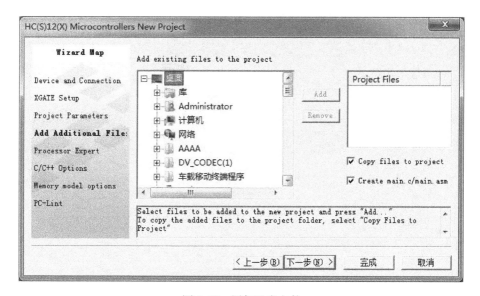

图 3-10　添加已有文件

通过 File→Open...，找选 .mcp 文件即可重新打开这个工程，CW 环境允许同时打开多个工程。

2. 输入、编辑程序

在图 3-14 所示 CW 的主界面中，左侧为文件列表栏，列出 CW 系统自动生成的各种配合文件，其中用户需要主要开发的应用程序是 C 语言主文件 main.c。打开 main.c 文件后，显示自动生成的例子程序框架，保留前面部分，按提示输入、编辑自己的程序源代码。开发环境中各种配合文件的作用以及 CW 功能的使用，需要在 CW 的使用过程中细心体会。需要注意主文件中开始的文件包含"derivative.h"，实际上是引入了自动生成的、与 MCU 型号相关的预包含头文件，如文件列表中的 MC9S12XEP100.h，其内容主要是中断向量地址、存储器地址和寄存器地址别名的定义。

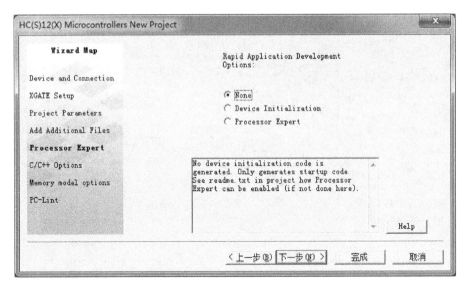

图 3-11　快速应用程序开发选项

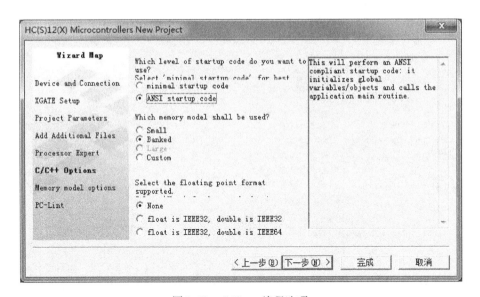

图 3-12　C/C++ 编程选项

另一个需要关心的文件是自动生成的 .prm 链接文件，主要是代码地址定位信息，如其中最后一句：VECTOR0 Entry 给出了复位向量地址是标号 Entry 的地址。

CW 环境的 Add Files 功能还可以对当前工程添加已有的模块文件。

编译程序点选 Make 图标（或 Project→Make，F7）进行项目的编译和链接，如图 3-15 所示。如果源程序有错误，CW IDE 会弹出错误或警告信息。按提示修改，重新编译，直到没有错误。一旦编译通过，编译后的文件会自动存盘。

3. 完全软件仿真调试

在没有电路板的情况下，可进行软件仿真，也可在硬件设计和生产之前就对程序逻辑进行正确性验证。首先，需要设置调试连接类型为 Full Chip Simulation（Project→Set Default Target→

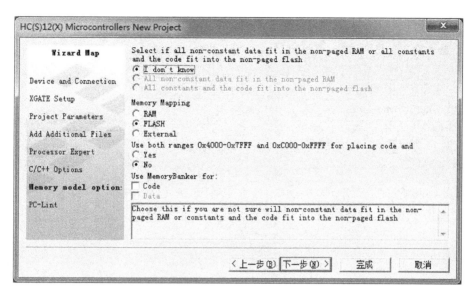

图 3-13　存储器选项

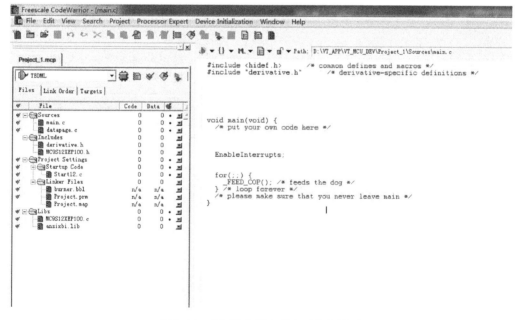

图 3-14　CW 的 C 语言程序开发主界面

Full Chip Simulation）。

1）点选 Debug 图标（或 Project→Debug，F5）。

2）在弹出的 True-Time Simulator & Real-Time Debugger 仿真调试窗口界面，如图 3-16 所示，Source 为源程序代码窗口，Data 为指定观察变量的数据窗口，Command 为当前执行以及支持手动输入的调试命令窗口，Assembly 为当前的汇编语句及其地址窗口，Register 为寄存器窗口，Procedure 为当前过程窗口，Memory 为内存窗口。各个窗口均有对应的鼠标右键功能可选。

3）可以进行各种信息观察和调试操作。其中，Source 窗口中为源程序代码行，鼠标右击可

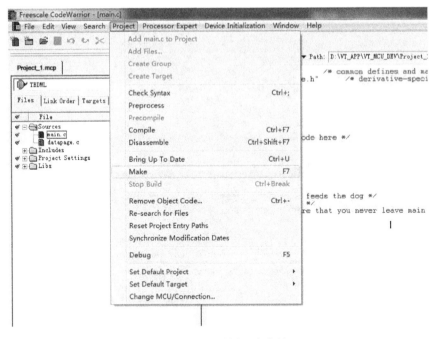

图 3-15　CW 编译程序菜单

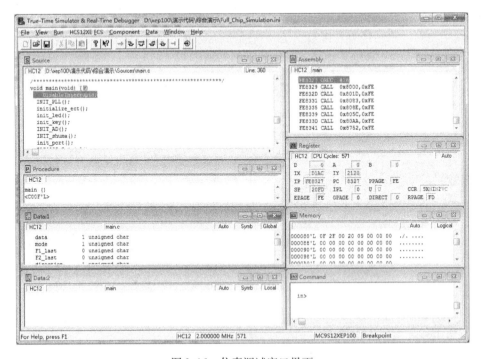

图 3-16　仿真调试窗口界面

设置断点、执行到光标处等；Register 窗口的寄存器、Memory 窗口的存储器区域值等均可鼠标双击或用右键功能，进行手工编辑；Data 窗口可增加自定义的表达式观察对象。调试运行，即全速运行开始继续、进入单步（Single Step）、跳过单步（Step Over）、单步跳出（Step Out）、汇编单步、停止、复位等操作；调试观察，即观察程序存放位置、寄存器值、运行位置、存储器区域值、表达式等。

调试界面中还有其他一些菜单功能，如目标程序的文件操作、调试连接设置、界面方式、字体背景设置、组件打开等功能，这些功能并不常用，开发者可以根据需要选用。

4. 使用 BDM 的程序下载与在线调试

首先，需要设置调试连接类型，若是独立 BDM，调试器则选择 TBDML。

1）BDM 调试器硬件连接。一端接 PC 的 USB 接口，BDM 的 6 针插针口（注意别插反），PC 会自动识别并安装此设备。BDM 调试器可为电路板供电，BDM 可带电插拔。

2）点选 Debug 图标（或 Project→Debug，F5）。进入在线调试环境后，功能和方法与软件仿真完全相同，如全速运行停止、单步、复位等，但此时已是针对电路板的实时、在线调试运行。在进入在线调试之前，CW 会弹出 NVM（non volatile memory）擦除、写入编程的提示对话框，写入成功后即会进入正确状态的在线调试界面。

BDM 调试器错误连接或没有连接、写入错误等，CW 均会弹出错误提示。

3）在线调试环境下，正确状态应是 Source 窗口内有程序代码。上述过程实际已完成对 MCU 的 NVM（EEPROM 和 Flash）的擦除和程序下载，可以在线调试或脱机运行重新编译过的工程，可以在 CW 主界面中再次点选 Debug 重新进入调试窗口，也可以在调试窗口的连接调试器菜单→load 中直接调入新的目标文件 *.abs 进行程序下载。该文件可在工程所在文件夹的 bin 子目录中找到，而 bin 子目录下的 *.s19 文件是不带调试信息的标准 Motorola 格式的目标代码文件，也可被调入并下载。

4）程序运行结果无误，在线调试完成后，就可以拔除 BDM 调试器，脱离 PC 机，实现电路板完全脱机独立运行。

3.3.2　CW 环境下的 C 语言编程

CW 中针对 Freescale 的 16 位单片机的 C 语言编程基本符合 ANSI 规范，这里主要介绍和 S12XE 资源密切相关的一些编程要点。

1. 变量类型和定义

CW 中 S12XE 系列单片机 C 编译器支持的基本变量类型及其缺省的长度位数见表 3-3。

表 3-3　CW 中 C 变量的类型与长度

类　　型	长　　度			
	8 位	16 位	32 位	64 位
char	√			
short		√		
int		√		
long			√	
long long			√	
enum		√		
float			√	
double				√
long double				√
long long double				√

表中所示的整形数变量 char、short、int、long 等都有对应的无符号形式（前面冠以 unsigned）。CW 给定的头文件已经将最常用的一些无符号变量类型做了类型名简化替换，例如，用 byte 代替 unsigned char，用 word 代替 unsigned int，用 dword 代替 unsigned long。这与 Visual C/C++ 的规范一致。

在 MCU 程序设计中，变量类型的选择须遵循两条最基本的原则：能用短的变量就不用长的；能用无符号数就不用有符号数。该原则将在很大程度上决定代码的长度和效率。因此，尽可能使用 byte 或 word 类型变量。

由于 S12XE 系列 MCU 内部寄存器的特点，对于多字节组成的变量，如 int、long 等，C 编译器缺省的变量内存排列方式是高位字节放在低地址，低位字节放在高地址，又俗称"大头朝上"。这和普通 Intel 格式，如 51 系列 MCU 正好相反，它是"小头朝上"，在程序跨平台移植时需要特别注意。当然 CW 编译器本身可以设定改变成"小头朝上"模式，但内部寄存器地址排列顺序无法改变，因此这样将使最终的程序代码效率降低。

MCU 程序设计中经常会用到位变量作为一些标志。CW 中没有特别的位变量定义关键词，位变量必须由位域结构体的形式来定义。例如：

```
struct {
    unsigned powerOn      :1;
    unsigned alarmOn      :1;
    unsigned commActive   :1;
    unsigned sysError     :1;
} myFlag;
```

若引用某个位变量，只需：

```
myFlag.alarmOn =1;
myFlag.sysError =0;
```

按此定义的各个位变量将被顺序排放在一起，以字节为基本单位，字节的第 0 位放第一个位变量，一个字节含 8 个位变量。因此如果位域结构中定义的位变量数目很多，在内存分配时将占据多个字节。

有时为了方便编程，位变量可单独定义和操作，但有时又希望一次将整个字节一起初始化（清零或赋值）。可以通过定义字节（或字）和位域结构的联合体来实现，即

```
union {
    byte flagByte;
    struct {
        unsigned powerOn      :1;
        unsigned alarmOn      :1;
        unsigned commActive   :1;
        unsigned sysError     :1;
    } bits;
} myFlag;
```

可以整字节操作，即

```
myFlag.flagByte =0;
```

可以单独某一个位操作，即

```
myFlag.bits.powerOn =1;
myFlag.bits.commActive = ! myFlag.bits.commActive;
```

这样可能会造成位变量名称比较长，可以在头文件里用#define 预定义，用更简洁易懂的名称进行替换。

需要提醒的是，在定义位变量时尽量将它们指定分配到内存空间的第 0 页（地址范围 0x00 ~ 0xff），这样对位变量操作的 C 代码将直接被编译成对应的汇编位操作指令，代码效率最高。具体的定位方法将在介绍#pragma 时说明。

2. 变量的特殊修饰

上面介绍的各类基本变量和由其合成的高级变量，如数组、结构和联合，由于 MCU 资源的有限性和特殊性，在定义变量时还需要考虑以下几个方面：

（1）变量的绝对定位 变量绝对定位是特别针对芯片内部的硬件寄存器定义的。所有的硬件寄存器在编写 C 程序时均被视为变量，且都已经在 CW 给定的头文件中预先定义。由于是硬件资源，其地址是唯一且不可改的，所以在头文件中定义这些寄存器时都采用绝对定位的方式，如定义 PORTA：

```
/ * * * PTAD- Port A Data Register;0x00000000 * * */
typedef union {
    byte Byte;
    struct {
        byte PTAD0:1;        /* Port A Data Register Bit 0 */
        byte PTAD1:1;        /* Port A Data Register Bit 1 */
        byte PTAD2:1;        /* Port A Data Register Bit 2 */
        byte PTAD3:1;        /* Port A Data Register Bit 3 */
        byte PTAD4:1;        /* Port A Data Register Bit 4 */
        byte PTAD5:1;        /* Port A Data Register Bit 5 */
        byte PTAD6:1;        /* Port A Data Register Bit 6 */
        byte PTAD7:1;        /* Port A Data Register Bit 7 */
    } Bits;
} PTADSTR;
extern volatile PTADSTR _PTAD @ 0x00000000;
#define PTAD _PTAD.Byte
#define PTAD_PTAD0 _PTAD.Bits.PTAD0
#define PTAD_PTAD1 _PTAD.Bits.PTAD1
#define PTAD_PTAD2 _PTAD.Bits.PTAD2
#define PTAD_PTAD3 _PTAD.Bits.PTAD3
#define PTAD_PTAD4 _PTAD.Bits.PTAD4
#define PTAD_PTAD5 _PTAD.Bits.PTAD5
#define PTAD_PTAD6 _PTAD.Bits.PTAD6
#define PTAD_PTAD7 _PTAD.Bits.PTAD7
```

在定义端口寄存器时用@ 给出其绝对地址为 0x00000000。理论上用户自己定义的变量，也可以用这种方式对其分配一个固定地址来绝对定位，但这样定义变量的地址不被保留，完全可能被其他变量覆盖。例如，用绝对定位的方式定义一个变量 k 在地址 0x70，但此地址还有可能有其他变量定义，在最后连接定位后的内存映射文件中，可以看到变量 k 的地址就可能与其他变量是重叠的。因此，可以采用上面介绍的方法来绝对定位自己的变量，但千万慎用，以免引起程序混乱。

（2）变量 volatile 声明　有三种方法：

```
volatile byte msCounter;
volatile byte uartBuff[16];
volatile word adValue;
```

volatile 型变量顾名思义就是这些变量是易变的，其值是不随程序代码运行而随意改变的。由此可见，基本上所有的 MCU 片内硬件寄存器的性质是易变的，因为其值变化是由内部硬件模块运作或外部信号输入决定，而不受程序代码的控制；自己定义的变量如果在中断服务程序中被修改，对正常的代码运行流程来说它们也是易变的。volatile 类型定义在 MCU 的 C 语言编程中是非常重要的，它可以告诉编译器的优化处理器这些变量是实实在在存在的，在优化过程中不能无故消除。假定程序中定义了一个变量并对其作了一次赋值，但随后就再没有对其进行任何读写操作，如果是非 volatile 型变量，优化后的结果是这个变量将有可能被彻底删除以节约存储空间。另外一种情形是在使用某一个变量进行连续的运算操作时，这个变量值将在第一次操作时被复制到中间临时变量中，如果它是非 volatile 型变量，则紧接其后的其他操作将有可能直接从临时变量中取数以提高运行效率，显然这样做后对于那些随机变化的参数就会出问题。只要将其定义成 volatile 类型后，编译后的代码就可以保证每次操作时可直接从变量地址处取数。

任何类型的变量，都可以冠以 volatile 声明。

（3）const 声明　const 用于声明变量为永不变化的常数。一般来说，这些变量都应该被放在 ROM 区（也就是 Flash 程序空间），以节约宝贵的 RAM 内存。但简单的一个 const 声明，并不能保证变量最后会被分配到 ROM 区，安全的做法必须配合#pragma 声明的 CONST_SEG 数据段或 INTO_ROM 一起实现，这将在稍后介绍。下面为 const 声明的一个范例：

```
const byte prjName[] = 'This is a demo';
```

任何类型的变量，都可以冠以 const 声明。

3. #pragma 声明

#pragma 声明是基于 MCU 开发的特点而对标准 C 语法的一个扩充，它对充分利用 MCU 内各类有限资源起到不可或缺的作用。下面简单介绍几个最常用的#pragma 声明。

（1）#pragma DATA_SEG　定义变量所处的数据段，其语法形式为：

```
#pragma DATA_SEG   <属性> 名称
```

数据段名称可以任意命名，但习惯上有些约定的名称，其作用分别为：

DEFAULT：缺省的数据段，在 S12XE 系列 MCU 中的地址为 0x1000 以上。一般的变量定义可以放在这一区域。

MY_REGISTER：自定义的数据段，如地址范围定在 0x00 ~ 0xff，但实际用户可用的空间不到 256B，因为前面的一些地址空间已经分配给了片内寄存器。需要频繁或快速存取的变量应该指定放在这一特殊区域，特别是位变量。

数据段名称必须和.prm 文件中的数据段配置说明相关联，才能真正发挥其定位作用。如果命名的数据段在.prm 文件中没有特别说明，那此数据段的性质等同于 DEFAULT。

数据段的属性可以缺省，主要目的是告诉编译器此段数据可适用的寻址模式。不同的寻址模式所花的指令数量和运行时间都不同。对于 Freescale 的 MCU, I/O 寄存器区段可以进行直接快速寻址，故对应此数据段应尽量指明其属性为__NEAR_SEG。对于一般数据段没有属性描述，其缺省是__FAR_SEG，将用 16 位地址间接寻址。

举几个数据段定义的例子加以进一步说明。

```
#pragma DATA_SEG __NEAR_SEG MY_ZEROPAGE        //开始自定义数据
volatile struct {
    unsigned powerOn        :1;
    unsigned alarmOn        :1;
    unsigned commActive     :1;
    unsigned sysError       :1;
} myFlag;
#pragma DATA_SEG DEFAULT                        //开始默认数据段定义
volatile word msCounter;
byte i,j,k;
byte tmpBuff[16];
```

（2）#pragma CONST_SEG 声明一个常数数据段，必须和变量的 const 修饰关键词配合使用。其语法形式为：

```
#pragma CONST_SEG 名称
```

该数据段下定义的所有数据将被放置在程序的 ROM 区，也就是 MCU 内的 Flash 程序空间区。常数段名称可以由用户自由定义，但一般都用 DEFAULT，让编译链接器按可用的 ROM 区域自由分配变量位置。举例如下：

```
#pragma CONST_SEG DEFAULT
const byte prjName[] = "This is a demo";
const word version = 0x0301;
#pragma CONST_SEG DEFAULT
word version = 0x0301;                  //没有 const 该变量将被放置在 RAM 区
#pragma DATA_SEG DEFAULT
const word version = 0x0301;            //尽管有 const 但该变量将被放置在 RAM 区
```

（3）#pragma INTO_ROM 功能类似于 CONST_SEG，和变量修饰词 const 配合使用。但它只定义一个常数变量到 ROM 区，且只作用于紧接着的下一行定义。例如：

```
#pragma INTO_ROM
const byte prjName[] = "This is a demo";    //变量将被放置在 ROM 区
word verData = 0x0301;                       //变量将被放置在缺省 RAM 区
```

（4）#pragma CODE_SEG 用于定义程序段并赋以特定的段名，语法形式如下：

```
#pragma CODE_SEG  <属性> 名称
```

一般的程序设计是无需对代码段做特殊处理的。因为所有传统的 16 系列单片机的程序空间都不超过 64KB（16 位寻址最大范围），且在内存地址中呈线性连续分布。对于项目中所有的代码文件或库文件，编译链接器会在最后按程序模块出现的先后顺序自动安排所有程序函数在内存中所处的实际位置，用户不必太关心某一个函数的具体位置。但如果程序超过 64KB，必须在内存空间中以页面形式映射到首个 64KB 地址范围，其对应的程序段属性要特殊声明。

　　某些特殊设计需要将不同部分的程序分别定位到不同的地址空间，如实现程序代码下载自动更新。这样的设计需要把负责应用程序下载更新的驱动代码，固定放置在一个保留区域内，而把一般的应用程序放置在另外一个区域，以便在需要时，进行整体擦除后更新。这时就需要用 CODE_SEG 来分别指明不同的程序段，但还必须配合 .prm 文件对程序空间进行分配和指派。

　　代码段的属性一般都用缺省的 __FAR_SEG，表明所有的函数调用都是长调用。

　　下面以实例进一步说明：

```
//定义缺省的代码段,缺省属性为远调用
#pragma CODE_SEG DEFAULT
void main(void)
{
  ...
}
//定义名字为 FUNC_CODE 的代码段,缺省属性为远调用
#pragma CODE_SEG FUNC_CODE
void MyApp(void)
{
  ...
}
```

//定义名字为 Timer0_ISR 的代码段,缺省属性为近调用代码段。中断服务程序代码安排在不分页的 Flash 区域。

```
#pragma CODE_SEG __NEAR_SEG NON_BANKED
Interrupt void Timer0_ISR(void)
{
  ...
}
//定义远调用的程序段,段名为 BOOTLOAD
#pragma CODE_SEG __FAR_SEG BOOTLOAD
void BootLoader(void)
{
}
//定义近调用的程序段,段名为 KEYBOARD
#pragma CODE_SEG __NEAR_SEG KEYBOARD
void KeyDebounce(void)
{
  ...
}
byte KeyCheck(void)
{
  ...
}
```

```
void KeyBoard(void)
{
    if(keyCheck()){
        KeyDebounce();
        ...
     }
}
```

（5）#pragma TRAP_PROC　用于定义一个函数为中断服务类型，此类型的函数编译器在将 C 代码编译成汇编指令时，会在代码前后增加必要的现场保护和恢复汇编代码，同时函数的最后返回用汇编指令 RTI，而不是针对普通函数的 RTS。例如：

```
#pragma TRAP_PROC
void SCI1_ISR(void)//定义 SCI1 的中断服务程序
{
...
}
```

用 TRAP_PROC 定义的中断服务函数的实际中断向量地址必须通过 .prm 文件指派。

（6）#pragma MESSAGE　这个声明用以控制编译信息的显示。一般情况下这些编译信息都是有用的，特别是警告和错误信息。但有时我们会按 MCU 的工作特性编写一些代码，而在正常程序编写时，这些代码会产生警告信息，例如：

```
#pragma MESSAGE DISABLE C4002          //忽略编号为 C4002 的编译警告(Warning)
```

4. C 语言嵌入汇编语言

一般来说，采用 C 语言编程可完成绝大多数预期目的，但是对一些特殊情况（精确延时、实时性要求高等）进行编程时，需要结合汇编语言来实现。

（1）调用汇编指令的子程序　首先在子程序的头文件中，声明子程序名 asm_Function（也可以是其他函数名），即

```
void asm_Function(void);
```

在子程序的 .asm 文件中，实现汇编子程序，格式如下：

```
    ...
asm_Function:
    ...          ;      //代码
    RTC
```

在 C 程序文件的开始加入汇编子程序的头文件，然后在需要的位置加入调用汇编子程序的语句：

```
    asm_Function();
```

（2）C 语句中插入汇编语句　可以在 C 程序中使用汇编关键字嵌入一些汇编语言程序，这种方法主要用于实现数学运算或中断处理，以便生成精炼的代码，减少运行时间。当汇编函数不大，且内部没有复杂的跳转时，可以用嵌入式汇编实现。

使用关键字 asm 可以引导嵌入一条或多条汇编语句。例如：

```
#define somenop();asm("nop");asm("nop");asm("nop");asm("nop");asm("nop");
                       //宏定义
_asm("CLI")       //单条指令
asm SEI;          //单条指令
asm{              //多条指令
   LDDA #$5A
   ANDB #1
   STD $2080
};
```

5. C 语言中断服务程序

CodeWarrior IDE 的 C 语言开发环境中的中断服务函数，一般是通过中断向量号的形式来管理，在工程列表下的"芯片型号.h"头文件中，有每个中断向量地址及其中断向量号的预定义规定。CW 针对 Freescale 的 MCU 中断函数编写，有两种方式可以实现。

（1）用关键词 interrupt 和中断向量号定义中断函数

```
//SCI1 data receive interrupt service routine //
interrupt 21 void SCI1_Receive_ISR(void)
```

关键词 interrupt 告诉编译器此函数为中断服务函数，数字 21 告诉链接器该中断向量的中断向量号。这种方式最直观也最简单，缺点是程序的可移植性稍差。

（2）用关键词 interrupt 定义中断函数，中断向量入口由 .prm 文件指定

```
//SCI1 data receive interrupt service routine //
interrupt void SCI1_Receive_ISR(void)
```

在工程对应的 .prm 文件最后添加一行向量号声明：

```
VECTOR ADDRESS 0xFFD4 SCI1_Receive_ISR        //指定的中断服务向量和入口
```

需要注意：

1）.prm 文件中已自动包含系统的复位中断向量与入口：VECTOR 0 _Startup。

2）C 语言编写的中断函数在编译后已隐含了 RTI 返回指令。

3）中断函数的参数和返回类型都只能为 void。

4）中断函数应该放在 Flash 非分页区。一般应在中断函数前面加强制定位管理语句，即 #pragma CODE_SEG __NEAR_SEG NON_BANKED；中断函数结束后加入恢复定位的管理语句，即 #pragma CODE_SEG DEFAULT。

3.3.3 S12XE 的 C 语言编程实例

【例3-1】 该实例实现 8 个 LED 灯闪烁。程序如下：

```
#include <hidef.h>           /* 通用定义和宏 */
#include "derivative.h"      /* 衍生定义 */
#define LED PORTB
#define LED_dir DDRB
void delay(void){            /* 延时函数 */
  unsigned int i,j;
```

```
    for(j=0;j<2;j++)
      for(i=0;i<60000;i++);
    }
void main(void){                    /*主函数*/
    DisableInterrupts;
    LED_dir=0xff;  LED=0x00;  //设置为输出,并点亮8个灯
    EnableInterrupts;
for(;;)
{
    delay();  LED=LED^0xf0;    //LED与0xf0做异或运算,改变D5~D8的亮灭状态
    delay();  LED=LED^0xf0;    //改变D5~D8的亮灭状态
    delay();  LED=LED^0xf0;    //改变D5~D8的亮灭状态
    delay();  LED=LED^0xff;    //改变所有灯的状态
    delay();  LED=LED^0xf0;    //改变D5~D8的亮灭状态
    delay();  LED=LED^0xf0;    //改变D5~D8的亮灭状态
    delay();  LED=LED^0xf0;    //改变D5~D8的亮灭状态
    delay();  LED=LED^0xff;    //改变所有灯的状态
  }
}
```

【例3-2】 设计数字电压表。通过 A/D 转换实现电压信号转化成数字信号处理,并将电压数值在 4 位数码管上显示,其中数码管采用定时器中断实现 5ms 时间间隔轮流对 4 个数码管进行动态刷新。程序如下:

```
#include <hidef.h>
#include "derivative.h"
#define CONT1 PORTK_PK3
#define CONT2 PORTK_PK2
#define CONT3 PORTK_PK1
#define CONT4 PORTK_PK0
#define CONT1_dir DDRK_DDRK3
#define CONT2_dir DDRK_DDRK2
#define CONT3_dir DDRK_DDRK1
#define CONT4_dir DDRK_DDRK0
#define DATA PTP
#define DATA_dir DDRP
#define LEDCPU PORTK_PK4
#define LEDCPU_dir DDRK_DDRK4
#define  BUS_CLOCK    32000000      //总线频率
#define  OSC_CLOCK    16000000      //晶振频率
byte data1=0, data2=0, data3=0;  data4=0;
unsigned int AD_in,AD_final;
unsigned int cycle=0;
byte single;
```

```
unsigned int dianya;
byte shuma[20] = {0x3f,0x06,0x5b,0x4f,0x66,0x6d,0x7d,0x07,0x7f,0x6f,
                                //0 ~ 9 对应的段码
               0xbf,0x86,0xdb,0xcf,0xe6,0xed,0xfd,0x87,0xff,0xef};
                                //0 ~ 9 后加小数点对应的段码
void INIT_PLL(void){            /*初始化锁相环,晶振频率为16MHz,总线频率为32MHz*/
    CLKSEL & =0x7f;             //设置 OSCCLK 为系统时钟
    PLLCTL & =0x8F;             //失能 PLL 电路
    CRGINT & =0xDF;
    #if(BUS_CLOCK ==40000000)
      SYNR =0x44;
    #elif(BUS_CLOCK ==32000000)
      SYNR =0x43;
    #elif(BUS_CLOCK ==24000000)
      SYNR =0x42;
    #endif
    REFDV =0x81;               //PLLCLK = 2 × OSCCLK × (SYNR + 1)/(REFDV + 1) =
                                 64MHz,fbus =32MHz
    PLLCTL = PLLCTL|0x70;      //使能 PLL 电路
    asm NOP;   asm NOP;
    while(!(CRGFLG&0x08));     //PLLCLK 已锁定
    CLKSEL|=0x80;             //设置 PLLCLK 为系统频率
}
void initialize_ect(void){     /*初始化 ECT 模块*/
    ECT_TSCR1_TFFCA =1;        //定时器标志位快速清除
    ECT_TSCR1_TEN =1;          //定时器使能位,1 = 允许定时器正常工作;0 = 使主定时器
                                 不起作用(包括计数器)
    ECT_TIOS   =0xff;          //指定所有通道为输出比较方式
    ECT_TCTL1 =0x00;           //后四个通道设置为定时器与输出引脚断开
    ECT_TCTL2 =0x00;           //前四个通道设置为定时器与输出引脚断开
    ECT_DLYCT =0x00;           //延迟控制功能禁止
    ECT_ICOVW =0x00;           //对应的寄存器允许被覆盖;NOVWx =1,对应的寄存器不
                                 允许覆盖
    ECT_ICSYS =0x00;           //禁止 IC 及 PAC 的保持寄存器
    ECT_TIE   =0x01;           //允许通道 0 定时中断
    ECT_TSCR2 =0x07;           //预分频系数 pr2-pr0:111;时钟周期为 4μs
    ECT_TFLG1 =0xff;           //清除各 IC/OC 中断标志位
    ECT_TFLG2 =0xff;           //清除自由定时器中断标志位
}
void INIT_AD(void){            /*初始化 AD 模块*/
    ATD0CTL2 =0x40;            //启动 A/D 转换,快速清零,禁止中断
    ATD0CTL1_SRES =2;          //选用 12 位模/数转换
    ATD0CTL3 =0x88;            //每次只转换一个通道
```

```
        ATD0CTL4 = 0x07;                        //AD 模块时钟频率为 2MHz
    }
    unsigned int AD_capture(void){         /* 启动 A/D 转换 */
        unsigned int AD_data;
        ATD0CTL5 = 0x01;                        //转换 AD01
        while(!ATD0STAT2_CCF0);                 //等待转换结束
        AD_data = ATD0DR0;
        return(AD_data);
    }
    void INIT_port(void){                  /* 初始化端口 */
        CONT1_dir = 1;  CONT2_dir = 1;  CONT3_dir = 1;  CONT4_dir = 1;
        CONT1 = 0;  CONT2 = 0;  CONT3 = 0;  CONT4 = 0;
        DATA_dir = 0xff;  DATA = 0x00;
    }
    void delay(void){                      /* 延时函数 */
        unsigned int j;
        for(j = 0;j < 5000;j ++);
    }
    #pragma CODE_SEG __NEAR_SEG NON_BANKED
    interrupt void scan(void){             /* 中断扫描函数 */
        if(ECT_TFLG1_C0F == 1)  {
            ECT_TFLG1_C0F = 1;  ECT_TC0 = ECT_TCNT +1250;  //设置输出比较时间为 5ms
        }
        switch(single)  {
            case 1:  CONT1 = 1;  CONT2 = 0;  CONT3 = 0;  CONT4 = 0;  DATA = shuma[data1];
break;
            case 2:  CONT1 = 0;  CONT2 = 1;  CONT3 = 0;  CONT4 = 0;  DATA = shuma[data2];
break;
            case 3:  CONT1 = 0;  CONT2 = 0;  CONT3 = 1;  CONT4 = 0;  DATA = shuma[data3];
break;
            case 4:  CONT1 = 0;  CONT2 = 0;  CONT3 = 0;  CONT4 = 1;  DATA = shuma[data4];
break;
            default:  break;
        }
        single ++;
        if(single > 4)single = 1;
    }
    #pragma CODE_SEG DEFAULT
    void main(void){                       /* 主函数 */
        DisableInterrupts;
        INIT_PLL();  initialize_ect();  INIT_port();  INIT_AD();
        LEDCPU_dir = 1;  LEDCPU = 0;
        EnableInterrupts;
```

```
        ECT_TFLG1_C0F =1;  ECT_TC0 =ECT_TCNT +1250;      //设置输出比较时间为 5ms
        for(;;)  {                                        //无限循环
            delay();
            AD_in =AD_capture();
            AD_final =AD_final *7/8 +AD_in/8;             //滤波以消除抖动,平滑处理
            cycle + =1;
            if(cycle > =500)
            {
                cycle =0;
                dianya = (unsigned int)((unsigned long)AD_final *5000/4095);
                                                          //计算电压(0.000 ~5.000V)
                data1 =dianya/1000;  data2 =(dianya%1000)/100;
                data3 =(dianya%100)/10;  data4 =dianya%10;
                data1 =data1 +10;                         //加小数点
            }
        }
    }
```

第4章

汽车嵌入式系统硬件设计基础

本章系统地介绍了汽车嵌入式系统硬件开发的相关知识。介绍了 Altium Designer 嵌入式系统电路设计软件、电路原理图和 PCB 图的设计过程与注意事项；对汽车电子产品的相关标准进行了阐述；对汽车嵌入式系统的硬件选型、典型应用电路（传感器调理电路、PWM 驱动控制技术及电路）等进行了介绍；并阐述了汽车电子系统的电磁兼容性技术、总线网络技术等方面的知识。

4.1 电路设计基础

电路设计自动化（EDA, electronic design automation）是指电子系统的电路设计、性能分析、IC 图或印制电路板（PCB, printed circuit board）图等整个设计过程，在计算机上通过专业的辅助设计软件自动完成。

PCB 基板由绝缘、隔热、不易弯曲的材质制作而成，其表面的细小线路材料是铜箔，初始状态铜箔覆盖在整个板子上，在制造过程中部分被蚀刻处理掉，留下来的部分就变成网状的细小线路，这些线路称作导线，为 PCB 上的电子元器件提供电路连接。按照线路板层数可分为单面板、双面板、四层板、六层板以及其他多层线路板。通常说的印制电路板是指裸板，即没有焊任何元器件的电路板。PCB 设计需要通过电路原理设计、PCB 图设计、电路仿真与测试等几个阶段来实现。PCB 的设计与仿真软件有 Protel、Altium Designer、PSPICE、Multisim12、OrCAD、PCAD 等。

Altium Designer 是 Altium 公司推出的一体化电子产品开发软件，该软件覆盖电路的原理图设计、仿真、PCB 绘制与编辑、拓扑逻辑自动布线、信号完整性分析和设计输出等。在电路设计和PCB 设计方面，Altium Designer 已成为使用最广泛的 EDA 软件之一。

作为嵌入式系统开发人员，学会设计并制作嵌入式系统的线路板是十分有必要的。PCB 设计的主体流程为：新建 project→新建元件原理图库→新建元件 PCB 封装库→新建原理图→绘制 PCB图→输出元器件 BOM 表。下面简单介绍运用 Altium Designer14 设计 PCB 的流程。

1. 新建工程

1）打开 Altium Designer14，其软件界面如图 4-1 所示。

2）在软件界面左侧 Projects 窗口的空白处单击鼠标右键，选择 Add New Project→PCB Project，如图 4-2 所示；或操作菜单 File→New→Project→PCB Project。在项目栏中添加一个新的工程，如图 4-3 所示。

3）保存工程。鼠标右击该工程，选择保存工程，出现保存对话框，选择工程保存路径，修改工程文件名，这里保存为 test. PrjPCB。该工程的所有文件都默认保存在该文件夹中。

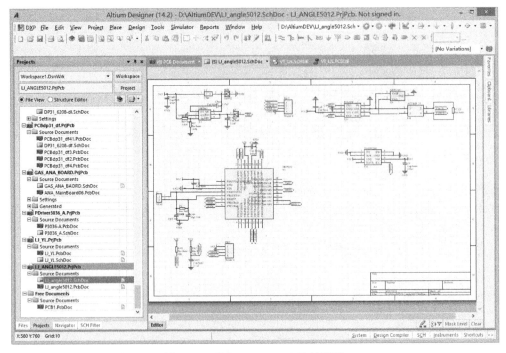

图 4-1   Altium Designer14 软件界面

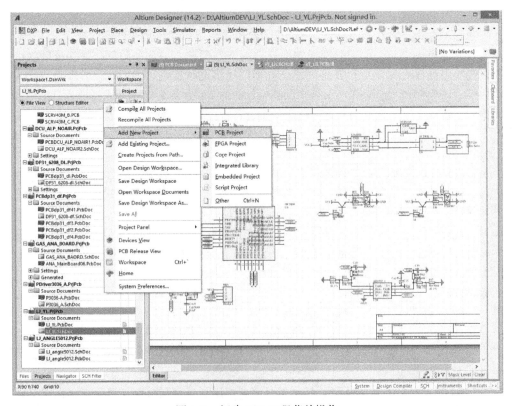

图 4-2   新建 PCB 工程菜单操作

2. 建立原理图元件库

右击该工程，选择 Add New to Project→Schematic Library，工程中自动出现保存原理图库的子文件夹，用于存放元件的原理图库文件，如图 4-4 所示。右击原理图库文件选择保存，选择和工程同样的目录，修改该文件名，单击保存。

图 4-3　新建 PCB 工程　　　　　　　图 4-4　建立原理图元件库

可以选择 Add Existing to Project...，把现成的原理图库添加进来，但此时源文件保存的位置并没有改变，建议先把原理图库中的文件复制到该工程目录，再添加到工程中。

3. 建立 PCB 元件库

右击该工程，选择 Add New to Project→PCB Library，工程中出现保存 PCB 元件库的子文件夹，用于存放元件的 PCB 图库文件。右击 PCB 图库文件选择保存，选择和工程同样的目录，修改该文件名，单击保存。

同样，也可以把现有的 Library 文件复制到该工程目录中，再添加到工程中。

元件原理图库和 PCB 库全部归类到 Libraries 子目录中，如图 4-5 所示。

4. 建立原理图文件

1）右击工程文件名，选择 Add New to Project→Schematic，工程目录中就出现了原理图文件夹和 Schematic 文件。

2）单击保存，跳出默认工程目录，修改文件名称，单击保存按钮，如图 4-6 所示。

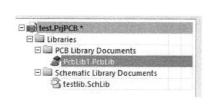

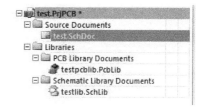

图 4-5　建立 PCB 元件库　　　　　　　图 4-6　建立原理图文件

3）原理图设计。在编辑窗口右下角，System→Library 打开封装库对话框，找到需要的元件及其对应的封装。单击该对话框中的 Libraries...，在弹出的对话框中，可以看到：

第一个菜单 Project，这里显示的是本工程中的元件库。第二个菜单 Installed 为已安装的元件库，可以找到已安装的封装库。

在 Libraries 对话框的第一个下拉菜单里，选择 Installed 库，在输入框中输入元件名，即可找到对应的元件。在对话框的 Component Name 内找到想要的元件，拖放到原理图中。确保原理图的每个元件有唯一的编号 Designator。完成元件拖入原理图后，即可开始连线。

编译原理图文件，Project→Compile Document...，如果没有弹出对话框，表示没有错误。可以通过右下角 System→Messages 查看编译信息。

更新 PCB 图，Design→Update PCB...→Execute Changes，如果出现的全是绿勾，表示没有错误。

原理图设计的一些技巧：

1）<Ctrl + Shift + V>智能粘贴。粘贴阵列对话框中设置行和列个数及间距，实现阵列复制。

2）原理图分块。要想让原理图比较工整，可以对原理图进行分块。通过 Place→Drawing Tools→Line 使用分隔线。注意不能使用 Place→Line，因为这里布置的线是有电气特性的，极易造成短路。如果不希望块间走线，可以用 net 定义线名，相同 net 名默认连在一起。

3）按住<Shift>，可以连续选择多个对象，这几乎适用于 Altium Designer 中的所有操作。

5. 建立 PCB 文件

建立 PCB 文件时需要设置很多参数，建议使用向导创建 PCB 文件。

1）选择工程窗口下方 Files 分栏，出现图 4-7 所示 New from template。

2）选择 PCB Board Wizard...，进入创建 PCB 文件向导。

3）出现向导对话框，单击 Next，选择板设计的单位制，一般默认为 Imperial（英制），单位为 mil，千分之一英寸。选择 Metric（国际单位制），单位为 mm。按我国的习惯，建议选择 Metric，如图 4-8 所示。后面设计过程中可以切换单位制。

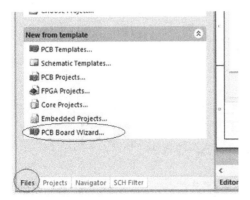

图 4-7　选择 PCB Board Wizard　　　　　图 4-8　PCB 设计的单位选择

4）选择板面外形与尺寸，选择 Custom 可自定义尺寸，单击 Next，如图 4-9 所示。

5）板的详细设置。PCB 设计的控制选项如图 4-10 所示，板形状 Outline Shape，可选矩形、圆形或定制。如果板的形状不规则，选择定制，画出实际的板外形即可。板尺寸中定义的并不是 PCB 最终尺寸，因此需要去除板边尺寸，可根据需要切掉拐角和内角。Dimension Layer 为实际画板外形所对应的层，在该层的画线均作为裁剪边缘，单击 Next。

6）选择板层。PCB 板层定义如图 4-11 所示，Power Planes 为电源层（包括电源层和地层），Signal Layers 为走线层。简单线路板选择两层即可，后续还可以修改，单击 Next。

7）选择过孔类型。一般选择过孔，直接单击 Next。

8）选择元件摆放和布线工艺。元件可以一面布置或两面布置，单击 Next。

9）选择默认线和过孔尺寸。最小轨迹尺寸对应走线的线宽，可以先选择默认值，后续还可以修改，单击 Next。

10）单击完成即可出现 PCB 图，该 PCB 图并没有添加到工程中，也没有保存，如图 4-12 所示。

11）先单击保存，找到工程目录，修改文件名，单击保存即可。

12）将该文件添加到工程：左键按住该文件，拖到对应的工程中，然后释放，该文件就会被自动添加到工程中。

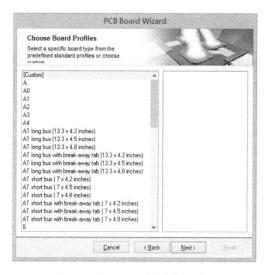

图 4-9　定义 PCB 设计的板剖面

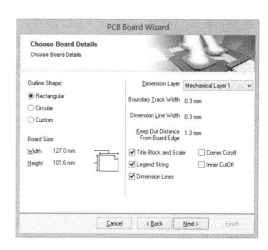

图 4-10　PCB 设计的控制选项

图 4-11　PCB 板层定义

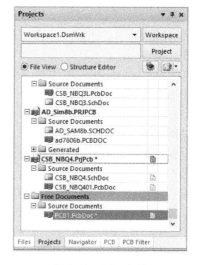

图 4-12　PCB 文件

至此，工程中的所有文件已经全部建立完成，如图 4-13 所示。

以双面板为例，讲解制作 PCB 的过程和技巧。

（1）层的概念　在 PCB 编辑窗口下方，可以切换不同的层，双层板常用层有：

1）Top layer：顶层布线、放置元器件。

2）Bottom layer：底层布线、放置元器件。

3）Top overlay：顶层 PCB 注释，一般为 PCB 实物上的白色文字。

4）Bottom overlay：底层 PCB 注释，一般为 PCB 实物上的白色文字。

5）Keep-out layer：通过在该层划线，划定实际 PCB 的大小。

（2）将 PCB 做成合适的形状和大小　PCB 的形状可通过下列方法设计：

1）选择 Keep-out layer，用线画出想要的板子形状（所有线最终必须形成一个封闭的图形）。选择所有的线，Design→Board Shape→Define from Selected Objects，然后单击右下角的 Clear 回到原来的编辑状态。

2）按 <1> 键，选择 Design→Redefine Board Shape，可将板子设计成多边形，然后按 <2> 键，回到原来的编辑状态。

（3）元器件摆放 Altium Designer 有分屏功能，在文件编辑窗口上方，右击想要显示的文件→Split Vertical/Split Horizontal 进行垂直或水平分割。这时，原理图和 PCB 图对应的两个文件并列显示。对照原理图将元器件摆放到 PCB 图的合适位置。

当需要将几个器件水平对齐或者垂直对齐时，可先选中这些器件（Shift），右击→Align，选择对齐方式。

切换器件所在的层：可通过选中器件，按住鼠标左键，然后按 <L> 键。

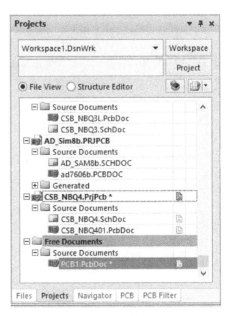

图 4-13　PCB 文件加入工程

（4）连线 元件摆放完成后，开始连线。也可以选择用自动布线"自动布线"→"全部"，但对于复杂线路的自动布线结果并不理想。下面主要介绍人工布线。

1）线。Place→Interactive Routing：当选中某个网络后，该网络中的所有线被点亮，其余线全部处于暗的状态，只能将线连接在亮的焊盘上面。

Place→Line：点哪里，就接在哪里，不考虑线是不是同一个网络。

布线的线宽可以在选中布线功能后，通过按 <Tab> 键设置。

2）放置过孔。Place→Via：通过按 <Tab> 键设置过孔的参数。当线在一面走不通时，可以通过放置过孔转到其他面走线。但如果把过孔放在空白区域，发现线连不上去，此时需要把过孔拖到需要过孔的线上，或者放置过孔时直接放在目标线上，使该过孔成为该网络的一部分。

3）换线层。可以通过用鼠标单击下面的线层来切换。当处于布线状态时，先用快捷键 <V+F> 或先右击（取消布线），鼠标变成箭头后再去选择线层。也可以通过 <Ctrl+Shift+鼠标滚轮>，直接在布线状态下切换线层。

4）选择线宽、过孔、孔间距的尺寸。线宽和过孔尺寸的选择需要考虑流经电流的大小，具体可参照 PCB 一般设计规则。

5）布线规则。Design→Rules... 中可以设置布线的规则，包括线宽、线间距、孔间距、过孔大小等。若违反规则，编辑区对应部分就会变成绿色。

6）泪滴。Tools→Teardrops 可以增加焊盘与走线的连接效果。

（5）覆铜 覆铜一般都接地，起电磁屏蔽的作用。Place→Polygon Pour... 可设置覆铜层、覆铜连接的网络（一般连接到 GND）等。

（6）生成 PDF 文件 File→Smart PDF...。完成 PCB 设计后，按 <3> 键查看三维效果图，<Shift+鼠标左键> 可以转换视角。确认 PCB 设计没有问题后，即可进行 PCB 样板制作。

PCB 样板制作完成后，即可进行元器件的焊接。人工焊接时一定要注意：有极性元件、IC 芯片等的方位要正确，避免漏焊、虚焊、焊短路等。人工焊接完成后还需要通过目测观察和万用表等进行必要的测试，再通电检测关键点的电压状态是否正常。在确保硬件正常后即可进入程序测试阶段。大批量 PCB 的生产和检测需要在流水线上完成。

上面简单介绍了 PCB 的设计过程，Altium Designer 软件功能繁多，建议借助软件的在线帮助或相关资料进一步熟悉该软件的使用。

4.2　汽车电子产品要求及相关标准

4.2.1　汽车电子产品一般要求

1. 环境要求

汽车电子产品对元件的工作温度要求比较宽，根据不同的安装位置有不同的需求，但一般都要高于民用电子产品的要求（0~70℃）。一般来说，汽车发动机周边为 -40~150℃；汽车乘座舱为 -40~85℃。汽车电子产品的其他环境要求有湿度、粉尘、水、EMC 以及有害气体侵蚀等，也都高于消费电子产品的要求。

2. 振动与冲击

汽车在运动的环境下工作，会遭受更多的振动和冲击。汽车电子产品对元件的耐振和抗冲击性能的要求比家电产品要高很多。

3. 可靠性

汽车设计寿命一般为 15 年或 20 万 km 左右，远大于消费电子产品寿命要求。在相同的可靠性要求下，系统组成的部件和环节越多，对组成部件的可靠性要求就越高。目前车上的电子化程度非常高，从动力总成、制动系统到汽车多媒体娱乐系统，都装配了大量的电子装置，每个装置里面又由很多的电子元件组成。假如简单地把它们看成串联关系，那么要保证整车达到相当的可靠性，对系统组成的每一个部分的要求都是非常高的，这也是为什么汽车零部件可靠性要求经常是用百万分之一级描述的原因。

4. 一致性要求

汽车是大规模生产的产品，一款车每年可以生产数十万辆，所以对产品质量的一致性要求非常高。对于组成复杂的汽车产品，一致性差的元件会导致整车出现安全隐患。

5. 制造工艺

虽然汽车零件不断向小型化和轻量化发展，但相对消费产品来说，在体积和功耗方面的要求相对可以放松些，一般使用的封装较大，以保证有足够的机械强度并符合主要汽车供应商的制造工艺。但在满足功能和性能需求的基础上，减小体积与功耗必然是汽车电子产品的发展方向。

6. 产品生命周期

汽车是耐用的大件商品，必须要保持相当长时间的售后配件供应能力。此外，开发一个汽车零件需要进行大量的验证工作，更换电子元器件带来的验证工作量也是巨大的。尽管电子产品更新换代的速度非常快，但整车制造企业和零部件供应商也需要确保汽车电子产品维持较长时间的稳定供货。

4.2.2　汽车电子产品标准

电子产品要进入汽车领域，必须要满足两个标准：①车规级电子产品的验证标准，包括 AEC-Q100/AEC-Q101/AEC-Q102/AEC-Q104/AEC-Q200 等；② IATF（International Automotive Task Force，国际汽车工作组）制定的国际汽车质量技术规范 ISO/TS 16949，该技术规范适用于整个汽车产业生产零部件与服务件的供应链，包括整车厂。

国际汽车电子协会（AEC，Automotive Electronics Council）制定的车规级电子产品的验证标准，包括：AEC-Q100（集成电路 IC）、AEC-Q101（离散组件，如晶体管/二极管/三极管/电阻/电容/电感等分立半导体元件）、AEC-Q102（离散光电 LED）、AEC-Q104（多芯片组件）、AEC-Q200（被动组件）等。其测试条件虽然比消费型芯片规范严苛，但测试条件仍以 JEDEC（Joint Electron Device Engineering Council，电子器件工程联合委员会）或 MIL-STD（MILitary Standard，美国军用标准）为主，并加入了一些特殊验证要求，如电磁兼容性（EMC）验证等。这里主要介绍面向汽车集成电路 IC 芯片的 AEC-Q100 标准。

AEC-Q100 主要是针对车载应用的集成电路 IC 芯片的验证标准，通过汽车车载电子实施标准规范，建立质量管理控制标准，提高车载电子的稳定性和标准化，预防可能发生各种状况或潜在的故障状态，对每一个芯片进行严格的质量与可靠度确认，尤其对产品的功能与性能进行标准规范测试。表 4-1 是汽车电子产品与普通电子产品的 IC 品质要求对照。

表 4-1　汽车电子产品与普通电子产品的 IC 品质要求对照

项　　目	汽车用 IC	商用/工业用 IC
环境应力测试	取决于期望的温度等级： 0 级：-40 ~ +150℃ 1 级：-40 ~ +125℃ 2 级：-40 ~ +105℃ 3 级：-40 ~ +85℃ 4 级：0 ~ +70℃	商用 IC：0 ~ +70℃ 或 -40 ~ +85℃ 工业用 IC：至少达到 -40 ~ +85℃
电气测试	室温、高温和低温（对应温度等级）极限测试	室温
ESD-CDM	角端引脚最低 750V 其余引脚最低 500V	所有引脚最低 250V
物理尺寸	所有尺寸的 CPK > 1.33，PPK > 1.67	满足芯片手册相关规定要求
满足汽车品质的特有应力测试	供电状态循环温度交变测试 温度交变循环测试后的粘结力测试 早期失效率	无
合格批次组合要求	3 个非连续晶圆批次、3 个非连续组件批次，均满足所有品质规范	3 个晶圆批次满足代工厂技术品质规范，3 个组件批次满足工厂技术品质规范

注：1. CPK（process capability index）为过程能力指数，PPK（process performance index）为过程性能指数。CPK 侧重于过程本身，给出的是过程固有的能够满足标准与规范的能力；PPK 侧重于过程所引发的结果，给出的是根据采集到的数据对当前过程性能的估计。CPK 是指平均值与产品标准规格发生偏移的大小，常用客户满意的上限偏差减去平均值和平均值减去下限偏差值中数值较小的一个，再除以 3σ。PPK 是相对长期的过程表现，虽然与 CPK 计算公式相同，但是由于样本容量不同（CPK 的样本容量是 30 ~ 50，PPK 的样本容量是大于或等于 100），其使用的是标准差 σ。

2. ESD-CDM 带电元器件放电模型。此外还有 ESD-HBM 带电人员放电模型，以及 ESD-MM 带电导体放电模型。

AEC-Q100 定义了不同任务的测试群组：加速环境应力测试（针对芯片产品）、寿命加速模拟测试（针对芯片产品/IP/工艺库）、封装完整性测试（针对芯片产品）、工艺可靠性测试（针对芯片代工厂）、电气可靠性测试（针对芯片产品/IO 库）、缺陷筛选测试（针对芯片产品）、封装后的封装完整性测试（针对芯片产品）。测试群组的测试项目参考半导体业界所使用的认证规范（如 JEDEC、MIL-STD883、SAE 或者 AEC-Q100 本身所定义并且于附件里所定义的规则）。

AEC-Q100 定义了用来规范给定器件环境工作温度范围的五个不同温度等级，见表 4-1。例如，1 级温度等级是车载应用非常普遍的标准，规定器件可以在 −40 ～ +125℃ 的环境温度下工作，器件的电气规范通常可在该工作温度范围内得到保证。但对于一些非汽车用器件，它们的规范只需在室内温度下得到保证即可。

AEC-Q100 提出了器件生产验证方面的要求。任何 IC 在进入生产阶段之前，都必须通过一系列电气、使用寿命以及可靠性应力测试。对于汽车级 IC，产品测试比工业或商业 IC 要严格得多。这里又会涉及温度级，不同温度级具有不同质量要求，其中 0 级（−40 ～ +150℃）最为严格并适用于传动系统或发动机舱内的应用。这些严格的认证测试可确保汽车设备在恶劣环境下工作的高可靠性与长使用寿命。

AEC-Q100 对器件制造与设计变更通知的处理也提出了要求。对于汽车级器件，重新认证与变更通知的要求比工业或商业器件要严格得多。在工业器件上很多微小的工艺变化都无需通知客户也无需重新认证，但对于汽车器件，就必须通知客户或对器件进行重新认证。

AEC-Q100 规范也可以接受例外情况，这取决于客户或应用。例如，较为常见的一种例外情况是静电释放（ESD，electro-static discharge）性能。AEC-Q100 要求器件能够承受 2000V（H1C）人体放电模式（HBM），边角引脚上能承受 750V（C4A）的带电器件模式（CDM），其他引脚上则能承受 500V 的电压。在器件产品说明书中可以找到 ESD 规范。ESD 规范根据 AEC-Q100 分类码列出，其等级分类见表 4-2。

表 4-2　集成电路芯片 ESD 等级分类

ESD-HBM 性能分类		ESD-CDM 性能分类	
元件分类	最大承受电压/V	元件分类	最大承受电压/V
H0	≤250	C1	≤125
H1A	(250，500]	C2	(125，250]
H1B	(500，1000]	C3	(250，500]
H1C	(1000，2000]	C4A	(500，750]
H2	(2000，4000]	C4B	(500，750]，角端引脚≥750
H3A	(4000，8000]	C5	(750，1000]
H3B	>8000	C6	>1000

AEC 针对车载应用的汽车电子产品设计了一套测试标准，此规范对于提升产品可信赖性相当重要。

4.2.3　汽车电子产品功能安全标准

ISO 26262《道路车辆功能安全》国际标准是基于 IEC 61508（国际电工委员会发布的《电气/电子/可编程电子安全相关系统的功能安全》）制定的面向道路车辆电子功能安全方面的标准，2011 年正式发布，其最新版本于 2018 年发布。ISO 26262 是针对总质量不超过 3500kg 且 9 座（含驾驶员座位）及以下乘用车的电子电气系统与安全性能相关的特点所制定的汽车电子功能安全标准，覆盖汽车所用电机、电子硬件与软件等。该标准不应用于专用车辆上的电子电气系统，比如残疾人车辆；不应用于非安全相关的电子电气系统；不应用于非电子电气的系统，比如液压、机械等。ISO 26262 仅针对由于电子电气系统故障而导致的安全危险，不包括振动、火、烟、热、放射、有毒性、可燃性、反应、腐蚀、热传递等导致的危险。

ISO 26262 贯穿于整个车辆的生命周期（概念→规范→设计→测试→验证→成品→维修→报废），自身形成一个"安全生命周期"（包含管理、开发、生产、运营、服务、退出过程），为汽车电子电气系统整个生命周期的功能安全方面的整体开发过程提供必要的支持。

ISO 26262 的汽车安全完整性等级（ASIL，automotive safety integration level）用来对失效后带来的风险进行评估和量化。在汽车领域只有硬件随机失效可以通过统计数据评估失效概率，软件失效却难以量化。为此，根据汽车的特点，ASIL 的评定一般是在产品概念设计阶段对系统进行危害分析和风险评估，以识别出对系统的危害。如果系统的安全风险越大，对应的安全要求级别就越高，其具有的 ASIL 也越高。ASIL 分为 QM、A、B、C、D 五个等级，QM 代表与安全无关，ASIL D 是最高的汽车安全完整性等级。

图 4-14 是 ISO 26262 总体框图，对汽车电子产品的硬件部分、软件部分和系统部分均提出了功能安全要求。

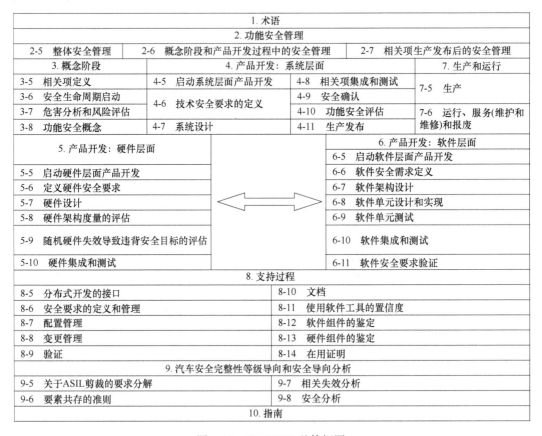

图 4-14　ISO 26262 总体框图

1. 汽车电子产品功能安全标准 ISO 26262 硬件部分

（1）硬件架构设计　硬件功能安全需求覆盖所有与安全相关的硬件，包含以下几个方面：

1）控制硬件元器件内部错误的安全机制需求。例如，看门狗的定时和检测能力。

2）保证硬件元器件对于外部失效有一定容忍能力的安全机制需求。例如，当输入引脚开路时，整个控制器产品的功能行为应符合安全需求。

3）其他硬件元器件的安全需求。例如，传感器或执行器的诊断功能。

4）检测内部或外部失效的相关安全机制。例如，为了达到失效可容忍的时间间隔而定义的失效反应时间。

5）与安全机制无关的其他硬件安全需求。例如，在失效模式影响及其诊断分析（FMEDA，failure modes effects and diagnostic analysis）、失效模式和效果分析（FMEA，failure mode and effect analysis）、故障树分析（FTA，fault tree analysis）等的分析过程中，为了达到安全目标等级要求，而对硬件元器件提出的需求。

6）避免指定行为的需求。例如，指定的传感器不能产生不稳定的输出。

7）实现设定功能的硬件元器件需求。

8）指定线束和连接器的设计方法。

从硬件安全需求出发，每一个硬件元器件应该继承最高的 ASIL 等级。在硬件架构设计时还需要考虑硬件元器件的非功能失效方面的因素，包括温度、振动、防水、防尘、EMI 和串扰等。

（2）硬件详细设计

1）充分考虑相关的经验教训，避免常规的设计错误。

2）考虑硬件元器件的非功能失效原因。

3）考虑硬件元器件的工作条件满足环境使用规范和工作限值。

4）充分考虑硬件的可靠性设计，选用元器件时留有足够裕量。

（3）安全分析　安全分析的目的是确定失效产生的原因及会导致的后果。

（4）硬件设计验证　用于对硬件安全要求文档的完整性和正确性进行检查，对硬件设计中的特定环节进行检查。在硬件设计验证过程中，一旦发现有任何硬件安全需求没有得到满足，就需要提出变更申请。

（5）硬件集成测试　对于电子与机械一体的硬件元器件，仅考虑电子方面的失效模式和失效率。硬件元器件的失效率可以通过以下几种方法决定：使用公认的工业数据库中的硬件元器件失效率；使用静态的市场返回品失效率或测试失效率；通过专家判断，专家判断是基于定性和定量讨论的一种工程方法。专家判断标准包括市场经验、测试、可靠性分析和设计的新颖性。

2. 汽车电子产品功能安全标准 ISO 26262 的系统部分

（1）产品开发系统级别的启动　系统启动的目的是决定并计划系统开发过程中每个子阶段的功能安全活动。输入：功能安全概念、项目计划、安全计划、功能安全评估计划。输出：验证计划、集成和测试计划。

（2）技术安全需求阶段　技术安全需求是在考虑功能概念和最初版架构设计的前提下，完善功能安全概念。技术安全需求描述如何实施功能安全概念，目标是如何从细节的单级功能安全需求来满足系统级别技术安全需求，并将技术安全需求分配到硬件和软件模块。输入：功能安全概念、验证计划和安全目标。输出：技术安全需求文档和系统级别验证报告。

（3）系统设计阶段　系统设计阶段必须明确系统技术层面的功能安全概念，分配系统安全需求到硬件功能安全需求，明确软件功能安全需求和其他方面技术的功能安全需求。当多个 ASIL 分配到同一个架构模块时，该模块应该按照最高级别的 ASIL 进行开发。与安全相关模块的内部和外部接口必须精确定义，以避免其他模块对安全相关模块产生不利于安全的影响。

（4）硬件软件接口　硬件软件接口应在系统设计阶段说明，并在硬件和软件阶段进行细化，包括：被软件控制的硬件元器件和支持软件运行的硬件源；硬件元器件的工作模式和配置参数，工作模式包括缺省、初始化、测试及其他模式，配置参数包括增益控制、带通频率、时钟分频等；确保硬件元器件相互独立并支持软件分割的硬件特性共用或独有的硬件源；为了让软件运行的硬件诊断特性。

例如，内存映射、寄存器分频、时钟、I/O 口中断硬件访问机制，串行通信、并行通信、从器件、主从器件技术安全概念中包含的时序约束和硬件诊断特性（包括过流保护、短路保护、过温保护等）。

（5）安全机制　安全机制通过分析技术安全需求来制定，包括：①系统和模块的自我管理，对系统或模块的随机硬件错误的检测及对系统失效的检测；②外部器件（其他电子控制器、电源和通信器件）错误的检测、指示和控制方法；③使系统达到并保持安全状态的方法，冲突发生时的优先级处理和仲裁逻辑；④细化并实施报警和降级概念；⑤阻止错误成为潜在错误的方法，如上电检测、下电检测、工作时周期性检测等。

对于每个安全机制，制定安全机制内容的同时，还应该包括如下几个方面：切换到安全状态的条件；如果不能通过立刻断电来达到安全状态，需要指明紧急操作的时间；保持安全状态的措施。

（6）危害分析和风险评估　危害分析和风险评估的目的是对项目的危害进行鉴别和分类，形成为了避免或降低这些危害而必须满足的安全目标，以降低风险。危害的定义要基于在整车级别可以观测到的条件或事件。危害事件的结果应根据不同的工作条件和工作模式再确定。如果一个错误使得相关项的几个功能缺失，那么条件分析和危害定义时需要考虑相关项的多个功能降低导致的危害。例如，车辆电源的错误可能导致如下几个功能同时丢失：发动机转矩、电控、前照灯等。

表 4-3、表 4-4、表 4-5 分别定义了危险的严重度等级、暴露度等级和可控度等级。为每一条危险定义安全目标，例如，危险为安全气囊误点火，那么安全目标就是防止安全气囊误点火。根据安全目标等级定义标准，根据危险的 S\E\C 的值来定义安全目标的 ASIL 要求，见表 4-6。

表 4-3　危险的严重度等级

类别	S0	S1	S2	S3
描述	无伤害	轻度或中度伤害（有限伤害）	严重和危及生命的伤害（有生存可能）	危及生命的伤害（生死未卜）、致命伤害

表 4-4　危险的暴露度等级

类别	E0	E1	E2	E3	E4
描述	不可能发生	非常小概率	小概率	中等概率	大概率

表 4-5　危险的可控度等级

类别	C0	C1	C2	C3
描述	完全可控	简单可控	正常可控	很难控制或无法控制

表 4-6　安全目标的 ASIL 定义

严重度等级	危险的暴露度等级	危险的可控度等级		
		C1	C2	C3
S1	E1	QM	QM	QM
	E2	QM	QM	QM
	E3	QM	QM	A
	E4	QM	A	B

（续）

严重度等级	危险的暴露度等级	危险的可控度等级		
		C1	C2	C3
S2	E1	QM	QM	QM
	E2	QM	QM	A
	E3	QM	A	B
	E4	A	B	C
S3	E1	QM	QM	A
	E2	QM	A	B
	E3	A	B	C
	E4	B	C	D

3. 汽车电子产品功能安全标准 ISO 26262 软件部分

软件开发需要采用 V 模型，每个阶段皆可测可控，具体内容参见第 7 章相关内容。

4.3　汽车嵌入式系统硬件的选型与设计

4.3.1　嵌入式微控制器选型

嵌入式系统通常是为专门执行某项任务而设计和开发的，其功能范围狭窄。合理选择恰当的 MCU 是个复杂的工作，在对行业充分了解和有一定经验积累的基础上，一般需要考虑以下问题：

（1）满足特定应用的需求　对于汽车嵌入式 MCU，根据应用场合，必须满足汽车电子产品相关标准的要求。

（2）低成本　对成本要求严格的项目一般选择畅销的、高度集成的部件。应选择一家能保证在足够长的时间段内持续不断地供应 MCU 产品并能提供军品级 MCU 的厂商。优选英飞凌、恩智浦、瑞萨等知名汽车嵌入式 MCU 供应商的主流产品。

（3）低功耗　对于功耗受限制的嵌入式系统，必须限制使用过多的外扩器件（如 RAM、ROM、I/O 接口等）。应考虑选择低功耗、高集成度的 MCU，如果 MCU 的时钟频率可程控，则在合适的工况下通过编程可进一步降低功耗。

（4）适当的处理能力　MCU 必须能在规定的时间完成所有的任务，不同的嵌入式系统对 MCU 的性能要求也不尽相同，MCU 主频、存储器资源、接口资源等都必须考虑。

（5）合适的嵌入式操作系统支持　MCU 的选择还依赖于是否有合适的嵌入式操作系统。对于 32 位 MCU 来说，选择商业嵌入式操作系统作为操作系统比较好。在商业嵌入式操作系统调试实时软件时，一般需要使用与所采用的嵌入式操作系统兼容的开发工具，最好采用嵌入式操作系统开发商提供的集成解决方案，如 Linux、QNX 等。

（6）与原有产品的兼容　随着电子技术和计算机技术的发展，在同一系列的 MCU 中，性能较低的 MCU 会被性能较高的取代。新推出的 MCU 往往会继续保持与旧代码、旧系统体系结构的兼容性。在选择 MCU 时，主要决定因素往往不是最高的性价比，而是要求可以利用已有的软件、开发工具及在此系列上积累的丰富经验。Intel 公司的 X86 系统是最好的例子，至今最高性能的

MCU 仍能执行古老的 8086 MCU 的目标代码。

（7）符合行业应用的编程语言 编程语言的选择是非常重要的，但有时开发人员却别无选择，有些工业部门对特定编程语言有着强烈的偏好。如果项目要求在原有程序的基础上进行再开发，要么继续使用原先的编程语言，要么使用支持与原有编程语言混合编程的编译器和链接器。尽量采用 C 语言、MATLAB 的模型开发和代码自动生成等进行软件开发。

（8）上市时间 开发工程师一般会低估上市时间的重要性，认为只要设计性能出众、特性丰富，产品就会在市场上大获成功。事实上，上市时间是决定产品成败非常关键的因素之一。如果由于所选择的 MCU 使上市时间延期，也是 MCU 选择的失败。

4.3.2 嵌入式系统的电源设计

1. 车载电源

汽车嵌入式系统的供电电源来源于车载电源的转换，目前车载电源主要有轻型车 DC12V、商用车 DC24V 两种电源规格。近年来，随着汽车电动化、智能化技术的发展，越来越多的电气及电子系统被应用到汽车上，例如，全自动空调、防抱制动装置（ABS）、防滑驱动装置（ASR）、紧急制动辅助装置、安全气囊系统、安全带系统、主动液压悬架系统、智能车门窗开关系统、助力转向系统、XBW（X by wire）、电动可调座椅等，越来越多的功能需要使用电动控制。此外，急速启停装置、电动座椅、后视镜加热、座椅加热、风窗玻璃加热等大功率耗电装置，势必使汽车的电消耗功率急剧增加。汽车用电量每年以 5% ~ 8% 的比例增加，在传统 DC12V 汽车供电标准下，这些装置的实施变得越来越难。在输出功率不变的情况下，若电压提高一倍，则电流可相应下降一半，这表明高电压提供了减小导线与部件体积、重新设计电气系统的可能。20 世纪 90 年代末，曾提出一个通过将 3 组 DC12V 铅酸蓄电池串联成为 DC36V 电池组，使汽车电源总线电压提高到 DC42V 的方案。但所有配套电气设备都需要重新研发调试，整个零部件产业都会产生前所未有的动荡，如果将 DC42V 电源系统推行下去，就将会产生巨大的成本。后来提出了 DC48V 电源系统，除了提供 DC48V 电源外，还保留 DC12V 铅酸蓄电池和相应的电源线，并通过并联的形式使其以一个独立的网络运行。汽车新供电系统标准的实施，对汽车电子工业的传统产品将带来巨大的冲击。

采用 DC48V 汽车电气系统可带来以下好处：

（1）使用安全 根据欧洲的安全法规定，人体的安全电压在 50V 以内，任何超过 60V 电压的系统，在导线和连接处都要有特殊的绝缘措施，将会增加系统的重量和成本。

（2）显著降低汽车线束成本 DC48V 电源系统可大幅度降低这些线束的重量及成本。从理论上讲，传输同样的功率，DC48V 系统的电流约 DC12V 系统的 1/4，降低了电机及电力元件的电流负荷，导线及功率元件的传输损耗小于原来 1/16，可以减小导线截面积以降低重量。

（3）利于大量高新技术的应用 在 DC48V 电气系统中，线控技术、行驶平顺性控制装置、电子加热式催化器和电磁阀系统、电动四轮辅助驱动装置都能更有效地使用。例如，发动机一些长期运转的附件，如转向助力泵、水泵、冷却风扇、空调压缩机和气泵等，可直接由 DC48V 电源系统驱动并可进行智能控制；由电源直接驱动的电力制动系统，可省去液压或气压系统，带来更好的驾驶舒适性和燃料经济性。

（4）大幅度提高发电机效率 硅整流发电机输出电流大，很多能量被励磁绕组、电枢绕组和整流元件消耗掉了，目前汽车使用的硅整流发电机效率在 60% 以下。新电源系统可在整个发动机转速范围内提供较高的电流输出，发电机效率可达到 80% 以上，功率达到 8kW 以上。例如，西门子 VDO 汽车公司的 DC48V 发电机产品输出 10 ~ 15kW，效率可达 85%。

目前，汽车 DC48V 电气系统架构已经得到国际汽车工业界的认可，并制定了相应标准，已开始在一些车辆上被采用，如沃尔沃公司的 S80 和福特公司的混合动力车 Explorer。在新的电气系统中，有两种实施方案：一种是全车 DC48V 单一电压方案，所有配套的电器和电子产品的电源规格都是 DC48V；另一种是 DC48V/DC12V 双电压方案，这是一种过渡方案，可以同时应用DC12V 和 DC48V 的电器和电子产品。

汽车电源具有直流低压、单线以及负极搭铁的特点。所谓直流是指汽车发动机点火系统和起动系统均由蓄电池供电，蓄电池为直流电源，故蓄电池充电也必须用直流电。所谓单线制及负极搭铁是指汽车所有电气设备均并联，即电源的一个电极和各用电设备只用一根导线相连，而电源的另一个电极则利用发动机机体、汽车车架和车身等金属作为另一公共导线。采用单线制不仅可以节省材料，使电路简化，而且便于安装和检修，降低故障率。若蓄电池的负极连接到金属车体上，称为负极搭铁；反之，若蓄电池的正极连接到金属车体上，称为正极搭铁。我国标准中规定汽车电器必须采用负极搭铁，目前世界各国生产的汽车也大多采用负极搭铁方式。但在一些不能形成可靠电气回路或需要精确电子信号的回路时，还是需要采用双线。

需要说明，整车电源有4种上电状态，对应汽车钥匙孔的4种状态，即 LOCK、ACC、ON、START，分别对应4种电源模式：

1）OFF 模式，即 LOCK 状态。代表车辆电源未通电，此时整车 CAN 网络一般也处于休眠状态。

2）ACC 模式，对应 ACC 状态。ACC 是 accessory 的简称，整车上电状态。整车通电时，CAN 网络也会唤醒并开始传输信号，但是发动机未起动，整车基本接通12V电源，此时车窗可用，空调可以开启（但是由于发电机未开启，空调压缩机和发动机均未工作，空调制冷制热均无效果，只有鼓风机能工作送风）。

3）CRANK 模式，对应 START 状态。发动机点火状态，即发动机已经起动，实际操作中，就是将钥匙拧到底，等发动机点火成功，钥匙孔反弹到 ON，也就是下面所说的 RUN 模式。

4）RUN 模式，对应 ON 状态。发动机处于运行模式，此时发电机也运行，并给蓄电池充电，此时空调制冷制热均可使用。

2. 直流电源变换技术

汽车嵌入式系统中，MCU 和 IC 等元器件的供电电源的电压规格较多、品质要求也较高，一般在嵌入式系统中需要有相应的直流电源变换电路，将汽车的直流电源转变成能满足内部元器件需要的直流电源。直流稳压电源按工作原理可分为化学电源、线性稳压电源和开关型稳压电源。

（1）化学电源 平常所用的干电池、铅酸蓄电池、镍镉电池、镍氢电池、锂离子电池均属于这一类，各有其优缺点。随着科学技术的发展，又产生了智能化电池；除此之外，小型化的燃料电池在嵌入式系统上也有较好的使用前景。在嵌入式应用中，对化学电池的要求是：稳定、便宜、小巧、放电时间长、温度特性好、自放电率低、多次充电后仍能保持性能良好、环保等。对于需要电池供电的嵌入式系统，都对系统的低功耗提出了很高的要求。

（2）线性稳压电源 如图 4-15 所示，线性稳压电源的特点是它的功率调整管工作在线性区，靠改变和调整功率调整管两端的电压降来稳定输出。该类电源的优点是稳定性好、纹波小、可靠性高、易做成多路输出连续可调的成品，线性电源的电磁兼容性能也要优于开关电源；其缺点是体积大，较笨重，效率相对较低。适用于中、小功率和对电性能指标要求比较高的场合。近十多年来，在嵌入式应用中，大多制成集成稳压模块，品种规格较多，便于使用，价格便宜，受到广泛的欢迎。

线性稳压电源由调整管、参考电压、取样电路、误差放大电路等几个基本部分组成，另外还可能包括一些保护电路、启动电路等。常用的线性串联型稳压电源芯片有：78xx 系列（正电压型）、79xx 系列（负电压型），实际产品中，xx 用数字表示输出电压大小，如 7805（输出电压为 5V）。

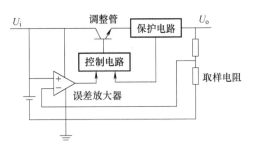

图 4-15 三端稳压电源电路图

（3）开关型稳压电源 它和线性电源的区别在于调整管不是工作在线性区，而是工作在饱和导通和截止区，即开关状态，开关电源也因此而得名。开关电源的主要特点是功率器件工作在开关状态，损耗较少。它的电路形式主要有：单端反激式、单端正激式、半桥式、推挽式和全桥式。其变压器工作在几十千赫到几兆赫。由于开关频率较高（几十千赫至几百千赫），可减小变压器的尺寸，从而达到减小整机体积重量、提高工作效率的目的。

开关电源（SMPS，switch mode power supply）技术是随着电力电子器件、开关频率技术的发展而发展的，两者相互促进推动着开关电源快速向体积小、重量轻、噪声低、可靠性高、抗干扰能力强的方向发展。开关电源按输入和输出可分为 AC/DC 和 DC/DC 两大类。DC/DC 变换器现已实现模块化，其设计技术及生产工艺均已成熟和标准化，已得到广大用户的认可。AC/DC 变换器因其自身特性，在模块化的进程中遇到较复杂的技术和工艺制造问题。

汽车电源变换大都采用 DC/DC 变换，将固定的直流电压变换成可变的直流电压，也称为直流斩波。其工作方式有两种：脉宽调制（PWM，pulse width modulation）方式和频率调制（PFM，pulse frequency modulation）方式。具体电路有以下四类。

1）BUCK 电路。降压电路，其输出平均电压 U_o 小于输入电压 U_i，输入和输出极性相同。

2）BOOST 电路。升压电路，其输出平均电压 U_o 大于输入电压 U_i，极性相同。

3）BUCK-BOOST 电路。升降压电路，其输出平均电压 U_o 大于或小于输入电压 U_i，极性相反，电感作为中间储能部件。

4）CUK 电路。升降压电路，其输出平均电压 U_o 大于或小于输入电压 U_i，极性相反，电容作为中间储能部件。

开关电源通过电路控制开关管进行高速导通与关断，从而将直流电转化为高频率的交流电给变压器进行变压，产生所需要的一组或多组电压。同样，也可以利用电容、电感的储能特性，通过半导体可控开关（如 BJT、MOSFET、IGBT 等）进行高频开关的动作，将输入电能储存在电容（感）里，当开关断开时，电能再释放给负载，提供能量。其输出功率或电压的能力与占空比（开关导通时间与整个开关周期的比值）有关。

图 4-16a 所示为一个最简单的串联开关稳压电源原理示意图，开关 S 代表调整元件。图 4-16b 所示为开关接通和断开时的波形。如果将开关 S 接通，则直流输入电压 U_i 便加到负载电阻 R_L 上；如果将开关 S 断开，负载电阻 R_L 上则无电压。如果开关交替通、断，在负载上便出现如图 4-16b 所示的矩形波。设开关接通的持续时间为 t_{on}，开关断开的持续时间为 t_{off}，开关周期为 $T = t_{on} + t_{off}$，则输出电压的平均值为 $U_o = U_i t_{on}/T = \delta U_i$，其中 δ 为脉冲占空比，改变占空比，就可以调节输出电压平均值的大小。

开关电源中输出电压 U_o 的调节可通过以下三种途径实现：

1）脉冲频率控制法（PFM）。保持开关导通时间不变，改变开关周期 T 来调节输出电压 U_o，所以又称为频率调制型。

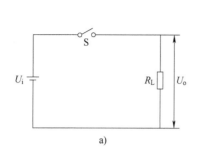
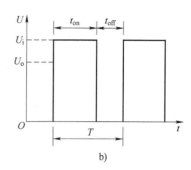

图 4-16　串联开关稳压电源示意图

a）串联开关稳压电源原理示意图　b）开关接通和断开时的波形

2）脉冲宽度控制法（PWM）。保持开关周期 T 不变，改变开关导通持续时间来调节输出电压 U_o，所以又称为脉宽调制型。

3）混合调制。同时改变开关转换周期 T 和开关导通持续时间 t_{on}，以调节输出电压 U_o 并保持稳定。

开关稳压电源具有以下优点：

1）功耗小，效率高。在开关稳压电源电路中，导通与截止的转换速度很快，这使得开关管的功耗很小，其效率可达到 80% 以上。

2）体积小，重量轻。这是由于频率提高，可以省去笨重的工频变压器，而采用小巧的高频变压器，且无需散热片。

3）稳压范围宽，稳压效果很好。开关稳压电源的输出电压是由激励信号的占空比来调节的，在输入电压变化范围较大时，它仍能够保证有较稳定的输出电压。

4）滤波效率大为提高，使滤波电容的容量和体积大为减小。由于频率较高，更容易实现低通滤波。

5）电路形式灵活多样。有自激式和他激式、调宽型和调频型、单端式和双端式等能满足不同应用场合的开关稳压电源。

开关稳压电源的缺点：

1）电源纹波一般比较大，电源的品质相对较差。

2）容易产生较为严重的开关干扰。功率调整开关管工作在开关状态，会对其他元器件产生尖峰干扰和谐振干扰，需要采取一定的措施进行抑制、消除和屏蔽，否则会严重影响整个系统的正常工作。

开关稳压电源芯片种类和品牌很多。如 LM2576 系列开关稳压芯片，其主要特性有：最大输出电流为 3A；最高输入电压，LM2576 为 45V、LM2576HV 为 60V；输出电压为 3.3V、5V、12V、15V 和 ADJ（可调）等可选；开关频率为 52kHz；转换效率为 75%~88%（不同电压输出时的效率不同）；控制方式为 PWM；工作温度范围为 -40~+125℃；工作模式为低功耗/正常两种模式可外部控制；工作模式控制为 TTL 电平兼容；所需外部元件仅四个（不可调）或六个（可调）；器件保护采用热关断及电流限制；封装形式为 TO-220 或 TO-263。其应用电路如图 4-17 所示。

一般来说，升压必须采用 DC/DC，降压可采用 DC/DC 或 LDO，需要综合考虑使用环境、成本、效率、噪声和性能等。

3. 电源变换器的使用

（1）额定电流　因开关电源工作效率高，一般可达 80% 以上，故在其输出电流的选择上，

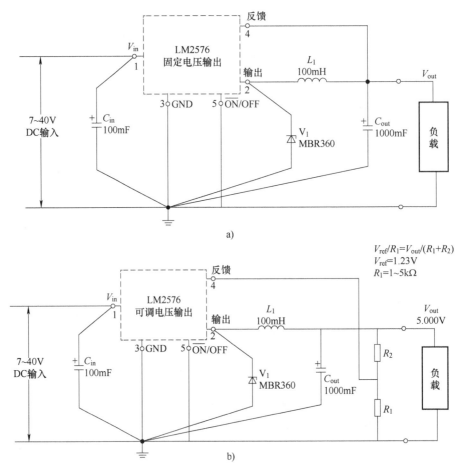

图 4-17　LM2576 开关电源芯片应用电路

应准确测量或计算用电装置的最大吸收电流，以使被选用的开关电源具有高的性价比。通常输出计算公式为：

$$i_s = Ki_f \qquad (4-1)$$

式中，i_s 为开关电源的额定输出电流，单位为 A；i_f 为用电设备的最大吸收电流，单位为 A；K 为裕量系数，一般取 1.5 ~ 1.8。

（2）额定电压　考虑到汽车电源系统的电压波动较大，且易受到感性负载的影响，一般要求开关电源额定电压是汽车供电电源电压的 2 ~ 4 倍。

（3）接地　开关电源与线性电源相比会产生更多的干扰，对共模干扰敏感的装置，应采取接地和屏蔽措施。

（4）保护电路　开关电源在设计中必须具有过电流、过热、短路等保护功能，其保护电路的技术参数应与用电装置的工作特性相匹配，以避免损坏用电设备或开关电源。

（5）印制电路板　实践证明，印制电路板的元件布置和布线设计对开关电源的 EMC 性能有极大的影响，由于印制电路板上既有小信号控制线，也有大功率甚至高压电路，同时还有一些高频功率开关、磁性元件，如何在印制电路板有限的空间内合理安排元器件位置，将直接影响到电路中各元件自身的抗干扰性和电路工作的可靠性。

4. 汽车电源中的过电压保护

汽车电源尽管标称电压为 DC12V 或 DC24V，但在正常工作状态下电压可能为 DC8 ~ 16V 或 DC16 ~ 32V。随着车内大功率电子设备的增加，感应尖峰出现的可能性也会随之增加，如起动机带动发动机起动时，在秒级的时间内，电流可能会超过 100A，电流的瞬间大幅度变化，会在电源母线上产生很大的感应尖峰，感应尖峰可能增加到额定值的 5 倍甚至更多。

电源系统中出现的持续时间短而幅值高的瞬变过电压，对传统电磁、电热原理的电气设备影响不是很大，并可通过在交流发电机与调节器线路两端并接电容器来吸收抑制。但对于一些大量采用半导体元件的电子装置，如电子调节器、电子点火装置、电子燃油喷射器、电子闪光器、电子控制单元等，由于它们对过电压比较敏感，如果电路中没有有效的保护措施，就会有损坏的危险。

（1）过电压的保护途径

1）提高电子系统中元器件的耐压能力，使之能经受使用中可能产生的过电压。在选用电源转换芯片时，其标称最大输入电压一般是汽车电源标称电压的 2 ~ 4 倍，该方法经济代价较大。

2）增加过电压保护装置。吸收、限制电源系统中可能产生的各种瞬变过电压，把瞬变过电压抑制在电子设备中各元件所能承受、避免损坏的范围内。

（2）常用的电压保护电路

1）稳压二极管保护电路。当瞬变电压超过稳压二极管的稳压值，稳压二极管进入工作状态，其两端得到稳定的直流电压，作为稳压电路的输出电压。

2）压敏电阻保护电路。当瞬变电压出现时，压敏电阻的阻抗由近似开路状态急剧变成电导率极高的短路状态，将瞬变电压控制在一个安全值，瞬变的能量被吸收变为热能而耗散掉。

5. 电源输入防反接保护

设计汽车嵌入式系统时，一定要考虑输入电源接反的情况。否则，一旦电源反接，有可能导致嵌入式系统电路损坏。常用的防反接保护电路有：

（1）用二极管的单向导电性实现防反接保护 如图 4-18a 所示，这种防反接保护电路简单可靠，但当输入大电流时功耗较大，会产生较大的电压降和较高的功率消耗。

（2）二极管桥对输入做整流 这样电路就永远有正确的极性，如图 4-18b 所示，同样二极管上也会产生压降和功耗。

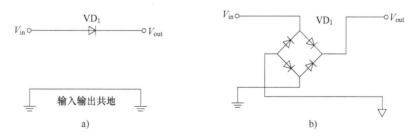

图 4-18 基于二极管的防反接保护

（3）MOS 管型防反接保护电路 利用了 MOS 管的开关特性，控制电路的导通和关断来设计防反接保护电路。由于功率 MOS 管的内阻很小，现在 MOSFET 的导通电阻 R_{ds} 已经能够做到毫欧级，解决了现有采用二极管电源防反接方案存在的压降和功耗过大的问题。极性反接保护将保护用场效应晶体管与被保护电路串联连接。保护用场效应晶体管为 PMOS 场效应晶体管或 NMOS 场效应晶体管。若为 PMOS，其栅极和源极分别连接被保护电路的接地端和电源端，其漏极连接被保护电路中 PMOS 元件的衬底。若是 NMOS，其栅极和源极分别连接被保护电路的电源端和接地端，其漏极连接被保护电路中 NMOS 元件的衬底。一旦被保护电路的电源极性反接，保护用场效应晶体管会形成断路，防止烧毁电路中的场效应晶体管元件，保护整体电路。图 4-19 是基于 NMOS 管的防反接保护，图 4-20 是基于 PMOS 管的防反接保护。

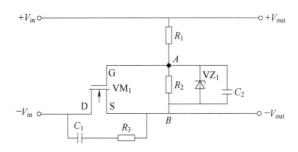

图 4-19　基于 NMOS 管的防反接保护

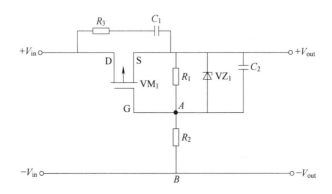

图 4-20　基于 PMOS 管的防反接保护

VZ_1 为稳压管，可防止栅源电压过高击穿 MOS 管。NMOS 管的导通电阻比 PMOS 小，最好选 NMOS。NMOS 管接在电源的负极，栅极高电平导通；PMOS 管接在电源的正极，栅极低电平导通。

4.3.3　典型传感器信号调理电路

信号调理电路（signal conditioning circuit）是指把模拟信号变换为用于数据采集、控制过程、执行计算显示读出或其他目的的模拟电路。

传感器/变送器（snsor/transducer）是一种检测装置，能感受到被测量的信息，并能将感受到的信息按一定规律变换成电信号或其他所需形式的信息输出，以满足信息的传输、处理、采集、存储、显示、记录和控制等要求，它是实现自动检测和自动控制的首要环节。传感器的特点包括微型化、数字化、智能化、多功能化、系统化、网络化。通常根据其基本感知功能分为热敏元件、光敏元件、气敏元件、力敏元件、磁敏元件、湿敏元件、声敏元件、放射线敏感元件、色敏元件和味敏元件十大类。模拟传感器将被测信息转换成电信号的变化，模拟传感器可测量很多物理量，如温度、压力、力、流量、运动、位置、pH、光强等，其输出电信号包括电压、电流、电阻、电感、电容、电荷量等多种形式，而且输出信号还有强弱、频率成分等差异。在传感器与 A/D 转换之间实现信号数据采集需要通过信号调理（或调节）器，把一个变化的传感器输出的电信号转换调节到可由数据采集接收的电信号（一般为标准的电压信号或电流信号）。然后，模/数转换器（ADC）对模拟信号进行数字化，并把数字信号送到 MCU 或其他数字器件，以用于系统的数据处理。

1. 信号调理电路的主要功能/作用

（1）放大　放大器提高输入信号电平以更好地匹配 ADC 的范围，从而提高测量精度和灵敏度。此外，使用放置在更接近信号源或转换器的外部信号调理装置，可以通过在信号被环境噪声影响之前提高信号电平来提高测量的信噪比（SNR，signal- noise ratio）。

（2）衰减　衰减为即与放大相反的过程，在电压（即将被数字化的）超过 ADC 输入范围时是十分必要的。这种形式的信号调理降低了输入信号的幅度，使经调理的信号处于 ADC 范围之内。衰减对于测量高电压是十分必要的。

（3）隔离　隔离的信号调理设备通过使用变压器、光或电容性的耦合技术，无需物理连接即可将信号从它的源传输至测量设备。除了切断接地回路之外，隔离也阻隔了高电压浪涌以及较高的共模电压。

（4）过滤　滤波器在一定的频率范围内去除不需要的噪声。

（5）激励　激励对于一些转换器是必需的。例如，应变计、电热调节器、电阻温度检测器（RTD），都需要外部电压或电流激励信号。应变计，一个超低电阻的设备，通常利用一个电压激励源来进行惠斯通电桥配置。电热调节器和 RTD 测量都是使用一个电流源来完成，这个电流源将电阻的变化转换成一个可测量的电压。

（6）冷端补偿　冷端补偿是一种用于精确热电偶测量的技术。任何时候，一个热电偶连接至一个数据采集系统时，必须知道连接点的温度以计算热电偶正在测量的真实温度。

（7）阻抗匹配　阻抗匹配是指负载阻抗与激励源内部阻抗互相适配，得到最大功率输出的一种工作状态。器件的输出阻抗和所连接的负载阻抗之间应满足某种关系，以免接上负载后对器件本身的工作状态产生明显的影响。传感器与调理电路之间、调理电路与 ADC 之间均需考虑阻抗匹配。

（8）多路复用　通过多路复用（多路开关）技术，一个测量系统可以将多路信号传输至单一 ADC 模块，从而提供了一种节省成本的方式来极大地扩大信号输入的通道数量。多路复用对于任意多通道数的应用是十分必要的。

2. 信号调理的选择与设计准则

（1）灵敏度　灵敏度与分辨率密切相关。在模拟电路部分，测量幅值是分辨率的决定因素，它决定处理信号的上下限。如果采用数字技术，则灵敏度由模/数转换器分辨率的位数来决定，如 10 位的分辨率约为 0.1%。因此，考虑灵敏度时必须与分辨率一起权衡，根据被测信号而定。

（2）频率响应　传感器具有不同的频率范围，针对不同的传感器来选择信号调理器的频率响应，例如，热电偶仅需几十赫兹带宽，而应变计可能有几十千赫带宽，另外还要考虑周围的电磁物理环境。

（3）滤波　传感器产生信号的同时也会引入噪声，噪声会引起测量误差，因此信号调理器必须具备滤波功能，提供高通、低通或带通滤波器。例如，截止频率为 20Hz 的低通滤波，可滤除从交流电源带来的 50Hz、60Hz 干扰。

（4）隔离　隔离包括输入到输出和输入到机壳的隔离，具有隔离功能的信号调理器允许使用接地的信号输入。在输入和输出存在电位差时，它不会损坏仪器，在输入电路接地时不会引起击穿，以保证测量的安全性。输入电路方式有单端、浮地、差分等可供选择，当然，隔离并非必须的选择，要视具体的应用而确定。

（5）输入阻抗　信号输入可由信号调理器进行分路或衰减，测量电路的输入阻抗必须远高于信号源的输出源阻抗，以减少负载效应的影响，一般要求 100 倍以上。

（6）共模抑制　共模干扰是传感器电路和测量输入点电路共同引入的干扰信号，导致测量误差或测量失效。信号调理器的放大器应该具备高的共模抑制比。如果信号调理器使用全部浮地和隔离输入，输出采用低阻抗和较短屏蔽电缆，即可获得最大程度的抑制共模干扰电压的效果。

（7）零抑制　零抑制是消除输入信号中的静态部分，仅放大信号中有用的动态部分，以便获得高的分辨率。例如，12 位 ADC 系统中有一个 10V 静态叠加 10mV 动态的信号，如果没有零抑制，测量分辨率约为 2.4mV；但如果 10V 静态部分被抑制，余下 10mV 的测量分辨率可达到 2.4μV。

（8）激励　能够给传感器施加驱动电压或电流，如集成恒压源或恒流源电路。

（9）精度和线性度　信号调理器的精度和线性度是已知的，但环境条件、阻抗匹配、输入频率等都会变化，信号调理器应该保证输入信号受环境条件、频率变化影响时，能获得精确的测量结果。

（10）编程特性　信号调理器具备程控功能，通过程控调整参数（如放大倍数、滤波器截止频率等），缩短调整时间和减少误差，同时使测量过程自动化。

3. 典型模拟电路

运算放大器是一种用途广泛又便于使用的集成电路，是一种可以进行数学运算的放大电路。集成运放配上不同的反馈网络和采用不同的反馈方式，就可以设计成不同功能和特性的各种集成运放电子电路，简称运放电路，如放大器、积分器、滤波器、振荡器等。

如图 4-21 所示，运算放大器的电路符号有正相输入端 u_+、反相输入端 u_- 两个输入引脚以及一个输出引脚 u_o。运算放大器还有电源引脚（ + 电源端、 - 电源端）、偏移输入引脚（调零端）、相位补偿端等。

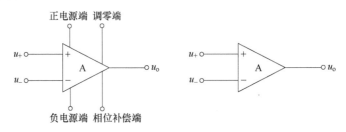

图 4-21　集成运算放大器

理想运放器的共模抑制比为无穷大，输入电阻为无穷大，输出电阻为 0，开环差模电压正压增益 A_{od} 为无穷大。运算放大器组成电路是模拟电路中学习的重点，在有运放器的电路分析中，应灵活应用"虚短虚断"进行分析。所谓运放器的"虚短虚断"是：A_{od} 为无穷大，$A_{od} = \dfrac{U_o}{U_i}$，$U_i = U_+ - U_-$，因此，$U_+ = U_-$，运放的同向输入端和反向输入端两点的电压相等，如同短路一样，但是这两个点并不是真正意义的短路，称为"虚短"；由于理想电路中输入电阻为无穷大，即两个输入端之间没有电流，和该两点被断开一样，称为"虚断"。

（1）反向运算放大电路　图 4-22 是反向运算放大电路，根据"虚短虚断"可以得到：
$\dfrac{U_i - 0}{R_2} = \dfrac{0 - U_o}{R_f}$，因此，$U_o = -\dfrac{R_f}{R_2} U_i$。

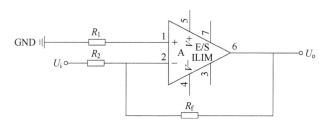

图 4-22　反向运算放大电路

（2）同向运算放大电路　图 4-23 是同向运算放大电路，根据"虚短虚断"可得到：$U_o = U_i\left(1 + \dfrac{R_f}{R_1}\right)$。

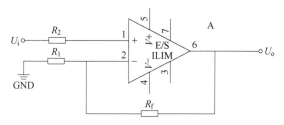

图 4-23　同向运算放大电路

（3）差分比例运算电路（减法电路）　图 4-24 是差分比例运算放大电路。理想条件下，反向输入端 $U_- = U_{i1}\dfrac{R_f}{R_1 + R_f} + U_o\dfrac{R_1}{R_1 + R_f}$，同向输入端 $U_+ = U_{i2}\dfrac{R'}{R_2 + R'}$，当 $R_1 = R_2$、$R_f = R'$ 时，$U_o = -(U_{i1} - U_{i2})\dfrac{R_f}{R_1}$。

（4）加法电路　图 4-25 为加法电路，分析可以得到：$U_o = -(U_{i1} + U_{i2} + U_{i3})R_f/R$。

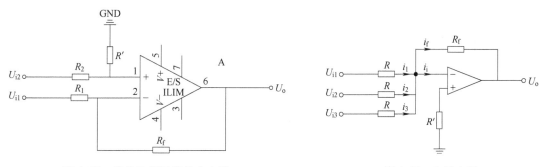

图 4-24　差分比例运算放大电路　　　　　　图 4-25　加法电路

（5）电压跟随器　图 4-26 所示为电压跟随器电路，由分析可以得到：$U_o = U_i$。输入和输出电压大小、相位相同，故称为电压跟随器。它是一个深度电压串联负反馈电路，因此它具有运放精度高、输入电阻大、输出电阻小的特点，能将输入信号真实地传递给负载而向信号源索取的电流极小，在电路中常用作缓冲器。

（6）积分电路　图 4-27 是采用运放的积分电路，分析可以得到：$U_o = -\dfrac{1}{R_1 C_1}\int U_i \mathrm{d}t$。

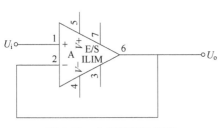

图 4-26　电压跟随器电路

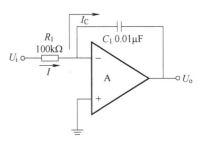

图 4-27　积分电路

（7）有源滤波器　滤波器是允许某些频率的信号成分通过而衰减另一些频率信号成分的电路或装置。只用电阻、电容、电感组成的滤波器称为无源滤波器。常通过增加有源器件（如运放器）改进滤波性能，利用有源器件的滤波器称为有源滤波器，低成本的集成运放器使得有源滤波器得到普及。

1）有源低通滤波。图 4-28 是二阶有源低通滤波器电路，图 4-29 是二阶有源低通滤波器幅频特性。

二阶有源低通滤波器的通带增益 A_{up} 为：$A_{up} = 1 + \dfrac{R_f}{R_1}$

二阶有源低通滤波器的截止频率 f_o 为：$f_o = \dfrac{1}{2\pi RC}$

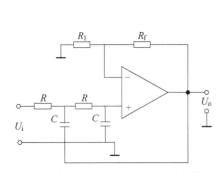

图 4-28　二阶有源低通滤波器电路

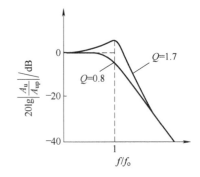

图 4-29　二阶有源低通滤波器幅频特性

2）有源高通滤波。图 4-30 是二阶有源高通滤波器电路，图 4-31 是二阶有源高通滤波器幅频特性。二阶有源高通滤波器的通带增益和截止频率的计算公式和二阶有源低通滤波器完全相同。

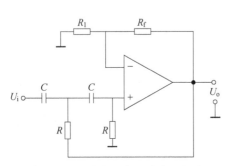

图 4-30　二阶有源高通滤波器电路

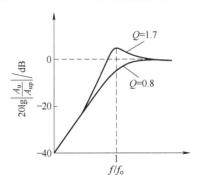

图 4-31　二阶有源高通滤波器幅频特性

3）带通滤波。图 4-32 为二阶有源带通滤波器电路。二阶有源带通滤波器的低截止频率 f_L，高截止频率 f_H 分别为

$$f_L = \frac{1}{2\pi R_L C_L}, f_H = \frac{1}{2\pi R_H C_H}$$

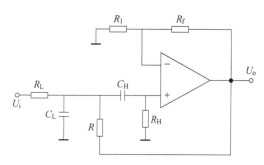

图 4-32　二阶有源带通滤波器电路

4.3.4　基于 PWM 的驱动与控制技术

1. PWM 原理

脉宽调制（PWM）是利用微控制器的数字输出实现对模拟电路进行控制的一种非常有效的技术。通过改变周期脉冲信号的周期可以调频，改变周期脉冲信号的宽度或占空比可以调压，采用适当控制方法即可使电压与频率协调变化。

PWM 实际上可看成对模拟信号电平进行数字编码的方法。通过高分辨率计数器调制方波的占空比，从而对具体模拟信号的电平进行编码。电压或电流源是以通（ON）或断（OFF）的重复脉冲序列被加到模拟负载上，"通"是指直流供电被加到负载上，"断"是指供电被断开。只要带宽足够，任何模拟值都可以使用 PWM 进行编码。PWM 最大的优点是可以通过微处理器内部将数字信号转换成模拟信号，不需要数/模（D/A）转换。PWM 在有刷直流电动机控制、无刷直流电动机控制、电磁阀控制等方面得到广泛应用。此外，PWM 具有同时实现变频变压反抑制谐波的特点，在交流传动、电能变换等领域得到广泛应用，如产生正弦脉宽调制 SPWM 信号以控制功率器件的开关。PWM 在驱动系统的各种应用场合处于主导地位，一直是人们研究的热点。PWM 技术和开关型电力电子器件技术相结合，将数字技术向驱动延伸，大大简化了嵌入式系统输出与执行部件的接口。

PWM 信号的两个重要参数是频率和占空比。占空比是正脉冲的持续时间与脉冲总周期的比值，如脉冲宽度为 1ms，信号周期为 4ms，则该脉冲序列的占空比为 25%。在汽车嵌入式系统中，一般可通过 PWM 改变占空比给执行器施加调节的控制信号。图 4-33 为利用 PWM 实现电磁阀的通断控制。

电动汽车中的电机驱动技术中，广泛运用 PWM 和 SPWM 技术。冲量相等而形状不同的窄脉冲加在具有惯性的环节上时，其效

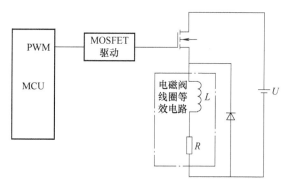

图 4-33　利用 PWM 控制电磁阀的原理图

果基本相同。SPWM 法以此为理论基础，使 PWM 的脉冲宽度按正弦规律变化，产生与正弦波等效的 PWM 波形（即 SPWM 波形），控制电路中开关功率器件的通断，使其输出的脉冲电压面积与所希望输出的正弦波在相应区间内的面积相等。此外，通过改变调制波的频率和幅值则可调节逆变电路输出电压的频率和幅值。

2. MOSFET 功率驱动技术

由微控制器产生的 PWM 或 SPWM 信号的驱动功率是非常微弱的，不足以驱动负载的运行，仅能作为控制信号来控制功率器件（MOS、IGBT 等），从而驱动负载。金属-氧化物-半导体场效应晶体管（MOSFET, metal-oxide-semiconductor field-effect transistor）是一种可以广泛使用在模拟电路与数字电路的场效应晶体管。MOSFET 依照"通道"（工作载流子）的极性不同，可分为"N 型"与"P 型"两种类型，通常又称为 NMOSFET 与 PMOSFET，简称有 NMOS、PMOS 等。MOSFET 的电路符号如图 4-34 所示。

如图 4-35 所示，G 为栅极、S 为源极、D 为漏极，要使增强型 NMOSFET 工作，要在 G、S 之间加正电压 V_{GS} 及在 D、S 之间加正电压 V_{DS}，则产生正向工作电流 I_D；改变 V_{GS} 的电压可控制工作电流 I_D；若先不接 V_{GS}（即 $V_{GS} = 0$），在 D 与 S 极之间加一正电压 V_{DS}，与衬底之间的 PN 结处于反向，因此漏源极之间不能导电。

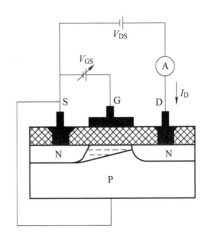

图 4-35　NMOSFET 工作原理图

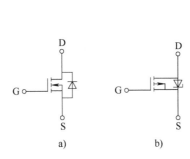

图 4-34　增强型 MOSFET 的电路符号

a）N 沟道增强型 NMOSFET　b）P 沟道增强型 PMOSFET

图 4-36 所示为 NMOSFET 输出特性，因此在一定范围内可以认为，改变 V_{GS} 可控制漏源之间的电阻，达到控制 I_D 的作用。由于这种结构在 $V_{GS} = 0$ 时，$I_D = 0$，称这种 MOSFET 为增强型。另一类 MOSFET，在 $V_{GS} = 0$ 时也有一定的 I_D，这种 MOSFET 称为耗尽型。图 4-37 为其典型应用电路。其中，R_D 为负载，V_{DD} 为电源。当 $V_{GS} = 0$ 时，负载断电；当 $V_{GS} = 1$ 时，负载通电。

英飞凌公司的 AUIRFS8409-7P 车规级 HEXFET Power NMOSFET。V_{DSS} 为 40V，$R_{DS}(on)$ 为 0.55mΩ，I_D（silicon limited，管芯限制电流）为 522A，I_D（package limited，封装限制电流）为 240A，采用 D²PAK-7Pin

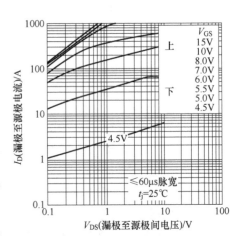

图 4-36　NMOSFET 典型输出特性

封装，如图 4-38 所示，其可用于电动转向、蓄电池开关等大功率应用场合。

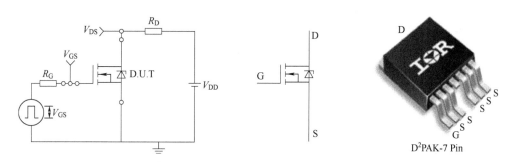

图 4-37　NMOSFET 典型应用电路　　　　　图 4-38　D²PAK-7Pin

　　绝缘栅双极型晶体管（IGBT，insulated gate bipolar transistor）是由 BJT（双极型晶体管）和 MOS（绝缘栅型场效应晶体管）组成的复合全控型电压驱动式功率半导体器件，兼有 MOSFET 的高输入阻抗和大功率晶体管（GTR）的低导通压降两方面的优点。GTR 饱和压降低，载流密度大，但驱动电流较大；MOSFET 驱动功率很小，开关速度快，但导通压降大，载流密度小。IGBT 综合了以上两种器件的优点，驱动功率小而饱和压降低，非常适合应用于直流电压为 600V 及以上的变流系统，如交流电机、变频器、开关电源、照明电路、牵引传动等领域，在电动汽车高压大功率直流电机驱动中也得到应用。

4.4　嵌入式系统的电磁兼容设计

4.4.1　嵌入式系统电磁兼容性基本概念

　　嵌入式系统广泛运用于复杂多样的装置或系统中，使用环境非常复杂，不可避免地会产生电磁兼容性问题。嵌入式系统的电磁兼容性设计是非常重要的，通过电磁兼容性设计，可提高嵌入式系统的可靠性，可控制电磁能量辐射，保障人身和易燃易爆物质的安全。

　　嵌入式系统的抗干扰技术是保证嵌入式系统稳定可靠工作的关键因素之一。嵌入式系统设计是否正确、使用是否可靠，不仅取决于系统的设计思想和方法，同时还取决于系统的抗干扰措施。抗干扰问题是嵌入式系统在实际应用中非常棘手的问题，需要进行科学的分析并加以合理的设计，从系统的硬件和软件两方面同时采取一定的措施，以有效提高应用系统的可靠性。现代半导体技术的高速发展，器件的集成化不断提高，数字化向传感器和执行器两端延伸，使嵌入式系统的可靠性有了明显提高。

1. 电磁兼容性的定义

　　系统或设备的电磁兼容（EMC，electro-magnetic compatibility）性能是指其在电磁环境中能正常工作且不对该环境中任何设备造成不能承受的电磁骚扰的能力，其中电磁环境是指系统或设备工作环境中所有电磁现象的总和。电磁兼容包括两部分的内容：①设备或系统能够抵抗所接收到的电磁干扰而正常工作；②设备所发射的电磁干扰不能影响其他设备的正常工作。表 4-7 介绍了电磁兼容技术相关术语。

　　其中，电磁环境是指即使相同种类的设备也可能工作在不同的电磁环境中，不同的电磁环境对设备的电磁兼容要求不一样，离开了具体的电磁环境，谈电磁兼容就没有实际意义。

2. 电磁干扰的三要素

　　不管复杂系统还是简单装置，任何一个电磁干扰的发生都具备三个基本条件：干扰源、耦合途径、敏感设备，如图 4-39 所示。其中，干扰源为产生电磁干扰的元器件、设备和自然现象；耦合途径为电磁干扰能量从干扰源传输到受干扰设备的通路或媒介；敏感设备为对电磁干扰发生响应的设备。

表 4-7 电磁兼容技术相关术语

术　语	意　义
电磁兼容性	系统不会因为周边的电磁环境而导致性能降低、功能丧失或损坏，也不会在周边环境中产生过量的电磁能量，而影响周边设备的正常工作
电磁干扰	破坏性电磁能量从一个电子设备传导到另一个电子设备的过程
射频	用于通信目的的连续电磁辐射的频率范围（10kHz～100GHz）
敏感度	设备或系统受电磁干扰而被中断或破坏的趋势的估量
抗扰性	设备或系统在保持预先设定的运行等级时抵抗电磁干扰能力的估量
静电放电	有着不同静电电压的物体在靠近或直接接触时引发的静电荷转移
抗辐射干扰性	产品抵抗来自自由空间电磁干扰能量的相对能力
抗传导干扰性	产品抵抗来自外部电缆、输电线和 I/O 连接器的电磁干扰能量的能力
密封	将电子产品用金属外壳或者用涂有射频导电漆的塑料外壳屏蔽，从而阻止射频能量从内部泄露出去或从外部进入电子设备的处理方法
抑制	通过滤波、搭接、屏蔽和接地或这些技术的任意组合，以减少或消除不希望有的射频能量发射

图 4-39 电磁干扰形成示意图

嵌入式系统的干扰源主要有：射频干扰（射频范围里的电磁能量干扰）、静电放电、电力线干扰（电压跌落、频率波动、尖峰、浪涌、谐波等）、自兼容性（设备内部各组成部分之间的相互干扰）等。

减少干扰的途径有：尽量减少干扰源产生的干扰强度；切断或降低干扰耦合因素，使干扰强度尽量衰减；采取各种措施，提高电子线路的抗干扰能力。

电子系统由各种电子元器件通过导线连接而成，图 4-40 是典型电子元件的低频和高频特性。

导线的高频特性：通过高频信号时，由于趋肤效应，电阻增加。高频时导线的电感量不能忽视，一段 1cm 长，直径 0.5mm 的圆截面导线只有 7nH 左右的电感量，但在 100MHz 时，可造成 4.4Ω 左右的感抗。高频电路中要重视导线（包括 PCB 连线）或元器件引线的感抗，尽可能缩短导线长度或增加截面积。平行导线间的互感一般都很小，但在高频时由它造成的线间耦合不可低估。平行导线间还存在分布电容，在高频时即使很小的分布电容也会产生明显的电容性耦合干扰。

电阻的高频特性：包括引脚在内的等效电感值在 10～30nH，分布电容在 0.2～0.5μF。在一定频率时，电阻值小的电阻以电感成分影响为主，电阻值高的电阻以分布电容影响为主，因此阻

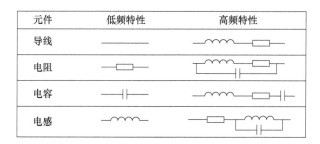

图 4-40　电子元件的低频和高频特性

值小的电阻应选择电感量小的电阻。对于阻值高的电阻，由于分布电容的旁路作用，使电阻的阻抗值大幅度降低，频率越高，阻抗降低越严重，甚至会丧失电阻的作用。

电容的高频特性：在高频电路中要重视包括引线电感在内的电容器的等效电感。等效电感与电容组成的回路在特定频率上会产生共振，在共振频率上，电容器的阻抗最小。在此频率以上的电容器呈现电感性，其感抗随频率的增加而增加，在某种意义上相当于一只电感。

电感的高频特性：电感线圈因高频电流流过会向周围散发出高频磁通，成为其他电路的干扰源。电感本身也十分容易耦合外界的噪声。工作在高频频带时，电感随工作频率的变高，其特性可能从电感变为电容。

4.4.2　电磁干扰产生机理及接地技术

电磁耦合可分为传导耦合和辐射耦合两类。传导耦合是指通过线路本身的电路形成的耦合，以及通过导体间的分布电容、互感而形成的干扰耦合。传导耦合包括直接传导耦合，公共阻抗传导耦合、电容耦合和电感耦合等。辐射耦合是指电磁能量以电磁场的形式从一个电路传输到另一个电路。传导耦合的抑制方式有：

1）滤波：滤除干扰信号而保留特定频带的有用信号，包括低通滤波器、高通滤波器、带通滤波器、带阻滤波器等几种。

2）隔离：利用变压器、光隔离器件等来减少电磁干扰的传播。

3）衰减：从源头抑制电磁干扰信号的强度。

1. 电磁干扰的主要方式

（1）静电耦合干扰　静电耦合如图 4-41 所示，静电耦合又称为电容耦合，干扰源与被干扰电路之间存在着电容通路，这种电容是两者之间的分布电容，干扰脉冲或其他高频干扰会经过分布电容耦合到电子线路中。电容耦合引起的感应电压正比于干扰频率和耦合电容 C_F，即频率越高、分布电容越大，电容耦合越明显。电容耦合引起的感应电压与导线对地的分布电容成反比。抑制电容耦合的方法：

1）降低导线间的分布电容，具体办法有：加大导线间的距离；尽可能缩短导线的长度；在导线下增加接地平面，增加导线对地分布电容。

2）采用隔离的方法，在两个导线之间增加一根地线。

3）降低导线上的信号频率，如使用边沿时间较长的器件。

4）增加旁路电容。

5）对信号进行屏蔽。

（2）公共阻抗耦合干扰　公共阻抗传导如图 4-42 所示，在电子设备中，各电子元器件都需要接地，地上汇流经过各个电子元器件频率不同、大小不同的电流。同时，非超导情况下，地线

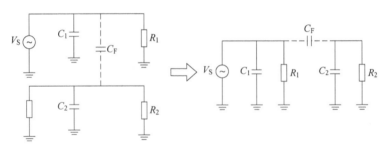

图 4-41　静电耦合

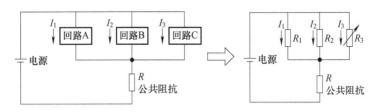

图 4-42　公共阻抗传导

上不可能没有阻抗，只要共有阻抗就一定会产生公共阻抗耦合。抑制公共阻抗传导的方法有：

1）减小电源内阻。

2）减小电源供电电路的阻抗。

3）减小公共地的阻抗。

（3）电磁耦合干扰　电磁耦合如图 4-43 所示，电磁耦合又称为互感耦合，这是两电路之间通过分布电感使一个电路中的信号辐射到另一个电路中的耦合方式。干扰源的电流流过电感时产生磁场，时变的电流则产生时变的磁场，变化的磁场在邻近回路中引起变化的磁通，从而在该电路中产生感应电压。抑制互感耦合的基本方法有：

1）减少回路所涵盖的面积。

2）使回路和干扰源的距离尽可能远。

3）使回路方向与磁场方向平行。

4）降低磁场干扰源的干扰强度。

5）减小回路间的互感，包括：加大两导线的间距；缩短导线的长度；使导线尽可能接近地平面；使各自磁场方向相互垂直。

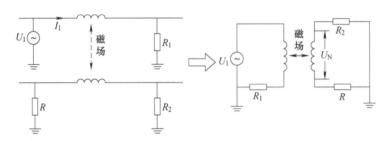

图 4-43　电磁耦合

（4）辐射耦合干扰　当干扰源与被干扰源的设备距离比较远时，此时被干扰的设备是通过接收电磁波而受到干扰的。设备的各个部分，如外壳、没有屏蔽的引线、元器件、电路板等均会接收电磁波而最终表现为受到干扰。

（5）差模干扰和共模干扰　目标信号在电路中的传输总是以双线方式进行的，习惯上称为信号回路。但对于干扰信号，它进入电磁设备传输就有可能出现两种情况：

1）以传输目标信号的双线作为一线，以地为另一线构成传输回路，让干扰信号进入工作单元，形成共模干扰。

2）与目标信号一起沿正常回路串入工作单元，形成差模干扰。

共模电流会产生很强的辐射，对周围电路形成辐射性干扰。电缆的共模辐射也是设备干扰发射超标的主要原因之一。当电路不平衡时，共模电流会转变为差模电流，差模电流会对电路直接产生干扰影响。例如，运算放大器所强调的共模抑制比，就是衡量在给定的共模电压下，有多少会转换成差模电压。除了注意电路输入/输出设计的平衡性之外，另一个值得注意的方面是在传输线上，由于信号回路的双线对地的电特性不一定完全平衡，于是有可能也形成差模干扰。

对于电子、电气产品电路中的信号线及其回路而言，差模电流流过电路中的导线环路时，将引起差模辐射，这种环路相当于小环天线，能向空间辐射磁场或接收磁场，因此必须限制环路的大小和面积。

从耦合的途径来说，差模干扰的出现，基本上是直接耦合的结果；而共模干扰的出现，大多是感应耦合和辐射耦合的结果，其强度则直接与回路的几何形态、方向有关。

（6）PCB 上的共模电流与差模电流干扰　PCB 上的电路功能问题主要是由差模电压或电流造成的，而 PCB 向外的电磁辐射效应主要是由共模电压或电流造成的。一般情况下，PCB 上的差模和共模电压或电流是由同一个物理层上的驱动源（即同一个干扰源）产生的，共模电压或电流是由差模电压或电流经某种机制转换而来的。图 4-44 给出了 PCB 上最典型的差模电流和共模电流的情形。

PCB 上的差模电流通常是在 PCB 内部形成的，差模电源通常是电路中的信号电源。共模电流通常是信号线与地（包括接地层和结构地板）之间，通过分布电参数或公共阻抗形成的。PCB 上的差模电流和共模电流的基本概念及等效电路如图 4-45 所示，其中 DM 为差模噪声干扰电压源，CM 为共模噪声干扰电压源。

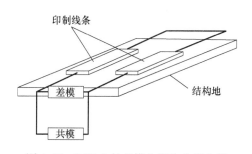
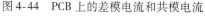

图 4-44　PCB 上的差模电流和共模电流

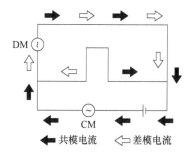

图 4-45　PCB 上的差模电流和共模电流等效图

共模电流可以通过接地结构或公共结构连接到 PCB 的输入/输出设备的电缆上，产生向外的辐射干扰影响。共模电流可以由布线层上差模电流的影响而产生，通常都是由于 PCB 结构造成的由差模到共模的转换机制产生的，特别是由于结构的非对称性，会使差模电流产生不平衡或不可对消的差模电流量，从而导致共模电流产生。

2. 地线系统的防干扰技术

（1）单点接地与多点接地的使用原则　单点接地是指在整个系统中只有一个物理点被定义

为接地参考点，其他各个需要接地的点都连接到这单点上。单点接地适用于频率较低（1MHz 以下）的电路。若系统的工作频率很高，工作波长与系统接地引线的长度可比拟时，单点接地方式就有问题了。当地线的长度接近于 1/4 波长时，它就像根终端短路的传输线，地线的电流、电压呈驻波分布，地线变成了辐射天线，从而不能起到"地"的作用。为了减小接地阻抗，以避免辐射，地线的长度应小于 1/20 波长。在电源电路的处理上，一般可以考虑单点接地。对于大量采用数字电路的 PCB，由于含有丰富的高次谐波，一般不建议采用单点接地方式。

多点接地是指设备中各个接地点都直接接到距它最近的接地平面上，使接地引线的长度最短。多点接地比较适合于高频（10MHz 以上）电路。在数模混合的电路中，可以采用单点接地和多点接地相结合的方法。

一般模拟电路部分采用单点接地，数字电路部分要多点接地。大电流地和小电流地分开走，避免有相通的地方。

（2）数字地和模拟地的连接　在嵌入式控制系统中，大都包括模拟信号部分和数字信号部分。A/D 转换之前和 D/A 转换输出部分的信号均为模拟信号，而 MCU 及其相关电路为数字信号部分。

在进行电路设计时，必须注意数字地和模拟地的正确连接。如果连接不当，将带来很大的干扰。接地的原则是将数字地和模拟地单点接地。模拟地接在一起，数字地接在一起，模拟地和数字地间仅各一点处以粗短的导线连接在一起，不能再有其他的连接点。

（3）系统浮地　系统浮地是将系统电路各部分的地线浮置起来，不与大地相连。这种接法有一定的抗干扰能力，但系统与地的绝缘电阻不能小于 50MΩ，一旦绝缘性能下降，就会带来干扰。通常采用系统浮地、机壳接地，可使系统抗干扰能力增强，安全可靠。

（4）系统接地　一套嵌入式系统是由各种不同的电路和部件构成的，可分为 MCU 部分、低电平电路、高电平电路、大功率电路等。如果这样的系统放在一个机壳中，则应将机壳用金属隔板隔成若干个独立的空间，将不同的电路分开。ECU 浮地（电路地与大地无导体连接）工作过程中，可能会产生静电，为消除静电影响，可通过一个大电阻（几兆欧到几十兆欧）单独直接接地。在嵌入式系统中，低电平电路、高电平电路、大功率电路均需单独直接接地。

3. PCB 防干扰的接地技术

设计 PCB 时，接地技术的目标是使接地阻抗最小，以此减少从电路返回到电源之间接地回路的电势。

（1）单层 PCB 的接地线　对于单层（单面）PCB，接地线的宽度应尽可能宽，且至少应为 1.5mm。由于在单层 PCB 上无法实现星形布线，因此跳线和地线宽度的改变应保持为最低，否则将引起线路阻抗与电感的变化。

（2）双层 PCB 的接地线　对于双层（双面）PCB，数字电路优先使用地格栅/点阵布线，这种布线方式可以减小接地阻抗，尽量消除接地回路和信号环路，地线和电源的宽度最少应为 1.5mm。另外一种布局是将接地层放在一面，信号和电源线放于另一个面，这种布置方式可进一步减少接地回路和阻抗，去耦电容可以放置在距离 IC 供电线和接地之间尽可能近的地方。当然，这种方式会对布线造成困难，一般应用于布线不复杂的系统中。

（3）多层 PCB 中的接地层和电源层　对于多层 PCB，推荐把电源层和接地层尽可能近地放置在相邻层中，以便在整个板上产生一个大的 PCB 电容。速度快的重要信号线应布置在临近接地层的面层，非重要信号则布放在靠近电源层的面层。图 4-46 给出了一个典型的多层板的布线。

（4）多电源的地线　当电路需要多电源供电时，应采用接地将每个电源分离。但是在单层

PCB 中多点接地是不可能的,一种解决方法是把从一个电源中引出的电源线和地线同其他电源线和地线分隔开。

(5)高速电路与低速电路 多层 PCB 设计时,布放高速电路时应使其更接近地线层,而低速电路应接近电源层。

(6)地的覆铜填充 在某些模拟电路中,通常将没有用到的电路板区域由一个大的接地面来覆盖,以此提供屏蔽能力和增加去耦能力。如果出现覆铜区悬空(比如它没有和地连接,也称为"死铜"),它就可能表现为一个天线而导致电磁兼容问题,因此应避免死铜区的出现。

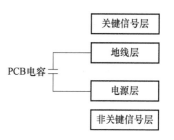

图 4-46 多层 PCB 布线

4.4.3 PCB 的信号完整性

信号完整性是指信号未受到损伤的一种状态,用于表示信号质量和信号传输后仍保持正确功能的特性。良好的信号完整性是指在需要时信号仍保持正确的时序和电平值。信号完整性不佳会导致信号失真、定时错误、数据/地址错误、控制线状态错误、系统误操作,直至系统崩溃。

传输线是两个或多个终端间有效传输电功率或电信号的传输系统,如金属导线、波导、同轴线和 PCB 连线。图 4-47 是传输线的等效电路。

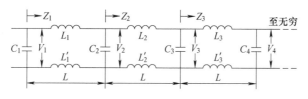

图 4-47 传输线的等效电路

传输线的特性阻抗:

$$Z_0 = \sqrt{\frac{L}{C}} = \frac{V(x)}{I(x)} \tag{4-2}$$

式中,Z_0 为传输线阻抗,单位为 Ω;L 为传输线电感,单位为 H;C 为传输线间电容,单位为 F;x 为导线长度,单位为 m;$V(x)$ 为线间电压,单位为 V;$I(x)$ 为流经电流,单位为 A。

传输线的信号以光速或接近光速在两个设备间传送,由于分布电容、分布电感和有源器件的存在,速度会有所降低。传输线内部和周围存在电磁场,能量通过电磁场传输。传输线阻抗匹配不好,就会出现功能性问题和 EMC 问题。线路阻抗是影响传输特性的重要因素,如果阻抗匹配不当,信号会被反射,当发生多重反射时就会引起振荡。

1. 影响传输线信号完整性的原因

(1)信号传输延迟 信号在 PCB 的导线上以有限的速度传输,信号从发送端发出直到接收端收到,中间存在时间间隔,即为传输延迟。传输延迟对系统时序产生影响,信号延迟时间主要取决于导线的长度和导线周围介质的介电常数。

(2)信号反射 反射信号就是传输线上的回波。当传输线的特性阻抗与负载阻抗不匹配时,信号功率的一部分传输到线上并到达负载处,另一部分则被反射。若负载阻抗小于源阻抗,反射为负;反之,反射为正。布线的几何形状、不正确的线端接、经过连接器的传输及电源平面不连续等因素的变化均会导致此类反射。

(3)信号串扰 信号在传输线上传播时,因电磁耦合对相邻的传输线产生不期望的电压噪声干扰。串扰是两条信号线之间的耦合，由信号线之间的互感和互容引起。串扰对邻近信号的传输质量造成影响，有可能引起假时钟、偶然性数据错误等。在应用中，不可能、也没必要完全消除串扰，只要将其控制在系统所能承受的范围之内，就不至于影响系统的工作。PCB 的材质和结构、信号线间距、驱动端和接收端的电气特性、信号线的端接方式等对串扰都有一定的影响。

（4）信号过冲和下冲　信号的过冲和下冲如图 4-48 所示，过冲是信号跳变沿第一个超过设定电压的峰值或谷值，过度的过冲可能因超出器件的耐压范围而造成器件损坏。下冲是指第二个超过设定电压的谷值或峰值，过度的下冲能够引起假的时钟或数据错误。

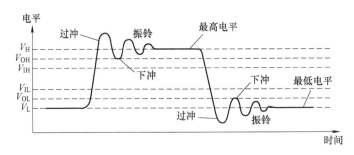

图 4-48　信号的过冲和下冲

（5）同步切换噪声　同步切换噪声如图 4-49 所示，当 PCB 上大量输出引脚在同一时刻从高电平向低电平切换，或者从低电平向高电平切换时，会在相邻引脚引入噪声。大量引脚从低向高切换，在邻近被干扰信号上可以观察到一个负电压噪声；大量引脚从高电平向低电平切换，在邻近被干扰信号上可以观察到一个正电压噪声。

（6）接地反弹噪声　如图 4-50 所示，由于器件内部的接地引脚与地平面之间存在引线电感，当信号状态翻转时所带来的电流变化会通过器件的寄生电感影响到地线，集成电路内部多个驱动器同时转换时就会在地线中产生较大的噪声。

图 4-49　同步切换噪声　　　　　　　　图 4-50　接地反弹噪声

2. 提高信号完整性的措施

（1）抑制串扰　尽量选择慢速（边沿变化慢）的器件以抑制串扰。容性耦合和感性耦合产生的串扰随受干扰线路负载的增大而增大，所以减小负载可以减小耦合干扰的影响。在布线条件许可的情况下，尽量减小相邻传输线间的平行长度或增大可能发生容性耦合导线之间的距离。在相邻的信号线间插入一根地线可以有效减小容性串扰。感性耦合较难抑制，要尽量降低回路数量，减小回路面积，信号回路避免共用同一段导线。相邻两层的信号层走线应尽量垂直，避免平行走线，减少层间的串扰。在有专门电源层、地层的多层 PCB 中，把对串扰比较敏感的信号尽量安排在内层。通过端接，使传输线远端和近端的终端阻抗与传输线匹配，可大大减少串扰和反射干扰。

（2）抑制反射　高速数字系统中，传输线上阻抗不匹配会引起信号反射，减少和消除反射的方法是根据传输线的特性阻抗在发送端或接收端进行终端阻抗匹配，尽量使源端反射系数或负载端反射系数为 0。传输线的端接通常采用两种策略：使负载阻抗与传输线阻抗匹配，即并行端接；使源阻抗与传输线阻抗匹配，即串行端接。

（3）发送端串行端接　发送端串联电阻如图 4-51 所示，在尽量靠近发送端的位置串联一个电阻到传输线中，实现信号源的阻抗匹配；串接电阻阻值和驱动源的输出阻抗之和应大于等于传输线阻抗；减小源端反射系数，防止从负载反射回来的信号再从源端反射回负载端。图 4-52所示为实际电路中的串行阻抗匹配。

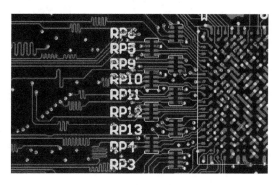

图 4-51　发送端串联电阻　　　　　　　　图 4-52　实际电路中的串行阻抗匹配

（4）PCB 中的去耦电容　在数字电路系统中，存在各种各样的噪声，如电网噪声、开关电源引起的噪声、电路状态切换引起的噪声。去耦电容可以防止噪声干扰从一个电路传导到另一个电路，从而改善整个系统的电磁兼容性能，提高系统的可靠性和稳定性。复杂电路板上，电源和地之间有大量的去耦电容，一方面确保为系统提供稳定、低纹波的直流供电，同时也可以防止电路板上的干扰噪声通过电源线传导到电网或外部其他系统中。

（5）芯片电源引脚去耦电容　用作集成电路器件的蓄能电容，器件在正常工作时因状态切换会产生功耗的瞬间变化，蓄能电容可以避免由此引起供电电压的波动。需要滤除蓄能电容产生的高频噪声，避免噪声通过供电回路传播到整个系统中，避免电源上的干扰噪声通过电源引脚进入集成电路。图 4-53 是电源信号上的去耦电容实例。

4.4.4　汽车嵌入式系统 PCB 的电磁兼容性设计

汽车中控制器的种类很多，面向不同应用的 ECU 的设计准则也不尽相同，这里只针对汽车电子控制器电磁兼容的一般问题总结如下。

1. 信号线和电源线提供低通滤波

当一个信号最终连接到控制器接口引脚前，其走线在电路板上可能耦合共模噪声电压而使与之连接的线缆变成辐射发射天线。对于电源线，需要考虑电源线在电路板内部耦合的差模电流。即使在设计时已经采取了各种控制噪声源的措施，仍然不能保证每条接口信号线都不会耦合噪声电压或电流。因此必须为每条连接到控制器接口的信号线或电源线提供低通滤波，将信号线上的噪声电流滤除。

究竟需不需要使用以及使用何种类型的低通滤波器要由实际测试来决定，但是在电路板原型设计阶段，最好为每个接口信号提供安装低通滤波器的位置，这样在发现某条信号线确实存在噪声电流时，可以加装滤波器以减小线缆上的噪声电流。

选择低通滤波器的原因是：对于接口信号（如 CAN 总线信号），其差模信号频谱中的高频

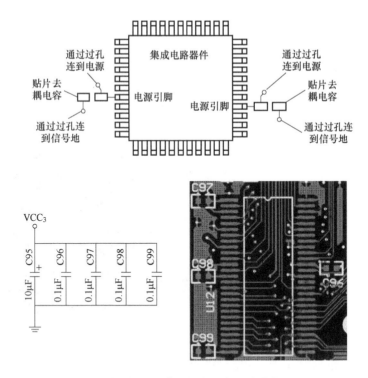

图 4-53　电源信号上的去耦电容实例

分量（一般是 $0.35/t_r$ 以上的频率，t_r 是信号上升的时间）以及夹杂在信号频谱中但高出正常信号频谱幅值的分量，均是不必要的噪声，需要被滤除；而对于信号线上的共模电流，将有用频谱以上所有的共模电流分量都滤除。

低通滤波器类型如图 4-54 所示，其基本原理是利用电容的阻抗随着频率升高而减小、电感的阻抗随着频率升高而增加的特性。电容根据其放置的位置有两种作用：当电容并联在信号线和信号地线之间（或者电源线和电源地线之间）时，将滤除差模噪声电流；当电容并联在接口信号线（也可以是电源地线）和与控制器外壳形成低阻抗连接的电路板参考地之间时，将滤除共模噪声电流。电感或电阻（也可以用磁珠）串联在需要滤除噪声电流的信号线（或者电源线）上，可以对噪声电流起阻挡或者损耗作用。

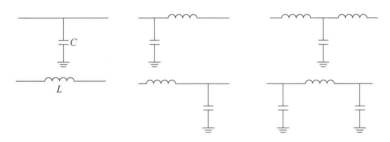

图 4-54　低通滤波器的类型

选择何种类型的滤波器需要考虑两个因素：一个是需要抑制的干扰频率与工作频率之间的差别；另一个是滤波器所连接电路的阻抗。

2. 接口信号线共模滤波

在考虑控制器接口信号滤波时，对于一般的信号线主要考虑共模滤波。在共模噪声电压已经不可避免地产生并且某根接口信号线已经成为辐射发射天线的情况下，需要通过添加低通滤波器的方式减小线缆上的共模电流。

（1）滤波电路的形式　下面以图 4-55 所示的电路模型来阐述共模滤波器的作用。V_{CM} 为共模噪声电压，V_{CM} 一端的导体相当于辐射发射偶极子天线的一极，低通滤波器加在 V_{CM} 和偶极子天线的另一极（线缆）之间。共模回路（图中回路 1）由杂散电容组成。滤波器的源是共模噪声电压源，一般认为其是低阻抗的。滤波器的负载为共模回路阻抗，可以认为是大阻抗，其典型值在几百欧至几千欧之间。因此滤波器应选择 T 形滤波器，即一个电感、电阻或者磁珠并联一个电容的形式。选择二阶滤波是因为电路板上空间非常有限，不能够满足三阶或更高阶次滤波器元器件的布局需要，并且实践证明二阶滤波器在设计合理的前提下能够提供足够的滤波。

（2）滤波电容位置的考虑　从图 4-55 可以看到，滤波电容相当于在偶极子天线的两极之间为共模电流搭建了一个地阻抗回流路径（图 4-55 中的回路 2），当某个频段电容的阻抗小于共模回路阻抗时，共模电流将选择从电容流回噪声源。对于共模电流，滤波电容所提供回流路径的阻抗包括电容自身的阻抗、信号线至电容之间走线的阻抗、从电容接地处返回偶极子天线另一极处的阻抗，这三个阻抗之和决定了滤波电容去除共模噪声电流的效能。可以通过选择适当的电容来确保电容阻抗远小于共模回路阻抗。走线的阻抗主要取决于其长度，因此信号线走线应该直接经过滤波电容的焊盘，而不能用一条短截线从信号线引出再与电容相连。要控制从电容接地处返回偶极子天线另

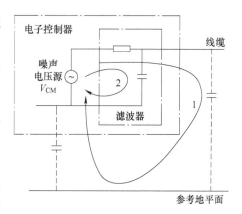

图 4-55　共模滤波器的作用原理

一极处的阻抗，希望滤波电容能够放置在尽量靠近噪声源和偶极子天线的地方，但这需要在设计阶段就知道电路板上哪些地方可能产生噪声电压源或成为偶极子天线的一极。如果在电路板设计阶段就能准确判断出潜在的噪声电压源和天线，那么在接近噪声源处放置滤波电容显然是最有效的，因为其提供的共模电流回流路径最短、阻抗最小。

3. CAN 总线共模滤波

CAN 总线使用的是差分信号线，在理想的情况下，一对差分走线上的差分信号波形是对称的，此时差分信号线上的共模电流是直流。然而当差分走线长度不一致或者存在其他不对称结构时，差分信号将发生错位，这时将在差分线对上产生时变的共模电流。在控制器电路设计中，CAN 总线可以使用分裂端接的技术，即将传统的 120Ω 端接电阻分成两个串联的 60Ω 电阻，两个电阻的连接处并联一个电容到电路板地层，如图 4-56 所示，这个电容称为共模端接电容，将对差分线上的共模电流起滤波作用。因为对于共模电流来说，共模端接电容提供了一个比共模回路阻抗低的回流路径，这个电容的推荐值为 10 ~ 100nF。

4. 电源线滤波

电源线传导发射噪声实际上是由差模噪声电流和共模噪声电流共同组成的，因此电源线滤波器设计要同时考虑差模滤波和共模滤波，电源线滤波器电路形式如图 4-57 所示，由共模扼流线圈和一对 C_Y 电容以及一个 C_X 电容（或者叫线对线间电容）组成。C_X 的位置有两种选择，按照电路图中放置的位置分别表示为共模扼流线圈的左边 C_{XL} 和右边 C_{XR}。

如图 4-57 所示，C_X 是一个并联在电源正极和负极之间的电容。C_X 主要对电源线上的差模噪声电流起滤波作用，C_Y 主要对共模噪声电流起滤波作用。在特定频谱范围内的传导发射噪声中，既可能是差模电流占主导地位，也可能是共模电流占主导地位。因此，如果要通过滤波器减小某个频段上的传导发射噪声，必须知道该频段上究竟哪种噪声电流占主导地位，并设法减小这种噪声电流，也即通过改变 C_X 或 C_Y 的值分别减小差模或者共模噪声电流。

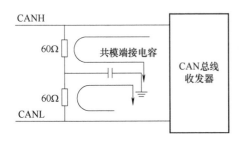

图 4-56　CAN 总线的分裂终端

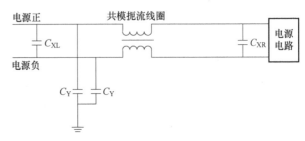

图 4-57　电源线滤波器电路形式

假如某个频段上，共模噪声电流分量远大于差模噪声电流分量，改变电容 C_X 的值将不能对该频段总的噪声电压起明显作用，因为其只影响差模噪声电流。电容 C_Y 通常会比电容 C_X 小很多，因此其对差模电流影响比较小。

5. 电路板的布局

综上所述，对汽车 MCU 电路板的设计需要考虑对接口信号及电源线的低通滤波以及去耦，但是除此之外，还要考虑电路板的布局，合理的布局将会在很大程度上改善控制器的电磁兼容性。布局的依据有以下几点：

1）MCU 及外部 RAM 芯片组成的扩展系统是最主要的噪声源，因此它放置在电路板的中间位置。为了获得最佳的去耦和滤波效果，去耦电容以及关键信号线的低通滤波器优先放置在靠近单片机的位置。

2）电路板的电源电路布置在电路板的侧面，布局依据是让走线尽量短，并尽量缩短芯片与供电电源之间的距离。

3）大功率电路放置在靠近线缆连接器处，目的是缩短大电流走线的长度。

4）数字电路布置在 MCU 和电源电路之间，模拟电路布置在电路板的侧边，目的是减小数字电路对模拟电路通过公共阻抗耦合的干扰。

4.4.5　汽车电磁兼容测试原理及标准

汽车电子零部件可能作为干扰源，同时也可能是电磁骚扰的受扰对象。因此需要同时对其产生的电磁骚扰水平进行测量以及测试其抗干扰能力（或者说对电磁干扰的敏感度水平），针对这两项内容进行的电磁兼容测试分别称为电磁骚扰测试和电磁抗干扰（电磁敏感度）测试。按照电磁骚扰耦合方式的不同又可分别细分为辐射发射（RE, radiated emission）测试、传导发射（CE, conducted emission）测试、辐射抗干扰（RI, radiated interference）测试和传导抗干扰（CI, conducted interference）测试四类。电磁抗干扰测试还包括静电放电抗扰度测试，其耦合方式包括辐射和传导两种。

对于电磁骚扰测试，被测设备充当电磁骚扰源的角色。干扰耦合路径在 RE 测试中使用测量天线来代替，在 CE 测试中使用人工网络（AN, artificial network）来代替，而受干扰源则由测量接收机来代替。被测设备所产生的电磁骚扰通过电磁辐射或者传导的方式被测量天线或者 AN 接收并转换为噪声电压,测量接收机则按照一定的检波方式得到噪声电压的频谱。通过观察和记录频增便可以知道被测设备在所关心频段中产生的电磁骚扰的强度。

对于电磁抗干扰测试,被测设备充当受扰对象。电磁骚扰信号由专门的干扰发生器产生,通过辐射发射或传导的方式将干扰耦合至被测设备。通过观察干扰施加过程中被测设备工作状态的变化来判断其抗干扰能力。

针对上述各种测试都有相应的测试标准,这些标准规定了测试的内容、设备性能要求、测试布置与方法和评判标准(骚扰限值或者干扰严酷度水平等)。

世界上各主要的汽车工业国或地区都会制定适用于本国或地区的电磁兼容测试标准,所有上市的车辆需要进行电磁兼容测试并获得权威机构的认证。各大整车厂商也有自己的电磁兼容测试标准,主要适用于为其供货的零部件供应商。而电磁兼容测试的国际标准由国际标准委员会(ISO)和国际电工委员会(IEC)负责制定,世界上许多国家和地区(如中国)都采用国际标准作为本国和地区的测试标准。

表 4-8 列出了国际标准、国家标准、美国汽车工程师学会标准、欧盟指令中规定的汽车电子零部件电磁兼容测试项目及相应标准。

表 4-8　汽车电子零部件电磁兼容测试项目及相应标准

测 试 类 型		国际标准	国家标准	北美标准	欧盟指令
骚扰发射	传导发射	CISPR 25	GB/T 18655	J1113/41	—
	辐射发射	CISPR 25	GB/T 18655	J1113/41	2004/104/CE 附件 VII VIU
辐射抗扰度	电波暗示法	ISO 11452-2	GB/T 17619	J1113/21	2004/104/CE 附件 IX
	横电磁波小室法	ISO 11452-3	GB/T 17619	J1113/24	2004/104/CE 附件 IX
	大电流注入法	ISO 11452-4	GB/T 17619	J1113/4	2004/104/CE 附件 IX
	带状线法	ISO 11452-5	GB/T 17619	J1113/23	2004/104/CE 附件 IX
	射频能量直接注入法	ISO 11452-7	—	J1113/3	—
传导抗扰度	电源线	ISO 7637-2	—	J1113/11	204/104/CE 附件 X
	除电源线外的导线	ISO 7637-9	—	J1113/12	—
静电放电抗扰度		ISO 10605	GB/T 19951	—	—

4.5　汽车总线网络技术

4.5.1　汽车总线分类

目前,绝大多数车用总线都被 SAE(美国汽车工程师学会)下属的汽车网络委员会按照协议特性分为 A、B、C、D 四类,表 4-9 是汽车总线的分类。

表 4-9　汽车总线的分类

类　别	典型总线名称	常见通信速度范围	应 用 范 围
A 类	LIN	10 ~ 125kbit/s(车身)	前照灯、灯光、门锁、电动座椅等
B 类	CAN	125kbit/s ~ 1Mbit/s	汽车空调、电子指示、故障检测、发动机管理等
C 类	FlexRay	1 ~ 10Mbit/s	发动机控制、ABS、悬架控制、线控转向等
D 类	MOST/1394	10Mbit/s 以上	汽车导航系统、多媒体娱乐等

1. A 类总线

面向传感器或执行器管理的低速网络，它的位传输速率通常小于 125kbit/s。A 类总线以本地互联网（LIN，local interconnect network）应用最为广泛，是由摩托罗拉（Motorola）与奥迪（Audi）等知名企业联手推出的一种新型低成本的开放式串行通信协议，主要用于车内对实时性要求不高的分布式电控系统，尤其是面向智能传感器或执行器的数字化通信场合。

2. B 类总线

面向独立控制模块间信息共享的中速网络，位传输速率一般为 10kbit/s ~ 1Mbit/s。B 类总线以控制器局域网络（CAN，controller area network）最为著名。CAN 网络最初是 Bosch 公司为欧洲汽车市场所开发的，只用于汽车内部测量和执行部件间的数据通信，后来其技术和功能不断发展完善，1993 年 ISO 正式颁布了面向道路车辆局域网控制器的数据链路层和物理层信号国际标准（ISO 11898-1），近几年低速容错 CAN 的标准 ISO 11519-2 也开始在欧洲的一些车型中得到广泛应用。B 类总线主要应用于车身电子的舒适型模块和显示仪表等设备中。

3. C 类总线

面向闭环实时控制的多路传输高速网络，位传输速率多为 125kbit/s ~ 10Mbit/s。C 类总线主要用于车上动力系统中对通信的实时性要求比较高的场合。在欧洲，汽车厂商大多使用"高速 CAN"作为 C 类总线，它实际上就是 ISO 11898-1 中位速率高于 125kbit/s 的那部分标准，美国在货车、拖车、建筑机械和农业动力设备中大量使用基于 CAN 总线的 SAE J1939 通信协议。近年来，FlexRay 总线也开始得到应用，其最高传输速率达到 10Mbit/s，具有高带宽、容错性能好等特点，在实时性、可靠性和灵活性方面具有一定的优势，可用于面向汽车安全、实时性要求高的控制系统中的信息实时传输。

4. D 类总线

面向多媒体设备、高速数据流传输的高性能网络，位传输速率一般在 2Mbit/s 以上，主要用于 CD 等播放机和液晶显示设备。D 类总线近期才被采纳入 SAE 对总线的分类范畴之中。其带宽范畴相当大，用到的传输介质也有好几种。其又被分为低速（IDB-C 为代表）、高速（IDB-M 为代表）和无线（bluetooth，蓝牙为代表）三大范畴，这里不再详细介绍。

5. 新型专用总线

在汽车电子系统的网络化进程中，许多总线新近被研发出来，由于各种原因未被 SAE 收录，但是也很重要，姑且称为专用总线。例如，故障诊断总线、安全总线、X-by-wire 总线等。

目前汽车上已经普遍采用的汽车总线有 LIN 和 CAN，正在发展中的汽车总线技术还有 FlexRay、用于汽车多媒体和导航的 MOST 以及与计算机网络兼容的蓝牙、无线局域网等无线网络技术。

4.5.2 汽车典型总线介绍

1. LIN 总线

LIN 是一种低成本、低速串行通信网络协议，面向汽车低端分布式应用。采用单个主控制器多个从设备的模式，在主从设备之间只需要 1 根电压为 12V 的信号线。这种主要面向"传感器/执行器控制"的低速网络，其最高传输速率可达 20kbit/s，主要应用于电动门窗、座椅调节、灯光照明等控制。典型的 LIN 的节点数可以达到 12 个。以门窗控制为例，在车门上有门锁、车窗玻璃开关、车窗升降电动机、操作按钮等，只需要 1 个 LIN 网络就可以把它们连为一体。而且通过网关，LIN 网络还可以和汽车其他系统进行信息交换，实现更丰富的功能。目前 LIN 已经成为国际标准,被大多数汽车制造商和零部件生产商采用。

图 4-58 所示为 LIN 总线结构。LIN 相对于 CAN 的成本节省主要是由于采用单线传输、硬件或软件的低成本和无需在从属节点中使用石英或陶瓷谐振器。这些优点是以较低的带宽和受局限的单宿主总线访问方法为代价的。

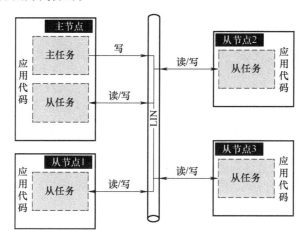

图 4-58　LIN 总线结构

LIN 包含一个宿主节点和一个或多个从属节点。所有节点都包含一个被分解为发送和接收任务的从属通信任务,而宿主节点还包含一个附加的宿主发送任务。在实时 LIN 中,通信总是由宿主任务发起的。

LIN 总线物理层采用单线连接,两个电控单元间的最大传输距离为 40m。其总线驱动器和接收器的规范遵从改进的 ISO 9141 单线标准,其传输速率小于 20kbit/s,采用 NRZ 编码。LIN 总线基于 SCI/UART(通用异步收发接口的单总线串行通信)协议,目前几乎所有的微控制器芯片上都有 SCI/UART 接口。图 4-59 是 LIN 总线在汽车上的应用举例。

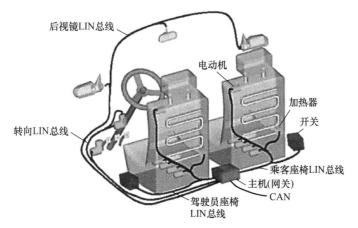

图 4-59　LIN 总线在汽车上的应用举例

2. CAN 总线

在当前汽车总线网络市场上,占据主导地位的是 CAN 总线。它的短帧数据结构、非破坏性总线性仲裁技术及灵活的通信方式适应了汽车的实时性和可靠性要求。CAN 总线归属于工业现场总线的范畴,是目前国际上应用最广泛的开放式现场总线之一。

CAN 总线是一种串行数据通信协议，其通信接口中集成了 CAN 协议的物理层和数据链路层功能，可完成对通信数据的成帧处理，包括位填充、数据块编码、循环冗余检验、优先级判别等工作。

当一个节点要向其他节点发送数据时，该节点的 CPU 将要发送的数据和自己的标识符传送给本节点的 CAN 芯片，并处于准备状态；当它收到总线分配时，转为发送报文状态，CAN 芯片将数据根据协议组织成一定的报文格式发出，这时，网上的其他节点处于接收状态。每个处于接收状态的节点对接收到的报文进行检测，判断这些报文是否是发给自己的，以确定是否接收。

图 4-60 是基于 CAN 总线的汽车网络结构示意，通过 CAN 总线几乎将汽车电子的所有系统连在一起。

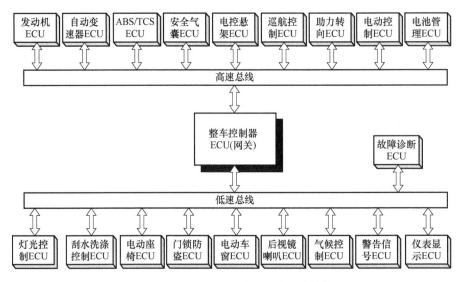

图 4-60　基于 CAN 总线的汽车网络结构

CAN 总线的优点很多：

1）通信速率最高可达 1Mbit/s（此时距离最长 40m）。

2）节点数可达 110 个。

3）采用短帧结构，每一帧的有效字节数为 8 个。

4）每帧信息都有 CRC 校验及其他检错措施，数据出错率极低。

5）通信介质可采用双绞线、同轴电缆和光导纤维，一般采用廉价的双绞线即可，无特殊要求。

6）节点在错误严重的情况下，具有自动关闭总线的功能，可以切断它与总线的联系，以使总线上的其他操作不受影响。

3. FlexRay 总线

FlexRay 总线是由宝马、飞利浦、飞思卡尔和 Bosch 等公司共同制定的一种新型通信标准，专为车内联网而设计，采用基于时间触发机制，具有高带宽、容错性能好等特点，在实时性、可靠性和灵活性方面具有一定的优势。

FlexRay 总线数据收发采取时间触发和事件触发的方式。利用时间触发通信时，网络中的各个节点都预先知道彼此将要进行通信的时间，接收器提前知道报文到达的时间，报文在总线上的时间可以预测出来。即便行车环境恶劣多变，干扰了系统传输，FlexRay 协议也可以确保将信息延迟和抖动降至最低，尽可能保持传输的同步与可预测。这对需要持续及高速性能的应用

（如线控制动、线控转向等）来说是非常重要的。

FlexRay 总线采用了周期通信的方式，一个通信周期可以划分为静态部分、动态部分、特征窗和网络空闲时间 4 个部分。静态部分和动态部分用于传输总线数据，即 FlexRay 报文；特征窗用于发送唤醒特征符和媒介访问检测特征符；网络空闲时间用于实现分布式的时钟同步和节点参数的初始化。

FlexRay 总线在物理上通过两条分开的总线通信，每一条的数据速率是 10Mbit/s。FlexRay 还能够提供很多网络所不具有的可靠性特点，尤其是 FlexRay 具备的冗余通信能力可实现通过硬件完全复制网络配置，并进行进度监测。FlexRay 同时提供灵活的配置，可支持各种拓扑，如总线、星形和混合拓扑。FlexRay 本身不能确保系统安全，但它具备大量功能，可以支持以安全为导向的系统（如线控系统）的设计。

宝马公司在 X5 系列车型的电子控制减振器系统中首次应用了 FlexRay 技术，如图 4-61 所示。此款车采用基于飞思卡尔公司的微控制器和恩智浦公司的收发器，可以监视有关车辆速度、纵向和横向加速度、转向盘角度、车身和轮胎加速度及行驶高度的数据，实现了更好的乘坐舒适性以及驾驶安全性和高速响应性，此外还将施加给轮胎的负荷变动以及底盘的振动均减至最小。

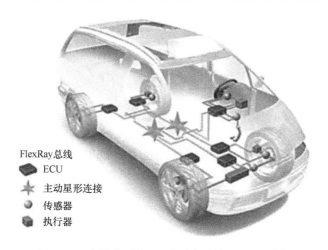

FlexRay总线
■ ECU
✦ 主动星形连接
● 传感器
▮ 执行器

图 4-61　宝马公司在 X5 系列车型的 FlexRay 总线

4. MOST 总线

MOST 是一种专门针对车内使用而开发的、服务于多媒体应用的数据总线技术，如图 4-62 所示。MOST 总线利用光脉冲传输数据，采用环形结构，在环形总线内只能朝着一个方向传输数据。

MOST 的传输技术近似于公众交换式电话网络（PSTN，public switched telephone network），有着数据信道（data channel）与控制信道（control channel）的设计定义。控制信道即用来设定如何使用与收发数据信道，一旦设定完成，资料就会持续地从发送处流向接收处，过程中不用再有进一步的封包处理程序。将运作机制如此设计，最适合用于实时性音讯、视讯串流传输。

MOST 在制订上完全合乎 ISO/OSI 的 7 层数据通信协议参考模型，而在网线连接上 MOST 采用环状拓扑，在更具严苛要求的传控应用上，MOST 也允许改用星状（亦称放射状）或双环状的连接组态。此外每套 MOST 传控网络允许最多达 64 个的装置（节点）连接。

MOST 也支持随插即用（PnP，plug and play）机制。

MOST 总线特点：

1）在保证低成本的条件下，可以达到 24.8Mbit/s 的数据传输速度。

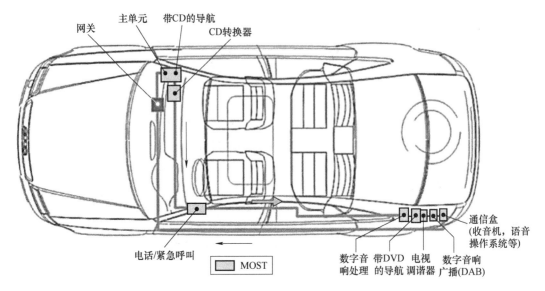

图 4-62   MOST 总线的组成

2）无论是否有主控计算机都可以工作。

3）支持声音和压缩图像的实时处理。

4）支持数据的同步和异步传输。

5）发送/接收器嵌有虚拟网络管理系统。

6）支持多种网络连接方式，提供 MOST 设备标准，方便、简洁地应用系统界面。

7）通过采用 MOST，不仅可以减轻连接各部件的线束的质量，降低噪声，而且可以减轻系统开发技术人员的负担，最终在用户处实现各种设备的集中控制。

8）光纤网络不会受电磁辐射干扰与搭铁环的影响。

由于这些优点，MOST 是汽车电子中应用最多的最佳多媒体传控网络。

4.5.3   整车总线网络技术

综上，目前汽车总线以 CAN 总线为主、LIN 总线为辅，FlexRay 总线是未来汽车总线的希望和趋势，MOST 主要负责车载多媒体娱乐。图 4-63 是整车电子系统三种布置方案。

1）单独控制系统。由一个电子控制单元（ECU）控制一个工作装置或系统的电子控制系统，称为单独控制系统。如发动机控制系统、自动变速器控制系统等。

2）集中控制系统。由一个电子控制单元（ECU）同时控制多个工作装置或系统的电子控制系统，称为集中控制系统。如汽车底盘控制系统。

3）控制器局域网络系统（CAN 总线系统）。由多个电子控制单元（ECU）同时控制多个工作装置或系统，各控制单元（ECU）的共用信息通过总线互相传递。

CAN 网络在早期的整车应用中以 BCM（车身控制器）为控制中心，主要是车身零部件（刮水器/前照灯/车窗……），智能硬件较少。ECU 是汽车专用微机控制器，一个 ECU 一般负责 1 个或多个智能硬件设备。

随着电气化和智能化，汽车上的电子单元越来越多。在当今汽车应用领域，车内 ECU 越来越多，除发动机控制单元外，还有传动控制、安全气囊、ABS、巡航控制、EPS、音响系统、门窗控制和电池管理等模块，虽然某些模块是单一的子系统，但是模块之间的互连依然非常重要。

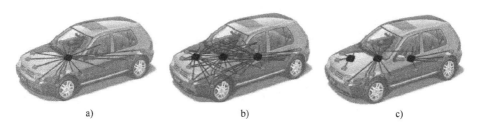

图 4-63　整车电子系统布置方案

a）单独控制系统　b）集中控制系统　c）控制器局域网络系统

例如，有的子系统需要控制执行器和接收传感器反馈，CAN 总线可以满足这些子系统数据传输的需求。汽车内子模块的总线互连架构使得软件可以更轻易地实现安全、经济和便利等新特性，相比传统汽车网络架构中模块单元直接连接更加经济。CAN 总线实现汽车内互连系统由传统的点对点互连向总线式系统的进化，大大降低汽车内电子系统布线的复杂度，如图 4-64 所示。

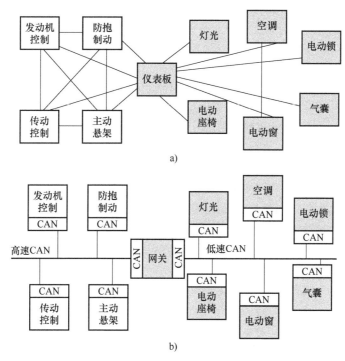

图 4-64　传统网络结构（上图）VS 现代总线式结构（下图）

a）传统网络结构　b）现代总线式结构

根据数据传输速度不同，CAN 总线分两类：

1）高速 CAN（ISO 11898-2），数据速率在 125kbit/s～1Mbit/s，应用在实时性要求高的节点，如发动机管理单元、电子传动控制、ESP 和仪表盘等。

2）低速 CAN（ISO 11898-3），数据速率在 5～125kbit/s，应用在实时性要求低的节点，主要在舒适和娱乐领域，如空调控制、座椅调节、灯光、视镜调整等，这些节点对实时性要求不高，而且分布较为分散，线缆较易受到损坏，低速 CAN 的传输速度即可满足要求，而且单根线缆也可以工作。

目前，乘用车的网络连接方式主要采用两条 CAN。

1）一条用于驱动系统的高速 CAN，速率达到 500kbit/s，主要面向实时性要求较高的控制单元，如发动机、电动机等。

2）另一条用于车身系统的低速 CAN，速率是 100kbit/s，主要是针对车身控制的，如车灯、车门、车窗等信号的采集以及反馈。其特征是信号多但实时性要求低，因此实现成本要求低。商用车一般采用一条 CAN，速率 250kbit/s。

不同速度类型的 CAN 总线设备不能直接连在同一路总线上，它们之间需要通过网关（gateway）隔离。网关又称网间连接器、协议转换器，可实现网络互连，是最复杂的网络互连设备，仅用于两个高层协议不同的网络间互连。网关的功能如下：

1）连接不同波特率（传输速度）的 CAN 总线/LIN 总线，以实现网络的网关中继功能。

2）连接不同架构不同类型的总线，如 LIN、CAN、FlexRay 等之间的信息互通。

3）子网间的信息隔离、过滤、转换等功能。

4）诊断报文/非诊断报文转发。

5）诊断防火墙管理。

6）节点在线监控。

7）网关休眠与唤醒管理。

8）ECU 升级/网关升级。

9）电压管理。

整车所有 ECU 基本是以毫秒级或者微秒级的速度在源源不断地发送并接收信号，所以网关需要处理并转发广播的信号非常多，要求处理速度快，并尽可能减少延迟。

CAN 总线在汽车诊断领域的应用也非常广泛，ECU 直接挂载在总线上，可以很快地获取诊断所需的信息。

图 4-65 示意了汽车内总线系统及电子设备的逻辑分布，总线系统包括 CAN、LIN、FlexRay 和 MOST。其中，车载以太网在图中未列出，但它的应用日渐广泛。以上不同类型和速度的总线，必须通过网关模块相互通信。

根据功能区域，汽车整车总线网络主要有 7 类总线：

（1）动力总成总线（PT CAN, powertrain CAN）　PT CAN 负责车辆动力，是整车 CAN 网络信号优先级及信号传输速率最高的一条 CAN 总线。一般有以下 ECU：发动机控制模块（ECM, engine control module）、电池管理系统（BMS, battery management system）、电子驻车系统（EPB, electronic park brake）。

（2）底盘控制总线（CH CAN, chassis CAN）　CH CAN 负责汽车底盘及 4 个车轮的制动/稳定/转向，由于涉及整车制动/助力转向等，所以其网络信号优先级也是较高的。一般有以下 ECU：防抱制动系统（ABS, anti-lock brake system）、车身电子稳定系统（ESP, electronic stability program）、电子转向助力（EPS, electric power steering）、主动悬架控制系统（ADC, active damping control）、胎压监测系统（TPMS, tire pressure monitor system）等。

（3）车身控制总线（Body CAN）　Body CAN 负责车身上的一些提高舒适性/安全性的智能硬件的管理与控制，其网络信号优先级较低，因为以上设备都是辅助设备。一般有以下 ECU：空调（AC, air condition）、360 环视（AVM, around view monitor）、车身控制模块（BCM, body control module）、天窗、车窗、雾灯、转向灯、刮水器、发动机防盗系统、胎压监控系统（TPMS, tire pressure monitoring system）等。

（4）娱乐系统总线（Info CAN, infomercial CAN）　Info CAN 是辅助可选设备，所以优先级也是较低的，主要负责车身上一些提高娱乐性的智能硬件的管理与控制。一般有以下 ECU：车载娱乐系统（中控）（VAES, video audio entertainment system）、组合仪表（IPK, instrument

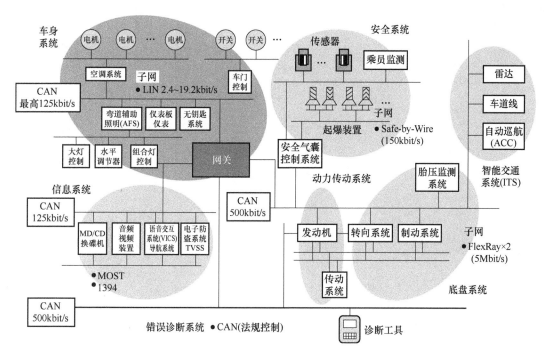

图 4-65　汽车总线系统范例

pack)、汽车数字仪表中音乐/地图/通话等娱乐功能等。

（5）智能交通总线（ITS CAN，intelligent transport system CAN）　ITS CAN 是随着智能驾驶、无人驾驶技术而出现的，用于驾驶环境感知和自动驾驶。一般有以下 ECU：激光雷达、毫米波雷达、摄像头、车道线检测、自动巡航、车道偏离等系统。

（6）安全总线（Safety CAN）　Safety CAN 总线负责汽车被动安全类的硬件管理与控制，如有相关的传感器、电子安全气囊（SRS，supplemental restraint system）和智能安全带等系统。

（7）诊断控制总线（Diag CAN，diagnose CAN）　Diag CAN 总线主要提供远程诊断功能，只有一个 ECU：远程控制模块（Tbox，telematics box）。

4.6　S12XE 实验平台电路原理图

4.6.1　S12XE 学习板介绍

S12XE 学习板是 S12XE 学习、实验和开发的硬件平台，包括：S12XEP100 核心电路、LED 电路和按键电路、蜂鸣器和 AD 采集电路、数码管电路、TF 存储卡扩展电路、IIC-并口扩展电路、SPI 通信实现 EEPROM 扩展、SCI 串行通信电路、CAN 总线串行通信电路、LIN 总线通信电路、电动机驱动电路、MOSFET 驱动电路等。通过 S12XE 学习板可以系统地学习 S12XE 系列 MCU 的硬件设计和软件设计。提供了硬件设计资料和实物、各种软件实例，用于学习者学习与模仿。通过对学习板的精简和扩充，方便用户开发自主的目标产品。

4.6.2　S12XE 学习板的电路原理图

（1）S12XEP100 核心电路　图 4-66 是 S12XEP100 学习板的核心电路原理图，主要由晶振电路、各种供电的滤波电容、BDM 电路、复位电路和 LED 指示灯等组成。

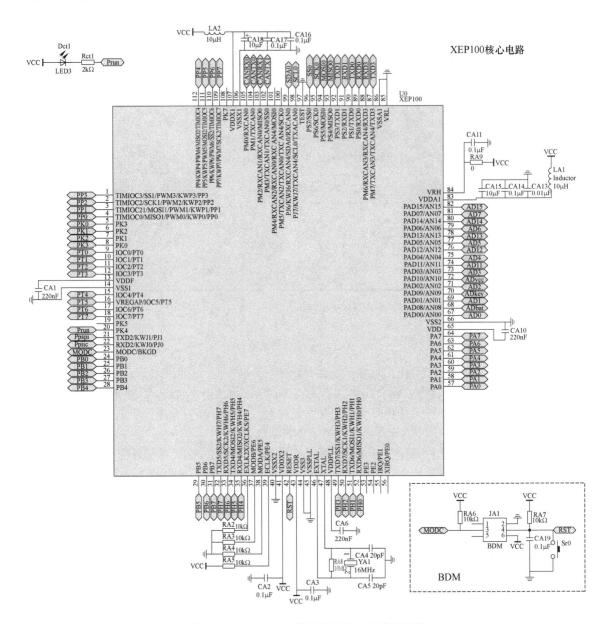

图 4-66　S12XEP100 学习板的核心电路原理图

（2）电源电路　图 4-67 是实验开发板的核心板和外围大部分芯片的 5V 供电电源部分。该开发平台的电源电路可以适用于汽车直流电源，电源输入范围 DC8～50V。电流经过二极管 VM7B1、VM7B2（防止用户将电源接反而损坏硬件）和熔丝 Fuse-1A（过电流保护作用）进入电源芯片 LM46002，LM46002 的外围电路设计请参考该芯片的设计手册；Cp05 是输入端电源滤波；Cpout 和 Cp01 是 5V 输出电源的滤波和稳压；LED3 为电源指示灯。U33 是 XC6214 芯片，将 DC5V 转换成 DC3.3V。电源地 PGND 和信号地 GND 分开设计，并通过 0Ω 电阻相连。U9 为 SM8S33 瞬态电压抑制二极管（TVS），抑制电源的瞬态冲击，对开关电源 IC 起保护作用。

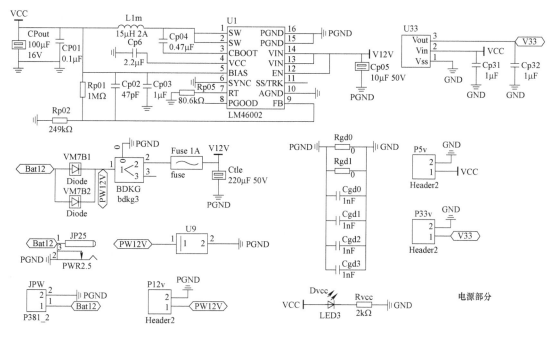

图 4-67　电源电路

（3）LED 电路和按键电路　LED 电路和按键电路如图 4-68 所示。

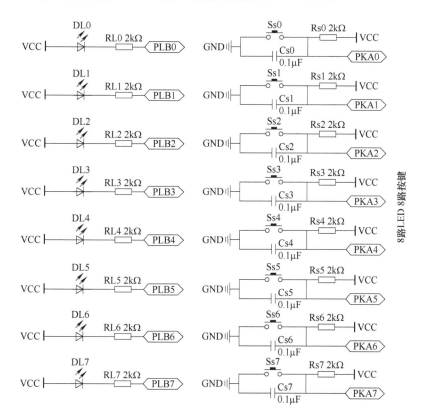

图 4-68　LED 电路和按键电路

（4）蜂鸣器和 AD 采集电路　如图 4-69 所示，AD 采集电路中设计了供电电源电压测量、板上 DC5V 电源电压测量的采集电路，及两路通过可调电阻调整采样输入电压的采集电路。

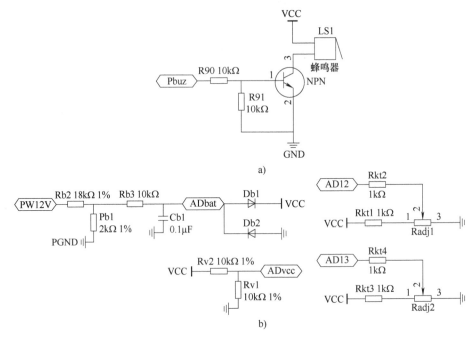

图 4-69　蜂鸣器和 AD 采集电路

a）蜂鸣器　b）AD 采集电路

（5）数码管电路　数码管电路如图 4-70 所示，可实现 4 位 8 段共阴极数码管的显示。

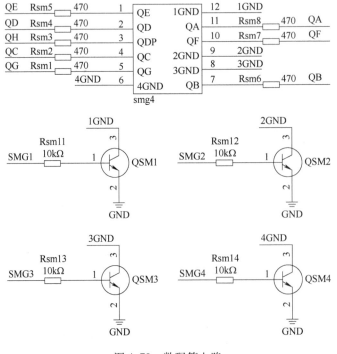

图 4-70　数码管电路

（6）TF 存储卡扩展电路　TF 存储卡扩展电路如图 4-71 所示。

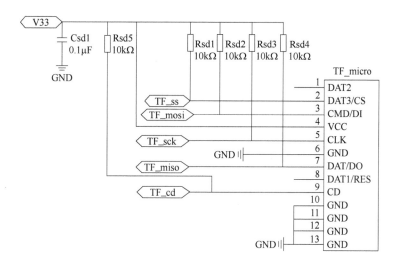

图 4-71　TF 存储卡扩展电路

（7）IIC-并口扩展电路　IIC-并口扩展电路如图 4-72 所示，采用 PCF8574 芯片实现 1 路 IIC 扩展成 8 路并行输入。

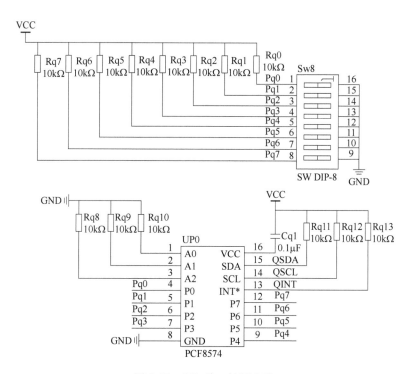

图 4-72　IIC-并口扩展电路

（8）SPI 通信实现 EEPROM 扩展　SPI 的 EEPROM 扩展如图 4-73 所示，EEPROM 扩展采用 FM25040A 芯片。

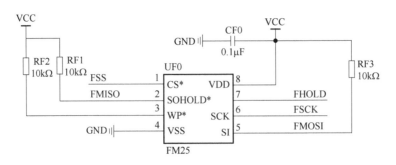

图 4-73　SPI 的 EEPROM 扩展

（9）SCI 串行通信电路　SCI 串行通信电路如图 4-74 所示，采用 MAX232 芯片实现通信电平转换。

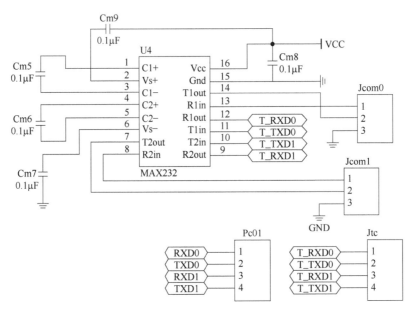

图 4-74　SCI 串行通信电路

（10）CAN 总线电路　CAN 总线电路如图 4-75 所示，采用 CAN 收发芯片 TLE6251DS，采用分裂终端设计，并设计了 ACT45B 共模滤波电感器、NUP2105 双向 TVS 瞬态电压抑制二极管等保护电路。

（11）LIN 总线电路　LIN 总线电路如图 4-76 所示，LIN 总线收发器采用 TJA1020 芯片。

（12）直流有刷电动机驱动电路　直流有刷电动机驱动电路如图 4-77 所示，电动机驱动芯片采用 TLE5206。

（13）MOSFET 驱动电路　如图 4-78 所示，这里采用支持 TTL 电平控制的 NMOSFET 芯片 IRF3705。

（14）接口插座　双排插针插座如图 4-79 所示，通过这些接口插针，可实现 S12XEP100 接口引脚和外围外设电路接口引脚的连接。

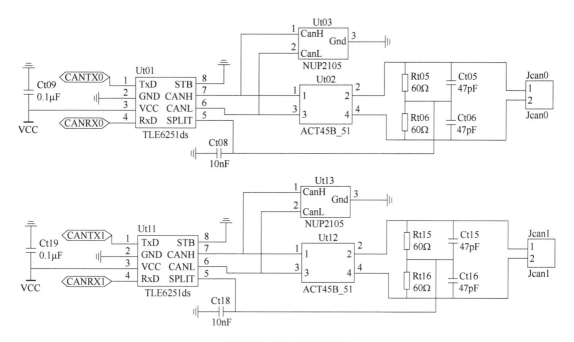

图 4-75　CAN 总线电路

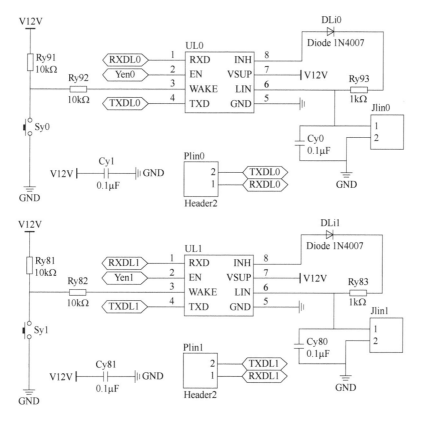

图 4-76　LIN 总线电路

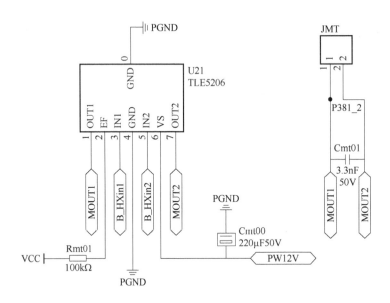

图 4-77　直流有刷电动机驱动电路

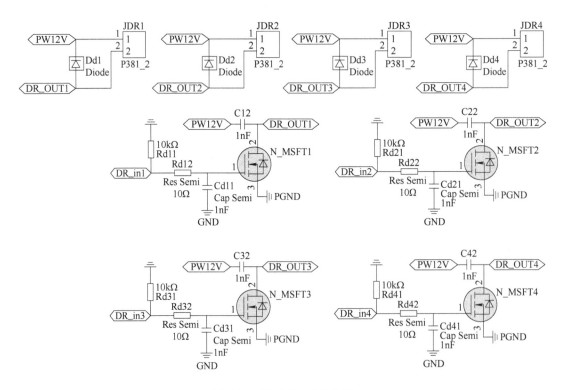

图 4-78　MOSFET 驱动电路

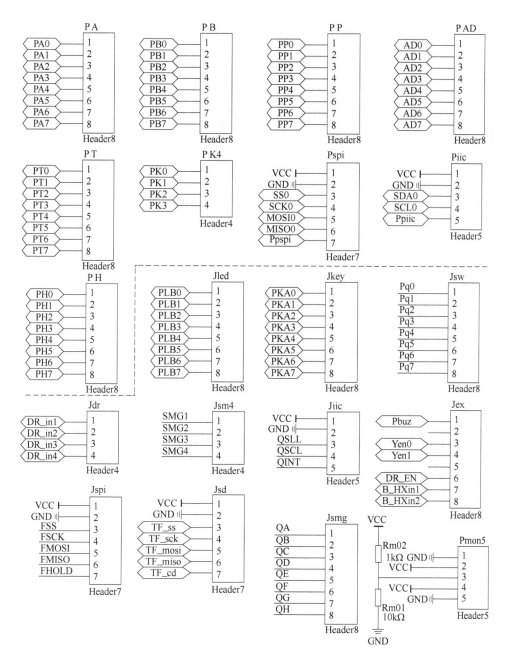

图 4-79　插针插座

第5章

汽车嵌入式系统常用接口技术

本章以 S12XE 系列 MCU 为例，系统阐述汽车嵌入式系统常用各类接口技术的原理及实现方法，包括 GPIO（general purpose input/output，通用输入/输出）、A/D 与 D/A、定时器/计数器、PIT、RTI、PWM（脉宽调制）等普通接口技术，并给出了应用实例。

5.1 通用输入/输出（GPIO）接口

5.1.1 GPIO 接口功能

S12XE 具有丰富的 GPIO 接口，大部分 GPIO 接口在通用功能的基础上还有一些特殊的复用功能，这些功能可通过寄存器设置与程序配合加以发挥。下面是 S12XE 具体的 GPIO 引脚资源和复用功能。

```
PA[7:0]:扩展(地址输出)/GPIO          PB[7:0]:扩展(地址输出)/GPIO

PC[7:0]:扩展(数据输出)/GPIO          PD[7:0]:扩展(数据输出)/GPIO

PE[7:0]:扩展(控制信号)/GPIO          PK[7:0]:扩展(控制信号)/GPIO

PT[7:0]:1 ECT/GPIO                  PS[7:0]:2 SCI +1 SPI/GPIO

PM[7:0]:4 CAN +1 SCI/GPIO           PP[7:0]:PWM +2 SPI +外部触发输入/GPIO

PH[7:0]:4 SCI +外部触发输入/GPIO     PJ[7:0]:1 CAN +1 SCI +2 IIC +外部触发输入/GPIO

PAD0[7:0]:ATD0/GPIO                 PAD1[7:0]:ATD1/GPIO

PTR[7:0]:1 TIM/GPIO                 PTL[7:0]:4 SCI/GPIO

PTF[7:0]:IIC +SCI +片选输出/GPIO
```

其中，"/"前面的描述表示复用功能。MCU 复位后，各接口均默认为通用输入/输出接口；当复用功能启用后，通用 I/O 接口功能会自动关闭。有些接口的特殊功能仅占用部分引脚，剩余引脚仍可作为通用 I/O 使用。

GPIO 接口的引脚可通过对相应寄存器进行设置，实现输入/输出方向、驱动能力、内部上拉或下拉等功能选择。此外，P、H 和 J 口引脚还具有中断唤醒输入功能。GPIO 的相关寄存器如下：

1）DDRx 方向寄存器：设置 I/O 数据传送方向，即定义引脚是用于输入还是输出。

2）PORTx 或 PTx 数据寄存器：设置或读取 I/O 数据，即输出或输入电平的高低状态。

3）RDRx 驱动能力寄存器：定义 I/O 的驱动能力。

4）PERx 上下拉控制寄存器：当 I/O 作为输入口时，定义是否使用内部上拉或下拉。

5）PIEx 中断控制寄存器：定义有无中断功能。

6）PPSx 边沿选择寄存器：端口中断允许时，选择上升沿触发还是下降沿触发。

在输入接口设计时，上拉或下拉电阻可使对应引脚处于非激活电平。参见图 5-1 说明 3 种不同的数字输入接法：

1）I1 脚有上拉电阻 R2：R2 为 20kΩ，R1 为 1kΩ。在开关 K1 打开或悬空时，由于有上拉，使 I1 脚处于高电平；当 K1 闭合时，I1 脚能确定处于低电平。

2）I2 脚有下拉电阻 R4：R3 为 1kΩ，R4 为 20kΩ。在开关 K2 打开或悬空时，由于有下拉，使 I2 脚处于低电平；当 K2 闭合时，I2 脚确定处于高电平。

3）I3 脚没有上拉、下拉电阻：R5 为 1kΩ。在开关 K3 打开或悬空时，I3 脚处于不确定电平状态；当 K3 闭合时，I3 脚确定处于高电平，应尽量避免出现第 3 种情况。

S12XE 内部为大多数 GPIO 接口集成了上拉/下拉电阻功能，仅需设置相应的寄存器，无需外接上拉/下拉电阻。S12XE 复位时，GPIO 接口的数据方向默认为输入

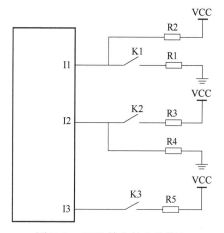

图 5-1　GPIO 输入的 3 种接法

（当 DDRx 位置 1 变为输出），此时内部上、下拉功能并未启动，程序初始化时，应根据需要设定。当某个引脚既要作为输入又要作为输出时，为了避免当数据方向从输入转变输出时，数据寄存器可能的激活电平直接输出引起误动作，应先将非激活电平写入数据寄存器，然后再改变数据方向。

5.1.2　GPIO 接口寄存器的使用与设置

S12XE 中 GPIO 功能寄存器配置的总体原则：

1）各寄存器的复位默认值通常为：00000000B。

2）当各口的数据方向为输入时，内部上、下拉电阻的设置才有效；当各口的数据方向为输出时，内部上、下拉电阻被禁止。

3）各寄存器可以按位独立设置，确保每个 I/O 引脚功能相对独立。

4）各寄存器均有独立地址，它们被分配在存储器地址 $0000 ~ $027F 处，C 语言编程时使用寄存器名即可。

5）MCU 型号不同时，有些 GPIO 接口的引脚资源并未提供，此时对应寄存器设置无效。

6）P 口、H 口、J 口为并行输入口时，可配置为中断输入信号。

7）与中断相关的寄存器有：边沿方式 PPSx、中断使能 PIEx、中断标志 PIFx。

8）AD 口可作为 A/D 转换模块的模拟量输入口和外界触发脉冲的输入口，也可以作为通用数字输入/输出口。

S12XE 的 I/O 接口寄存器功能和设置：

1. 数据寄存器

常用的数据寄存器有 PORTA、PORTB、PORTC、PORTD、PORTE、PORTK、PTT、PTS、PTM、PTP、PTH、PTJ、PT0AD0、PT1AD0、PT0AD1、PT1AD1。其中，PE1 和 PE0 只能作为输入、只读功能。

2. 方向寄存器

常用的方向寄存器有 DDRA、DDRB、DDRE、DDRK、DDRT、DDRS、DDRM、DDRP、DDRH、DDRJ、DDR0AD0、DDR1AD0、DDR0AD1、DDR1AD1。0：相应引脚被定义为输入；1：相应引脚被定义为输出。

3. 输入寄存器

常用输入寄存器有 PTIT、PTIS、PTIM、PTIP、PTIH、PTIJ。一般为只读，读操作时返回相

应引脚的缓冲输入状态，可用于检测输出引脚是否过载或短路。

4. 上拉使能寄存器

PUCR PUPAE、PUPBE、PUPCE、PUPDE、PUPEE、PUPKE 分别设置 A、B、C、D、E、K 口，位 BKPUE 设置 BKGD 上拉控制状态。0：禁止上拉功能；1：使能上拉功能。

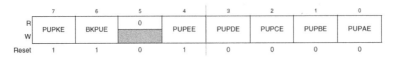

	7	6	5	4	3	2	1	0
R W	PUPKE	BKPUE	0	PUPEE	PUPDE	PUPCE	PUPBE	PUPAE
Reset	1	1	0	1	0	0	0	0

5. 降驱动寄存器 RDRIV

RDPA、RDPB、RDPC、RDPD、RDPE、RDPK 分别设置 A、B、C、D、E、K 口。0：全驱动能力输出；1：降驱动能力输出（约为 1/5 全驱动能力）。

	7	6	5	4	3	2	1	0
R W	RDPK	0	0	RDPE	RDPD	RDPC	RDPB	RDPA
Reset	0	0	0	0	0	0	0	0

6. 拉电阻使能寄存器

PERT、PERS、PERM、PERP、PERH、PERJ、PER0AD0、PER1AD0、PER0AD1、PER1AD1 分别控制 T、S、M、P、H、J、AD0、AD1 口各引脚的拉电阻功能使能。0：拉电阻功能禁止；1：拉电阻功能使能。

7. 拉电阻极性选择寄存器

PPST、PPSS、PPSM、PPSP、PPSH、PPSJ 分别控制 T、S、M、P、H、J 口各引脚的拉电阻是上拉功能有效还是下拉功能有效。0：上拉有效；1：下拉有效。仅当引脚为输入且拉电阻使能位使能时，拉电阻极性选择寄存器设置才起作用。

在 P、H、J 口中断使能时，PPSP、PPSH、PPSJ 用作中断触发的边沿极性选择。0：引脚信号下降沿作为触发信号；1：引脚信号上升沿作为触发信号。

8. 降驱动寄存器

RDRT、RDRS、RDRM、RDRP、RDRH、RDRJ、RDR0AD0、RDR1AD0、RDR0AD1、RDR1AD1 分别定义 T、S、M、P、H、J、AD0、AD1 口每个引脚的驱动能力。0：全驱动能力输出；1：降驱动能力输出（约为 1/5 全驱动能力）。

9. S、M 口线或模式寄存器

WOMS、WOMM 分别用于设置 S、M 口每个引脚的输出缓冲器工作状态。0：输出缓冲器工作在推挽输出状态；1：输出缓冲器工作在开漏输出状态。

推挽输出既可以输出低电平，也可以输出高电平，其优点是可以直接驱动功耗不大的数字器件。开漏输出只能输出低电平，需要上拉电阻才能输出高电平。

10. 中断使能寄存器

PIEP、PIEH、PIEJ 分别按位设置 P、H、J 口中断使能与禁止。0：中断禁止；1：中断使能。

11. 中断标志寄存器

PIFP、PIFH、PIFJ 分别为 P、H、J 口中断标志位。0：对应引脚未出现有效边沿信号；1：对应引脚出现有效边沿信号。

5.1.3 GPIO 应用实例

【例 5-1】 LED 和蜂鸣器的控制。电路如图 4-68、图 4-69 所示。

```
#include <hidef.h>              /* 通用定义和宏 */
#include "derivative.h"         /* 衍生定义 */
#define LEDCPU PORTK_PK4
#define LEDCPU_dir DDRK_DDRK4
#define BUZZ PORTK_PK5
#define BUZZ_dir DDRK_DDRK5
#define BUZZ_ON 1
#define BUZZ_OFF 0
/* ===初始化蜂鸣器=== */
void INIT_BUZZ(void)
{
    BUZZ_dir=1;
    LEDCPU_dir=1;
}
/* ===延时函数=== */
void delay(void)
{
...
}
/* ===主函数=== */
void main(void){
    DisableInterrupts;          //禁止中断
    INIT_BUZZ();                 //初始化蜂鸣器
    EnableInterrupts;           //允许中断
    LEDCPU=0;
    for(;;)
    {
        BUZZ=BUZZ_ON;           //蜂鸣器响
        delay();
        BUZZ=BUZZ_OFF;          //蜂鸣器不响
        delay();
    }
}
```

【例 5-2】 键盘输入接口。电路如图 4-68 所示。

（1）按键查询方式

```
#include <hidef.h>              /* 通用定义和宏 */
#include "derivative.h"         /* 衍生定义 */
#define LED PORTB
#define LED_dir DDRB
#define F1 PTIH_PTIH4
#define F1_dir DDRH_DDRH4
#define F2 PTIH_PTIH5
#define F2_dir DDRH_DDRH5
```

```
unsigned char data = 0x01;
unsigned char mode = 1;
unsigned char F1_last = 1;
unsigned char F2_last = 1;
/* === 延时函数 === */
void delay(void)
{
    unsigned int i,j;
    for(j = 0;j < 2;j ++)
    for(i = 0;i < 60000;i ++)
    ;
}
/* === 初始化灯和按键 === */
void init_led_key(void)
{
    LED_dir = 0xff;                 //设置为输出
    F1_dir = 0;                     //设置为输入
    F2_dir = 0;                     //设置为输入
    LED = ~data;                    //点亮 LED1
}
/* === 主函数 === */
void main(void){
    DisableInterrupts;
    init_led_key();
    EnableInterrupts;
    for(;;)
    {
        delay();
        data = data < <1;           //左移一位
        if(data ==0)
            data =0x01;
        if(F1 ==0&&F1_last ==1)      //按键 F1 按下
            mode =1;
        if(F2 ==0&&F2_last ==1)      //按键 F2 按下
            mode =2;
        F1_last =F1;                 //保存 F1 的状态
        F2_last =F2;                 //保存 F2 的状态
        if(mode ==1)
            LED = ~data;
        else
            LED =data;
    }
}
```

（2）按键中断方式

```c
#include <hidef.h>              /* 通用定义和宏 */
#include "derivative.h"         /* 衍生定义 */
#define LED PORTB
#define LED_dir DDRB
#define UP PTIH_PTIH0
#define UP_dir DDRH_DDRH0
#define DOWN PTIH_PTIH1
#define DOWN_dir DDRH_DDRH1
#define LEFT PTIH_PTIH2
#define LEFT_dir DDRH_DDRH2
#define RIGHT PTIH_PTIH3
#define RIGHT_dir DDRH_DDRH3
unsigned char data = 0x01;
unsigned char direction = 1;    //设置灯亮的方向,0 向左,1 向右
unsigned char time = 5;         //设置灯闪的速度
/* === 延时函数 === */
void delay(unsigned int n)
{
    unsigned int i,j;
    for(j = 0;j < n;j ++)
        for(i = 0;i < 40000;i ++)
            ;
}
/* === 初始化 LED 灯 === */
void init_led(void)
{
    LED_dir = 0xff;             //设置为输出
    LED = ~ data;              //点亮 LED1
}
/* === 初始化按键 === */
void init_key(void)
{
    UP_dir = 0;                //设置为输入
    DOWN_dir = 0;
    LEFT_dir = 0;
    RIGHT_dir = 0;
    PPSH = 0x00;               //极性选择寄存器,选择下降沿
    PIFH = 0x0f;               //对 PIFH 的每一位写 1 来清除标志位
    PIEH = 0x0f;               //中断使能寄存器
}
/* === 按键中断函数 === */
#pragma CODE_SEG __NEAR_SEG NON_BANKED
```

```
interrupt void PTH_inter(void)
{
  if(PIFH != =0)    //判断中断标志
  {
        PIFH = 0xff;                         //清除中断标志
        if(UP ==0)                           //按键1按下
        {
            time- =1;
            if(time ==0)
                time =1;
        }
        if(DOWN ==0)
        {
            time + =1;
            if(time >10)
                time =10;
        }
        if(LEFT ==0)
            direction =0;
        if(RIGHT ==0)
            direction =1;
    }
}
#pragma CODE_SEG DEFAULT
/* ===主函数=== */
void main(void){
        DisableInterrupts;
        init_led();
        init_key();
        EnableInterrupts;
        for(;;)
        {
            delay(time);
            if(direction ==1)
            {
                    data =data < <1;      //左移一位
                    if(data ==0)
                        data =0x01;
            }
            else
            {
                    data =data > >1;      //右移一位
                    if(data ==0)
```

```
                        data = 0x80;
                }
                LED = ~data;
        }
    }
```

需要在 Project. prm 文件中，加入一行：VECTOR ADDRESS 0xffcc PTH_inter。

5.2 模/数（A/D）与数/模（D/A）接口

将模拟信号转换成数字信号的电路，称为模/数转换器（简称 A/D 转换器或 ADC，analog to digital converter）。将数字信号转换为模拟信号的电路称为数/模转换器（简称 D/A 转换器或 DAC，digital to analog converter）。A/D 转换器和 D/A 转换器已成为嵌入式系统中不可缺少的接口电路，是实现测量、采集、处理和控制等功能不可缺少的手段。

5.2.1 A/D 转换的基本原理

A/D 转换是对模拟信号进行采样，然后将采集到的模拟值转换为相应的二进制数值。

1. A/D 转换原理

模/数转换包括采样、保持、量化和编码四个过程，如图 5-2 所示。在某些特定的时刻对这种模拟信号进行测量叫作采样。通常采样脉冲的宽度 t_w 是很短的，故采样输出是断续的窄脉冲。要将一个采样输出信号准确地数字化，需要将采样输出所得的瞬时模拟信号保持一段时间，这就是保持过程。量化是将连续幅度的抽样信号转换成离散时间、离散幅度的数字信号，量化的主要问题就是量化误差。编码是将量化后的信号编码成二进制代码输出。这些过程有些是合并进行的，例如，采样和保持就是利用一个电路连续完成，量化和编码也是在转换过程中同时实现的。

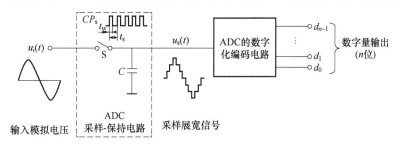

图 5-2 A/D 转换原理图

2. A/D 转换器分类

（1）积分型（如 TLC7135）　积分型 A/D 转换器的工作原理是将输入电压转换成时间（脉冲宽度信号）或频率（脉冲频率），然后由定时器/计数器获得数字值。其优点是用简单电路就能获得高分辨率，但缺点是由于转换精度依赖于积分时间，因此转换速率极低。初期的 A/D 转换器大多采用积分型，现在逐次比较型和 Σ-Δ 调制型已逐步成为主流。

（2）逐次比较型（如 TLC0831）　逐次比较型 A/D 转换器由一个比较器和 D/A 转换器通过逐次比较逻辑构成，从高位到低位顺序地对每一位将输入电压与内置 D/A 转换器输出电压进行比较，经 n 次比较而输出数字值。其电路规模属于中等。其优点是速度较高、功耗低，在低分辨率（A/D 转换位数不大于 12 位）时价格便宜，但高精度（A/D 转换位数大于 12 位）时价格很高。S12XE 内部采用 12 位逐次比较型 A/D 转换模块。

（3）并行比较型/串并行比较型（如 TLC5510）　并行比较型 A/D 转换器采用多个比较器，仅做一次比较而实行转换，又称 flash（快速）型。由于转换速率极高，n 位的转换需要 2^{n-1} 个比较器，因此电路规模也极大，价格也高，只适用于视频 A/D 转换器等速度要求特别高的领域。串并行比较型 A/D 结构上介于并行型和逐次比较型之间，最典型的是由 2 个 $n/2$ 位的并行型 A/D 转换器配合 D/A 转换器组成，用两次比较实行转换，所以称为 half flash（半快速）型。

（4）Σ-Δ（sigma-delta）调制型（如 AD7705）　Σ-Δ 型 A/D 由积分器、比较器、1 位 D/A 转换器和数字滤波器等组成。原理上近似于积分型，将输入电压转换成时间（脉冲宽度）信号，用数字滤波器处理后得到数值。这样容易获得高分辨率，主要用于音频和测量等信号的采集。

（5）压频变换型（如 AD650）　压频变换型（voltage-frequency converter）模/数转换的原理是首先将输入的模拟信号电压转换成频率，然后用计数器将频率转换成数字量。其优点是分辨率高、功耗低、价格低，但是需要外部计数电路共同完成 A/D 转换。

3. A/D 转换器性能指标

A/D 转换过程应满足基本的性能指标，以使从离散的采样点数据可以最大限度地表征连续模拟信号。

（1）量化精度　量化精度指数字量变化一个最小量对应的模拟信号变化量，又称为分辨率。通常用二进制位数来表示，如 n 位 A/D 转换的分辨率为：A/D 的参考电压 $/2^n$。n 位精度能将采样到的模拟量值转换为一个 n 位二进制数，可以表示 2^n 个不同的电平级别，A/D 位数越高，量化精度就越高。对于 MCU 内部的 A/D 转换模块的模拟电压输入通常是单极性的，输入范围是 0 ~ 参考电压。

（2）转换速率　转换速率表示模拟信号转换为数字信号的速率。积分型 A/D 转换的转换时间是毫秒级，属于低速 A/D；逐次逼近式 A/D 是微秒级，属于中速 A/D；纳秒级转换属于高速 A/D。

（3）信噪比　A/D 的信噪比（SNR，signal noise ratio）反映了量化过程中产生的无噪声信号部分的方均根值和量化噪声的方均根值之间的比值。若输入信号为归一化的正弦波 $\frac{1}{2}\sin(\omega t + \psi)$，则可以通过式（5-1）来确定 SNR 的大小：

$$\text{SNR} = 6.02n + 1.76 + 10\lg\frac{f_s}{2f_{max}} \tag{5-1}$$

式中，SNR 为信噪比，单位为 dB；n 为 A/D 的分辨率；f_s 为采样频率，单位为 Hz；f_{max} 为信号成分的最高频率，单位为 Hz。

由此可知，ADC 的信噪比主要取决于分辨率，分辨率每增加一位，ADC 的信噪比将增加 6dB。但是随着分辨率的提高，ADC 的量化电平变得更小，采样过程更容易被干扰。

（4）有效转换位数　对于实际的 A/D 变换系统，由于电噪声、外界干扰和模拟电路的非线性畸变等因素的影响，仅以理想的分辨率来度量系统性能是不够的。为更好地反映系统性能，可以在测量得到 SNR 的基础上，将上述因素按量化噪声进行折算，推导出系统的有效转换位数（ENOB）。

$$\text{ENOB} = (\text{SNR} - 1.76)/6.02 \tag{5-2}$$

式中，ENOB 为有效转换位数；SNR 为信噪比，单位为 dB。

ENOB 表示了理想的 ADC 器件为达到实际的 SNR 所需要具有的分辨率的大小。ADC 器件指标中 ENOB 与分辨率的差别，反映了由于误差源引起的 SNR 下降所造成的采样精度下降的程度。

（5）非线性误差　非线性误差是转换器的重要精度指标，表示了 ADC 实际转换值与理论转换值之间的差别。非线性误差主要包括两类：差分非线性（DNL，differential non-linearity）误差和积分非线性（INL，integral non-linearity）误差。

差分非线性误差（DNL）是指 ADC 实际的量化电平与理论的量化电平之间的差异，这主要由于 A/D 本身的电路结构和制造工艺等的原因，引起在量程中某些点的量化电压和标准的量化电压不一致而造成的。积分非线性误差（INL）是指 ADC 实际转换特性函数曲线与理想转换特性直线之间的最大偏差，主要是由 A/D 模拟前端、采样保持器及 ADC 的传递函数的非线性所造成的。

5.2.2 S12XE A/D 转换模块

S12XE 最多可支持 2 组 ATD 模块（ATD0 和 ATD1），共有 32 个模拟量输入通道。该 MCU 内置的 A/D 转换器模块是两个 16 通道、12 位、逐次逼近型、多路复用、自带采样保持的模/数转换器。该 ATD 具有较快的转换速度，在 8 位转换精度及 8MHz 的转换速率下，单次 A/D 转换时间最快仅需 2μs。

S12XE MCU 的 A/D 转换具有以下特点：8 位/10 位/12 位转换精度；采样缓冲放大器；可编程采样时间；左/右对齐，有符号/无符号结果数据；外部触发控制；转换完毕中断功能；16 个模拟量输入通道复用，扫描转换；1~16 转换序列长度；可选单次转换或连续转换模式；多通道扫描。

1. ATD 模块的相关引脚说明

（1）VDDA、VSSA ATD 模块模拟部分的供电电源和接地端，VDDA 应该连接到和 VDD 有相同电压的地方，VSSA 需与 VSS 等电压，可以分别接至 MCU 的数字电源、地端。

（2）VRH、VRL ATD 模块的参考高电压和参考低电压。参考电压应处于模拟电源的 VDDA~VSSA 之间，在要求不高的场合下，通常把 VRH 接到 VDDA，把 VRL 接到 VSSA。模拟输入信号的电压值应处于参考电压 VRH~VRL 之间，否则会出现输入超量程。

（3）AN31/PAD31~AN0/PAD0 模拟量输入通道 31~0。对于 112 引脚封装的 S12XE 仅有一组 ATD 模块共 16 路 A/D 通道可用，对应引脚为 AN15/PAD15~AN0/PAD0。

（4）ETRG3~ETRG0 在 A/D 转换的工作方式下，这些引脚可以配置成 A/D 转换的外部触发引脚。在 S12XE 系列 MCU 中，某些信号的这些专用外部触发输入引脚 ETRIG3~ETRIG0 未被引出，不过可以直接使用模拟通道信号输入引脚本身作为外部触发输入，这可以通过配置 ATD 模块的相应寄存器来实现。

2. A/D 转换的低功耗运行模式

（1）停止模式（STOP） 进入停止模式后，因为所有的时钟都已暂停，ATD 模块也立即停止工作，任何未结束的转换都被取消。只有当 MCU 退出停止模式后，ATD 才恢复工作。在退出停止模式后，需要等一个转换周期来稳定模拟电路，然后再启动新的 ATD 转换。

（2）等待模式（WAIT） 进入等待模式后，AWAIT 控制位可以决定 ATD 模块是继续工作还是等待，任何开启 ATD 中断都能使 MCU 跳出等待模式。

（3）冻结模式（FREEZE） 进入等待冻结后，FRZ1、FRZ0 控制位决定 ATD 模块如何工作。在模拟和调试时，这个模式非常有用。

3. ATD 模块原理

S12XE 的 ATD 模块的组成原理框图如图 5-3 所示。

ATD 工作时，CPU 向该模块发出启动命令，然后进行采样、A/D 转换，最后将结果保存到相应的寄存器。ATD 模块由模拟量前端的 16 选 1 多路转换开关、放大器、采样保持器构成，采样值与逐次逼近式寄存器和数/模转换器送出的值相比较确定出对应的数字量，另外还有时钟分频电路、定时控制及转换结果存储单元。每个 A/D 转换器都可通过相关寄存器对其进行设置。

（1）ATD 模块的采样通道与转换序列 ATD 控制寄存器 ATDCTL5 的 CA、CB、CC、CD 四

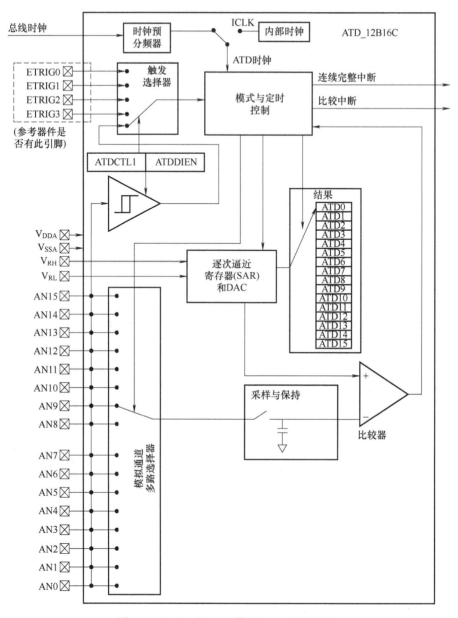

图 5-3 S12XE 的 ATD 模块的组成原理框图

位用来选择 16 个模拟输入端中哪个模拟信号输入通道进行数字转换，ATD 控制寄存器 ATDCTL1 中 SRES1、SRES0 两位用来选择采样后的数字量位数精度。当引脚用作 ATD 的输入口时，该引脚作为普通 I/O 口的相关寄存器的配置将不起作用，而那些不用作 ATD 的引脚仍可以用作普通的 I/O 口。对于被选作 ATD 通道的引脚，写端口数据寄存器对 A/D 采样没有影响。

　　A/D 转换的每次启动要进行若干次扫描循环，每个扫描循环称为一个转换序列。一个序列中的转换可以针对某个通道，也可以针对几个相邻通道。每次转换包含哪些通道由寄存器 ATDCTL5 决定。

　　A/D 转换的电压转换范围有一定限制。当 ATD 输入的电压大于或等于 VRH 时，A/D 转换结果是 0x3FF（10 位精度时的满量程）或 0xFFF（12 位精度时的满量程）；当 ATD 输入的电压小于或等于 VRL 时，A/D 转换结果是 0x000；当输入电压在 VRH 和 VRL 之间时，A/D 转换的结果和采样电压呈线性关系。出于安全考虑，输入的模拟电压应确保不超出 S12XE 的供电电压，参考电压 VRH 不能大于 ATD 的电源电压，VRL 不能为负电压。

（2）转换时间　ATD 转换所需要的时钟周期数是固定不变的，例如，在 8 位模式下转换周期为 10 个时钟周期。但采样时间和时钟频率可以通过寄存器 ATDCTL4 在一定范围内选择，因此 A/D 总的转换时间也可以选择。转换时间的计算公式为：

$$转换时间 = （程控采样周期数 + 转换周期数） \times A/D 时钟周期 \qquad (5-3)$$

式中，转换时间单位为 μs；程控采样周期数 = 4，6，8，10，12，16，20，24；转换周期数 = 10；A/D 时钟周期单位为 μs。

例如，设定 ATD 模块的 A/D 时钟频率为 2MHz，程控采样周期数为 4，则可以算出一次 A/D 的总时间为：$(4 + 10) \times \dfrac{1}{2 \times 10^6} s = 7 \mu s$。S12XE 的 A/D 转换时间能达微秒量级，在 10 位转换模式下，A/D 转换时间最快可以达到 3 μs。

S12XE 的 ATD 正常工作一般所要求的时钟频率范围是 250kHz ~ 8.3MHz，当设置分频因子时，应确保 ATD 的工作频率不超出正常范围。

（3）ATD 转换方式　ATD 的转换方式分为单次方式和连续方式。

1）单次方式是启动一次转换一次。当每个转换序列完成后，寄存器 ATDSTAT0 中的 SCF 置位，然后 ATD 模块暂停。

2）连续方式是启动之后连续进行转换，新的结果会覆盖旧的值。转换以转换序列为单位连续进行，当第一个转换序列完成后，SCF 置位，同时 ATD 模块开始下一个转换序列。ATD 连续转换所选的 ATD 通道，在转换后把新的转换结果放入数据寄存器中，如果在此之前的转换结果还没有读出，则它将被新的转换结果覆盖，直到 SCAN 位清零，转换才会结束。转换结束后，SCF 位置位。

（4）转换结果对齐方式　每个 A/D 通道都有两个 8 位寄存器存放转换结果，用 ATDDRxH 和 ATDDRxL（x = 0 ~ 7）表示。ATD 转换结果可以选择为左对齐或右对齐的存储模式，由 ATD 控制寄存器中的 DJM 位来决定。当选择左对齐，且转换精度为 8 位时，转换结果存放在 ATDDRxH 中；当选择转换精度为 10 位或 12 位时，ATDDRxH 存放转换结果的高 8 位，ATDDRxL 存放结果的低 2 位或 4 位。当选择右对齐，且转换精度为 8 位时，转换结果存放在 ATDDRxL 中；当选择转换精度为 10 位或 12 时，ATDDRxH 存放结果的高 2 位或 4 位，ATDDRxL 存放结果的低 8 位。

5.2.3　ATD 模块的使用与设置

S12XE MCU 的 ATD 模块根据型号不同可能含有 1 组 ATD，也可能含有 2 组 ATD，分别用 ATD0 和 ATD1 表示。ATD1 与 ATD0 的寄存器情况一样，只是位于存储器映射地址的偏移量不同；编程时，寄存器名 "ATD" 后要加上组号 0 或 1，如 ATD0xxxx 是针对 ATD0，寄存器名 ATD1xxx 就是针对 ATD1，其他类同。

ATD 模块的相关寄存器组中，ATDCTL0 ~ ATDCTL5 为控制寄存器，用于进行 A/D 转换的多种情况设置。ATDSTAT0 ~ ATDSTAT1 为状态寄存器，在 A/D 转换过程中，将根据进展情况设置相应的标志，或者向 CPU 申请中断，同时也会反映正在转换的通道编号。ATDDR0 ~ ATDDR15 为转换结果的 16 位数据寄存器，其中 ATDDR0H ~ ATDDR15H 为转换结果高 8 位寄存器，ATD-DR0L ~ ATDDR15L 为转换结果低 8 位寄存器。

MCU 上电后，ATD 模块各个寄存器处于默认关闭状态，至少需要经过下面 3 个步骤，才可以使 ATD 完成所需要的转换工作：

1）设置 ATD 控制寄存器 ATDCTL1 ~ ATDCTL4，对转换位数、扫描方式、采样时间、时钟频率的要求及标志检查方式进行相应寄存器的设置。

2）通过写 ATD 控制寄存器 ATDCTL5 启动新的 ATD 转换。

3）通过查询 ATD 状态寄存器 ATDSTAT0 或响应 A/D 转换完成标志做中断处理。

各个 ATD 寄存器的具体定义和设置如下（编程时需在 ATD 后加上 0 或 1 组号）。

1. ATD 控制寄存器 1——ATDCTL1

1）ETRIGSEL：外部触发源选择位。0 为外部触发源选择禁止，只能使用模拟输入通道 AN15 ~ AN0 作为 ATD 转换的外部触发触发信号；1 为外部触发源选择允许，准许使用外部触发输入引脚 ETRIG3 ~ ETRIG0 作为 ATD 转换的触发信号。在 S12XE MCU 中，ETRIG3 ~ ETRIG0 这 4 个外部触发输入引脚并没有引出，此位实际无效。

2）SRES [1:0]：ATD 转换精度选择位。00 为 8 位 A/D；01 为 10 位 A/D；10 为 12 位 A/D；11 为保留。

3）SMP_DIS：采样前放电控制位。0 为采样前不放电；1 为采样前放电。采样前释放 ATD 模块内部的采样电容中的电荷，这会使采样时间增加两个 ATD 时钟周期，可用于开路检测。

4）ETRIGCH [3:0]：外部触发通道选择位。当 ETRIGCH [3:0] 为 0 ~ 15 时，选择对应的 ANx 作为外部触发信号；当 ETRIGCH [3:0] 为 16 ~ 19，并且外部触发源有效时，分别选择 ETRIG0 ~ ETRIG3 引脚作为外部触发信号。

2. ATD 控制寄存器 2——ATDCTL2

ATDCTL2 主要控制 ATD0 的启动、状态标志以及上电模式。该寄存器用于启动 ATD 触发及控制 ATD 中断。当对该寄存器进行写操作时，将中止当前的转换过程。

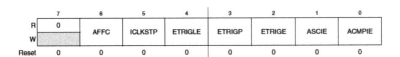

1）AFFC：ATD 转换 CCF 标志快速清除使能位。0 为 CCF 标志通过软件方式清除，即在读取结果寄存器前向 CCFx 位写 1 清零；1 为当 ATD 转换结束后，读/写 ATD 转换结果寄存器会自动清零状态寄存器的 CCFx 位。A/D 转换结束标志的清除方式有两种：软件清除和自动快速清除。

2）ICLKSTP：在 MCU 处于停止模式下，ATD 内部时钟 ICLK 使能位。0 为在停止模式下 ATD 模块停止当前的转换；1 为在停止模式下 ATD 模块继续使用内部的时钟进行转换。

3）ETRIGLE、ETRIGP：外部触发信号的触发方式选择位。00 为下降沿；01 为上升沿；10 为低电平；11 为高电平。

4）ETRIGE：外部触发信号使能位。0 为 ATD 转换外部触发禁止；1 为 ATD 转换外部触发使能。该功能使能后，由 ETRIGCH [3:0] 选择外部触发信号通道，由 ETRIGLE、ETRIGP 选择触发条件。

5）ASCIE：ATD 转换序列转换结束中断使能位，用以控制 ATD 转换结束后是否发生中断。

0 为 ATD 转换序列结束中断禁止；1 为 ATD 转换序列结束中断使能，当 SCF = 1 时，将引发 ATD 中断。

6）ACMPIE：ATD 比较中断使能位。0 为 ATD 比较中断禁止；1 为 ATD 比较中断使能，如果一个 ATD 转换序列中的第 n 次转换所对应的 CMPE［n］和 CCF［n］都为 1，将引发中断。

3. ATD 控制寄存器 3——ATDCTL3

ATDCTL3 用于控制结果寄存器对齐方式、转换序列长度、结果寄存器使用方式等，还可以暂时冻结 ATD 模块，尤其是确定 ATD 在 BDM 状态下的行为。写该寄存器将中止当前的转换序列。

	7	6	5	4	3	2	1	0
R W	DJM	S8C	S4C	S2C	S1C	FIFO	FRZ1	FRZ0
Reset	0	0	1	0	0	0	0	0

1）DJM：结果寄存器数据对齐方式选择位。0 为左对齐；1 为右对齐。

2）S8C、S4C、S2C、S1C：转换序列长度选择位。当这 4 位组合值为 0 时，表示一个转换序列由 16 次 ATD 转换构成；当这 4 位组合值为 1～15 的其他值 n 时，表示一个转换序列由 n 次 ATD 转换构成。MCU 复位默认的转换序列长度为 4 个。

3）FIFO：结果寄存器先进先出模式使能位。0 为 FIFO 模式禁止，此时，在一个转换序列中，第 1 次 ATD 转换的结果放到第 1 个结果寄存器中，第 2 次转换的结果放到第 2 个结果寄存器中，依次类推；1 为 FIFO 模式使能，此时，ATD 转换的结果会依次顺延地放到结果寄存器中，当使用完最后一个结果寄存器后，会重新回到第一个结果寄存器以循环使用。ATDSTAT0 中的 CC［3:0］位为转换循环计数，表示当前的转换结果将放到哪个结果寄存器中。

4）FRZ1、FRZ0：背景调试冻结使能位。00 为继续转换；01 为保留；10 为完成当前转换后冻结；11 为立即进入冻结状态。在背景调试模式下，经常设一些断点，程序运行到断点便会停止，即为冻结。此时也可控制 ATD 转换是否进行。

4. ATD 控制寄存器 4——ATDCTL4

ATDCTL4 用于选择时钟，选择采样转换时间，对 ATDCTL4 进行写操作将开始一个新的转换，如果在转换过程中对该寄存器进行写操作，将使 ATD 转换中止，直到对 ATDCTL5 进行写操作。

	7	6	5	4	3	2	1	0
R W	SMP2	SMP1	SMP0	PRS[4:0]				
Reset	0	0	0	0	0	1	0	1

1）SMP［2:0］：采样时间设置位。000～111 分别对应 4、6、8、10、12、16、20、24 个 ATD 时钟周期。

2）PRS［4:0］：ATD 转换时钟预分频设置位。这些位用于选择分频系数，从而决定相应的采样频率。ATD 模块工作的时钟频率计算公式为：

$$f_{ATDCLK} = \frac{f_{BUS}}{2(PRS+1)} \tag{5-4}$$

式中，f_{ATDCLK} 为 ATD 工作时钟频率，单位为 Hz；f_{BUS} 为总线时钟频率，单位为 Hz；PRS 为 ATD 转换时钟预分频因子。

注意：设置预分频因子 PRS 时，应使 ATD 时钟频率处于具体型号 MCU 所要求的范围内，如 S12XS MCU 要求 $0.25\text{MHz} \leqslant f_{ATDCLK} \leqslant 8.3\text{MHz}$，S12XD MCU 要求 $0.5\text{MHz} \leqslant f_{ATDCLK} \leqslant 2.0\text{MHz}$。

5. ATD 控制寄存器 5——ATDCTL5

ATDCTL5 用于选择转换方式、选择转换通道、设置单/多通道转换和单次/连续转换模式等。写寄存器 ATDCTL5 将会启动一次新的转换；如果写该寄存器时 ATD 正在进行转换，则转换操作将被中止。

1）SC：特殊通道转换使能位。0 为特殊通道转换关闭，正常 ATD 通道转换；1 为特殊通道转换使能，选择对特殊通道 VRH、VRL 和（VRH + VRL）/2 进行转换。

2）SCAN：连续转换模式选择位，决定 ATD 转换序列是执行一次还是连续扫描执行。0 为单次转换模式；1 为连续转换模式。

3）MULT：多通道采样模式控制位。0 为单通道 ATD 转换，无论采用哪个通道进行 ATD 转换，转换结果都存放在 ATDDR0 中；1 为多通道 ATD 转换，采样的通道个数也就是转换序列长度由位 S8C、S4C、S2C 和 S1C 决定，其中，起始的转换通道由位 CD、CC、CB 和 CA 位决定。

4）CD、CC、CB、CA：模拟输入通道选择位。在 SC = 0 的情况下，当 MULT = 0 时，用来选择采样通道；当 MULT = 1 时，用来选择开始采样转换的起始通道。这 4 位组合值 0000 ~ 1111 对应为 AN0 ~ AN15 通道。在 SC = 1 的情况下，它们用来选择使用哪个特殊通道：0100 选择 VRH 作为模拟输入通道，0101 选择 VRL 作为模拟输入通道，0110 选择（VRH + VRL）/2 作为模拟输入通道，其他值保留。

例如，选用 AN0、AN1、AN2 作为 A/D 采集通道，则转换序列长度为 3。若转换序列从通道 0 开始，在控制寄存器 ATDCTL5 中，设置 CD CC CB CA = 0000，ATDDR0、ATDDR1、ATDDR2 存放转换结果。设置 CD CC CB CA = 0100，转换序列从通道 4 开始，仍然是 ATDDR0、ATDDR1、ATDDR2 存放转换结果。

6. ATD 控制寄存器 0——ATDCTL0

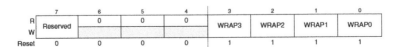

WRAP［3:0］：回绕通道选择位，在多通道转换模式下才有效。WRAP［3:0］= 0 时保留未用，WRAP［3:0］的 1 ~ 15 数值对应 AN1 ~ AN15 通道（ANx），它指定当完成 ANx 通道的 ATD 转换后，立即回绕到第 AN0 进行 ATD 转换，而不是继续下一个 AN（x + 1）通道。

7. ATD 状态寄存器 0——ATDSTAT0

ATDSTAT0 反映当前的转换通道、A/D 转换是否结束、寄存器是否被覆盖，以及是否有外部触发事件发生等。

R	7	6	5	4	3	2	1	0
W	SCF	0	ETORF	FIFOR	CC3	CC2	CC1	CC0
Reset	0	0	0	0	0	0	0	0

1）SCF：转换序列完成标志位。该标志位置位，当为单次转换模式时，转换完成后置位；当为连续转换模式时，每一次转换序列完成时都要置位。当出现以下任何一种情况时，该标志位会被清零：向 SCF 位写 1；写 ATDCTL5 寄存器；当 AFFC1 = 1 时读结果寄存器。

2) ETORF：外部边沿触发覆盖标志位。在边沿触发模式下（ETRIGLE = 0），如果 A/D 转换未结束时又发生外部触发事件，该位设置为 1。当出现以下任何一种情况时，该标志位会被清零：向 ETORF 位写 1；写 ATDCTL0 ~ ATDCTL5、ATDCMPE、ATDCMPHT 寄存器。

3) FIFOR：先入先出覆盖标志位。当结果寄存器的值在读出之前又要被写入，且 CCFx 没有清零时，该位设置为 1。当出现以下任何一种情况时，该标志位会被清零：向 FIFOR 位写 1；写 ATDCTL0 ~ ATDCTL5、ATDCMPE、ATDCMPHT 寄存器。

4) CC3、CC2、CC1、CC0：转换计数器，只读，表示当前转换序列的结果将要写入的结果寄存器的编号。例如，当 CC [3:0] 为 0110 时，表示当前转换的结果将要被写入第 6 个结果寄存器。当 FIFO = 0 时，CC [3:0] 始终为 0；当 FIFO = 1 时，CC [3:0] 用来循环计数，不会被初始化为 0，只有当转换计数达到最大值时，才回到最小值 0。终止 ATD 转换序列或开始新的 ATD 转换序列都会将转换计数器清零。

8. ATD 状态寄存器 2——ATDSTAT2

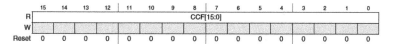

CCF [15:0]：通道转换或比较完成标志位。0 为转换未完成；1 为转换完成。只读，反映转换序列中相应转换是否完成。一个转换序列有一个或多个转换组成，每个转换都对应一个标志位，转换序列中的一个转换结束后，与其相对应的 CCFx（x = 0 ~ 15）置位。

当 AFFC = 0 时，对 CCFx 写 1 可将 CCFx 清零；当 AFFC = 1 时，读取 ATDDRx 的值可将 CCFx 自动清零，或者重新设定寄存器 ATDCTL5，也可将 CCFx 自动清零。

9. ATD 结果寄存器——ATDDR0 ~ ATDDR15

转换结果寄存器在普通 ATD 模式下只读，在 ATD 的比较模式下可写。ATD 模块的转换结果寄存器有 16 个，每个寄存器为 16 位，实际由两个 8 位寄存器构成，各寄存器的高、低位字节分别为 ATDDRxH、ATDDRxL，其中，x = 0 ~ 15 对应相应通道，每个寄存器给出一个通道的转换结果。转换结果可以是 12 位、10 位或 8 位，在不同的对齐方式下，存放方式也不同。每个寄存器中保存的转换结果来自哪个通道，取决于所选择的转换方式。

ATD 转换结果左对齐（DJM = 0）：

ATD 转换结果右对齐（DJM = 1）：

10. ATD 数字输入使能寄存器——ATDDIEN

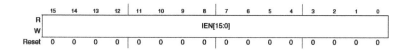

IEN [15:0]：数字信号输入使能位。0 为相应位数字信号输入禁止；1 为相应位数字信号输入使能。当置位时，使能 ANx 引脚的数字输入缓冲器，使该引脚作为通用数字输入引脚 PADx。

5.2.4 A/D 应用实例

【例 5-3】 比较 AD0 和 AD1 口的输入电压大小。

```
unsigned int AD_in1,AD_in2;
/* ===初始化 A/D 模块 === */
void INIT_A/D(void)
{
    ATD0CTL2 = 0x40;              //启动 A/D 模块,快速清零,禁止中断
    ATD0CTL1_SRES = 2;           //选用 12 位模/数转换
    ATD0CTL3 = 0x88;             //每次只转换一个通道
    ATD0CTL4 = 0x01;             //A/D 模块时钟频率为 8MHz
}
/* ===起动 A/D 转换 === */
unsigned int AD_capture(unsigned char channel)
{
    unsigned int AD_data;
    ATD0CTL5 = channel;          //转换
    while(! ATD0STAT0_SCF);      //等待完成 A/D 转换
    AD_data = ATD0DR0;
    return(AD_data);
}
/* ===主函数 === */
void main(void){
    DisableInterrupts;
    INIT_PLL();
    INIT_AD();
    LEDCPU_dir = 1;
    EnableInterrupts;
    for(;;)
    {
        AD_in1 = AD_capture(1);
        AD_in2 = AD_capture(0);
        if(AD_in1 > AD_in2)
          LEDCPU = 0;
        else
          LEDCPU = 1;
    }
}
```

5.2.5 D/A 转换的基本原理

1. D/A 转换原理

D/A 转换是把数字量转变成模拟信号的技术。D/A 转换器基本上由 4 个部分组成,即权

电阻网络、运算放大器、基准电源和模拟开关。数字量是用二进制代码按数位组合起来表示，对于有权码，每位代码都有一定的权。为了将数字量转换成模拟量，必须将每一位的代码按其权的大小转换成相应的模拟量，然后将这些模拟量相加，即可得到与数字量成正比的总模拟量。

2. D/A 转换器的主要特性指标

（1）分辨率　分辨率指最小输出电压（对应的输入数字量只有最低有效位为"1"）与最大输出电压（对应的输入数字量所有有效位全为"1"）之比。如 N 位 D/A 转换器，其分辨率为 $1/(2^N-1)$。在实际使用中，表示分辨率大小的方法也用输入数字量的位数来表示。

（2）线性度　用非线性误差的大小表示 D/A 转换的线性度。并且把理想的输入输出特性的偏差与满刻度输出之比的百分数定义为非线性误差。

（3）转换精度　D/A 转换器的转换精度与 D/A 转换器的集成芯片的结构和接口电路配置有关。如果不考虑其他 D/A 转换误差，D/A 的转换精度就是分辨率的大小，因此要获得高精度的 D/A 转换结果，首先要保证选择有足够分辨率的 D/A 转换器。同时 D/A 转换精度还与外接电路的配置有关，当外部电路器件或电源误差较大时，会造成较大的 D/A 转换误差，当这些误差超过一定程度时，D/A 转换就产生错误。在 D/A 转换过程中，影响转换精度的主要因素有失调误差、增益误差、非线性误差和微分非线性误差。

（4）转换速度　转换速度一般由建立时间决定。从输入由全 0 突变为全 1 时开始，到输出电压稳定在 $\mathrm{FSR}\pm\frac{1}{2}\mathrm{LSB}$ 范围（或以 $\mathrm{FSR}\pm x\%\,\mathrm{FSR}$ 指明范围）内为止，这段时间称为建立时间，它是 DAC 的最大响应时间，所以用它衡量转换速度的快慢。其中，FSR（full scale range）指满量程；LSB（least significant bit）指二进制数中的最低有效位。

3. S12XE 的 D/A 实现

在 S12XE 中并没有集成 D/A 模块，用户可根据需要选择一些 SPI 串行接口或并行接口的专用 D/A 芯片进行接口扩展。

对于 D/A 精度要求不高的应用，也可用 S12XE 芯片中的 PWM 功能来实现。关于 PWM 技术参见 5.6 节。

5.2.6　D/A 应用实例

【例 5-4】　实现 LED 信号灯的渐亮渐灭。电路图可参考图 5-11。

```
#define LEDCPU PORTK_PK4
#define LEDCPU_dir DDRK_DDRK4
/* ===初始化 PWM === */
void init_pwm(void)
{
    PWMCTL_CON01 =1;           //联结通道 0,1 为 16 位的 PWM
    PWMPOL_PPOL1 =1;           //通道 01 的极性为高电平有效
    PWMPRCLK =0x55;            //A 时钟和 B 时钟的分频系数为 32,频率为 1MHz
    PWMSCLA  =  25;            //SA 时钟频率为 20kHz
    PWMCLK =0x02;             //通道 01 用 SA 时钟作为时钟源
    PWMPER01  =200;           //通道 01 的周期为 100Hz
    PWMDTY01  =0;             //通道 01 的占空比为 0%
```

```
        PWME_PWME1 = 1;                  //使能通道 01
    }
```

主程序中：

```
    for(;;)
    {
        delay();
        PWMDTY01 = 0;              //占空比为 10%
        delay();
        PWMDTY01 = 100;            //占空比为 50%
        delay();
        PWMDTY01 = 200;            //占空比为 100%
        delay();
        PWMDTY01 = 100;            //占空比为 50%
    }
```

5.3 定时器/计数器

定时器（timer）/计数器（counter）是任何 MCU 必须具备的重要模块，用来定时和计数，基本工作原理是对脉冲信号或时钟信号出现的次数进行计数（加或减）。如果是对已知频率的信号进行计数就形成计时功能。

5.3.1 定时器/计数器组成与原理

S12XE 系列微控制器在标准定时器基础上还集成了一些增强功能，也称为增强型捕捉定时器模块（ECT，enhanced capture timer），以满足汽车电子应用领域的一些对定时和计数准确性和实时性要求极高的应用，如发动机管理系统（EMS）、汽车防抱制动系统（ABS）、汽车动态控制系统（VDC）等。

如图 5-4 所示，ECT 模块主要由以下几部分组成：

1）1 个带可编程预分频的 16 位向上计数的自由运行计数器。

2）8 个独立的定时器通道，每个通道具备输入捕捉/输出比较功能。

3）4 个 8 位脉冲累加器，也可设置成 2 个 16 位脉冲累加器。

4）1 个可编程预分频的 16 位向下计数的计数器。

5）4 个可选的延迟计数器，可选择用来增强输入抗干扰能力。

可以看出，ECT 模块实际上是一个高速的 I/O 通道，模块内部集成了一个带可编程预分频的 16 位向上计数的自由运行计数器（TCNT），也称为自由运行主定时器，为 ECT 的核心。在系统复位时，这个自由运行计数器的初值为 0x0000。当 ECT 模块运行时，自由运行计数器从 0x0000 ~ 0xFFFF 循环递增计数。当计数器溢出复零时，会置位中断标志。利用这个计数器，可以产生周期性的中断信号。

TCNT 的输入时钟是可以选择的，如图 5-5 所示，TCNT 的输入时钟可以来源于总线时钟、总线时钟经过预分频、外部引脚输入的脉冲、外部引脚输入的脉冲经过脉冲累加器分频这四种选择。

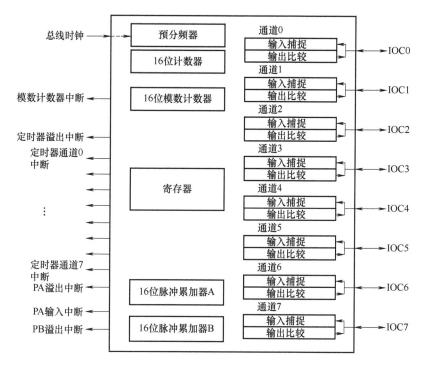

图 5-4　S12XE 系列微控制器 ECT 模块

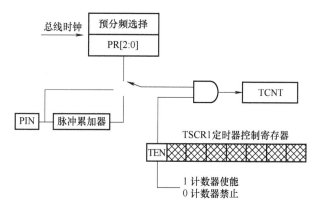

图 5-5　ECT 时钟源示意图

ECT 可以作为定时时间基准、产生波形输出、测量波形输入、统计脉冲或边沿个数、产生不受 MCU 干预的脉宽调制输出，其功能相当完善，具有自动重装载和中断能力。

5.3.2　定时器/计数器的寄存器

1. 定时器计数寄存器——TCNT

	BIT15	14	13	12	11	10	9	8	7	6	5	4	3	2	1	BIT0
R	tcnt 15	tcnt 14	tcnt 13	tcnt 12	tcnt 11	tcnt 10	tcnt 9	tcnt 8	tcnt 7	tcnt 6	tcnt 5	tcnt 4	tcnt 3	tcnt 2	tcnt 1	tcnt 0
W																
RESET:	0	0	0	0	0	0	0	0	0	0	0	0	0	0	0	0

TCNT 是 16 位只读寄存器。每个时钟输入会使计数值自动加 1，当计数值为 0xFFFF 时，下一个时钟输入会使计数器溢出为 0x0000。可随时读取 TCNT 的值。需要注意的是 TCNT 是 16 位寄存器，读取时要一次将其读出。如果分为高低两个字节读取，读到的数据不一定能拼接成一个有效的计数值。

2. 定时器输入捕捉/输出比较选择寄存器——TIOS

R W	7	6	5	4	3	2	1	0
	IOS7	IOS6	IOS5	IOS4	IOS3	IOS2	IOS1	IOS0
Reset	0	0	0	0	0	0	0	0

IOS [7:0]：配置相应通道为输入捕捉或输出比较。0 为输入捕捉；1 为输出比较。

3. 主定时器中断标志 2 寄存器——TFLG2

	BIT7	6	5	4	3	2	1	BIT0
R	TOF	0	0	0	0	0	0	0
W								
RESET:	0	0	0	0	0	0	0	0

当 TCNT 溢出时，会置位 TOF 位，程序中可以用轮询 TOF 判断 TCNT 是否溢出，更实用的方法是利用 TCNT 溢出中断。向 TOF 位写 1 会清除 TOF，在 TCNT 溢出中断后必须立即清除 TOF，否则就不会响应下一次溢出中断。

4. 定时器系统控制寄存器 1 寄存器——TSCR1

	BIT7	6	5	4	3	2	1	BIT0
R	TEN	TSWAI	TSFRZ	TFFCA	0	0	0	0
W								
RESET:	0	0	0	0	0	0	0	0

1）TEN：ECT 定时器模块使能。0 为 ECT 模块被禁用，可降低功耗；1 为 ECT 模块被使能。

2）TSWAI：等待模式下定时器模块停止位，该位对脉冲累加器有效。0 为 MCU 在等待模式允许定时器模块保持工作；1 为 MCU 在等待模式禁止定时器模块工作，定时器中断不能将 MCU 从等待中唤醒。

3）TSFRZ：冻结模式下定时器停止位，该位对脉冲累加器无效。0 为 MCU 在冻结模式允许定时器计数器保持工作；1 为 MCU 在冻结模式禁止定时器计数器工作。对于仿真有用。

4）TFFCA：定时器标志位清除选择位。0 为定时器标志普通清除方式；1 为对于 TFLG1，读输入捕捉寄存器或写输出比较寄存器会自动清除相应的 CxF 标志位，对于 TFLG2，对寄存器 TCNT 的任何访问会自动清除 TOF 标志位，对 PACNT 寄存器的任何访问会自动清除 PAFLG 寄存器中的 PAOVF 和 PAIF 标志位。

5. 定时器系统控制寄存器 2 寄存器——TSCR2

	BIT7	6	5	4	3	2	1	BIT0
R	TOI	0	0	0	TCRE	PR2	PR1	PR0
W								
RESET:	0	0	0	0	0	0	0	0

1）TOI：定时器溢出中断标志位。0 表示禁止，这时只能通过轮询 TOF 判断 TCNT 计数器是否溢出；1 表示使能，TCNT 溢出会产生相应的中断。

2）TCRE：定时计数器复位允许标志位。0 表示 TCNT 自由运行；1 表示当通道 7 有输出比较时 TCNT 复位。

3）PR2、PR1、PR0：定时器总线时钟的预分频因子。当 PR [2:0] 组成的三位二进制数为 N 时，表示将定时器总线时钟 $=f_{BUS}/2^N$。

6. 定时器控制寄存器——TCTL1、TCTL2

TCTL1：

	7	6	5	4	3	2	1	0
R/W	OM7	OL7	OM6	OL6	OM5	OL5	OM4	OL4
Reset	0	0	0	0	0	0	0	0

TCTL2：

	7	6	5	4	3	2	1	0
R/W	OM3	OL3	OM2	OL2	OM1	OL1	OM0	OL0
Reset	0	0	0	0	0	0	0	0

8 对控制位，用来配置各 OC 通道输出比较成功时的输出动作。

$OMx = 0$，$OLx = 0$——无输出动作。

$OMx = 0$，$OLx = 1$——OCx 输出翻转。

$OMx = 1$，$OLx = 0$——OCx 输出清零。

$OMx = 1$，$OLx = 1$——OCx 输出置 1。

7. 定时器控制寄存器——TCTL3、TCTL4

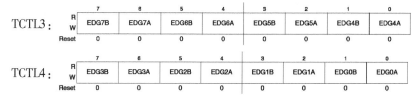

TCTL3：

	7	6	5	4	3	2	1	0
R/W	EDG7B	EDG7A	EDG6B	EDG6A	EDG5B	EDG5A	EDG4B	EDG4A
Reset	0	0	0	0	0	0	0	0

TCTL4：

	7	6	5	4	3	2	1	0
R/W	EDG3B	EDG3A	EDG2B	EDG2A	EDG1B	EDG1A	EDG0B	EDG0A
Reset	0	0	0	0	0	0	0	0

这 8 对控制位用来配置各个 IC 通道输入捕捉边沿检测器电路。

$EDGxB = 0$，$GDGxA = 0$——捕捉禁止。

$EDGxB = 0$，$GDGxA = 1$——仅捕捉上升沿。

$EDGxB = 1$，$GDGxA = 0$——仅捕捉下降沿。

$EDGxB = 1$，$GDGxA = 1$——上升沿和下降沿均捕捉。

8. 定时器中断标志寄存器——TFLG1

	7	6	5	4	3	2	1	0
R/W	C7F	C6F	C5F	C4F	C3F	C2F	C1F	C0F
Reset	0	0	0	0	0	0	0	0

C7F～C0F：指明 8 个 IC/OC 相应通道是否发生输入捕捉或输出比较成功事件的标志。0 为上次清除标志以来，相应通道没有输入捕捉或输出比较事件发生；1 为相应通道发生了输入捕捉或输出比较事件，产生定时器通道中断请求。

清除该寄存器的相应标志位是向 CxF 位写 1。当快速清除标志 TFFCA 有效时，任何读输入捕捉寄存器 TCx 或写输出比较寄存器 TCx 会自动清除相应的 CxF 标志位。

9. 定时器中断使能寄存器——TIE

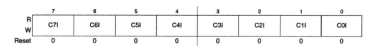

	7	6	5	4	3	2	1	0
R/W	C7I	C6I	C5I	C4I	C3I	C2I	C1I	C0I
Reset	0	0	0	0	0	0	0	0

C7I～C0I：输入捕捉或输出比较相应通道的中断使能。0 为输入捕捉或输出比较相应通道的中断屏蔽；1 为输入捕捉或输出比较相应通道的中断使能。

10. 定时器中断标志寄存器——TFLG2

	7	6	5	4	3	2	1	0
R/W	TOF	0	0	0	0	0	0	0
Reset	0	0	0	0	0	0	0	0

TOF：定时器溢出标志。当16位自由计数器的计数值从0xFFFF回到0x0000时，产生定时器溢出中断请求并该位置1。当通过程序对TOF位写1时自动将TOF清除（为0）。

11. 定时器输入捕捉/输出比较寄存器——TCx

R W	15 Bit 15	14 Bit 14	13 Bit 13	12 Bit 12	11 Bit 11	10 Bit 10	9 Bit 9	8 Bit 8
Reset	0	0	0	0	0	0	0	0

R W	7 Bit 7	6 Bit 6	5 Bit 5	4 Bit 4	3 Bit 3	2 Bit 2	1 Bit 1	0 Bit 0
Reset	0	0	0	0	0	0	0	0

TC7～TC0共8个16位定时器输入捕捉/输出比较寄存器。由TIOS寄存器的各位设置确定每个通道是工作于IC方式还是OC方式。如果某通道工作于IC方式，当该通道的输入捕捉边沿探测器捕捉到定义的有效事件时，TCx寄存器用于锁存自由计数器值；如果某通道工作于OC方式，TCx将被写入一个值，每当自由定时器的值与其相等时，就会触发预定的输出动作。

TCx寄存器在任何时刻都可以读取。该类寄存器实际上是由高8位TCxH和低8位TCxL寄存器合成，如果分别读取高低字节，则要保证先读取高8位，否则会因为低8位可能的进位而得到不正确的结果。

当通道工作在OC方式时，TCx任何时刻都可以进行写操作，用来设置输出比较的计数值；当通道工作在IC方式时，通过读TCx可以获得输入捕捉计数值，但写操作无意义。

12. 输入延迟计数控制寄存器——DLYCT

R W	7 DLY7	6 DLY6	5 DLY5	4 DLY4	3 DLY3	2 DLY2	1 DLY1	0 DLY0
Reset	0	0	0	0	0	0	0	0

DLY[7:0]：延迟计数选择。

当PRNT=0时，用DLY1和DLY0两位。

DLY1=0，DLY0=0——禁止。

DLY1=0，DLY0=1——256个总线时钟周期。

DLY1=1，DLY0=0——512个总线时钟周期。

DLY1=1，DLY0=1——1024个总线时钟周期。

当PRNT=1时，用DLY7～DLY0八位。具体参见相关芯片手册。

13. 输出比较引脚断开寄存器——OCPD

R W	7 OCPD7	6 OCPD6	5 OCPD5	4 OCPD4	3 OCPD3	2 OCPD2	1 OCPD1	0 OCPD0
Reset	0	0	0	0	0	0	0	0

OCPD[7:0]：输出比较相应通道的输出引脚断开控制位。0为输出比较通道引脚连接；1为输出比较通道引脚断开。

14. 脉冲累加器控制寄存器——PACTL

R W	7 0	6 PAEN	5 PAMOD	4 PEDGE	3 CLK1	2 CLK0	1 PAOVI	0 PAI
Reset	0	0	0	0	0	0	0	0

1）PAEN：脉冲累加器系统使能位，独立于定时器系统控制寄存器TSCR1的TEN。0为脉冲累加器禁止；1为脉冲累加器使能。

2）PAMOD：脉冲累加器模式控制位。0 为事件计数模式；1 为门控时间累加模式。这时必须 PAEN = 1。

3）PEDGE：脉冲累加器有效边沿设定位。当 PAMOD = 0 时，0 为对脉冲输入引脚 IOC7 的下降沿计数；1 为对脉冲输入引脚 IOC7 的上升沿计数。当 PAMOD = 1 时；0 为当脉冲输入引脚 IOC7 为高电平时，允许 BUSCLK/64 时钟（PACLK）脉冲计入脉冲累加器，并在随后的输入引脚下降沿置位 PAIF 标志；1 为当脉冲输入引脚 IOC7 为低电平时，允许 BUSCLK/64 时钟（PACLK）脉冲计入脉冲累加器，并在随后的输入引脚上升沿置位 PAIF 标志。

4）CLK [1:0]：定时器计数时钟选择。用于选择 TCNT 计数时钟的来源。

CLK1 = 0，CLK0 = 0——预分频器时钟。

CLK1 = 0，CLK0 = 1——PACLK。

CLK1 = 1，CLK0 = 0——PACLK/256。

CLK1 = 1，CLK0 = 1——PACLK/65536。

5）PAOVI：脉冲累加器溢出中断使能位。0 为禁止溢出中断；1 为如果 PAOVF 被置位，申请溢出中断。

6）PAI：脉冲累加 8 有效沿输入中断使能位。0 为禁止输入中断；1 为如果 PAIF 被置位，申请输入中断。

15. 脉冲累加器标志寄存器——PAFLG

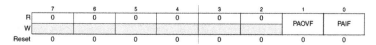

1）PAOVF：脉冲累加器溢出标志位。当 16 位脉冲累加器从 0xFFFF 回到 0x0000，溢出并置位 PA0VF。清除该标志，需要对 PAOVF 位写 1。

2）PAIF：脉冲累加器输入边沿有效标志位。当输入引脚 IOC7 检测到有效边沿时被置位。在事件计数模式下，输入的有效边沿在计数的同时触发 PAIF 置 1；在门控时间累加模式下，输入引脚 IOC7 门控信号的后沿触发该位置 1。清除该标志，需要对 PAIF 位写 1。

16. 脉冲累加器计数寄存器——PACNT

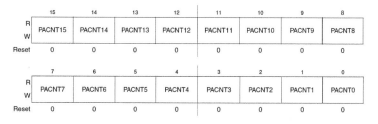

PACNT [15:0]：16 位脉冲累加器对外部输入脉冲计数的当前值。读取该寄存器的值必须在一个时钟周期内完成。如果分别读取高、低字节，将会得到不同于按字读的结果。

17. 模数递减计数器控制寄存器——MCCTL

	7	6	5	4	3	2	1	0
R	MCZI	MODMC	RDMCL	0	0	MCEN	MCPR1	MCPR0
W				ICLAT	FLMC			
Reset	0	0	0	0	0	0	0	0

1）MCZI：模数计数器计数到 0 下溢出中断使能位。0 为中断禁止；1 为中断使能。

2）MODMC：单次/循环计数方式选择。0 为单次计数方式，计数器从设定值递减到 0 后停止；1 为循环计数方式，当计数器递减回 0 后，重新装载设定值并开始新一轮计数。在修改 MODMC 位之前，应清除 MCEN 位使模数计数器复位到 0xFFFF。

3）RDMCL：模数读取选择位。0 为读 MCCNT 将返回模数计数器的当前值；1 为读 MCCNT 将返回装载寄存器所用的数值。

4）ICLAT：输入捕捉寄存器强制锁存控制位。0 为无效；1 为强制将捕捉寄存器 TC0 ~ TC3 以及对应的 8 位脉冲累加器的内容锁存到保持寄存器，同时相关的脉冲累加器自动清零。

5）FLMC：模数计数器强制装载控制位。该位只在模数递减计数器使能（MCEN = 1）有效。0 为无效；1 为将装载寄存器的值送入模数计数器，同时复位模数计数器的预分频设置。

6）MCEN：模数递减计数器使能位。当 MCEN = 0 时，计数器被预置为 0xFFFF，以避免在计数器启动的初期出现中断标志。0 为模数计数器禁止；1 为模数计数器使能。

7）MCPR［1:0］：模数计数器定时器预分频因子设定位。在模数计数器进行装载操作后，设定的分频因子方可有效，对应的分频因子的设定：

MCPR1 = 0，MCPR0 = 0——分频因子为 1。
MCPR1 = 0，MCPR0 = 1——分频因子为 4。
MCPR1 = 1，MCPR0 = 0——分频因子为 8。
MCPR1 = 1，MCPR0 = 1——分频因子为 16。

18. 模数递减计数器标志寄存器——MCFLG

	7	6	5	4	3	2	1	0
R W	MCZF	0	0	0	POLF3	POLF2	POLF1	POLF0
Reset	0	0	0	0	0	0	0	0

1）MCZF：模数计数器下溢出标志。递减回 0 时置位，申请中断。向该位写 1 将清除该标志，写 0 无效。

2）POLF［3:0］：首次输入捕捉极性标志。0 为下降沿引发；1 为上升沿引发。只读，写操作无效，它们指示了引发第一个捕捉动作边沿的极性。分别对应 IOC3 ~ IOC0 通道（引脚 PT0 ~ PT3）。

19. 模数递减计数器计数寄存器——MCCNT

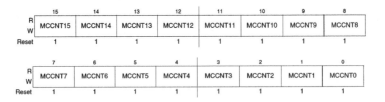

	15	14	13	12	11	10	9	8
R W	MCCNT15	MCCNT14	MCCNT13	MCCNT12	MCCNT11	MCCNT10	MCCNT9	MCCNT8
Reset	1	1	1	1	1	1	1	1

	7	6	5	4	3	2	1	0
R W	MCCNT7	MCCNT6	MCCNT5	MCCNT4	MCCNT3	MCCNT2	MCCNT1	MCCNT0
Reset	1	1	1	1	1	1	1	1

MCCNT［15:0］：16 位模数递减计数器的当前计数值，实际上由高 8 位 MCCNTH 寄存器和低 8 位 MCCNTL 寄存器合成。应按字访问，分别对高位、低位字节的访问可能会得到不同于按字读的结果。

如果寄存器 MCCTL 中的 RDMCL 清零，对寄存器 MCCNT 的读操作将返回计数器的当前值；如果 RDMCL 置位，则将返回装载寄存器所用的数值。

如果寄存器 ICSYS 的 LATQ 和 BUFEN 位被置位，对 MCCNT 写入 0x0000，则输入捕捉和脉冲累加寄存器的值将被锁存。

将 0x0000 写入 MCCNT 后，模数计数器将保持为 0，也不会将寄存器 MCFLG 中的 MCZF 标志置位。

当 MODMC = 1 时，循环计数，对 MCCNT 进行写操作将更新装载寄存器的值，但计数器不会立即更新，要等到计数器回到 0 溢出后才会被更新，然后开始新的计数。

当 MODMC = 0 时，单次计数，写寄存器 MCCNT 将对计数器进行清零，并用新值更新计数器，然后开始一次递减计数，减到 0 时停止，完成一次计数。

5.3.3　定时器/计数器应用实例

【例 5-5】　输入捕捉。

通过 P1 口产生 PWM 信号，并将该 PWM 信号接到 PT0 作为输入捕捉的触发信号。程序中设定 PWM 信号的频率为 10Hz，占空比 50%。自由定时器 TCNT 的计数时钟周期为 4μs，PWM 信号的上升沿触发一次中断，变量 delaytime 指示相邻两个上升沿之间的时间间隔计数。观察 delaytime 的读数并计算时间间隔。

```
unsigned int time1;
unsigned int time2;
unsigned int delaytime;
/* === 初始化 ECT 模块 === */
void initialize_ect(void){
    ECT_TSCR1_TFFCA = 1;      //定时器标志位快速清除
    ECT_TSCR1_TEN = 1;        //定时器使能位。1 为允许定时器正常工作;0 为使主定时器
                                不起作用
    ECT_TIOS = 0xfe;          //设置通道 0 为输入捕捉方式,其余通道为输出比较方式
    ECT_TCTL4 = 0x01;         //设置通道 0 为捕捉上升沿方式
    ECT_DLYCT = 0x00;         //延迟控制功能禁止
    ECT_ICOVW = 0x00;         //对应的寄存器允许被覆盖;NOVWx = 1,对应的寄存器不允许
                                覆盖
    ECT_ICSYS = 0x00;         //禁止 IC 及 PAC 的保持寄存器
    ECT_TIE   = 0x01;         //通道 0 定时中断允许
    ECT_TSCR2 = 0x07;         //预分频系数 pr2-pr0:111,时钟周期为 4μs
    ECT_TFLG1 = 0xff;         //清除各 IC/OC 中断标志位
    ECT_TFLG2 = 0xff;         //清除自由定时器中断标志位
}
/* === 初始化 PWM === */
void init_pwm(void)
{
    PWMCTL_CON01 = 1;         //联结通道 0,1 为 16 位的 PWM
    PWMPOL_PPOL1 = 1;         //通道 01 的极性为高电平有效
    PWMPRCLK = 0x55;          //A 时钟和 B 时钟的分频系数为 32,频率为 1MHz
    PWMSCLA  =  100;          //SA 时钟频率为 5kHz
    PWMSCLB  =  100;          //SB 时钟频率为 5kHz
    PWMCLK = 0x02;            //通道 01 用 SA 时钟作为时钟源
    PWMCAE  = 0x00;           //脉冲模式为左对齐模式
    PWMPER01  = 500;          //通道 01 的周期为 500 个时钟,频率为 10Hz
    PWMDTY01  = 250;          //通道 01 的占空比为 50%
```

```
        PWME_PWME1 =1;//使能通道01
}
/* ===输入捕捉中断函数 === */
#pragma CODE_SEG __NEAR_SEG NON_BANKED
interrupt void capture(void)
{
    if(ECT_TFLG1_C0F ==1)
        ECT_TFLG1_C0F =1;
    time1 =time2;
    time2 =ECT_TC0;
    delaytime =time2-time1;
    LEDCPU = ~ LEDCPU;
}
#pragma CODE_SEG DEFAULT
```

【例5-6】 输出比较。

设定自由定时器 TCNT 的计数时钟周期为 $4\mu s$，输出比较值为 31250，因此，延迟时间为 $31250 * 0.000004s = 0.125s$，4 次比较时间后 LED 灯变换状态（亮/灭）。

```
/* ===初始化 ECT 模块 === */
void initialize_ect(void){
  ECT_TSCR1_TFFCA =1;            //定时器标志位快速清除
  ECT_TSCR1_TEN =1;             //定时器使能位。1 为允许定时器正常工作;0 为使主
                                 定时器不起作用

  ECT_TIOS  =0xff;              //指定所有通道为输出比较方式
  ECT_TCTL1 =0x00;             //后四个通道设置为定时器与输出引脚断开
  ECT_TCTL2 =0x00;             //前四个通道设置为定时器与输出引脚断开
  ECT_DLYCT =0x00;             //延迟控制功能禁止
  ECT_ICOVW =0x00;             //对应的寄存器允许被覆盖;NOVWx =1,对应的寄存器
                                 不允许覆盖

  ECT_ICSYS =0x00;             //禁止 IC 及 PAC 的保持寄存器
  ECT_TIE   =0x00;             //禁止所有通道定时中断
  ECT_TSCR2 =0x07;             //预分频系数 pr2-pr0:111,时钟周期为 4μs
  ECT_TFLG1 =0xff;             //清除各 IC/OC 中断标志位
  ECT_TFLG2 =0xff;             //清除自由定时器中断标志位
}
void main(void) {
  DisableInterrupts;
  INIT_PLL();
  INIT_LED();
  initialize_ect();
  EnableInterrupts;
  for(;;)
  {
```

```
    ECT_TFLG1_C0F =1;                //清除标志位
    ECT_TC0 =ECT_TCNT + 31250;       //设置输出比较时间为0.125s
    while(ECT_TFLG1_C0F ==0);         //等待,直到发生输出比较事件
    ECT_TFLG1_C0F =1;                //清除标志位
    ECT_TC0 =ECT_TCNT + 31250;       //设置输出比较时间为0.125s
    while(ECT_TFLG1_C0F ==0);         //等待,直到发生输出比较事件
    ECT_TFLG1_C0F =1;                //清除标志位
    ECT_TC0 =ECT_TCNT + 31250;       //设置输出比较时间为0.125s
    while(ECT_TFLG1_C0F ==0);         //等待,直到发生输出比较事件
    ECT_TFLG1_C0F =1;                //清除标志位
    ECT_TC0 =ECT_TCNT + 31250;       //设置输出比较时间为0.125s
    while(ECT_TFLG1_C0F ==0);         //等待,直到发生输出比较事件
    LEDCPU = ~ LEDCPU;               //反转灯的状态
    }
}
```

【例 5-7】 定时器溢出。

定时器的时钟周期为 $4\mu s$,当 TCNT 溢出(其值从 0xFFFF 变为 0x0000),产生定时器溢出中断。也就是说,经历 65536 个定时器的时钟周期即产生一次中断,大致是 $65536 \times 0.000004s$,指示灯大约每秒闪烁 2 次。

```
/* ===初始化 ECT 模块 === */
void initialize_ect(void){
  ECT_TSCR1_TFFCA =1;               //定时器标志位快速清除
  ECT_TSCR1_TEN =1;                 //定时器使能位。1 为允许定时器正常工作;0 为使
                                       主定时器不起作用
  ECT_TIOS  =0xff;                  //指定所有通道为输出比较方式
  ECT_TCTL1 =0x00;                  //后四个通道设置为定时器与输出引脚断开
  ECT_TCTL2 =0x00;                  //前四个通道设置为定时器与输出引脚断开
  ECT_DLYCT =0x00;                  //延迟控制功能禁止
  ECT_ICOVW =0x00;                  //对应的寄存器允许被覆盖;NOVWx =1,对应的寄存
                                       器不允许覆盖
  ECT_ICSYS =0x00;                  //禁止 IC 及 PAC 的保持寄存器
  ECT_TIE   =0x00;                  //禁止所有通道定时中断
  ECT_TSCR2 =0x87;                  //预分频系数 pr2-pr0:111,时钟周期为 4μs,使能
                                       定时器溢出中断
  ECT_TFLG1 =0xff;                  //清除各 IC/OC 中断标志位
  ECT_TFLG2 =0xff;                  //清除自由定时器中断标志位
}
/* ===定时器溢出中断 === */
#pragma CODE_SEG __NEAR_SEG NON_BANKED
interrupt void overflow(void)
{
  if(ECT_TFLG2_TOF ==1)
```

```
    {
       temp = ECT_TCNT; //清除 TOF 标志
       LEDCPU = ~ LEDCPU;
    }
  }
  #pragma CODE_SEG DEFAULT
```

【例5-8】 脉冲累计。

通过 P1 口产生 PWM 信号，并将该 PWM 信号接到 PT7 作为输入触发信号。ECT 通过输出比较功能实现精确计时，这里设为 1s，通过中断读取累加器的数值，得到前 1s 的脉冲个数 pulsenum。

```
#include < hidef. h >
#include "derivative. h"
#define LEDCPU PORTK_PK4
#define LEDCPU_dir DDRK_DDRK4
#define  BUS_CLOCK    32000000     //总线频率
#define  OSC_CLOCK    16000000     //晶振频率
unsigned int data1,data2;
unsigned int pulsenum;
unsigned int i;
/* ===初始化锁相环 === */
void INIT_PLL(void)
{
  ...                             //这部分代码可参见例3-2
}
  /* ===初始化 PWM === */
  void init_pwm(void)
  {
  PWMCTL_CON01 = 1;               //联结通道 0,1 为 16 位的 PWM
  PWMPOL_PPOL1 = 1;               //通道 01 的极性为高电平有效
  PWMPRCLK = 0x55;                //A 时钟和 B 时钟的分频系数为 8,频率为 1MHz
  PWMSCLA  =   100;               //SA 时钟频率为 5 kHz
  PWMSCLB  =   100;               //SB 时钟频率为 5 kHz
  PWMCLK = 0x02;                  //通道 01 用 SA 时钟作为时钟源
  PWMCAE  = 0x00;                 //脉冲模式为左对齐模式
  PWMPER01  = 100;                //通道 01 的频率为 50 Hz
  PWMDTY01  = 50;                 //通道 01 的占空比为 50%
  PWME_PWME1 = 1;                 //使能通道 01
  }
/* ===初始化 ECT 模块 === */
void initialize_ect(void){
  ECT_TSCR1_TFFCA = 1;            //定时器标志位快速清除
  ECT_TSCR1_TEN = 1;              //定时器使能位。1 为允许定时器正常工作;0 为使主
                                     定时器不起作用
```

```
  ECT_TIOS = 0x0f;              //通道 0 ~ 3 为输出比较方式,通道 4 ~ 7 为输入捕捉方式
  ECT_TCTL1 = 0x00;             //后四个通道设置为定时器与输出引脚断开
  ECT_TCTL2 = 0x00;             //前四个通道设置为定时器与输出引脚断开
  ECT_DLYCT = 0x00;             //延迟控制功能禁止
  ECT_ICOVW = 0x00;             //对应的寄存器允许被覆盖;NOVWx = 1,对应的寄存器不允许
                                  覆盖
  ECT_ICSYS = 0x00;             //禁止 IC 及 PAC 的保持寄存器
  ECT_TIE   = 0x00;             //禁止所有通道定时中断
  ECT_TSCR2 = 0x07;             //预分频系数 pr2-pr0:111,时钟周期为 4μs
  ECT_TFLG1 = 0xff;             //清除各 IC/OC 中断标志位
  ECT_TFLG2 = 0xff;             //清除自由定时器中断标志位
}
/* === 初始化累加器 === */
void INIT_PAI(void)
{
  ECT_PACTL = 0x50;             //使能脉冲累加器,累加上升沿
}
/* === 主函数 === */
void main(void) {
  DisableInterrupts;
  INIT_PLL();
  init_pwm();
  INIT_PAI();
  initialize_ect();
  LEDCPU_dir = 1;
  EnableInterrupts;
  LEDCPU = 0;
  ECT_TFLG1_C0F = 1;
  ECT_TC0 = ECT_TCNT + 62500;   //时间间隔为 0.25s
  for(;;)
  {
    for(i = 0;i < 4;i ++)       //延时 1s
    {
        while(ECT_TFLG1_C0F == 0);
        ECT_TFLG1_C0F = 1;
        ECT_TC0 = ECT_TCNT + 62500;
    }
    data1 = data2;
    data2 = ECT_PACN32;
    pulsenum = data2-data1;     //计算 1s 采集的上升沿的数量
  }
}
```

【例 5-9】 模数递减计数器。

使能模数计数器，分频常数为 16，即模块时钟周期为 0.5μs，采用模数循环计数方式，允许中断。设置模数递减计数器每 25ms 产生一次中断。累加中断次数，20 次后 LED 指示灯状态改变，并重新计数，实现 LED 指示灯每秒闪烁 1 次。

```
unsigned char single = 0;
/* ===模数递减计数器初始化 === */
void INIT_MDC(void)
{
  ECT_MCCTL = 0xc7;
//使能模数计数器,分频常数为16,即模块时钟周期为0.5μs,采用模数循环计数方式,允许中断
  ECT_MCCNT = 50000;                    //模数常数为50000,则25ms产生一次中断
  ECT_MCCTL_FLMC = 1;                   //将模数常数加载到模数计数器
}
/* ===模数递减中断函数 === */
#pragma CODE_SEG __NEAR_SEG NON_BANKED
interrupt void MDC_inter(void)
{
  if(ECT_MCFLG_MCZF == 1)               //判断是否是模数递减中断
    ECT_MCFLG_MCZF = 1;                 //清除标志位
  single += 1;
  if(single == 20)
  {
    LEDCPU = ~ LEDCPU;                  //每0.5s改变一次灯的亮灭状态
    single = 0;
  }
}
#pragma CODE_SEG DEFAULT
```

5.4   周期中断定时器

S12XE 的周期中断定时器（PIT，periodic interrupt timer）模块是一组 24 位的定时器，由 8 位微定时器和 16 位定时器共同组成，该模块一般用于触发外围模块或者唤醒周期中断。

5.4.1   PIT 的结构与工作原理

PIT 模块具有以下基本特征：

1）8 个独立的具有超时周期功能的模数递减计数器。

2）超时周期可编程为总线时钟周期的 $1 \sim 2^{24}$ 倍，超时时间等于 $m \times n$ 倍（$1 \leqslant m \leqslant 256$，$1 \leqslant n \leqslant 65536$）的总线时钟周期。

3）每个定时器独立使能。

4）8 个超时中断。

5）8 个触发外围模块的超时触发输出信号。

6）PIT 模块主要由状态、控制和数据寄存器，两级结构的 24 位定时器（2 个 8 位递减计数器和 4 个 16 位递减计数器）和 1 个中断/触发接口组成。

1. PIT 工作原理

PIT 是一个模数递减计数器，首先给计数寄存器设定一个初值，每经过一个总线时钟，8 位微定时计数器做 1 次减 1 操作，当 8 位微定时计数器自减为 0 时，触发被控端 16 位定时计数器做 1 次减 1 操作，以此类推，当 16 位定时计数器超时（即自减为 0）时，触发对应中断。总线时钟通过计数器自减可实现定时器功能。

如图 5-6 所示，PIT 模块是由两级 24 位定时器（2 个 8 位递减计数器和 4 个 16 位递减计数器）和一个中断/触发接口组成。16 位定时器的时钟由 2 个可选的微定时基准提供，微定时基准的时钟由 8 位模数递减计数器产生。每个 16 位定时器都通过置位 PIT 复用寄存器 PITMUX 中的 PMUX0 ~ PMUX3 来连接微定时基准 0 或微定时基准 1。

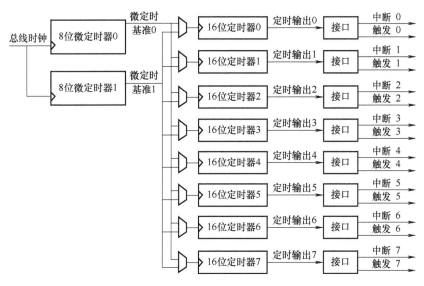

图 5-6　PIT 模块结构图

如果 PIT 控制和强制装载微定时寄存器 PITCFLMT 中的 PITE 位置 1，并且 PIT 通道使能寄存器 PITCE 中相应的 PCE 位置 1，则该定时器通道使能。2 个 8 位模数递减计数器可产生 2 个微时间基准，一旦微时间基准被定时器通道使能，就会启动相应的微定时器模数递减计数器，由 PITMTLD0 和 PITMTLD1 寄存器确定装载初值。当微定时模数递减计数器计数到 0 时，PITMTLD 寄存器将重新装载初值，同时相应的 16 位模数递减计数器计数一个周期。

当 16 位定时计数器和相应的 8 位微定时计数器计数到 0 时，PITLD 寄存器将重新装载初值，且相应的 PIT 超时标志寄存器 PITTF 中的超时标志位 PTF 被置 1。超时周期是定时装载寄存器 PITLD、微定时装载寄存器 PITMTLD 和总线时钟 f_{BUS} 的函数：

$$超时周期 = (PITMTLD + 1) \times (PITLD + 1)/f_{BUS}$$

16 位定时计数器瞬时值可以通过 PITCNT 寄存器读取，微定时计数器瞬时值则无法读取。通过向 PITCFLMT 寄存器中相应的强制载入微定时器位（PFLMT）写入 1，8 位微定时器可独立地重新启动。通过向 PITFLT 寄存器中相应的强制载入定时器位（PFLT）写入 1，16 位定时器可独立地重新启动。如果需要，可以通过向邻近的 PITCFLMT 和 PITFLT 寄存器写入一个 16 位的数据（使相关位置位），任何定时器组和微定时器都可以同时重新启动。

2. PIT 定时中断

PIT 的每个超时事件可用来触发一个中断服务请求。对于每个定时器通道，PIT 中断使能寄存器（PITINTE）中的 PINTE 位能独立地使能这个功能。当 PINTE 置位时，当超时标志寄存器（PITTF）中相应的 PTF 位置位时，将会发生中断服务请求。PIT 中 4 个定时周期的中断申请的向量地址为：

1）通道 0 中断：基地址 +0x7A（复位默认 0xFF7A）。

2）通道 1 中断：基地址 +0x78（复位默认 0xFF78）。

3）通道 2 中断：基地址 +0x76（复位默认 0xFF76）。

4）通道 3 中断：基地址 +0x74（复位默认 0xFF74）。

3. PIT 运行模式

PIT 模块同样支持 S12XE 的基本运行模式和各种低功耗运行模式。

（1）运行模式（RUN）　这是基本的正常工作模式。

（2）等待模式（WAIT）　启用等待模式只依赖于 PITCFLMT 寄存器的 PITSWAI 位。在等待模式，如果总线时钟是全局启用且 PITSWAI 位是清零的，则 PIT 的工作方式和运行模式相同；在等待模式，如果 PITSWAI 位被置位，则 PIT 模块停止。

（3）停止模式（STOP）　在全停止模式或伪停止模式，则 PIT 模块停止。

（4）冻结模式（FREEZE）　启用冻结模式只依赖于 PITCFLMT 寄存器的 PITFRZ 位。在冻结模式，如果 PITFRZ 位清零，则 PIT 的工作方式和运行模式相同；在等待模式，如果 PITFRZ 位被置位，则 PIT 模块停止。

4. 硬件触发

PIT 模块包含 4 个硬件触发信号线 PITTRIG [3:0]，每个信号线是定时器通道之一。这些信号可以连接在 SoC 和外设模块上。当一个计时器通道超时发生，相应的 PTF 标志置位且相应的 PITTRIG 触发信号产生一个上升沿。因为触发就产生了至少一个总线时钟周期的高电平，触发功能需要至少两个总线时钟周期。对于装载寄存器值 PITLD = 0x0001 和 PITMTLD = 0x0002 时，标志置位、触发时机和强制载入。

5.4.2　PIT 主要寄存器

S12XE 的 PIT 模块共有 28 个寄存器，其中 10 个是系统保留寄存器。

1. PIT 控制和强制装载微定时寄存器——PITCFLMT

	7	6	5	4	3	2	1	0
R	PITE	PITSWAI	PITFRZ	0	0	0		
W							PFLMT1	PFLMT0
Reset	0	0	0	0	0	0	0	0

1）PITE：PIT 模块使能位。0 为禁用 PIT 模块（低功耗模式）；1 为使用 PIT 模块。当 PITE 为 0 时，则禁止 PIT 模块功能，PIT 超时标志寄存器 PITTF 中的标志位清零。当置位 PITE 时，能够使能相应定时器位 PCE，相应装载寄存器开始向下递减计数。

2）PITSWAI：等待模式下 PIT 停止位。0 为等待模式下，PIT 模块正常运行；1 为等待模式下，PIT 模块停止产生时钟信号，冻结 PIT 模块。

3）PITFRZ：冻结模式下 PIT 计数器冻结位。0 为冻结模式下，PIT 模块正常运行；1 为冻结模式下，PIT 模块停止计数。冻结模式下，PITFRZ 位确定 PIT 工作状态。冻结模式下，断点调试时，该位冻结 PIT 计数器，可有效避免中断的发生。

4）PFLMT [1:0]：PIT 微定时器 1 和 PIT 微定时器 0 强制装载位。如果相应的微定时器激活且 PIT 模块使能（PITE = 1）时，PFLMT = 1，则相应的 8 位微定时器的装载寄存器值将立即装载到 8 位微定时器的递减计数器。写 0 操作无效；读取这 2 位总是返回 0。

2. PIT 强制装载定时器寄存器——PITFLT

	7	6	5	4	3	2	1	0
R	0	0	0	0	0	0	0	0
W	PFLT7	PFLT6	PFLT5	PFLT4	PFLT3	PFLT2	PFLT1	PFLT0
Reset	0	0	0	0	0	0	0	0

PFLT [7:0]：PIT 定时器 [7:0] 强制装载位。只有当相应的定时器通道启用（PCE 置位），且 PIT 模块被启用（PITE 置位）时才有效。向 PFLT 位写入 1 会将 16 位定时器装载寄存器值读入到 16 位定时器递减计数器。写 0 无意义，读这 4 位总是得到 0。

3. PIT 通道使能寄存器——PITCE

	7	6	5	4	3	2	1	0
R W	PCE7	PCE6	PCE5	PCE4	PCE3	PCE2	PCE1	PCE0
Reset	0	0	0	0	0	0	0	0

分别用来使能 PIT 定时器 7、6、5、4、3、2、1、0 通道。0 为禁用相应的 PIT 通道；1 为使用相应的 PIT 通道。

4. PIT 复用寄存器——PITMUX

	7	6	5	4	3	2	1	0
R W	PMUX7	PMUX6	PMUX5	PMUX4	PMUX3	PMUX2	PMUX1	PMUX0
Reset	0	0	0	0	0	0	0	0

分别用来选择 PIT 定时器 7、6、5、4、3、2、1、0 通道的复用位。0 为相应的 16 位定时器使用微定时基准 0 计数；1 为相应的 16 位定时器使用微定时基准 1 计数。这些位选择相应的 16 位定时器连接的是微定时基准 1 还是微定时基准 0；修改 PMUX 位，则相应的 16 位定时器将会立即切换微定时基准。

5. PIT 中断使能寄存器——PITINTE

	7	6	5	4	3	2	1	0
R W	PINTE7	PINTE6	PINTE5	PINTE4	PINTE3	PINTE2	PINTE1	PINTE0
Reset	0	0	0	0	0	0	0	0

用来使能 PIT 定时器 7、6、5、4、3、2、1、0 通道的超时中断。0 为禁止相应的 PIT 通道中断请求；1 为允许相应的 PIT 通道中断请求。该位使能，一旦相应 PIT 通道的 PTF 标志位置位，则允许产生相应的中断服务请求。当中断被挂起时，该位使能，PTF = 1 将会立即产生中断。为了避免该中断发生，必须先清零相应的 PTF 标志位。

6. PIT 超时标志寄存器——PITTF

	7	6	5	4	3	2	1	0
R W	PTF7	PTF6	PTF5	PTF4	PTF3	PTF2	PTF1	PTF0
Reset	0	0	0	0	0	0	0	0

PTF [7:0]：PIT 定时器通道 [7:0] 超时标志位。0 为相应通道还没有超时；1 为相应通道已经超时。当相应的 16 位递减计数器和选择的 8 位微定时器递减计数器到达 0 时，PTF 置位。此标志可以通过向此位写入 1 而清零，写入 0 无意义。若向此位写入 1 和该标志置位是在同一个时钟周期内发生，此标志位保持置位状态。若 PIT 模块被禁用或相应的通道被禁用，这些标志位被清零。

7. PIT 微定时装载寄存器 0 和 1——PITMTLD0、PITMTLD1

PITMTLD0：

	7	6	5	4	3	2	1	0
R W	PMTLD7	PMTLD6	PMTLD5	PMTLD4	PMTLD3	PMTLD2	PMTLD1	PMTLD0
Reset	0	0	0	0	0	0	0	0

PITMTLD1:

	7	6	5	4	3	2	1	0
R W	PMTLD7	PMTLD6	PMTLD5	PMTLD4	PMTLD3	PMTLD2	PMTLD1	PMTLD0
Reset	0	0	0	0	0	0	0	0

PMTLD [7:0]：PIT 微定时器装载初值。这 8 位用来设置 8 位微定时器的模数递减计数器的装载初值，PITMTLD 寄存器写入新的数值不会重新启动微定时器。当微定时器的计数值减到零时，则重新装载 PMTLD 值。如果想要立即装载初值，只要 PITCFLMT 寄存器中的 PFLMT 置位就会立即更新初值到递减计数器。

8. PIT 装载寄存器 0 ~ 7——PITLD0 ~ PITLD7

	15	14	13	12	11	10	9	8	7	6	5	4	3	2	1	0
R W	PLD15	PLD14	PLD13	PLD12	PLD11	PLD10	PLD9	PLD8	PLD7	PLD6	PLD5	PLD4	PLD3	PLD2	PLD1	PLD0
Reset	0	0	0	0	0	0	0	0	0	0	0	0	0	0	0	0

PLD [15:0]：PIT 模块的 16 位模数递减计数器的装载初值。为了确保数据的一致性，写入 PITLD 寄存器的新值必须按照 16 位访问进行操作，否则不会重启定时器。当定时器向下递减计数到 0 时，则 PTF 超时标志位置 1，重新装载该寄存器值。如果想要立即装载初值，只要 PITFLT 寄存器中的 PFLT 置位就会立即更新初值至计数器。

9. PIT 计数寄存器 0 ~ 7——PITCNT0 ~ PITCNT7

	15	14	13	12	11	10	9	8	7	6	5	4	3	2	1	0
R	PCNT15	PCNT14	PCNT13	PCNT12	PCNT11	PCNT10	PCNT9	PCNT8	PCNT7	PCNT6	PCNT5	PCNT4	PCNT3	PCNT2	PCNT1	PCNT0
W																
Reset	0	0	0	0	0	0	0	0	0	0	0	0	0	0	0	0

PCNT [15:0]：该寄存器中的 16 位表示 16 位模数递减计数器的当前值，读取该计数寄存器的值必须在一个时钟周期内按照 16 位访问进行操作。

5.4.3 PIT 应用实例

【例 5-10】 PIT 控制闪灯。通过 PIT 实现 0.5s 定时中断。

```
#include <hidef.h>
#include "derivative.h"
#define LEDCPU PORTK_PK4
#define LEDCPU_dir DDRK_DDRK4
#define  BUS_CLOCK    32000000     //总线频率
#define  OSC_CLOCK    16000000     //晶振频率
/* ===初始化锁相环 === */
void INIT_PLL(void)
{
    ...
}
/* ===PIT 模块初始化函数 === */
void init_PIT(){
    PITMTLD0 =249;                 //0 通道 8 位计数器赋值
    PITLD0 =63999;                 //0 通道 16 位计数器赋值  (249 +1) * (63999 +1) =
                                   16000000 个总线周期,对应 0.5s
    PITMUX_PMUX0 =0;               //第 0 通道使用微计数器 0
```

```
    PITCE_PCE0 =1;               //第 0 通道计数器工作
    PITCFLMT =0X80;              //使能周期中断定时器
    PITINTE_PINTE0 =1;          //0 通道定时器定时中断被使能
}
#pragma CODE_SEG __NEAR_SEG NON_BANKED
interrupt void PIT_INTER(void)
{

    if(PITTF_PTF0 ==1) {
        PITTF_PTF0 =1;
        LEDCPU = ~ LEDCPU;

    }

}
#pragma CODE_SEG DEFAULT
/* === 主函数 === */
void main(void) {
    INIT_PLL();
    LEDCPU_dir =1;
    init_PIT();
    EnableInterrupts;
    for(;;) {
    }
}
```

【例 5-11】 秒表。ECT 定时器是用于实现按键的定期扫描判断；PIT 是用于秒表计时。这里仅给出与 PIT 相关的代码。

```
/* === PIT 模块初始化函数 === */
void init_PIT(){
    PITMTLD0 =249;              //为 0 通道 8 位计数器赋值
    PITLD0 =1279;              //为 0 通道 16 位计数器赋值
                               //(249 +1) * (1279 +1) =320000 个总线周期,总线
                                 频率为 32MHz,对应 0.01s
    PITMUX_PMUX0 =0;           //第 0 通道使用微计数器 0
    PITCFLMT =0X80;           //使能周期中断定时器
}
/* === 计时中断函数 === */
#pragma CODE_SEG __NEAR_SEG NON_BANKED
interrupt void PIT_INTER(void)
{
 if(PITTF_PTF0 ==1)
   PITTF_PTF0 =1;              //清除标志位
 shihaomiao + =1;
 if(shihaomiao ==100)
{
```

```
        shihaomiao = 0;

        miao + = 1;

    }

    if(miao == 100)

    {

        miao = 0;

        shihaomiao = 0;

    }

    ...

    }

#pragma CODE_SEG DEFAULT
```

5.5 实时中断定时

5.5.1 S12XE 实时中断定时

S12XE MCU 具有实时中断（RTI, real time interrupt）功能，由 MCU 的时钟发生器（CRG）模块直接提供。实时中断（RTI）用来产生固定周期的硬件中断，它仅依赖于 MCU 时钟运行，RTI 实现定时的原理是：在 RTI 使能的情况下，源时钟 OSCCLK 经过 RTI 模块的 3 位预分频器分频，然后被 RTI 模块的 4 位计数器计数，计数溢出即表示完成一次固定周期的定时，此时可以产生中断申请。

RTI 在 MCU 复位时默认禁止。与 RTI 相关的寄存器有两个：CRG 中断寄存器 CRGINT 和实时中断控制寄存器 RTICTL。CRGINT 中的 RTIE = 1 时 RTI 激活，中断周期则通过 RTICTL 设置。

5.5.2 S12XE 实时中断定时寄存器

1. S12XECRG 中断允许寄存器——CRGINT

CRGINT 中 RTIE 位用于设置 RTI 请求的允许或屏蔽。

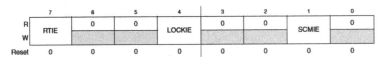

RTIE：RTI 允许位。0 为 RTI 禁止；1 为 RTI 请求允许。

2. 实时中断控制寄存器——RTICTL

1）RTDEC：十进制或二进制形式的分频数选择。0 为二进制分频数；1 为十进制分频数。

2）RTR [6:4]：实时中断预分频系数选择位。

3）RTR [3:0]：实时中断计数器值选择位。

RTI 的基频是振荡频率 f_{osc}，通过 RTI 控制寄存器的 RTR [6:4] 位对振荡频率分频，分频后的频率作为 RTR 计数器的输入时钟信号，计数器的值通过 RTI 控制寄存器的 RTR［3:0］位设定。

RTI 的溢出周期可以用下面公式计算：

$$T_R = (RL + 1) \times 2^{RH-1} \times 2^{10} \times T_{OSC} \tag{5-5}$$

式中，T_R 为 RTI 周期，单位为 s；$RL = RTR[3:0]$；$RH = RTR[6:4]$；T_{OSC} 为系统振荡周期，单位为 s。

如系统的振荡周期为 $T_{OSC} = 0.1MHz = 10^{-7}s$，设 $RTR[3:0] = 1010B$，$RTR[6:4] = 100B$，则 RTI 周期：$T_R = (10 + 1) \times 2^{4-1} \times 2^{10} \times T_{OSC} = 11 \times 2^{13} \times 10^{-7}s = 9.0112ms$

当 RTI 周期到时，RTIF 位置 1，进入中断服务子程序，同时下一个 RTI 周期立即开始。对 RTI 控制寄存器 RTICTL 的写操作将重新开始 RTI 周期计时操作。

RTI 的运行机制与看门狗定时器溢出中断类似，不同的是，RTI 的目的可能是需要在一个固定时间到达后执行某个处理（与定时器的功用相同），看门狗的目的是定时器溢出时执行错误纠正处理，而平时的"喂狗"行为并不总是溢出。RTI 的好处是定时时间长，能自动循环执行，且不占用定时器资源，所以它可以当成一个特殊的定时器来使用。

5.5.3　S12XE 实时中断定时实例

【例 5-12】　通过 RTI 实现固定的时间间隔中断。

```
#include < hidef.h >
#include "derivative.h"
#define LEDCPU PORTK_PK4
#define LEDCPU_dir DDRK_DDRK4
unsigned char single = 0;
/ * ===初始化实时中断 === * /
void INIT_RTI(void)
{
  CRGINT = 0x80;                    //使能实时中断
  RTICTL = 0x6f;                    //设置实时中断的时间间隔为 32.768ms
}
/ * ===实时中断函数 === * /
#pragma CODE_SEG __NEAR_SEG NON_BANKED
interrupt void RTI_inter(void)
{
  if(CRGFLG_RTIF == 1)
    CRGFLG_RTIF = 1;
  single + = 1;
  if(single == 15)
  {
    single = 0;
    LEDCPU = ~ LEDCPU;             //大约 0.5s 将指示灯翻转一次
  }
}
#pragma CODE_SEG DEFAULT
```

```
/* ===主函数=== */
void main(void) {
  DisableInterrupts;
  INIT_RTI();
  LEDCPU_dir =1;
  LEDCPU =0;
  EnableInterrupts;
  for(;;) {}
}
```

5.6 脉宽调制（PWM）接口

5.6.1 S12XE 的 PWM 模块概述

图 5-7 是 S12XE 的 PWM 模块内部结构框图。S12XE 内部集成的 PWM 模块专门用于输出 PWM 信号，使用时极少占用 CPU 资源。S12XE 系列 MCU 中 PWM 模块具有 8 路 8 位独立 PWM 通道，通过相应设置也可以变为 4 个 16 位 PWM 通道。每个 PWM 通道由独立运行的 8 位通道计数器 PWMCNT、两个比较寄存器（通道周期寄存器 PWMPER 和占空比寄存器 PWMDTY）等组成。通过对各寄存器的参数进行设置，确定 PWM 波形的输出周期和占空比，另外还可以通过极性寄存器 PWMPOL 和居中对齐使能寄存器 PWMCAE 设置 PWM 输出脉冲波形的极性和对齐方式。

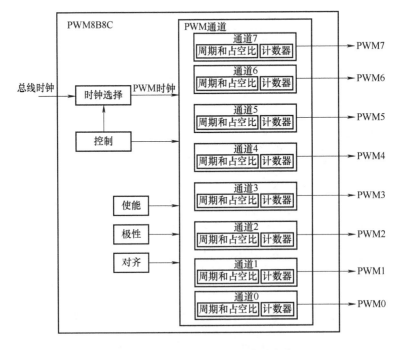

图 5-7 S12XE 的 PWM 模块内部结构框图

PWM 模块具有以下基本特征：

1）具有可编程周期和占空比的 8 个独立 PWM 通道。

2）每个 PWM 通道具有独立的计数器。

3）每个通道可编程允许/禁止 PWM 功能。

4）每个通道可软件选择 PWM 脉冲极性。

5）具有双缓冲的周期和占空比寄存器，当到达有效周期终点（PWM 计数器到达 0）或通道禁止时，修改值生效。

6）每个通道可编程中心对齐或左对齐输出。

7）8 个 8 位通道或 4 个 16 位通道 PWM 分辨率。

8）4 个时钟源（A、B、SA 和 SB）提供宽频带频率。

9）可编程的时钟选择逻辑。

10）紧急关闭功能。

5.6.2　PWM 波形输出

1. PWM 波形输出原理

PWM 每通道产生波形的核心部件是独立运行的 8 位脉冲计数器（PWMCNTx）和两个 8 位比较器，波形参数由周期常数寄存器（PWMPERx）和占空比常数寄存器（PWMDTYx）设定。其中，x = 0 ~ 7，代表通道号。PWM 波形形成原理如图 5-8 所示。PWM 启动工作时，计数器对已知周期的时钟开始计数，同时引脚 x 输出有效电平，当计数器的值等于 PWMDTY（占空比常数寄存器）时，输出电平从有效跳到无效，计数器仍保持计数；当计数器的值等于 PWMPER（周期常数寄存器）时，电平从无效跳到有效，此时完成了一个周期的高、低电平输出；然后计数器清零，重新计数，开始下一个周期的波形输出。如此循环反复，即在输出引脚输出了程控的 PWM 波形。

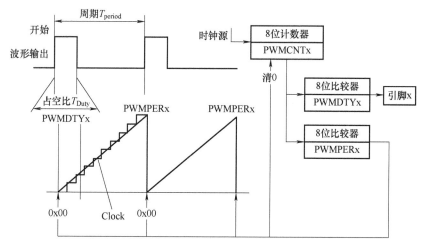

图 5-8　PWM 波形形成原理

S12XE 的 PWM 通道产生 PWM 波形的内部定时控制逻辑中还有一些专门的触发器、门电路、多路器等配合以上的时钟源、计数器、寄存器、比较器来完成波形输出过程。

占空比的原始定义是：占空比 = 脉冲宽度/周期。即在波形周期一定的情况下，波形的脉冲宽度时间就决定了占空比。S12XE 通过直接设置脉宽占周期的比例来确定占空比，也就是占空比常数寄存器的值。

PWM 输出波形的极性可以通过 PPOLx 寄存器选择，即可设置为起始输出高电平或起始输出低电平。向计数器中写入任何值都会使计数器清零。要修改周期和占空比时，可以将新值先写入相应的寄存器，随后立即对计数器进行写操作。PWMCAE 寄存器中的 CAEx 位是波形输出对齐方式的控制位，有左对齐和中心对齐两种格式，另外，当 PWM 使能控制位 PWMEx = 0 时，输出多路器自动切换到 P 口的 I/O 功能，同时 PWMCNT 的时钟源切断，停止计数。

2. 时钟源

PWM 模块共有 4 个时钟源，分别为 ClockA、ClockB、ClockSA、ClockSB，它们都源自 S12XE MCU 总线时钟。ClockA 时钟和 ClockB 时钟是由总线时钟直接分频得到的，预分频因子可选择为 1、2、4、8、16、32、64 或 128。ClockA 时钟进一步通过 2，4，8，...，512 比例分频后形成时钟 ClockSA（Scaled Clock A），与 ClockA 时钟一起为通道 0、1、4、5 提供时钟选择；ClockB 时钟进一步通过 2，4，8，...，512 比例分频后形成时钟 ClockSB（Scaled Clock B），与 ClockB 时钟一起为通道 2、3、6、7 提供时钟选择。

PWM 通道的这 4 个时钟源可以通过 PWM 预分频寄存器 PWMPRCLK 分别选择其分频因子，而寄存器 PWMCLK 用来选择通道的时钟源。

3. 输出波形对齐

（1）左对齐输出波形　在 PWM 模块中，如果设定占空比常数所决定的时间是从周期原点开始计时，则称为左对齐方式，如图 5-9 所示。

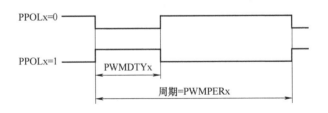

图 5-9　左对齐的 PWM 波形

在该方式下，脉冲计数器为循环递增计数，计数初值为 0。当 PWM 模块使能寄存器的 PWMEx = 1 时，PWM 启动，计数器 PWMCNTx 从 0 开始对时钟信号递增计数，开始一个输出周期。当计数值与占空比常数寄存器 PWMDTYx 相等时，相应比较器输出有效，将触发器置位而 PWMCNTx 继续计数；当计数值与周期常数 PWMPERx 寄存器相等时，相应比较器输出有效，将触发器复位，同时也使 PWMCNTx 复位，结束一个输出周期，PWMCNTx 又重新开始计数，开始新的输出周期。

（2）中心对齐输出波形　在 PWM 模块中，如果占空比常数所决定的时间位于周期中央，则称为中心对齐方式，如图 5-10 所示。

该方式下，脉冲计数器为双向计数，计数初值为 0。当 PWM 模块使能寄存器的 PWMEx = 1 时，PWM 启动计数器 PWMCNTx 从 0 开始对时钟信号递增计数，开始一个输出周期。当计数值与占空比常数 PWMDTYx 相等时，相应比较器输出有效，触发器翻转。PWMCNTx 继续计数，当计数值与周期常数 PWMPERx 相等时，相应比较器输出有效，改变 PWMCNTx 的计数方向，使其递减计数。当计数值再次与 PWMDTYx 相等时，相应比较器输出又一次有效，使触发器再次翻

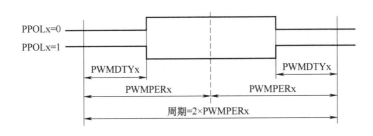

图 5-10 中心对齐的 PWM 波形

转，然后 PWMCNTx 继续递减计数，等 PWMCNTx 减回至 0 时，完成一个输出周期。因此，在这种模式下，整个输出周期就是周期常数 PWMPERx 的 2 倍，而首次翻转后电平输出时间为周期常数 PWMPERx 与占空比常数 PWMDTYx 差值的 2 倍。

4. 周期与脉宽

PWM 输出波形的周期可通过周期控制寄存器 PWMPERx 设定，PWM 输出波形的占空比可通过占空比控制寄存器 PWMDTYx 设定，其中波形周期（也即频率）与当前通道的时钟源选择有关，而且周期及占空比的计算方法在左对齐和中心对齐方式下也会有所不同。

（1）左对齐的计算公式

$$PWMx\ 频率 = Clock(A、B、SA\ 或\ SB)/PWMPERx$$

当 Polarity = 0（PPOLx = 0）时：

$$PWMx\ 占空比 = \left[(PWMPERx - PWMDTYx)/PWMPERx\right] \times 100\%$$

当 Polarity = 1（PPOLx = 1）时：

$$PWMx\ 占空比 = (PWMDTYx/PWMPERx) \times 100\%$$

（2）中心对齐计算公式

$$PWMx\ 频率 = Clock(A、B、SA\ 或\ SB)/(2 \times PWMPERx)$$

当 Polarity = 0（PPOLx = 0）时：

$$PWMx\ 占空比 = \left[(PWMPERx - PWMDTYx)/PWMPERx\right] \times 100\%$$

当 Polarity = 1（PPOLx = 1）时：

$$PWMx\ 占空比 = (PWMDTYx/PWMPERx) \times 100\%$$

5. 通道级联

如果 8 位计数器的精度不能满足要求，可以把两个 8 位 PWM 通道级联起来，组成一个 16 位 PWM 通道。PWM 的 8 个通道分为 4 组：PWM0 和 PWM1、PWM2 和 PWM3、PWM4 和 PWM5、PWM6 和 PWM7，每组的两个通道可以选择是否级联，用来构成 16 位的 PWM 通道：CON01、CON23、CON45、CON67。级联时，两个通道的常数寄存器和计数器均连接成 16 位寄存器，原来通道 7、5、3、1 作为低 8 位字节，原来通道 6、4、2、0 作为高 8 位字节。级联后，4 个 16 位通道的波形输出分别使用通道 7、5、3、1（低 8 位通道）的输出引脚，时钟源也分别由通道 7、5、3、1 的时钟选择控制位决定。级联后，通道 6、4、2、0 的引脚变成通用 I/O 引脚，通道 6、4、2、0 的时钟选择以及其他控制寄存器设置就没有意义。级联后，PWM 波形的允许、极性对齐方式，也是由低 8 位通道对应的寄存器控制的。

6. 特殊情况

表 5-1 是 PWM 的一些特殊状态。

表 5-1 PWM 的特殊状态

PWMDTYx	PWMPERx	PPOLx	PWMx Output
0x00（表示无占空比）	>0x00	1	低电平
0x00（表示无占空比）	>0x00	0	高电平
XX	0x00① （表示无周期）	1	高电平
XX	0x00① （表示无周期）	0	低电平
>=PWMPERx	XX	1	高电平
>=PWMPERx	XX	0	低电平

① 计数器 =0x00 和不计数。

7. 复位与中断

当 MCU 复位时，PWM 计数器即被配置为加法计数器，但所有的 PWM 通道被禁止，计数器不工作。

PWM 模块只有一个中断源，在紧急关断时才使用。当控制位 PWM7ENA=1 时，PWM7 引脚的电平边沿变化会引起中断，并对中断标志位 PWMIF 置 1；或者当 PWM7 的输入电平为 PWMENA7 设定的有效允许电平时，也可以引起中断。PWM 模块只能产生中断标志从而向 CPU 申请中断，并不能自行关断 PWM，若要真正关断 PWM 输出，需在 CPU 中断服务程序中另行处理。PWM 紧急关断的中断向量地址为 0xFF8C。

5.6.3 PWM 模块寄存器使用

S12XE MCU 中的 PWM 模块一旦设置完成，无需软件干预即可生成 PWM 信号，除非要改变周期或占空比。PWM 模块相关寄存器较多，通过相应设置，可以生成一定频率和占空比的 PWM 输出信号。在设置 PWM 模块时，应按照一定的步骤进行，PWM 初始化步骤及涉及的寄存器为：

1）关闭 PWM 通道：PWME。
2）选择极性：PWMPOL。
3）选择时钟：PWMCLK、PWMPRCLK、PWMSCLA、PWMSCLB。
4）选择对齐方式：PWMCAE。
5）设置占空比和周期：PWMDTYx、PWMPERx。
6）使能 PWM 通道：PWME。
各寄存器具体设置与定义如下：

1. PWM 使能寄存器——PWME

每个 PWM 通道有一个使能位 PWMEx 让该通道开始波形输出，当任何 PWMEx 置位时，相关的 PWM 输出立即使能。然而，由于时钟源和 PWMEx 要同步，要在时钟源的下一个周期开始时，PWM 相关通道的输出波形才有效。

2. PWM 极性寄存器——PWMPOL

R W	7 PPOL7	6 PPOL6	5 PPOL5	4 PPOL4	3 PPOL3	2 PPOL2	1 PPOL1	0 PPOL0
Reset	0	0	0	0	0	0	0	0

每个 PWM 通道波形的初始极性是由 PWMPOL 寄存器中相关的 POL 位决定的。如果极性位为 1，起始输出时为高，当计数器达到占空比常数的值时，PWM 通道的输出由高变为低。相反，如果极性位为 0，起始输出为低，当计数器达占空比常数的值时，输出波形由低变高。

3. PWM 时钟选择寄存器——PWMCLK

R W	7 PCLK7	6 PCLKL6	5 PCLK5	4 PCLK4	3 PCLK3	2 PCLK2	1 PCLK1	0 PCLK0
Reset	0	0	0	0	0	0	0	0

该寄存器中，0 为选择 ClockA 或 ClockB 为时钟源；1 为选择 ClockSA 或 ClockSB 为时钟源。

4. PWM 预分频时钟选择寄存器——PWMPRCLK

R W	7 0	6 PCKB2	5 PCKB1	4 PCKB0	3 0	2 PCKA2	1 PCKA1	0 PCKA0
Reset	0	0	0	0	0	0	0	0

Clock B 的预分频选择见表 5-2；类似，ClockA 通过 PCKA2、PCKA1、PCKA0 设置预分频数。

表 5-2　Clock B 的预分频选择

PCKB2	PCKB1	PCKB0	B 时钟
0	0	0	总线时钟频率
0	0	1	总线时钟频率/2
0	1	0	总线时钟频率/4
0	1	1	总线时钟频率/8
1	0	0	总线时钟频率/16
1	0	1	总线时钟频率/32
1	1	0	总线时钟频率/64
1	1	1	总线时钟频率/128

5. PWM 比例分频寄存器——PWMSCLA、PWMSCLB

R W	7 Bit 7	6 6	5 5	4 4	3 3	2 2	1 1	0 Bit 0
Reset	0	0	0	0	0	0	0	0

$ClockSA = ClockA/(2 \times PWMSCLA)$，$ClockSB = ClockB/(2 \times PWMSCLB)$。

6. PWM 中心对齐使能寄存器——PWMCAE

R W	7 CAE7	6 CAE6	5 CAE5	4 CAE4	3 CAE3	2 CAE2	1 CAE1	0 CAE0
Reset	0	0	0	0	0	0	0	0

该寄存器中，0 为对应通道 PWM 输出左对齐；1 为对应通道 PWM 输出中心对齐。

7. PWM 控制寄存器——PWMCTL

	7	6	5	4	3	2	1	0
R	CON67	CON45	CON23	CON01	PSWAI	PFRZ	0	0
W								
Reset	0	0	0	0	0	0	0	0

设定通道的级联和两种工作模式：等待模式和冻结模式。

8. PWM 通道计数寄存器——PWMCNTx

	7	6	5	4	3	2	1	0
R	Bit 7	6	5	4	3	2	1	Bit 0
W	0	0	0	0	0	0	0	0
Reset	0	0	0	0	0	0	0	0

9. PWM 通道周期寄存器——PWMPERx

	7	6	5	4	3	2	1	0
R	Bit 7	6	5	4	3	2	1	Bit 0
W								
Reset	1	1	1	1	1	1	1	1

10. PWM 通道占空比寄存器——PWMDTYx

	7	6	5	4	3	2	1	0
R	Bit 7	6	5	4	3	2	1	Bit 0
W								
Reset	1	1	1	1	1	1	1	1

11. PWM 关断寄存器——PWMSDN

	7	6	5	4	3	2	1	0
R	PWMIF	PWMIE	0	PWMLVL	0	PWM7IN	PWM7INL	PWM7ENA
W			PWMRSTRT					
Reset	0	0	0	0	0	0	0	0

1）PWMIF：PWM 中断标志位。其中，0 为 PWM7IN 输入无变化；1 为 PWM7IN 输入有变化。在 PWM7ENA = 1 的情况下，通道 7 上的任意电平变化将使 PWMIF 置位。向该位写 1 清零，写 0 无效。

2）PWMIE：PWM 中断使能位。其中，0 为 PWM 中断禁止；1 为 PWM 中断使能。该位使能后可向 MCU 发起通道 7 触发的中断申请。

3）PWMRSTRT：PWM 重新启动控制位。在通道 7 不是有效触发电平的情况下，向该位写 1，当计数器回 0 时，将再次启动各通道的 PWM 输出。

4）PWMLVL：PWM 紧急关闭后，各通道输出电平选择控制位。其中，0 为各通道强制输出低电平；1 为各通道强制输出高电平。

5）PWM7IN：通道 7 引脚的当前输入状态位，为只读。

6）PWM7INL：通道 7 有效电平选择位。其中，0 为低电平触发；1 为高电平触发。该位决定 PWM 紧急关断的通道 7 有效电平条件，在 PWM7ENA = 1 时有效。

7）PWM7ENA：PWM 紧急关断使能位。其中，0 为 PWM 紧急关断功能禁止；1 为 PWM 紧急关断功能使能。该位置 1 时，可实现通过外部触发方式紧急关闭 PWM 输出，此时通道 7 被强制配置为触发输入引脚。只有当该位为 1 时，PWMSDN 寄存器的其他位才有意义。

5.6.4 PWM 应用实例

【例 5-13】 PWM 模块寄存器的常规应用。

```
void init_pwm(void)
{
  PWMCTL_CON01 = 1;          //联结通道 0,1 为 16 位的 PWM
  PWMPOL_PPOL1 = 1;          //通道 01 的极性为高电平有效
  PWMPRCLK = 0x55;           //A 时钟和 B 时钟的分频系数为 32,频率为 1MHz
  PWMSCLA   = 25;            //SA 时钟频率为 20kHz
  PWMCLK = 0x02;             //通道 01 用 SA 时钟作为时钟源
  PWMPER01  = 200;           //通道 01 的频率为 100Hz
  PWMDTY01  = 0;             //通道 01 的占空比为 0%
  PWME_PWME1 = 1;            //使能通道 01
  }
```

应用程序中，通过下面程序，改变 PWMDTY01 值，输出合适占空比的 PWM 波形信号。

```
PWMDTY01 = 0;              //占空比为 0%
delay();
PWMDTY01 = 100;            //占空比为 50%
delay();
PWMDTY01 = 200;            //占空比为 100%
delay();
```

【例5-14】 通过 PWM 实现数字量转换成模拟（DA）功能。

PWM 波形信号的能量可以通过调整 PWM 信号的占空比实现。因此，可以通过有效值电路将 PWM 波形信号转化成对应信号有效值信号。通常在 PWM 信号后设计低通滤波器，使高频输出的 PWM 波形转换成直流信号。

图 5-11 是 PWM 低通滤波输出电路。PWM 输出波形通过一阶低通滤波器（由 R1、C1 构成）产生直流信号。为使电压保持稳定，在低通滤波器后再加一级电压跟随器（由 LM324 和 R2 构成）。输出的模拟量电平与 PWM 波占空比有关，如 50% 时输出最大输出电平（5V）的 1/2（2.5V）。在电压跟随器的后端加接一个 LED 灯，当 LM324 输出模拟电压大于 2V 时，所接 LED 灯被点亮。通过程序改变 PWMDTY01 的值，可以控制 LED 灯发光的亮度。需要注意的是，当 PWM 作为 DA 功能使用时，PWM 信号的频率要适当高些，以改善低通滤波器的输出性能。

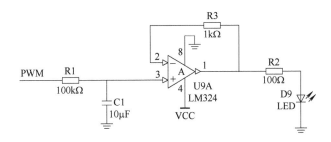

图 5-11　PWM 低通滤波输出电路

PWM 模块的初始化可参考【例5-13】，这里给出通过调整 PWM 占空比实现 LED 灯由暗逐渐变亮的循环控制程序代码。

```
i =0;
j =5000;
for(;;)
{
    PWMDTY01 =i;
    PWME_PWME1 =1;
    while(j--);//延时
    j =5000;
    for(i ++ > =200)   i =0;
}
```

▶ 第6章

汽车嵌入式系统常用通信技术

本章以 S12XE 系列 MCU 为例，系统阐述常用各类通信技术的原理及实现方法，包括 SCI、SPI、IIC、CAN、LIN 等通信接口技术。重点介绍了汽车嵌入式系统应用广泛的 CAN、LIN 总线通信技术，并给出了大量的应用实例。

6.1 SCI 串行通信

6.1.1 SCI 串行通信的工作原理

计算机中信息传递方式有串行通信和并行通信两种，如图 6-1 所示。

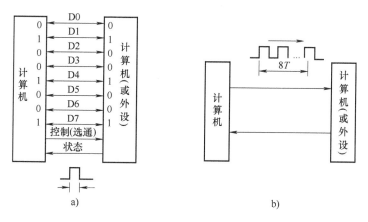

图 6-1 计算机的两种通信方式

a）并行通信 b）串行通信

SCI（serial communication interface）是最常用、最经典的通用串行异步通信（UART，universal asynchronous receiver/transmitter）接口方式。

1. 异步串行通信的格式

异步是指收、发双方使用各自的时钟控制发送和接收过程，可以省去收、发双方需要同一条同步时钟信号线，使异步串行通信的连接更简单且更易实现。

异步通信中数据或字符是一帧一帧传送。帧即为一个字符的完整通信格式，又称帧格式。一个完整的帧格式由 4 部分组成：起始位、数据位、奇偶校验位、停止位。

这种格式的空闲状态为"1"，发送器通过发送 1 位起始位，"0"表示一个字节传输的开始，随后是数据位（一般是 8 位或 9 位，可以包含校验位等），最后，发送器发送 1 位停止位，表示一个字节传送结束。若继续发送下一字节，则重新发送开始位，开始一个新的字节传送；若不发送新的字节，则维持"1"的状态，使发送数据线处于空闲状态。每发送一个字节都要发送"开始位"与"停止位"。

2. 串行通信的波特率

串行通信时，每秒内传输的信号元素的数目称为波特率。常用的波特率有：1200、2400、4800、9600、19200、38400、57600、115200 等，很容易计算出每帧信息传送所需的时间。随着波特率的提高，相邻两位间的时间间隔变短，以至于很容易受到电磁源的干扰，通信可靠度下降。此外，通信距离问题也会造成信号衰减和信号被干扰。

3. 奇偶校验

在异步串行通信中，为确保传输的正确性，最常见的方法是在每帧中增加一位奇偶校验位，供错误检测使用。它是为每个字符增加一个额外位，使字符中"1"的个数为奇数或偶数。奇数或偶数则依据使用的是"奇校验检查"还是"偶校验检查"而定。当使用"奇校验检查"时，如果字符数据位中"1"的数目是偶数，校验位应为"1"；如果"1"的数目是奇数，校验位应为"0"。当使用"偶校验检查"时，如果字符数据位中"1"的数目是偶数，则校验位应为"0"；如果是奇数，则为"1"。例如，ASCII 字符"R"，其位构成是 1010010B，有 3 个位为"1"，若使用奇校验检查，则校验位为 0；如果使用偶校验检查，则校验位为 1。

在传输过程中，使用奇偶校验检查，可以知道是否发生传输错误。但若有 2 位（或偶数个数据位）发生错误，就无法检查。但是奇偶校验检查方法简单、使用方便，发生 1 位错误的概率远大于 2 位错误的概率，所以"奇偶校验"这种方法还是最为常用的校验方法。几乎所有 MCU 的串行异步通信接口，都提供这种功能。

4. 串行通信的传输方式

串行通信中，有"单工""全双工""半双工"等不同的传输方式。

1）单工（simplex）。数据传送是单向的，一端为发送端，另一端为接收端。这种传输方式中，除地线外，仅需一根数据线。

2）全双工（full-duplex）。数据传送是双向的，且可以同时接收与发送数据。这种传输方式中，除地线外，需要两根数据线，站在任何一端的角度看，一根为发送线，另一根为接收线。一般情况下，MCU 的异步串行通信接口均是全双工的。

3）半双工（half-duplex）。数据传送也是双向的，但是在这种传输方式下，除地线外，一般只有一根数据线。任何时刻，只能由一方发送数据，另一方接收数据，不能同时收发。

5. RS-232 总线标准

MCU 引脚输入/输出一般使用晶体管-晶体管逻辑（TTL，transistor-transistor logic）电平。而 TTL 电平的"1"和"0"的特征电压分别为 2.4V 和 0.4V，即电压高于 2.4V 则识别为"1"，电压低于 0.4V 则识别为"0"，一般仅适用于板内数据传输。若用 TTL 电平将数据传输超过 5m，就无法保证信息传送的可靠性了。为使信号传输得更远，美国电子工业协会制定了串行物理接口标准 RS-232C，以下简称 RS-232。RS-232 采用负逻辑，-15 ~ -3V 为逻辑"1"，+3 ~ +15V 为逻辑"0"。其最大的传输距离可达 30m，通信速率一般低于 20kbit/s。

目前，标准串行通信接口普遍使用 9 芯串行接口（DB9），图 6-2 为 DB9 芯串行接口的排列位置，相应引脚含义见表 6-1。在 RS-232 通信中，常使用精简 RS-232 通信，通信时仅使用 3 根线：RXD（接收线）、TXD（发送线）和 GND（地线），分别对应 9 芯串行接口 2、3、5 引脚。其他引脚是为接调制解调器和硬件握手信号（如请求发送 RTS 信号与允许发送 CTS 信号）的，初学时可以忽略这些信号的含义。

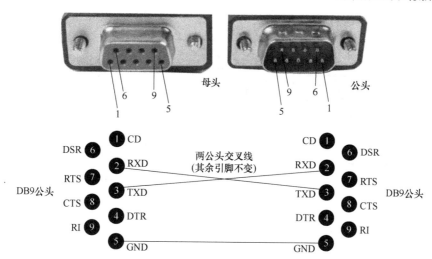

图 6-2 DB9 芯串行接口的排列位置

表 6-1 DB9 芯串行通信接口引脚含义表

引脚号	功　能	引脚号	功　能
1	接收线信号检测（载波检测 DCD）	6	数据通信设备准备就绪（DSR）
2	接收数据线（RXD）	7	请求发送（RTS）
3	发送数据线（TXD）	8	允许发送（CTS）
4	数据终端准备就绪（DTR）	9	振铃指示
5	信号地（SG）		

在 MCU 中，若使用 RS-232 总线与其他设备进行串行通信，则需外接电路实现电平转换。在发送端，需要用驱动电路将 TTL 电平转换成 RS-232 电平，在接收端需要用接收电路将 RS-232 电平转换为 TTL 电平。目前广泛使用 MAX232 芯片，该芯片使用 +5V 电源供电实现电平转换。

图 6-3 为基本串行通信接口的电平转换电路。

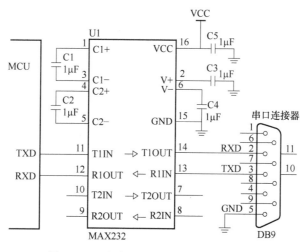

图 6-3 基本串行通信接口电平转换电路

进行 MCU 的 SCI 串行通信编程时，只针对 MCU 的 TXD 和 RXD 引脚，与 MAX232 无关，MAX232 仅起电平转换的作用，有时又称其为串口通信驱动器、收发器等。

图 6-4 所示为 S12XE 的 SCI 模块框图。

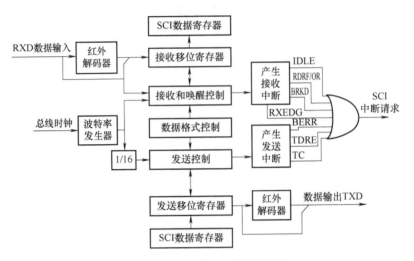

图 6-4　S12XE 的 SCI 模块框图

6.1.2　SCI 主要寄存器

1. 波特率寄存器——SCIBDH、SCIBDL

两个 8 位的 SCIBDH、SCIBDL 构成一个 16 位的波特率控制寄存器，也可用 SCIBD 作为 16 位寄存器直接使用。

SCIBDH 波特率寄存器：

SCIBDL 波特率寄存器：

1）IREN：0 为禁止红外模块；1 为允许红外模块。

2）TNP [1:0]：SCI 发送器窄脉冲宽度控制。11 为 1/4；10 为 1/32；01 为 1/16；00 为 3/16。

3）SBR [12:0]：波特率常数，取值 1～8191。

波特率计算公式：

$$SCI\ 波特率 = f_{BUS} / [16 \times (1 + IREN) \times SBR]$$

波特率计算的结果会有些误差，可以忽略，但应尽量接近所使用的目标波特率。

2. SCI 控制寄存器 1——SCICR1

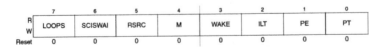

1）LOOPS：循环操作控制位。0 为正常方式使能；1 为循环方式使能。

2）SCISWAI：等待方式下停止控制位。0 为等待模式下，SCI 正常工作；1 为等待模式下，

SCI 停止工作。

3）RSRC：接收器信号源选择位。0 为接收器的输入和发送器的输出内部短接，不经过外部引脚；1 为接收器的输入和发送器的输出外部短接。仅当 LOOPS = 1 时，决定接收器移位寄存器的信号源。

4）M：数据帧格式选择位。0 为 1 个起始位，8 个数据位，1 个停止位；1 为 1 个起始位，9 个数据位，1 个停止位。

5）WAKE：唤醒条件选择位。0 为空闲线唤醒；1 为地址标志唤醒。

6）ILT：空闲线类型选择位。0 为在一帧的开始位后立即对空闲特征位计数；1 为在停止位后开始对空闲特征位计数。

7）PE：奇偶校验使能位。0 为奇偶校验禁止；1 为奇偶校验使能。

8）PT：奇偶校验类型选择位。0 为偶校验；1 为奇校验。

3. SCI 控制寄存器 2——SCICR2

	7	6	5	4	3	2	1	0
R W	TIE	TCIE	RIE	ILIE	TE	RE	RWU	SBK
Reset	0	0	0	0	0	0	0	0

1）TIE：发送中断使能位。0 为发送数据寄存器为空中断请求禁止；1 为发送数据寄存器为空中断请求使能。

2）TCIE：发送完成中断使能位。0 为发送完成中断请求禁止；1 为发送完成中断请求使能。

3）RIE：接收满中断使能位。0 为接收数据寄存器满和重叠中断请求禁止；1 为接收数据寄存器满和重叠中断请求使能。

4）ILIE：空闲线中断使能位。0 为空闲线标志中断请求禁止；1 为空闲线标志中断请求使能。

5）TE：发送允许位。0 为发送器禁止；1 为发送器使能。

6）RE：接收允许位。0 为接收器禁止；1 为接收器使能。

7）RWU：接收器唤醒位。0 为正常工作；1 为唤醒功能使能。

8）SBK：中止符发送使能位。0 为中止符发送禁止；1 为发送中止符使能。

4. SCI 状态寄存器 1—— SCISR1

该寄存器可显示 SCI 的运行情况，如收发数据是否已空/满、是否出错等。

	7	6	5	4	3	2	1	0
R W	TDRE	TC	RDRF	IDLE	OR	NF	FE	PF
Reset	1	1	0	0	0	0	0	0

1）TDRE：发送数据寄存器空标志位。0 为无字节传送到发送移位寄存器；1 为数据已传送到发送移位寄存器，发送数据寄存器为空。当读取状态寄存器 SCISR1 后再写入数据寄存器 SCIDRL 后将清零 TDRE，直至完成移位发送。

2）TC：发送完成标志。0 为正在进行发送；1 为发送已完成，无发送在进行。

3）RDRF：接收数据满标志。0 为数据寄存器的数据无效；1 为数据寄存器接收到的数据有效。当数据从接收移位寄存器传输到数据寄存器后 RDRF 置 1，当读取状态寄存器 SCISR1 再读取数据寄存器 SCIDRL 时将会清零 RDRF。

4）IDLE：接收线空闲标志。0 为接收线 RXD 非空闲；1 为接收线 RXD 空闲。当接收到 10 或 11 个以上连续的 1 时，IDLE 置位。

5）OR：重叠标志。0 为无重叠；1 为出现重叠。当接收数据寄存器中的数据未被取走之前，又要接收移位寄存器写入新的一帧数据这种情况称为接收重叠。读取 SCISR1 再读取 SCIDRL 时该位清零。

6）NF：噪声标志。0 为无噪声；1 为有噪声。当 SCI 检测到接收输入端有噪声，该位置为 1。读取 SCISR1 再读取 SCIDRL 时该位清零。

7）FE：帧格式错误标志。如果在应该出现停止位的时刻，检测到 0，则该位置为 1。读取 SCISR1 再读取 SCIDRL 时该位清零。0 为没有帧格式错误；1 为出现帧格式错误。

8）PF：奇偶校验错误标志。当奇偶校验允许（PE = 1），接收到数据帧的奇偶性与 SCICR1 中的 PT 位预定的奇偶校验类型不相匹配时，该位置为 1。读取 SCISR1 再读取 SCIDRL 时该位清零。0 为奇偶校验正确；1 为奇偶校验错误。

5. SCI 数据寄存器——SCIDRH、SCIDRL

SCI 数据寄存器由 SCIDRH、SCIDRL 两个 8 位寄存器构成。当使用 8 位数据格式时，只使用低 8 位的 SCIDRL 寄存器；当使用 9 位数据格式时，两个寄存器都要使用，发送时，先写 SCIDRH，再写 SCIDRL。

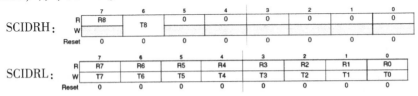

1）R8：接收位 8。该位写操作无效，当 SCI 设置成 9 位数据运行模式（M = 1）时，该位是从串行数据流中接收到的奇偶校验位 Bit8。

2）T8：发送位 8。任何时候可读可写，当 SCI 设置成 9 位数据运行模式时，该位是送到串行数据流的奇偶校验位 Bit8。

3）R [7:0]：接收数据位 7～0。

4）T [7:0]：发送数据位 7～0。

6. 其他寄存器

SCI 还有 SCIASR1、SCIACR1、SCIACR2 寄存器，请参考手册。

6.1.3　SCI 应用实例

【例 6-1】　采用中断方式实现串口通信数据的接收。

```
#define BAUD 9600                    //定义波特率
/* ===初始化 SCI === */
void INIT_SCI(void)
{
        SCI0BD = BUS_CLOCK/16/BAUD;  //设置 SCI0 波特率为 9600
        SCI0CR1 = 0x00;              //设置 SCI0 为正常模式,8 位数据位,无奇偶校验
        SCI0CR2 = 0x2c;              //允许接收和发送数据,允许接收中断功能
}
/* ===串口发送函数 === */
void SCI_send(unsigned char data)
{
    while(! SCI0SR1_TDRE);           //等待发送数据寄存器(缓冲器)为空
    SCI0DRL = data;
}
/* ===串口接收函数 === */
```

```
unsigned char SCI_receive(void)
{
  while(! SCI0SR1_RDRF);           //等待发送数据寄存器满
  return(SCI0DRL);
}
/*串口中断接收函数*/
#pragma CODE_SEG __NEAR_SEG NON_BANKED
interrupt void receivedata(void)
{
    data_receive = SCI_receive();
    if(data_receive == 'O')
    {
      SCI_send('Y');
      LEDCPU = LED_ON;
    }
    if(data_receive == 'C')
    {
      SCI_send('V');
      LEDCPU = LED_OFF;
    }
}
#pragma CODE_SEG DEFAULT
```

6.2   SPI 串行接口

SPI（serial peripheral interface）同步串行通信外设接口是 Motorola 公司推出的高速、全双工、同步的通信总线，对应芯片的引脚上占用四根线，具有简单易用的特性。

6.2.1   SPI 的工作原理

SPI 通信通常由一个主模块和一个或多个从模块组成，主模块选择一个从模块进行同步通信，从而完成数据交换。SPI 是一个环形结构，通信时需要至少 4 根线：

1）MISO（master input slave output，主设备数据输入，从设备数据输出）。

2）MOSI（master output slave input，主设备数据输出，从设备数据输入）。

3）SCLK（serial clock，SPI 的时钟信号，由主设备产生）。

4）CS（chip select，片选信号，也是从设备使能信号，一般是低电平有效，由主设备控制）。

对于使用 SPI 的外围器件，有时也用 SDI 或 SI（数据输入）、SDO 或 SO（数据输出）、SCLK（时钟）、CS 或 SS（片选）作为 SPI 通信的 4 个引脚代号。

SPI 外围串行扩展结构图如图 6-5 所示，CS 线是从芯片是否被主芯片选中的控制信号，这样就可以在同一条总线上连接多个 SPI 设备。其余 3 根线负责通信，由 SCLK 提供时钟脉冲，MISO、MOSI 则基于 SCLK 的脉冲完成数据传输。数据在时钟上升沿或下降沿时改变，在紧接着的下降沿或上升沿被读取，完成 1 位数据传输。输入也使用同样原理。因此，至少需要 8 次时钟信号的改变（上沿和下沿为一次），才能完成 1 个字节 8 位数据的传输。

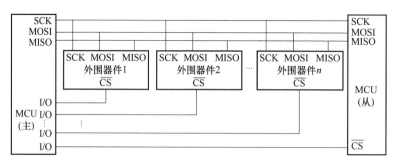

图 6-5 SPI 外围串行扩展结构图

SPI 允许数据一位一位的传送，甚至允许暂停，主设备通过对 SCLK 时钟线的控制实现对通信的控制。此外，SPI 还是一个数据交换协议：SPI 的数据输入和输出线独立，允许同时完成数据的输入和输出。不同的 SPI 设备的实现方式不尽相同，主要是数据改变和采集时间不同，在时钟信号上沿或下沿采集有不同定义，具体请参考相关器件的文档。SPI 没有指定的流控制，没有应答机制确认是否接收到数据。

通过 CPOL（时钟极性）和 CPHA（时钟相位）来控制主设备的通信模式，具体如下：

1）CPOL = 0，表示当 SCLK = 0 时处于空闲态，有效状态对应 SCLK 处于高电平。

2）CPOL = 1，表示当 SCLK = 1 时处于空闲态，有效状态对应 SCLK 处于低电平。

3）CPHA = 0，表示数据采样是在第 1 个边沿，数据发送在第 2 个边沿。

4）CPHA = 1，表示数据采样是在第 2 个边沿，数据发送在第 1 个边沿。

SPI 有 4 种通信方式：

1）方式 0：CPOL = 0，CPHA = 0。空闲态时，SCLK 处于低电平，数据采样是在第 1 个边沿，也就是 SCLK 由低电平到高电平的跳变，所以数据采样是在上升沿，数据发送是在下降沿。

2）方式 1：CPOL = 0，CPHA = 1。空闲态时，SCLK 处于低电平，数据发送是在第 1 个边沿，也就是 SCLK 由低电平到高电平的跳变，所以数据采样是在下降沿，数据发送是在上升沿。

3）方式 2：CPOL = 1，CPHA = 0。空闲态时，SCLK 处于高电平，数据采集是在第 1 个边沿，也就是 SCLK 由高电平到低电平的跳变，所以数据采集是在下降沿，数据发送是在上升沿。

4）方式 3：CPOL = 1，CPHA = 1。空闲态时，SCLK 处于高电平，数据发送是在第 1 个边沿，也就是 SCLK 由高电平到低电平的跳变，所以数据采集是在上升沿，数据发送是在下降沿。

SPI 内部实际上是简单的移位寄存器，传输的数据为 8 位，在主器件产生的从器件使能信号和移位脉冲下，按位传输，高位在前，低位在后。如图 6-6 所示，SSPSR 是 SPI 设备内部的移位寄存器，根据 SPI 时钟信号状态，往 SSPBUF 里移入或者移出数据。

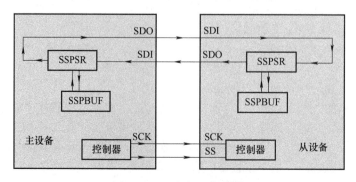

图 6-6 SPI 内部工作机制

6.2.2 SPI 主要寄存器

由于 SI2XE MCU 可能会有多个串行外设接口，编程使用时，寄存器名称应写为 SPIx（x = 0，1，2，…）。每个 SPI 模块提供了 6 个 8 位寄存器用于 SPI 控制、波特率设置、状态、数据收发等，各个寄存器定义和设置说明如下：

1. SPI 控制寄存器 1——SPICR1

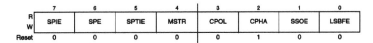

	7	6	5	4	3	2	1	0
R W	SPIE	SPE	SPTIE	MSTR	CPOL	CPHA	SSOE	LSBFE
Reset	0	0	0	0	0	1	0	0

1）SPIE：SPI 接收中断使能位。0 为 SPI 中断禁止；1 为 SPI 中断使能。使能时允许每当 SPISR 中的 SPI 接收满标志 SPIF 或模式错误标志 MODF 置位时，发出硬件中断请求。

2）SPE：SPI 模块使能位。0 为 SPI 模块功能禁止（低功耗）；1 为 SPI 模块功能使能。该位为 1 指明 SPI 的复用引脚用于 SPI 系统。

3）SPTIE：SPI 发送中断使能位。0 为 SPTEF 中断禁止；1 为 SPTEF 中断使能。使能时允许每当 SPI 发送空标志 SPTEF 置位时，发出硬件中断请求。

4）MSTR：SPI 主/从模式选择位。0 为从机模式；1 为主机模式。

5）CPOL：SPI 时钟极性选择位。0 为时钟选择高电平激活，SCK 空闲状态为低电平；1 为时钟选择低电平激活，SCK 空闲状态为高电平。该位选择 SPI 时钟反相或不反相。数据在 SPI 模块中传输，SPI 模块必须使用同样的时钟极性。

6）CPHA：SPI 时钟相位选择位。该位用于选择 SCK 时钟的格式，0 为在 SCK 时钟的奇数跳变沿（1，3，5，…）采样数据位；1 为在 SCK 时钟的偶数跳变沿（2，4，6，…）采样数据位。

7）SSOE：从机选择输出使能位。仅用于主机模式，该位和 SPICR2 中的 MODFEN 位一起控制 SS 引脚的输入/输出特性。

MODFEN：SSOE 控制 SS 引脚的输入/输出特性：

00——主机模式，SS 不被 SPI 使用，作为 GPIO；从机模式，SS 作为从机选通输入。

01——主机模式，SS 不被 SPI 使用，作为 GPIO；从机模式，SS 作为从机选通输入。

10——主机模式，SS 在模式错误特性下作输入端；从机模式，SS 作为从机选通输入。

11——主机模式，SS 作为从机选通输出；从机模式，SS 作为从机选通输入。

8）LSBFE：LSB 在先使能位。0 为数据传送以最高位 MSB 开始；1 为数据传送以最低位 LSB 开始。

2. SPI 控制寄存器 2——SPICR2

	7	6	5	4	3	2	1	0
R W	0	XFRW	0	MODFEN	BIDIROE	0	SPISWAI	SPC0
Reset	0	0	0	0	0	0	0	0

1）XFRW：数据传输宽度选择位。0 为 8 位；1 为 16 位。

2）MODFEN：模式故障功能（MODF）使能位。0 为 SS 引脚不被 SPI 使用；1 为 SS 引脚用于 MODF 功能。该位对于从机工作模式无意义。当 SPI 工作于主机模式时，若 MODFEN 位为低电平，SS 引脚无法使用 SPI 通信模块，若 MODFEN 位为高电平，SS 引脚将作为模式错误输入或从机选通输出；当 SPI 工作于从机模式时，不管 MODFEN 位为何值，SS 引脚仅输入有效。

3）BIDIROE：双向模式下的输出使能位。当 SPI 配置成半双工的双向模式（SPC0 = 1）时，该位与 SPICR1 的 MSTR 决定数据方向。0 为输出缓冲无效，数据方向为输入；1 为输出缓冲使能，数据方向为输出。

4）SPISWAI：等待模式下 SPI 停止控制位。用于在等待模式下降低功耗，0 为在等待模式下，停止产生 SPI 时钟；1 为在等待模式下，SPI 时钟正常工作。

5）SPC0：串行引脚控制位。该位与 MSTR 位一起决定串行引脚的功能。0 为 SPI 处于正常全双工工作模式，此时，MOSI 和 MISO 按原规定独立使用；1 为 SPI 处于单线半双工双向模式，此时，SPI 主机模式下使用 MOSI 作为双向数据线，从机模式时下使用 MISO 作为双向数据线。

3. SPI 波特率选择寄存器——SPIBR

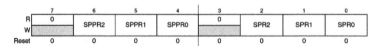

	7	6	5	4	3	2	1	0
R	0	SPPR2	SPPR1	SPPR0	0	SPR2	SPR1	SPR0
W								
Reset	0	0	0	0	0	0	0	0

1）SPPR [2:0]：SPI 波特率预分频因子选择位。预分频因子 = SPPR + 1。

2）SPR [2:0]：SPI 波特率分频因子选择位。分频因子 = SPR + 1。

SPI 模块工作的波特率计算公式为：

$$\text{SPI 模块波特率} = f_{\text{BUS}}/(\text{预分频因子} \times \text{分频因子})$$

SPI 系统的工作时钟是对 MCU 总线时钟的预分频和再分频得来的，SPI 的 SCK 频率由寄存器 SPIBR 的 SPPR [2:0] 和 SPR [2:0] 来确定。MCU 复位默认波特率为总线时钟频率的 1/2，这是 SPI 模块最高的时钟频率。SPI 模块波特率的选择并没有严格限制，但需要在器件允许的工作频率范围内。

4. SPI 状态寄存器——SPISR

	7	6	5	4	3	2	1	0
R	SPIF	0	SPTEF	MODF	0	0	0	0
W								
Reset	0	0	1	0	0	0	0	0

1）SPIF：SPI 接收满中断标志位。0 为传输还没有完成；1 为新数据已复制到 SPIDR。当接收数据全部进入到 SPI 数据寄存器后该位置为 1，表示数据可以读出了。通过读取 SPISR 寄存器的 SPIF 位和 SPI 数据寄存器 SPIDR，可自动清除 SPIF 位。

2）SPTEF：SPI 发送空的中断标志位。0 为 SPI 数据寄存器不为空；1 为 SPI 数据寄存器为空。当发送数据寄存器为空该位置 1，表示数据已经发送出去。通过读取 SPISR 寄存器的 SPIF 位，然后对 SPI 数据寄存器 SPIDR 写入新的发送数据，可自动清除 SPTEF 位。

3）MODF：模式错误标志位。0 为模式错误未发生；1 为模式错误已经发生。当 SPI 设置为主机模式且 MODFEN = 1 时才有效，此时如果从机选择引脚 SS 输入低电平，该标志位置位。当读取 SPISR 寄存器的 MODF 位，然后重写寄存器 SPICR1 时，MODF 标志自动清零。

5. SPI 数据寄存器——SPIDR

SPIDRH：

	7	6	5	4	3	2	1	0
R	R15	R14	R13	R12	R11	R10	R9	R8
W	T15	T14	T13	T12	T11	T10	T9	T8
Reset	0	0	0	0	0	0	0	0

SPIDRL：

	7	6	5	4	3	2	1	0
R	R7	R6	R5	R4	R3	R2	R1	R0
W	T7	T6	T5	T4	T3	T2	T1	T0
Reset	0	0	0	0	0	0	0	0

SPI 数据寄存器由两个 8 位寄存器构成，分别是高 8 位的 SPIDRH 和低 8 位的 SPIDRL。当 SPI 使用 8 位数据宽度时，只使用低 8 位的 SPIDRL 寄存器，高 8 位的 SPIDRH 无效。当 SPI 使用 16 位数据宽度时，两个寄存器都要使用，也可合成一个 16 位的数据寄存器 SPIDR 来使用。

SPI 数据寄存器既可输入也可输出。接收寄存器和发送寄存器共享同一个存储器地址。读

SPI 数据寄存器时，数据寄存器为接收数据寄存器；写 SPI 数据寄存器时，数据寄存器为发送数据寄存器。向数据寄存器写入的数据并不能从数据寄存器读出。

对数据寄存器进行读操作时所访问的输入部分是双缓冲的，但写操作则直接将数据送到串行移位寄存器。在实际 SPI 发送过程中，数据一旦写入到发送数据寄存器，会立即送到移位寄存器并将 SPTEF 置 1，这时虽然数据仍需要 8 个或 16 个 SCK 时钟周期才能发送完成，但用户已可以向发送数据寄存器写入新的发送数据。而只要第一个数据发送完成，新的数据会被立即从发送数据寄存器读到移位寄存器，并开始第二次数据发送，同时 SPTEF 将再次置 1，这时用户又可以写入第三个发送数据了。这种机制的好处是：相邻字节发送之间几乎没有时间间隔，大大提高了 SPI 的发送效率。

6.2.3　SPI 应用实例

【例 6-2】　FM25040A 实现对 EEPROM 的扩展。

FM25040A 是存储容量 4096 位（512 个字节）的 EEPROM 存储器芯片，使用 SPI 进行数据的读与写。SPI 的最高频率可达 20MHz，采用 SOP8 贴片封装。关于 FM25040A 的封装与引脚定义如图 6-7 所示，FM25040A 存储器的读写时序如图 6-8、图 6-9 所示。

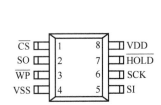

引脚名称	功能
$\overline{CS}$	片选
$\overline{WP}$	写保护
$\overline{HOLD}$	保持
SCK	串行时钟
SI	串行数据输入
SO	串行数据输出
VDD	5V供电
VSS	地

图 6-7　FM25040A 引脚说明

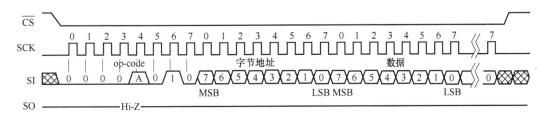

图 6-8　FM25040A 存储器写时序

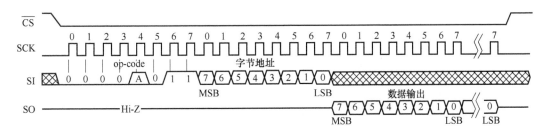

图 6-9　FM25040A 存储器读时序

SPI 通信时为保证数据传送的稳定可靠，必须严格满足时序要求，具体参见图 6-10 和表 6-2。

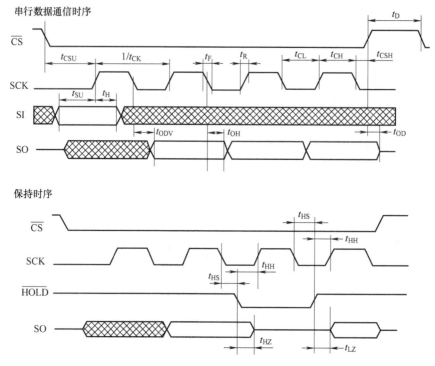

图 6-10　FM25040A SPI 时序要求

表 6-2　FM25040A SPI 时序要求

符　　号	参　　数	最小值	最大值	单　　位
f_{CK}	SCK 时钟频率	0	20	MHz
t_{CH}	时钟高时间	22		ns
t_{CL}	时钟低时间	22		ns
t_{CSU}	片选开始	10		ns
t_{CSH}	片选保持	10		ns
t_{OD}	输出失效		20	ns
t_{ODV}	输出数据有效		20	ns
t_{OH}	输出保持	0		ns
t_D	失选时间	60		ns
t_R	数据上升时间		50	ns
t_F	数据下降时间		50	ns
t_{SU}	数据建立时间	5		ns
t_H	数据保持时间	5		ns
t_{HS}	/保持建立时间	10		ns
t_{HH}	/保持保持时间	10		ns
t_{HZ}	/保持由低到高		20	ns
t_{LZ}	/保持高到数据有效时间		20	ns

实际应用电路如图 4-73 所示。XEP100 中集成了 SPI 控制器，下面是 XEP100 实现对 FM25040A

的初始化和数据读与写操作的程序代码。

```
/* ===初始化 SPI 模块 === */
void INIT_SPI(void)
{
  HOLD_dir =1;
  CS_dir =1;
  SPI0CR1 =0b01010000;        //使能 SPI,禁止中断,时钟高有效,相位为 0
  SPI0CR2 =0x00;              //SS 引脚为普通 I/O,双向模式
  SPI0BR =0x70;              //设置 SPI 时钟频率为 2MHz
  CS =1;
}
/* ===SPI 发送函数 === */
void SPI_send(unsigned char data)
{
  while(! SPI0SR_SPTEF);
  SPI0DRL =data;
}
/* ===SPI 接收函数 === */
unsigned char SPI_receive(void)
{
  unsigned char temp,data;
  while(! SPI0SR_SPIF);
  temp =SPI0SR;
  data =SPI0DRL;
  return(data);
}
/* ===初始化 FM25040A === */
void INIT_FM25040A(void)
{
    HOLD =1;
    CS =0;
}
```

此外,也可通过 GPIO 口模拟 SPI 通信功能实现 FM25040A 的初始化和数据读与写。

6.3 IIC (I^2C) 串行总线

IIC (inter integrated-circuit) 总线是 PHILIPS 公司推出的一种同步串行总线,是具备多主机系统所需的包括总线裁决和高低速器件同步功能的高性能串行总线。它支持多主控,任何能够进行发送和接收的设备都可以成为主控端。

6.3.1 IIC (I^2C) 的工作原理

IIC 总线只有两根信号线。一根是双向数据信号线 SDA,另一根是双向时钟线 SCL,如图 6-11 所示。

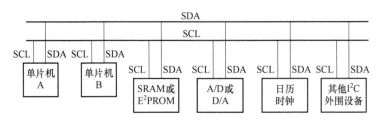

图 6-11　IIC（I²C）通信系统架构

IIC 总线的器件接口均是开漏结构，通过上拉电阻（大小由速度和容性负载决定，一般为 3.3~10kΩ）接正电源。当总线空闲时，两根线均为高电平。连到总线上的任一器件输出的低电平，都将使总线的信号变低，即各器件的 SDA 及 SCL 都是线"与"关系，如图 6-12 所示。

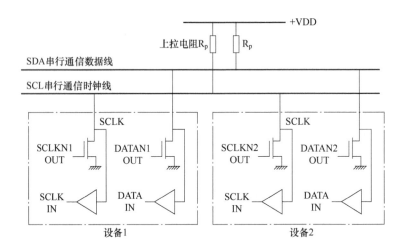

图 6-12　IIC（I²C）通信系统电路设计

IIC 总线工作速率常见的有标准模式 100kbit/s 和快速模式 400kbit/s，增强快速模式 1Mbit/s 和高速模式 3.4Mbit/s，极速模式单向数据传输速率可达 5Mbit/s，可以实现半双工通信。

IIC 总线采用纯软件寻址，无需片选线，大大简化了总线数量。每个连接到总线的设备都有唯一的地址，地址为 7 位，前 4 位识别器件类别，一般是固定的；后 3 位由器件本身引脚 A0、A1、A2 编程，故同类器件一般最多挂 8 个。

IIC 总线明确规定，采用 7 位寻址字节，D7 ~ D1 位组成从机地址。D0 位是数据传送方向位，为"0"时表示写数据，为"1"时表示读数据，如图 6-13 所示。

图 6-13　IIC（I²C）总线寻址

主机发送地址时，总线上的每个从机都将这 7 位地址码和自己的地址码比较，如果相同则认为自己被主机寻址，根据读/写位确认为发送器或者接收器。

IIC 总线保留地址见表 6-3。写操作，从地址为 0000 0000b，表示通用广播地址。

IIC 总线进行数据传送时，时钟信号为高电平期间，数据线上的数据必须保持稳定；只有时钟信号为低电平时，数据线上的电平才允许变化，IIC 总线信号时序如图 6-14 所示。

表 6-3　IIC 总线保留地址

从地址	R/$\overline{W}$ 位	说　　明
0000 000	0	通用广播地址
0000 000	1	起始位
0000 001	X	CBUS 地址
0000 010	X	不同总线格式保留
0000 011	X	将来功能保留
0000 1XX	X	HS 模式主代码
1111 1XX	1	设备 ID
1111 0XX	X	10 位从地址

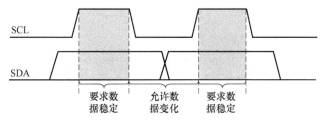

图 6-14　IIC 总线信号时序

SCL 线为高电平时，SDA 线由高变低表示起始信号；SCL 线为高电平时，SDA 线由低变高表示终止信号，如图 6-15 所示。

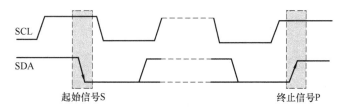

图 6-15　IIC 总线起止信号时序图

起始信号和终止信号均是主机发出。起始信号产生后，总线处于被占用状态；终止信号产生后，总线处于空闲状态。

IIC 数据传送格式：字节传送与应答要求每一个字节必须保证为 8 位长度。数据传送时，先传送最高位（MSB），每一个被传送的字节后面都必须跟随 1 位应答位（即一帧共有 9 位），如图 6-16 所示。

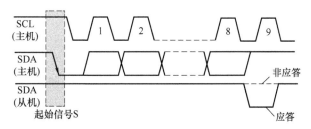

图 6-16　IIC 总线数据传送时序图

由于某种原因从机不对主机寻址信号应答（如从机正在进行实时性的处理工作而无法接收总线上的数据），它必须将数据线置于高电平，而由主机产生一个终止信号以结束总线的数据传送；如果从机对主机进行了应答，但在数据传送一段时间后无法继续接收更多的数据时，从机可以通过对无法接收的第一个数据字节的"非应答"通知主机，主机则应发出终止信号以结束数据的继续传送；当主机接收数据时，它收到最后一个数据字节后，必须向从机发出一个结束传送的信号。这个信号是由对从机的"非应答"来实现的。然后，从机释放 SDA 线，以允许主机产生终止信号。

数据帧格式：IIC 总线上的数据包括地址信号和数据信号。在起始信号后必须传送一个从机的地址（7 位），第 8 位是数据的传送方向，即读（$R/\overline{W} = 1$）还是写（$R/\overline{W} = 0$），每次数据传送均是以主机产生终止信号而结束。

总线的一次数据传输，包括以下几种组合：

1）主机向从机发送数据，数据的传送方向在整个传送过程中不变。

S	从机地址	0	A	数据	A	数据	A/$\overline{A}$	P

2）主机在第一个字节后，立即从从机读数据。

S	从机地址	1	A	数据	A	数据	$\overline{A}$	P

3）在传送过程中，需要改变读写方向时，起始信号和从机地址都得重新发送一次。

S	从机地址	0	A	数据	A/$\overline{A}$	S	从机地址	1	A	数据	$\overline{A}$	P

如果从机需要延迟下一个数据字节的开始传送时间，可以把 SCL 电平拉低并保持，以强制主机进入等待状态。

CLK 一般情况下不会拥堵在低电平，出现这种现象时，如有硬件复位引脚，推荐使用硬件复位，若没有，推荐使用重新上电方式触发上电复位电路。

SDA 拥堵在低电平时，主机应发送 9 个时钟脉冲，那些将 SDA 拉低的设备在这 9 个时钟周期内应释放总线。若没有，则需通过硬件复位或重新上电的方式清除拥堵。

一般 IIC 的标准通信由以下 4 部分组成：启动信号、从机地址发送、数据传输、停止信号。图 6-17 是 IIC 信号时序图。

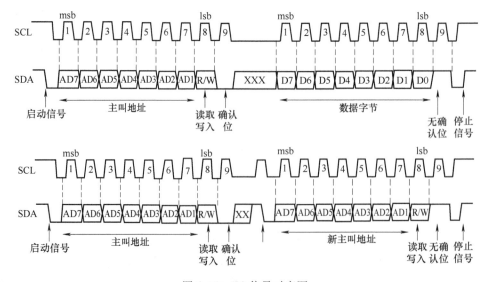

图 6-17　IIC 信号时序图

6.3.2　IIC（I²C）主要寄存器

1. IIC 地址寄存器——IBAD

	7	6	5	4	3	2	1	0
R	ADR7	ADR6	ADR5	ADR4	ADR3	ADR2	ADR1	0
W								
Reset	0	0	0	0	0	0	0	0

2. IIC 分频寄存器——IBFD

	7	6	5	4	3	2	1	0
R	IBC7	IBC6	IBC5	IBC4	IBC3	IBC2	IBC1	IBC0
W								
Reset	0	0	0	0	0	0	0	0

IBC [7:0]：IIC 总线时钟位，由表 6-4、表 6-5 及表 6-6 决定。

表 6-4　IIC 总线时钟设置 1

IBC [2:0]	SCL_Tap（时钟数）	SDA Tap（时钟数）
000	5	1
001	6	1
010	7	2
011	8	2
100	9	3
101	10	3
110	12	4
111	15	4

表 6-5　IIC 总线时钟设置 2

IBC [5:3]	scl2start（时钟数）	scl2stop（时钟数）	scl2tap（时钟数）	tap2tap（时钟数）
000	2	7	4	1
001	2	7	4	2
010	2	9	6	4
011	6	9	6	8
100	14	17	14	16
101	30	33	30	32
110	62	65	62	64
111	126	129	126	128

表 6-6　IIC 总线时钟设置 3

IBC [7:6]	MUL
00	01
01	02
10	04
11	保留

IIC 的 SCL 分频和 SDA 保持时间如图 6-18 所示，IIC 分频确定如下：

$$SCL\ Divider = MUL \times \{2 \times [scl2tap + (SCL\_Tap - 1) \times tap2tap + 2]\}$$

$$SDA\ Hold = MUL \times [scl2tap + (SDA\_Tap - 1) \times tap2tap + 3]$$

$$SCL\ Hold(start) = MUL \times \left[\ scl2start + (SCL\_Tap - 1) \times tap2tap\ \right]$$

$$SCL\ Hold(stop) = MUL \times \left[\ scl2stop + (SCL\_Tap - 1) \times tap2tap\ \right]$$

具体 IIC 分频和保持时间的选择请参考相关手册。

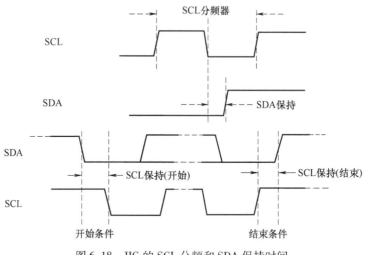

图 6-18　IIC 的 SCL 分频和 SDA 保持时间

3. IIC 控制寄存器——IBCR

1）IBEN：IIC 总线使能位。该位控制了整个 IIC 总线模块的软件复位。0 为模块复位并禁止，当该位为低时，接口保持复位，但寄存器可使用；1 为模块使能，该位必须在 IBCR 产生影响前置 1。

2）IBIE：IIC 总线中断使能位。0 为 IIC 总线模块中断禁止；1 为 IIC 总线模块中断使能。若 IBIE 置 1，中断发生。

3）MS/SL：主/从机模式选择位。0 为从机模式；1 为主机模式。复位时，该位清除。当该位从 0 变到 1，总线上产生开始信号，选择主机模式；当该位从 1 变到 0，总线上产生停止信号，从主机变到从机模式；当 IBIE 标志位置 1，总线上产生停止信号。当主机失去仲裁时，不用形成停止信号即可使 MS/SL 清零。

4）Tx/Rx：发送/接收模式选择位。0 为接收；1 为发送。该位选择主、从机的传送方向。作为从机，该位需要通过状态寄存器的 SRW 位进行设置；作为主机，该位需要通过传输要求设置。因此，在地址传输时，该位一直为高。

5）TXAK：发送应答使能位。0 为在接收到一个字节后，应答信号会在第 9 个时钟周期发送到总线；1 为不发送应答信号。当 IIC 模块作为接收器时，对该位进行写操作有效。

6）RSTA：重复开位位。0 为正常工作；1 为触发重复开始周期。作为主机，该位置 1 导致总线产生重复开始条件。读取该位总是返回 0。如果总线属于另一主机，尝试触发重复开始将会导致仲裁丢失。

7）IBSWAI：IIC 总线等待模式接口停止位。0 为 IIC 总线模块时钟正常；1 为在等待模式中，停止 IIC 总线模块时钟。

4. IIC 状态寄存器——IBSR

	7	6	5	4	3	2	1	0
R	TCF	IAAS	IBB	IBAL	0	SRW	IBIF	RXAK
W								
Reset	1	0	0	0	0	0	0	0

1）TCF：数据发送位。0 为数据发送中；1 为发送完成。当数据正在发送，该位清零，在第 9 个时钟的下降沿，该位置 1。注意该位只有在数据发送过程或发送结束的短暂时间内有效。

2）IAAS：从机地址位。0 为地址不匹配；1 为从机地址匹配。当模块的地址（作为从机）与所叫地址匹配，该位置 1。如果 IBIE 置 1，中断 CPU。CPU 需要检测 SRW 位，并正确设置 Tx/Rx。对 IIC 总线控制寄存器进行写操作清除该位。

3）IBB：总线忙位。0 为总线空闲；1 为总线忙。该位反映了总线的状态。当检测到开始信号，IBB 位置为 1。若检测到停止信号，IBB 位清零且总线进入空闲状态。

4）IBAL：仲裁丢失位。0 为正常工作；1 为仲裁丢失。该位必须被软件写 1 清零，写 0 无效。当仲裁丢失时，硬件将 IBAL 位置 1。在下述情形下，仲裁丢失：①当发送地址或数据信息时，主机发送高电平，SDA 采样为低电平。②当数据接收后，主机发送高电平应答位，SDA 采样为低电平。③当总线忙时，发出开始信号。④在从机模式，发出重复开始请求。⑤发出主机未要求的停止信号。

5）SRW：从机读/写位。0 为从机接收，主机发送；1 为从机发送，主机接收。当 IAAS 置 1，该位反映了主机呼叫地址的 R/W 命令位的值。该位仅在从机模式下，且地址匹配后有效。

6）IBIF：IIC 总线中断位。0 为正常工作；1 为中断发生。该位必须软件写 1 清零，写 0 无效。当下列情形之发生时，IBIF 位置 1：①仲裁丢失（IBAL 置 1）。②字节发送完成（TCF 位置 1）。③作为从机地址（IAAS 位置 1）。

7）RXAK：接收应答位。0 为接收到应答位；1 为未接收到应答位。如果该位为低电平，则反映在传输了 8 个字节数据后接收到了应答位。

5. IIC 数据输入/输出寄存器——IBDR

	7	6	5	4	3	2	1	0
R	D7	D6	D5	D4	D3	D2	D1	D0
W								
Reset	0	0	0	0	0	0	0	0

在主机发送模式下，当数据写入 IBDR，传输开始，且高位先发送。在主机接收模式下，读该寄存器即可触发下一字节数据的接收。在从机模式下，在地址匹配后，其功能与主机相同。值得注意的是，IBCR 中的 Tx/Rx 位必须正确反映主/从机的传输方向。

6.3.3 IIC 应用实例

【例 6-3】 采用 PCF8574 芯片，引脚如图 6-19 所示，实现通过 IIC 总线的远程 8 位 I/O 扩展（电路原理图如图 4-72 所示）。

图 6-19　PCF8574（DW 或 N 封装）引脚图

```
/* ===初始化 IIC === */
void INIT_IIC(void)
{
  IIC0_IBFD=0x94;                        //总线时钟 32MHz,设置 SCL 主频为 100kHz
  IIC0_IBCR=0x80;                        //使能 IIC 模块,禁止中断
  IIC0_IBSR_IBAL=1;                      //清除 IBAL 标志位
}
/* ===通过 IIC 由 PCF8574 读取数据 === */
unsigned char IIC_receive(void)
{
  unsigned char data;
  IIC0_IBCR_TXAK=0;                      //接收到数据后有应答
  IIC0_IBCR_TX_RX=1;                     //设置单片机为发送模式
  IIC0_IBCR_MS_SL=1;                     //设置单片机为主机模式,产生开始信号
  IIC0_IBDR=0b01000001;
  while(IIC0_IBSR_IBIF==0);
  IIC0_IBSR_IBIF=1;
  while(IIC0_IBSR_RXAK);
  IIC0_IBCR_TX_RX=0;                     //设置单片机为接收模式
  IIC0_IBCR_TXAK=1;                      //接收到数据后无应答
  data=IIC0_IBDR;                        //清空 IIC 的寄存器,准备接收
  while(IIC0_IBSR_IBIF==0);
  IIC0_IBSR_IBIF=1;
  IIC0_IBCR_MS_SL=0;
  data=IIC0_IBDR;                        //读取接收到的数据
  return(data);
}
```

通过调用函数 IIC_receive() 读取并口数据。

此外，IIC 通信功能也可以通过 GPIO 口进行模拟，具体程序代码可参考相关书籍。

6.4 CAN 总线

6.4.1 S12XE CAN 简介

采用 S12XE MCU 的 CAN 控制器模块内部结构如图 6-20 所示。S12XE 中集成了多路 MSCAN 模块（最多 5 路）。它由收发引擎、数据过滤与缓冲区、低通滤波器、控制与状态、时钟等组成。

S12XE 系列 MCU 内部集成 SI2MSCANV3 模块，其基本特性如下：

1）遵循 CAN 2.0A/B 协议。

2）支持标准和扩展帧格式。

3）0~8 个字节数据段长度。

4）通信速率可达 1Mbit/s。

5）支持远程帧。

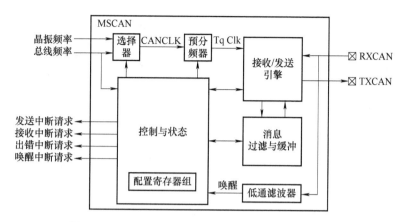

图 6-20　S12XE MCU 的 CAN 控制器模块内部结构图

6）5 个基于 FIFO 存储机制的接收寄存器。

7）3 个基于本地优先级机制的发送寄存器。

8）灵活可屏蔽的识别滤波器，支持 2 个 32 位的滤波器、4 个 16 位的滤波器、8 个 8 位滤波器。

9）集成低通滤波器可编程唤醒功能。

10）可编程环路模式，用于自检操作。

11）可编程监听模式，用于检测 CAN 总线状态。

12）可编程总线关闭与恢复功能。

13）对整个 CAN 收发器的错误状态（如警告、错误被动、关闭总线）具有独立的产生信号和触发中断能力。

14）可编程的 MSCAN 时钟来源，可选择总线或晶振时钟。

15）使用内部定时器作为收发消息的时间戳。

16）3 种低功耗模式：睡眠、断电和 MSCAN 使能。

17）配置寄存器全局初始化。

SI2MSCANV3 支持 4 种工作操作模式：监听模式、MSCAN 睡眠模式、MSCAN 初始化模式和 MSCAN 断电模式。

S12XE 的 CAN 输入和输出引脚 Rx、Tx 通过收发器与 CAN 总线进行物理性连接，形成通信网络中的一个节点。

6.4.2　CAN 的工作原理

CAN 是控制器局域网络的简称，是一种能够实现分布式实时控制的串行通信网络，具有以下优点：

1）最高传输速度 1Mbit/s，最远通信距离 10km，无损位仲裁机制，多主结构。

2）低成本：多个 ECU 通过 CAN 接口进行通信，布线成本低。

3）高集成：CAN 总线系统允许在所有 ECU 上进行集中错误诊断和配置。

4）可靠性：该系统对子系统的故障和电磁干扰具有很强的鲁棒性，是汽车控制系统的理想选择。

5）高效率：可以通过标识符 ID 对消息进行优先级排序，以便最高优先级 ID 的报文通信不被中断。

6）灵活性：每个 ECU 包含一个用于 CAN 总线收发的芯片，可随意添加 CAN 总线节点。

1. CAN 信号

图 6-21 是 CAN 总线网络简图。CAN 总线网络主要挂在 CAN_H 和 CAN_L 上，各个节点通过这两条线实现信号的串行差分传输，为了避免信号的反射和干扰，还需要在 CAN_H 和 CAN_L 之间接上 120Ω（模拟无限远传输线的特性阻抗）的终端电阻。

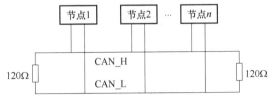

图 6-21　CAN 总线网络简图

S12XE 的 MSCAN 模块对应收发信号是 TTL 逻辑电平，须通过 CAN 收发器实现逻辑电平和 CAN 信号电平之间的转换。此外，收发器可提供驱动 CAN 总线所需的大电流（提高驱动能力），并对出故障的 CAN 总线或基站进行电流保护。这里以 TJA1050T 为例说明，其引脚定义见图 6-22 和表 6-7。

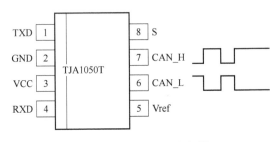

图 6-22　TJA1050T 收发器

表 6-7　TJA1050T 收发器引脚定义

助记符	引　脚	描　　　述
TXD	1	发送数据输入
GND	2	接地
VCC	3	电源
RXD	4	接收数据输入
Vref	5	参考电压输出
CAN_L	6	低电平 CAN 总线
CAN_H	7	高电平 CAN 总线
S	8	选择进入高速模式还是静音模式

CAN 信号表示：CAN 总线采用不归零码位填充技术，也就是说 CAN 总线上的信号有两种不同的信号状态，分别是显性的（dominant）逻辑 0 和隐性的（recessive）逻辑 1，信号每一次传输完成后不需要返回到逻辑 0（显性）的电平，如图 6-23 所示。

显性与隐性电平的解释：CAN 的数据总线有两条，一条是黄色的 CAN_H，一条是绿色的 CAN_L。当没有数据发送时，两条线的电平一样都为 2.5V，称为静电平，即隐性电平。当有信号发送时，CAN_H 的电平升高 1V，即 3.5V，CAN_L 的电平降低 1V，即 1.5V。

按照定义：CAN_H - CAN_L < 0.5V 时为隐性的，逻辑信号表现为"逻辑 1"，即高电平；CAN_H - CAN_L > 0.9V 时为显性的，逻辑信号表现为"逻辑 0"，即低电平。

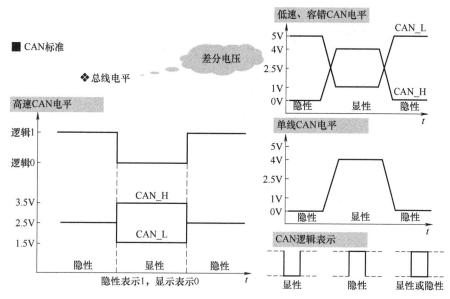

图 6-23　CAN 总线信号逻辑状态

2. CAN 信号传输

（1）发送过程　CAN 控制器将 CPU 传来的信号转换为逻辑电平。CAN 发射器接收逻辑电平之后，再将其转换为差分电平输出到 CAN 总线上，如图 6-24a 所示。

（2）接收过程　CAN 接收器将 CAN_H 和 CAN_L 线上传来的差分电平转换为逻辑电平输出到 CAN 控制器，CAN 控制器再把该逻辑电平转化为相应的信号发送到 CPU，如图 6-24b 所示。

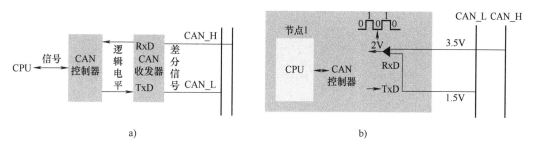

图 6-24　CAN 总线收发过程
a）发送过程　b）接收过程

3. CAN 总线传输帧结构

CAN 总线按帧进行数据传输，CAN 的通信帧分成五种：数据帧、远程帧、错误帧、过载帧和帧间隔。数据帧根据仲裁段长度不同分为标准帧（2.0A）和扩展帧（2.0B），图 6-25 是 CAN 帧结构。

（1）帧起始　由一个显性位（低电平）组成，发送节点发送帧起始位后，其他节点同步于帧起始。

（2）帧结束　由 7 个隐性位（高电平）组成，如图 6-26 所示。

（3）仲裁段　只要总线空闲，总线上任何节点都可以发送报文，如果有两个或两个以上的节点开始传送报文，那么就会存在总线访问冲突的可能。CAN 使用了标识符的逐位仲裁方法可以解决这个问题。如图 6-27 所示，CAN 总线控制器在发送数据的同时监控总线电平，如果电平不同，则停止发送并做其他处理。如果该位位于仲裁段，则退出总线竞争；如果位于其他段，则产生错误事件。

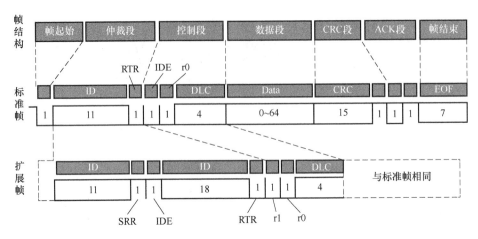

图 6-25　CAN 帧结构

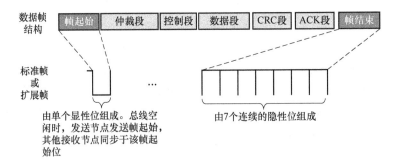

图 6-26　CAN 帧起始和帧结束

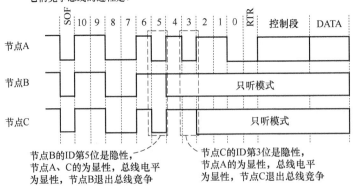

图 6-27　CAN 位仲裁机制

帧 ID 越小，优先级越高。由于数据帧的 RTR 位为显性电平，远程帧为隐性电平，所以帧格式和帧 ID 相同的情况下，数据帧优先于远程帧；由于标准帧的 IDE 位为显性电平，扩展帧的 IDE 位为隐性电平，对于前 11 位 ID 相同的标准帧和扩展帧，标准帧优先级比扩展帧高，如图 6-28 所示。

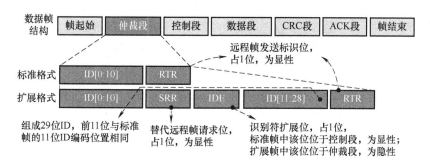

图 6-28   CAN 帧仲裁段

（4）数据段   一个数据帧传输的数据量为 0~8 个字节，这种短帧结构使得 CAN 总线非常适合汽车和工控应用场合，具有数据量小、发送和接收时间短、实时性高、被干扰的概率小、抗干扰能力强等优点，CAN 帧数据段如图 6-29 所示。

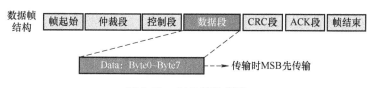

图 6-29   CAN 帧数据段

4. 滤波原理

CAN 节点是通过设置标识符滤波寄存器的方式来识别当前 CAN 帧是否为自己所需的。这里以使用 2 个 32 位识别滤波器的标识符滤波模式加以说明。2 个 32 位的寄存器为过滤验收寄存器（AC）和过滤屏蔽寄存器（AM）。过滤验收寄存器设置了标识符每位的值，对应的过滤屏蔽寄存器规定了标识符每一位的值是否需要与过滤验收寄存器进行匹配。如需进行匹配则将过滤屏蔽寄存器的对应位置 0，否则置 1。其滤波原理举例说明，AC = 0x0000037C，AM = 0x0000007，其按位对照表见表 6-8。

表 6-8   滤波屏蔽码对照表

ID（位）	28	27	26	25	24	23	22	21	20	19	18	17	16	15	14
AM	0	0	0	0	0	0	0	0	0	0	0	0	0	0	0
AC	0	0	0	0	0	0	0	0	0	0	0	0	0	0	0
ID（位）	13	12	11	10	9	8	7	6	5	4	3	2	1	0	
AM	0	0	0	0	0	0	0	0	0	0	0	1	1	1	
AC	0	0	0	0	1	1	0	1	1	1	1	X	X	X	

注：X 表示与此位无关。

可见，AM 寄存器最低 3 位为 1，无需匹配。所以接收到的 CAN 扩展帧消息的 ID 的高 26 位必须与 AC 寄存器的高 26 位匹配，才会被过滤接收。在表 6-8 中，ID 为 0x00000378 ~ 0x0000037F 的报文均能被接收。

扩展帧验收与屏蔽码的确定可按以下方式实现。首先，确定该 CAN 节点需要接收的报文 ID。由于这些报文均需通过验证，所以选取其中一个报文 ID 作为基础过滤验收码，并将其余需要通过验收的报文 ID 与之按位逐一进行对比，如果所有需要通过验收的报文 ID 在该位的值均相同，则对应的过滤屏蔽码在该位置 0，否则置 1，即可获得基础过滤屏蔽码。考虑到过滤寄存器为 32 位，而报文 ID 是 29 位，有时还需要根据 CAN 控制器内部的过滤寄存器与报文 ID 的对齐方式，进行相应调整，如图 6-30 所示。

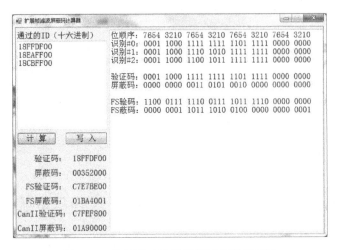

图 6-30　扩展帧滤波屏蔽码计算器运行图

为保证 0x18FFDF00、0x18EAFF00、0x18CBFF00 三个 ID 的报文被接收，对应的验证码为 0x18FFDF00、屏蔽码为 0x00352000。对于 CAN-II 分析仪和 S12XE 系列 MCU 的验证码和屏蔽码均需做适当调整，具体参见相关手册。

5. CAN 总线波特率

CAN 总线时钟发生电路的结构如图 6-31 所示。f_{CANCLK} 可通过控制寄存器 CANCTL1 中 CLK-SRC 位选择时钟来源。CLKSRC = 0，f_{CANCLK} 为晶振时钟；CLKSRC = 1，f_{CANCLK} 为总线时钟。

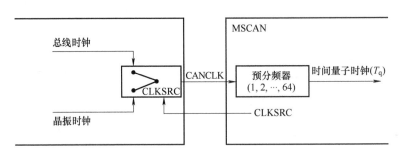

图 6-31　CAN 总线时钟发生电路的结构

可编程预分频器将 CANCLK 分频生成量子时钟（T_q），是 CAN 总线通信过程控制的最小时间单位，其计算公式为：

$$f_{T_q} = \frac{f_{CANCLK}}{\text{Prescaler Value}} \tag{6-1}$$

式中，f_{T_q} 为量子时钟，单位为 Hz；f_{CANCLK} 为 CAN 总线时钟，单位为 Hz；Prescaler Value 为预分频值。

CAN 总线的位时间（s）计算公式为：

$$位时间 = \frac{\text{Prescaler Value}}{f_{\text{CANCLK}}} \times (1 + 时间段1 + 时间段2) \qquad (6\text{-}2)$$

位时间分成三段：SYNC_SEG、时间段1、时间段2，如图6-32所示。

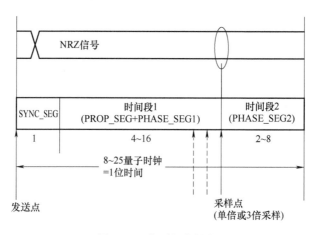

图 6-32　位时间内的段

1）SYNC_SEG：该段有一个长度固定的时间份额，信号边沿预计出现在本段。

2）时间段1：本段包括CAN标准的PROP_SEG和PHASE_SEG1，通过设置参数TSEG1，使之包含4~16个时间份额，可对其进行编程。

3）时间段2：本段表示CAN标准的PHASE_SEG2，通过设置TSEG2使之具有2~8个时间份额，可对其进行编程。

所有上述时间段均由总线时序寄存器的值来确定。总线时序寄存器有两个，共同作用决定总线的通信波特率。总线时序寄存器0（CANBTR0）和总线时序寄存器1（CANBTR1）有着各自不同的功能定义。

（1）总线时序寄存器0（CANBTR0）

SJW1	SJW0	BRP5	BRP4	BRP3	BRP2	BRP1	BRP0

CANBTR0寄存器位功能如下，各字段描述见表6-9。

表 6-9　CANBTR0 寄存器字段描述

字　段	描　述
SJW [1:0]	同步跳转宽度：$(SJW + 1) \times T_q$。
BRP [5:0]	波特率分频数：$(BRP + 1)$

（2）总线时序寄存器1（CANBTR1）

SAMP	TSEG22	TSEG21	TSEG20	TSEG13	TSEG12	TSEG11	TSEG10

CANBTR1寄存器位功能如下，各字段描述见表6-10。

CAN总线波特率的设置就是通过两个总线时序寄存器来实现的，即需要确定时间段1、时间段2、以及每位采集样本数、同步跳转宽度、波特率预分频因子等参数。波特率需要根据总线波特率、MCU晶振频率、预分频因子来确定时序寄存器CANBTR0和CANBTR1的值。

表 6-10　CANBTR1 寄存器字段描述

字　　段	描　　述
SAMP	采样：该位用于确定每位时间采集的 CAN 总线样本总数 0：每位 1 个样本；1：每位 3 个样本
TSEG2 [2:0]	时间段 2：确定每个位时间的时钟周期数（TSEG2 +1）以及采样点的位置
TSEG1 [3:0]	时间段 1：确定每个位时间的时钟周期数（TSEG1 +1）以及采样点的位置

6.4.3　CAN 的主要寄存器

1.　MSCAN 控制寄存器 0——CANCTL0

该寄存器主要包括 MSCAN 模块的运行控制位。当初始化模式（INITRQ = 1 和 INITAK = 1）被激活时，除了 WUPE、INITRQ 和 SLPRQ，其他位均保持复位状态。初始化模式退出后（INITRQ = 0 和 INITAK = 0），该寄存器可写。

	7	6	5	4	3	2	1	0
R W	RXFRM	RXACT	CSWAI	SYNCH	TIME	WUPE	SLPRQ	INITRQ
Reset:	0	0	0	0	0	0	0	1

1）RXFRM：接收帧标志位。0 为从上次清除该位后，未接收到有效数据；1 为从上次清除该位后，接收到有效数据。当正确接收到有效数据时置位，与过滤器配置独立。置位后保持状态，直到被软件清除或复位。写 1 即清除该标志位，写 0 无效。在环路模式下，该位无效。

2）RXACT：接收器有效状态位。0 为正在发送报文或空闲；1 为正在接收报文。该只读标志位指示了 MSCAN 是否正在接收数据。在环路模式下，该位无效。

3）CSWAI：等待模式下的停止位。0 为在等待模式中不受影响；1 为在等待模式中时钟不使能。在等待模式中，通过停止 CPU 总线接口的时钟，允许低功耗工作。

4）SYNCH：同步状态位。0 为 MSCAN 与 CAN 总线不同步；1 为 MSCAN 与 CAN 总线同步。该位反映了 MSCAN 是否与 CAN 总线同步，能否参与通信过程。

5）TIME：定时器使能位。0 为内部计数器不使能；1 为内部计数器使能。该位能启动由位时钟驱动的内部定时器。如果计数器使能，一个 16 位的时间戳会被分配给激活的 TX/RX 缓冲区内的每一个收发消息。每收到一个有效报文的 EOF 信号，定时信号将会被写到相应寄存器的最高字节（0x000E、0x000F）。内部时钟不使能时，则复位。在初始化模式中，该位一直保持为低。

6）WUPE：唤醒使能位。0 为唤醒不使能；1 为唤醒使能。在 CAN 上有报文传输时，该位允许 MSCAN 从睡眠模式重启。该位必须在进入睡眠模式之前设置。

7）SLPRQ：睡眠模式请求位。0 为正常工作；1 为睡眠模式请求。当 CAN 总线空闲时，可请求进入睡眠模式。通过置 SLPAK 为 1，进入睡眠模式。当 WUPE 标志位为 1 时，SLPRQ 不能被设置。在 SLPRQ 清零（或 CPU 置 WUPE 为 1）之前，睡眠模式一直有效。

8）INITRQ：初始化模式请求位。0 为正常工作；1 为初始化模式。在该位置 1 时，MSCAN 进入初始化模式。任何正在进行的发送或接收都会中止并丢失 CAN 总线的同步。可通过置 INITAK 为 1 进入初始化模式。在初始化模式中，以下寄存器将会进入硬复位状态并重载其默认值：CANCTL0、CANRFLG、CANRIER、CANTFLG、CANTIER、CANTARQ、CANTAAK 和 CANTBSEL。CPU 能设置寄存器 CANCTL1、CANBTR0、CANBTR1、CANIDAC、CANIDAR0 ~ CANIDAR7 和

CANIDMR0 ~ CANIDMR7。错误的计数器值不受影响。当 CPU 清除该位时，MSCAN 重新启动并试图与 CAN 总线同步。如果 MSGAN 未处于总线关闭状态，连续收发 11 位后，即可与 CPU 获得同步。如果处于总线关闭状态，则要连续等 128 次这样的连续收发 11 位。必须在退出初始化模式后，才能对 CANCTL0、CANRFLG、CANRIER、CANTFLG 或 CANTIER 进行设置。

2. MSCAN 控制寄存器 1——CANCTL1

该寄存器主要包括 MSCAN 模块的运行控制位和同步状态信息。

	7	6	5	4	3	2	1	0
R W	CANE	CLKSRC	LOOPB	LISTEN	BORM	WUPM	SLPAK	INITAK
Reset:	0	0	0	1	0	0	0	1

1）CANE：MSCAN 使能位。0 为 MSCAN 模块禁能；1 为 MSCAN 模块使能。

2）CLKSRC：MSCAN 时钟来源。0 为晶振时钟；1 为总线时钟。

3）LOOPB：环路自检模式位。0 为环路自检模式禁能；1 为环路自检模式使能。当该位置 1 时，MSCAN 执行内部的环路自我检测。发送器的输出会内部反馈到接收器。RXCAN 输入引脚无效，且 RXCAN 输出进入被动状态（逻辑 1）。发送和接收都能正常产生中断。

4）LISTEN：监听模式位。0 为正常工作；1 为监听模式有效。当该位置 1 时，所有有效的 CAN 报文及匹配的 ID 都能接收。在该模式下，不能使用错误计数器，不能发送任何消息。

5）BORM：总线关闭恢复模式位。0 为自动总线关闭恢复；1 为基于用户需求的总线关闭恢复。

6）WUPM：唤醒模式位。0 为在 CAN 总线中的任何主动脉冲均可唤醒 MSCAN；1 为在 CAN 总线中出现了 T_{WUP} 长度的持续主动脉冲时唤醒 MSCAN。如果 CANCTL0 的 WUPE 使能，该位定义了是否应用低通滤波器，以保护 MSCAN 不被假信号唤醒。

7）SLPAK：睡眠模式标志位。0 为正常工作；1 为进入睡眠模式。该位用作 SLPRQ 睡眠模式请求的同步标志位。当 SLPRQ = 1 并 SLPPAK = 1 时，睡眠模式有效。在 WUPE 置 1 后，MSCAN 将会清除该标志位。

8）INITAK：初始化模式标志位。0 为正常工作；1 为进入初始化模式。该位用做 INITRQ 初始化模式请求的同步标志。当 INITRQ = 1 且 INITAK = 1 时，初始化模式有效。在这个模式下，CANCTLI、CANBTR0、CANBTR1、CANIDAC、CANIDAR0 ~ CANIDAR7 和 CANIDMR0 ~ CANIDMR7 只能被 CPU 设置。

3. MSCAN 总线定时器寄存器 0——CANBTR0

CANBTR0 寄存器确定了 MSCAN 模块的各种总线定时器参数，前面已做说明。

4. MSCAN 总线计数器寄存器 1——CANBTR1

CANBTR1 寄存器确定了 MSCAN 模块的各种总线定时器参数，前面已做说明。

5. MSCAN 接收标志寄存器——CANRFLG

每个标志位只能被软件清除（写 1 清零），且在 CANRIER 寄存器中都有相对应的中断使能位。

	7	6	5	4	3	2	1	0
R W	WUPIF	CSCIF	RSTAT1	RSTAT0	TSTAT1	TSTAT0	OVRIF	RXF
Reset:	0	0	0	0	0	0	0	0

1）WUPIF：唤醒中断标志位。0 为在睡眠模式中无唤醒行为；1 为 MSCAN 检测到报文传输并要求唤醒。如果在睡眠模式中，MSCAN 检测到 CAN 总线有报文传输，且 WUPE = 1，模块将会置 WUPIF 为 1。如果中断未屏蔽，该位置 1 时将引发唤醒中断。

2）CSCIF：CAN 状态转换中断标志位。0 为从上次中断后，CAN 总线状态无变化；1 为 MSCAN 改变当前 CAN 总线状态。由于发送或接收错误计数值而导致 MSCAN 改变当前 CAN 总线状态时，该位置 1。

3）RSTAT1、RSTAT0：接收器状态位。00 为 RxOK（接收正常），0≤接收错误计数值≤96；01 为 RxWRN（接收警告性错误），96＜接收错误计数值≤127；02 为 RxERR（接收致命错误），127＜接收错误计数值≤255；03 为 bus-off（总线离线），接收错误计数值＞255。错误计数值控制了实际的 CAN 总线状态。一旦 CSCIF 置 1，该位反映了相应接收器对应的 CAN 总线状态。

4）TSTAT1、TSTAT0：发送状态位。00 为 TxOK（发送正常），0≤发送错误计数值≤96；01 为 TxWRN（发送警告性错误），96＜发送错误计数值≤127；02 为 TxERR（发送致命错误），127＜发送错误计数值≤255；03 为 bus-off，发送错误计数值＞255。错误计数值控制了实际的 CAN 总线状态，一旦 CSCIF 置 1，该位反映了相应接收器对应的 CAN 总线状态。

5）OVRIF：溢出中断标志位。0 为无数据溢出情况；1 为检测到数据溢出。如果中断未屏蔽，该位置 1 时将引发相应中断。

6）RXF：接收缓冲区满标志位。0 为在 RxFG 中无新报文；1 为在 RxFG 中有新报文。当新报文移动到 FIFO 里，RXF 置 1。该标志位反映了缓冲区是否载入了正确接收的报文（1D 匹配，CRC 匹配，且经检测无其他错误）。当 CPU 从 RxFG 缓冲区读取数据后，RXF 标志位必须清零以释放缓冲区。RXF 标志位置 1 阻止了下一个 FIFO 移动到前台缓冲区。如果中断未屏蔽，该位置 1 时将引发接收中断。

6. MSCAN 接收中断使能寄存器——CANRIER

该寄存器包括与 CANRFLG 寄存器的中断标志位相应的中断使能位。

	7	6	5	4	3	2	1	0
R W	WUPIE	CSCIE	RSTATE1	RSTATE0	TSTATE1	TSTATE0	OVRIE	RXFIE
Reset:	0	0	0	0	0	0	0	0

1）WUPIE：唤醒中断使能位。0 为中断禁止；1 为中断使能。

2）CSCIE：CAN 状态转换中断使能位。0 为中断禁止；1 为中断使能。

3）RSTATE1、RSTATE0：接收器状态转换使能位。00 为 CSCIF 中断禁止；01 为当接收器进入或离开 "bus-off" 状态时，触发 CSCIF 中断；10 为当接收器进入或离开 "RxErr" 或 "bus-off" 状态时，触发 CSCIF 中断；11 为任何状态变化将触发 CSCIF 中断。RSTATE 使能位控制了哪种接收状态转换将引起 CSCIF 中断。

4）TSTATE1、TSTATE0：发送器状态转换使能位。00 为 CSCIF 中断禁止；01 为当发送器进入或离开 "bus-off" 状态时，触发 CSCIF 中断；10 为当发送器进入或离开 "TxErr" 或 "bus-off" 状态时，触发 CSCIF 中断；11 为任何状态变化将触发 CSCIF 中断。TSTATE 控制了哪种发送状态转换将引起 CSCIF 中断。

5）OVRIE：溢出中断使能位。0 为中断禁止；1 为中断使能。

6）RXFIE：接收器满中断使能位。0 为中断禁止；1 为中断使能。

7. MSCAN 发送标志寄存器——CANTFLG

每个发送缓冲区空标志位在 CANTIER 寄存器中有相应的中断使能位。

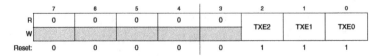

	7	6	5	4	3	2	1	0
R W	0	0	0	0	0	TXE2	TXE1	TXE0
Reset:	0	0	0	0	0	1	1	1

TXE2～TXE0：发送缓冲区空标志位。0 为相应的报文缓冲区满；1 为相应的报文缓冲区空。

这些标志位反映了相应的发送报文缓冲区为空，因此不能发送。在相应的发送缓冲区存入数据并准备发送时，CPU 必须将相应的标志位清零。发送数据成功后，MSCAN 将相应标志位置 1。当发送被中止时，MSCAN 也将该标志位置 1。如果中断未屏蔽，该位置 1 时将引发发送中断。

将 TXEx 标志清零时，对应的 ABTAKx 也清零。当 TXEx 标志位置 1 时，对应的 ABTRQx 清零。在监听模式下，TXEx 标志位不能清零且不能发送数据。如果相应的 TXEx 位清零并准备发送报文，则不能对发送缓冲区进行读写操作。

8. MSCAN 发送中断使能寄存器——CANTIER

CANTIER 包括与发送缓冲区空中断标志位相应的中断使能位。

	7	6	5	4	3	2	1	0
R	0	0	0	0	0	TXEIE2	TXEIE1	TXEIE0
W								
Reset:	0	0	0	0	0	0	0	0

TXEIE2～TXEIE0：发送器空中断使能位。0 为中断禁止；1 为当发送器空时，引发送器空的中断请求。

9. MSCAN 请求中止发送报文寄存器——CANTARQ

	7	6	5	4	3	2	1	0
R	0	0	0	0	0	ABTRQ2	ABTRQ1	ABTRQ0
W								
Reset:	0	0	0	0	0	0	0	0

ABTRQ2～ABTRQ0：0 为无中止请求；1 为中止请求。CPU 将 ABTRQx 位置 1，以中止相应的发送计划中的报文缓冲区，如果报文还未开始发送，或发送不成功，MSCAN 将承认该请求。当报文被中止时，相应的 TXE 和 ABTAK 将置 1，并可产生中断，CPU 不能复位 ABTRQx。当相应的 TXM 置 1 时，ABTRQx 复位。

10. MSCAN 发送报文中止承认寄存器——CANTAAK

CANTAAK 寄存器反映了队列报文是否被成功中止。

	7	6	5	4	3	2	1	0
R	0	0	0	0	0	ABTAK2	ABTAK1	ABTAK0
W								
Reset:	0	0	0	0	0	0	0	0

ABTAK2～ABTAK0：中止承认位。0 为报文正常传输；1 为报文被中止传输。该标志位承认了报文是否响应 CPU 的中止请求而中止发送。当特定的报文缓冲区为空时，应用软件用该位识别是否报文被成功中止或发送。当相应的 TXE 标志清零时，ABTAKx 标志被清零。

11. MSCAN 发送缓冲区选择寄存器——CANTBSEL

	7	6	5	4	3	2	1	0
R	0	0	0	0	0	TX2	TX1	TX0
W								
Reset:	0	0	0	0	0	0	0	0

CANTBSEL 寄存器允许选择发送报文缓冲区。

TX2～TX0：发送缓冲区选择位。0 为未选择相应的报文缓冲区；1 为如果是最低位，则选择相应的报文缓冲区。其最低位选择了 CANTXFG 的发送缓冲区（例如，TX1 = 1 和 TX0 = 1 则选择发送缓冲区 TX0；TX1 = 1 和 TX0 = 0 则选择发送缓冲区 1）。

12. MSCAN 验收控制寄存器——CANIDAC

CANIDAC 寄存器用于验收控制。

	7	6	5	4	3	2	1	0
R	0	0	IDAM1	IDAM0	0	IDHIT2	IDHIT1	IDHIT0
W								
Reset:	0	0	0	0	0	0	0	0

1) IDAM1、IDAM0：验收模式位。00 为 2 个 32 位验收过滤器；01 为 4 个 16 位验收过滤器；10 为 8 个 8 位验收过滤器；11 为关闭过滤器。如果过滤器关闭，将不再接收报文。

2) IDHIT2 ~ IDHIT0：验收命中指示标志位。000 ~ 111 为验收过滤器 0 ~ 验收过滤器 7。IDHITx 指示位时钟与前台缓冲区（RxFG）相关。当报文移动到接收 FIFO 的前台缓冲区时，指示位也同时更新。

13. MSCAN 混合寄存器——CANMISC

	7	6	5	4	3	2	1	0
R	0	0	0	0	0	0	0	BOHOLD
W								
Reset:	0	0	0	0	0	0	0	0

BOHOLD：总线关闭锁定位。0 为模块未关闭总线，或响应用户请求已经从关闭总线状态恢复；1 为模块处于总线关闭状态，并在用户请求之前一直保持该状态。如果 BORM 置 1，该位指示了模块是否处于关闭总线状态。

14. MSCAN 接收错误计数器——CANRXERR

该寄存器反映 MSCAN 接收错误计数器的状态。

	7	6	5	4	3	2	1	0
R	RXERR7	RXERR6	RXERR5	RXERR4	RXERR3	RXERR2	RXERR1	RXERR0
W								
Reset:	0	0	0	0	0	0	0	0

仅仅在睡眠模式（SLPRQ = 1 和 SLPAK = 1）或初始化模式（INITRQ = 1 和 INITAK）时可读，在其他模式下读取该寄存器可能会导致错误值。

15. MSCAN 发送错误计数器——CANTXERR

该寄存器反映 MSCAN 发送错误计数器的状态。

	7	6	5	4	3	2	1	0
R	TXERR7	TXERR6	TXERR5	TXERR4	TXERR3	TXERR2	TXERR1	TXERR0
W								
Reset:	0	0	0	0	0	0	0	0

仅仅在睡眠模式（SLPRQ = 1 和 SLPAK = 1）或初始化模式（INITRQ = 1 和 INITAK）时可读，在其他模式下读取该寄存器可能会导致错误值。

16. MSCAN 验收寄存器——CANIDAR0 ~ CANIDAR7

在接收过程中，每个报文首先被写进后台接收缓冲区。只有通过过滤器和屏蔽寄存器验收后，才能被 CPU 读取，否则，该报文会被下一条报文覆盖。

对于扩展模式，前 4 个接收和屏蔽寄存器均可用。对于标准模式，只有前面两个（CANIDAR0/1、CANIDMR0/1）可用。

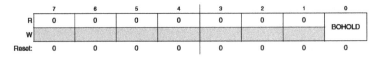

	7	6	5	4	3	2	1	0
R	AC7	AC6	AC5	AC4	AC3	AC2	AC1	AC0
W								
Reset	0	0	0	0	0	0	0	0

AC7 ~ AC0：接收码位。该位由用户定义的序列位构成，用于与接收报文缓冲区的相关 IDRn 的相应位进行比较。

17. MSCAN 验收屏蔽寄存器——CANIDMR0 ~ CANIDMR7

验收屏蔽寄存器确定了验收寄存器中的哪些位将参与验收过滤。在 32 位过滤器模式下，为了接收标准标识符，必须将 CANIDAR5 和 CANIDAR0 的最后三位 AM［2:0］设置为"无关"。在 16 位过滤器模式下，为了接收标准标识符，必须将 CANIDAR1、CANIDAR3、CANIDAR5 和 CANIDAR7 中的最后三位 AM［2:0］设置为"无关"。

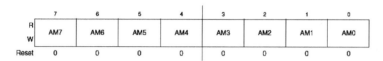

AM［7:0］：验收屏蔽位。0 为相应的验收寄存器和标识符必须匹配；1 为忽略验收寄存器相应位。如果该寄存器中的相应位清零，则验收寄存器中的相应位必须与标识符一致。如果这些位保持一致，则接收该报文。如果 AMx 置 1，则验收寄存器中的相应位不影响报文的接收。

6.4.4　SAE J1939 通信协议

SAE J1939（以下简称 J1939）是美国汽车工程师学会（SAE）的推荐标准，是用于中重型道路车辆上电子部件间通信的标准体系结构。J1939 基于 CAN 总线，可达到 250kbit/s 的通信速率。它描述了重型车辆现场总线的一种网络应用，包括 CAN 网络物理层定义、数据链路层定义、应用层定义、网络层定义、故障诊断和网络管理。在 SAE J1939 中，不仅指定了传输类型、报文结构及其分段、流量检查等，而且对报文内容本身也做了精确的定义。目前，J1939 是在商用车辆、舰船、轨道机车、农业机械和大型发动机中应用最广泛的应用层协议。

1. J1939 协议

J1939 协议包括：

（1）J1939-11/15：物理层　描述在其他事物中与物理媒介的电子接口，包含物理介质、总线的设计、长度、节点等。

（2）J1939-21：数据层　描述通过基于 CAN 2.0B 技术规格的 CAN 的数据通信，定义分类 PGN 信息/传输协议。

（3）J1939-31：网络层　定义不同网络互连之间的转换技术，主要描述两个网络部分间针对报文传输的网桥的功能，并且只与 J1939 网桥实现相关。

（4）J1939-71：应用层　信息分享、解析，描述实际的数据（参数或带有值域的网络变量、分辨率、物理单元和传输类型）。每个报文无歧义地对应一个数（参数组数）。

（5）J1939-81：网络管理　描述针对报文申请模式、确认传输和大数据块分段传输的各种网络服务。

（6）J1939-73：诊断应用层　主要描述故障信息。

2. CAN 标准帧和扩展帧

标准帧只有 11 位的标识符（ID），扩展帧有 11 + 18 = 29 位标识符（ID），以后均以扩展帧作介绍。

如图 6-33 所示，CAN 数据帧组成包括：帧起始（SOF）、仲裁域、控制域、数据域、循环冗余校验域（CRC）、应答域（ACK）、帧结束（EOF）。

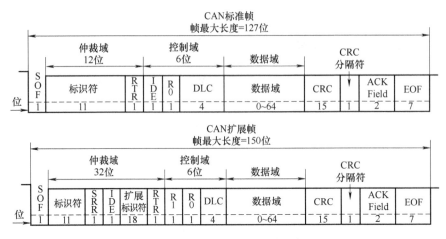

图 6-33　CAN 标准帧和扩展帧

（1）协议数据单元（PDU）　如图 6-34 所示，协议数据单元（PDU）＝标识符＋数据域。PDU 被封装在一个或多个 CAN 数据帧中，通过物理介质传送到其他网络设备。每个 CAN 数据帧只能有一个 PDU。

域	优先权	扩展数据页	数据页	PDU格式	PDU特定域	源地址	数据域
	P	EDP	DP	PF	PS	SA	DATA
位	3	1	1	8	8	8	8字节(64)

图 6-34　协议数据单元（PDU）结构

SAE J1939 协议是基于 CAN2.0B 协议的应用层协议，但是 SAE J1939 协议并不仅仅是个应用层协议，它对物理层、数据链路层、网络层、应用层、故障诊断、管理层等都做了详细的规定，只不过这其中很多规定都跟 CAN2.0B 一致。这里只介绍 J1939 的应用层，对软件开发已足够。

CAN2.0B 使用 29 位的标识符来区分不同的报文，J1939 对这 29 位标识符进行了重新分类和解释，如图 6-34 所示。J1939 对 CAN ID 进行了重新划分，加上最多 8 个字节的数据域，构成了 J1939 的协议数据单元，其中前 3 位表示优先级位（P，priority），之后是扩展数据页位（EDP，extended data page）、数据页位（DP，data page）、PDU 格式位（PF，pdu format）、PDU 特定域位（PS，PDU specific）、源地址位（SA，source address）、数据域（data filed）。此外，J1939 将 29 位 CAN ID 的中间 18 位共同组成了参数组编号（PGN，parameter group number）。普通 CAN 的报文是根据 CAN ID 来区分的，而 J1939 是根据 PGN 来区分不同的报文。J1939-71 中对不同的 PGN 做了一系列详细的规定，不同的 PGN 表示不同的数据或者功能。对于用户，能熟悉自己常用的一些 PGN 就足够了，具体需要某些功能时可查询 J1939-71 文档。

J1939 的协议数据单元与 CAN 报文帧相比要少 SOF、SRR、IDE 等，因为这些部分完全由 CAN 2.0B 控制，J1939 并未对这部分做任何修改。

（2）J1939 PDU 各部分介绍

1）优先级（P）。根据 CAN2.0B 的仲裁机制，ID 越小优先级越高。由于优先级位于整个 ID 的最前面，实际上依然控制着 ID 大小，即 CAN 报文的优先级。只不过在 J1939 协议中优先级仅用于优化发送数据时的报文延迟，接收报文时则完全忽略优先级。J1939 中的优先级可以从最高的优先级 0（000b）到最低优先级 7（111b）。默认情况下控制类报文的优先级为 3，其他报文的优先级为 6。当分配新的 PGN 或总线上流量改变时，允许提高或者降低优先级。

2）扩展数据页（EDP）。扩展数据页（EDP）联合数据页（DP）可以决定 CAN 报文帧中 CAN ID 的结构，目前为保留位，必须设置为 0。

3）数据页（DP）。用于联合扩展数据页来决定 CAN ID 结构，当 EDP 为 0 时，DP 为 0 或者 1 分别表示第 0 页或者第 1 页 PGN。

4）PDU 格式域（PF）。PF 用来确定 PDU 的格式。PF < 240（0xF0）为 PDU1 格式；PF = 240 ~ 255 为 PDU2 格式，对应 PF 的高四位均为 1。

5）PDU 特定域（PS）。PS 的定义取决于 PF。PDU1 格式下 PS 域是目标地址（DA，destination address）；PDU2 格式下 PS 域为组扩展（GE，group extension）值。目标地址（DA）：除目标地址的设备外，其他设备会忽略此报文。如果目标地址为 0xFF，则表示为全局地址，此时所有设备都应该监听此报文并在收到报文后做出响应。组扩展（GE）：组扩展与 PDU 格式域 PF 的低 4 位（注意：当 PDU 格式域最高 4 位被置 1，说明 PS 域是组扩展）规定了每个数据页有 4096 个参数组。

6）源地址（SA）。完整的汽车系统有多个 ECU 模块，SAE J1939 协议为每个控制设备分配了 8 位地址标识符。SA 指示该帧报文是由哪个控制器（用 8 位地址标识符）发送的。

7）数据域（DATA）。存放该帧报文传送的数据，长度为 8 个字节。

图 6-34 中 18 位 PGN 的计算方法非常简单，可下面算法实现：

```
if (PF < 0xF0)
    PGN = (DP << 9) + (PF << 8);
else
    PGN = (DP << 9) + (PF << 8) + PS;
```

当 PF < 240（0xF0），PGN 数目等于 $2 \times 240 = 480$；当 PF ≥ 240，PGN 数目应等于 $2 \times 16 \times 256 = 8192$。所以，两种情况下 PGN 总数应为 $480 + 8192 = 8672$。

（3）多帧传输机制　当传输数据大于 8 个字节时，此时就需要使用多帧传输。J1939 多帧传输的规则很简单，就是将数据域的第一个字节当作编号，这样原来每帧 CAN 报文最多可传输 8 个字节内容，由于现在被编号占用了 1 个字节，只能传输 7 个字节。由于编号范围为 1 ~ 255，所以多帧传输的最大数据长度是 255×7 个字节 = 1785 个字节。需要注意，最后一帧报文实际需要传输的内容可能不足 7 个字节，比如一共要传输 9 个字节，第 1 帧 CAN 报文传输了 7 个字节，第 2 帧 CAN 报文只能传输 2 个字节，这样加上 1 个编号字节，还剩 5 个字节，这 5 个字节要全部设置为 0xFF。发送数据时，按照编号把数据拆装成多帧报文，接收数据时，则按照编号重新组装成完整的数据。

（4）参数组编号（PGN）　参数组编号唯一标识一个参数组，在通信过程中起到"索引"的作用，表征报文的内容和用途，确定报文的类型和传播数据需要的帧数目。可以理解为同类（或者有共同特征的设备）参数集合的索引。SAE J1939 中的 PGN 格式规定如下（以 PGN61443 为例）：

```
pgn61443:Electronic Engine Controller #2-EEC2-
Transmission Repetition Rate:50ms          →报文发送周期
Data Length:8 Bytes                        →数据域长度(CAN 扩展帧中的数据域字节数)
Data Page:0                                →数据页(PGN 中的数据页 DP)
PDU Format:240                             →PDU 格式:PDU1(PF<240)和 PDU2(PF:
                                            240~255)
PDU Specific:3                             →PDU 特定域(PF<240,DA,240≤PF≤
                                            255,组扩展)
Default Priority:3                         →优先级
Parameter Group Number:61443(0x0F003)      →PGN
```

表 6-11 是 PGN 61443 数据域包含的 SPN 格式定义的解释。

表 6-11　PGN 61443 数据域包含的 SPN 格式定义的解释

起始位置	长度	SPN 参数名称	SPN
1.1	2bits	Accelerator Pedal Low Idle Switch（加速踏板低怠速开关）	558
1.3	2bits	Accelerator Pedal Kickdown Switch（加速踏板踩下开关）	559
1.5	2bits	Road Speed Limit（道路速度限值）	1437
2	1byte	Accelerator Pedal Position（加速踏板位置）	91
3	1byte	Percent Load at Current Speed（当前车速的百分比负荷）	92
4	1byte	Remote Accelerator（远程加速器）	974

（5）可疑参数编号（SPN，suspect parameter number）J1939-71 不仅对 PGN 做了详细的规定，对 SPN 也做了详细的规定，并对每个参数做了编号。SAE J1939 中的 SPN 格式规定如下（以 SPN91 为例）：

```
SPN91-Accelerator Pedal Position-The ratio of actual accelerator pedal
position to maximum pedal position. Although it is used as an input to determine
transmission and ASR algorithms about driver's actions.
Data Length:1byte                  →SPN 号对应的数据的长度
Resolution:0.4%/bit,0 offset       →比例系数和偏移量
Data Range:0 to 100%               →数据范围(涉及偏移量计算)
Type:Measured                      →测量值
Suspect Parameter Number:91        →SPN 号
Parameter Group Number:[61443]     →隶属的 PGN 号
```

总线数值与物理数值之间转换为：总线数值 =（物理数值 - 偏移量）/比例系数，其中：比例系数代表单位总线数值（二进制1）代表的物理数值大小；偏移量代表总线数值为 0 时物理数值的大小。

为了进一步理解 PGN 和 SPN，这里以 PGN 65213 为例进行详细说明，其数据域格式如图 6-35 所示。PGN 65213 只用了 4 个字节，其中第 1 个参数 "Estimated Percent Fan Speed" 占用 1 个字节，起始位为第 1 个字节，SPN 为 975。第二个参数 "Fan Drive State" 占用了第 2 个字节的低 4 位，SPN 为 977。第 3 个参数 "Fan Speed" 占用 2 个字节，SPN 为 1639。这里定义了这 3 个参数中每个参数存储的位置与长度，但是并不知道每个参数的分辨率、偏移量、范围等信息，要知道具体每个参数的详细规定，需要查看具体 SPN 的规定。3 个 SPN 的规定都能在 J1939-71 中找到。

PGN 65213　　　Fan Drive-FD
Data Length:　　8

Start Position	Length	Parameter Name	SPN
1	1 byte	Estimated Percent Fan Speed	975
2.1	4 bits	Fan Drive State	977
3-4	2 bytes	Fan Speed	1639

Byte1								Byte2								Byte3								Byte4							
8	7	6	5	4	3	2	1	8	7	6	5	4	3	2	1	8	7	6	5	4	3	2	1	8	7	6	5	4	3	2	1
SPN 975								1	1	1	1	SPN 977				SPN 1639															

Byte5								Byte6								Byte7								Byte8							
8	7	6	5	4	3	2	1	8	7	6	5	4	3	2	1	8	7	6	5	4	3	2	1	8	7	6	5	4	3	2	1
1	1	1	1	1	1	1	1	1	1	1	1	1	1	1	1	1	1	1	1	1	1	1	1	1	1	1	1	1	1	1	1

图 6-35　　J1939 PGN65213

根据 SPN975 的内容，如图 6-36 所示，风扇估计的百分比转速为 40%，由于分辨率为 0.4%/bit，偏移量为 0，则这个字节的总线数值应为：40%/0.4% = 100，即 0x64。

spn975 - Estimated Percent Fan Speed - Estimated fan speed as a ratio of the fan drive (current speed) to the fully engaged fan drive (maximum fan speed). A two state fan (off/on) will use 0% and 100% respectively. A three state fan (off/intermediate/on) will use 0%, 50% and 100% respectively. A variable speed fan will use 0 to 100%. Multiple fan systems will use 0 to 100% to indicate the percent cooling capacity being provided. Note that the intermediate fan speed of a three state fan will vary with different fan drives, therefore 50% is being used to indicate that the intermediate speed is required from the fan drive.

Data Length:	1 byte
Resolution:	0.4 %/bit , 0 offset
Data Range:	0 to 100 %
Type:	Status
Suspect Parameter Number:	975
Parameter Group Number:	[65213]

图 6-36　　J1939 SPN975

根据 SPN977，如图 6-37 所示，如果风扇当前因发动机油温度过高而运转，则风扇驱动状态为 3（0011b）。

spn977 - Fan Drive State - This parameter is used to indicate the current state or mode of operation by the fan drive.

0000 Fan off
0001 Engine system'General
0010 Excessive engine air temperature
0011 Excessive engine oil temperature
0100 Excessive engine coolant temperature
0101 Excessive transmission oil temperature
0110 Excessive hydraulic oil temperature
0111 Default Operation
1000 Not defined
1001 Manual control
1010 Transmission retarder
1011 A/C system
1100 Timer
1101 Engine brake
1110 Other
1111 Not available
Fan off 0000b 'Used to indicate that the fan clutch is disengaged and the fan is inactive
Engine system'General 0001b 'Used to indicate that the fan is active due to an engine system not otherwise defined.
Excessive engine air temperature 0010b 'Used to indicate that the fan is active due to high air temperature.
Excessive engine oil temperature 0011b 'Used to indicate that the fan is active due to high oil temperature.
Excessive engine coolant temperature 0100b 'Used to indicate that the fan is active due to high coolant temperature.
Manual control 1001b 'Used to indicate that the fan is active as requested by the operator.
Transmission retarder 1010b 'Used to indicate that the fan is active as required by the transmission retarder.
A/C system 1011b 'Used to indicate that the fan is active as required by the air conditioning system.
Timer 1100b 'Used to indicate that the fan is active as required by a timing function.
Engine brake 1101b 'Used to indicate that the fan is active as required to assist engine braking.
Excessive transmission oil temperature - 0101b - Used to indicate fan is active due to excessive transmission oil temperature.
Excessive hydraulic oil temperature - 0110b - Used to indicate fan is active due to excessive hydraulic oil temperature.
Default Operation - 0111b - Used to indicate fan active due to a error condition resulting in default operation

Bit Length:	4 bits
Type:	Status
Suspect Parameter Number:	977
Parameter Group Number:	[65213]

图 6-37　　J1939 SPN977

根据 SPN1639，如图 6-38 所示，如果风扇当前转速为 1500rpm（1rpm = 1r/min），由于分辨率为 0.125rpm/bit，偏移量为 0，则这两个字节的总线数值应为：1500rpm/0.125（rpm/bit）= 12000bit，即 0x2EE0。

spn1639 - Fan Speed - The speed of the fan associated with engine coolant system.

Data Length:	2 bytes
Resolution:	0.125 rpm/bit , 0 offset
Data Range:	0 to 8,031.875 rpm
Type:	Measured
Suspect Parameter Number:	1639
Parameter Group Number:	[65213]

图 6-38 J1939 SPN1639

PGN65213 在 J1939-71 中的详细描述，如图 6-39 所示。进一步假设 ECU 地址为 0x9C，优先级为默认值 6，且此 ECU 需要往 VCU 发送 PGN65213（0xFEBD）。根据定义，EDP = 0，DP = 0，PF = 0xFE，PS = 0xBD，SA = 0x9C，则 CAN 报文 ID 为 0x18FEBD9C，数据域 Byte1 = 0x64，Byte2 = 0xF3，Byte3 = 0xE0，Byte4 = 0x2E，Byte5 = Byte6 = Byte7 = Byte8 = 0xFF。

pgn65213 - Fan Drive - FD -

Transmission Repetition Rate:	1 s
Data Length:	8 bytes
Data Page:	0
PDU Format:	254
PDU Specific:	189
Default Priority:	6
Parameter Group Number:	65213 (00FEBD$_{16}$)

Bit Start Position /Bytes	Length	SPN Description	SPN
1	1 byte	Estimated Percent Fan Speed	975
2.1	4 bits	Fan Drive State	977
3-4	2 bytes	Fan Speed	1639

This parameter group transfers status and measured information on the engine coolant fan.

图 6-39 J1939 PGN65213

3. J1939 的整车通信协议

图 6-40 是某 HEV 的 CAN 总线网络拓扑结构。根据不同的应用场合，节点数目可以相应增加或减少。该车的节点包括：整车控制器、电控制动（EBS）控制器、电池管理系统、驱动电机控制器、驾驶室显示器、电机控制器、ISG 控制器、BMS 电池管理系统和超级电容控制器等。

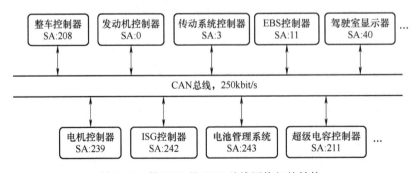

图 6-40 某 HEV 的 CAN 总线网络拓扑结构

依据 J1939 协议，对汽车的各节点的 ECU 源地址分配、ECU 输出参数以及参数组定义等都必须做出明确的规定。

（1）各 ECU 源地址定义　表 6-12 是某电动汽车可能用到的 ECU 节点名称和分配地址。

表 6-12　ECU 节点名称和分配地址

ECU 名称	地址	ECU 名称	地址
发动机控制器	0	整车控制器	208
传动系统（变速器）控制器	3	燃料电池控制器	209
电控制动（EBS）控制器	11	AMT 控制器	210
发动机缓速器	15	超级电容控制器	211
驱动系统缓速器	16	DC-DC#1	214
组合仪表	23	DC-DC#2	215
行车记录仪	24	氢气供应系统	216
车身	33	电动助力转向系统	217
PTO 动力输出装置	36	驱动电机控制器#1	239
车辆智能中心	39	驱动电机控制器#2	240
驾驶室显示器	40	驱动电机控制器#3	241
排气缓速器	41	ISG 控制器	242
车载诊断系统	43	电池管理系统#1	243
转速表	238	电池管理系统#2	244
故障诊断（售后服务工具）	249	电池管理系统#3	245
		电池管理系统#4	246

（2）各 ECU 输出参数定义　根据汽车所需要实现的控制功能，定义各个节点的输出参数，包含节点所有需要处理或发送到总线上的信号，并对信号的地址、刷新率、信号类型、信号数据长度、数据范围和分辨率等进行定义。表 6-13 是整车控制器的部分参数信息。

表 6-13　整车控制器的部分参数信息

信号名称	类型	刷新间隔/ms	分辨率	数据长度/bit	数据范围	偏移量	目标地址
整车控制器状态	状态值	100	—	2	工作/未工作	—	广播
车辆运行模式	状态值	10	—	4	普通/动力/雪地/高速	—	广播
目标气门开度	测量值	10	$0.4\%/bit$	8	$0 \sim 100\%$	0	广播
发动机起动控制	状态值	10	—	2	起动/未起动	—	广播
发动机目标转速	测量值	10	$0.125 r/(\min \cdot bit)$	16	$0 \sim 8031.876 r/\min$	0	发动机
发动机目标转矩百分比	测量值	10	$1\%/bit$	8	$-125\% \sim 125\%$	-125%	发动机

（3）各 ECU 参数组定义　表 6-14 是整车控制器的参数组信息。整车控制器的参数组用于实现汽车动力总成系统中各控制单元间的协调控制与管理，例如，通过 VCU1 参数组，整车控制器节点向发动机控制器节点发送速度和转矩控制信息。而其他控制器节点主要用于对整车控制器节点的反馈信息，例如，电机控制器的 MC1 参数组中定义了电机上电/断电请求、电机工作状

态、电机运行模式、电机运转转矩、电机运转转速等信息。

表 6-14　整车控制器的参数组信息

参数组	刷新间隔/ms	PGN	P	PF	PS
VCU1：整车控制器#1	10	61696	3	241	0
VCU2：整车控制电机	10	61697	3	241	1
VCU3：整车控制燃料电池	50	61698	3	241	2
VCU4：整车控制 ISG	20	61699	3	241	3
VCU5：整车控制 DC-DC	50	61700	3	241	4
VCU6：整车控制电池	100	61701	3	241	5
VCU7：整车控制超级电容	50	61702	3	241	6
VCU8：整车控制制动需求	10	61703	3	241	7
VCU9：整车控制开关继电器	500	61777	3	241	81
VCU10：整车控制器产品序列	需要时发送	61796	3	241	100

6.4.5　CAN 和 SAE J1939 应用实例

【例 6-4】　基于 J1939 的报文收发。

"can. h" 代码如下：

```
struct can_msg            //发送报文的结构体
{
    unsigned long id;
    Bool RTR;
    unsigned char data[8];
    unsigned char len;
    unsigned char prty;
};
```

"can. c" 代码如下：

```
void INIT_CAN0 (void);
Bool MSCAN0 SendMsg(struct can_msg msg);
Bool MSCAN0 GetMsg(struct can_msg *msg);
#include <hidef. h>
#include "derivative. h"
#include "CAN. h"
/* ===初始化 CAN0 === */
void INIT_CAN0 (void)
{
    if(CAN0 CTL0_INITRQ ==0)       //查询是否进入初始化状态
        CAN0 CTL0_INITRQ =1;       //进入初始化状态
    while (CAN0 CTL1_INITAK ==0);   //等待进入初始化状态
    CAN0 BTR0_SJW =0;              //设置同步
    CAN0 BTR0_BRP =7;              //设置波特率
```

```
    CAN0 BTR1 = 0x1c;                              //设置时段 1 和时段 2 的 T_q 个数,总
                                                     线频率为 250 kbit/s
    CAN0 IDMR0 = 0xFF;                             //这里关闭滤波器
    CAN0 IDMR1 = 0xFF;
    CAN0 IDMR2 = 0xFF;
    CAN0 IDMR3 = 0xFF;
    CAN0 IDMR4 = 0xFF;
    CAN0 IDMR5 = 0xFF;
    CAN0 IDMR6 = 0xFF;
    CAN0 IDMR7 = 0xFF;
    CAN0 CTL1 = 0xC0;                              //使能 MSCAN 模块,设置为一般运行
                                                     模式,使用总线时钟源
    CAN0 CTL0 = 0x00;                              //返回一般模式运行
    while(CAN0 CTL1_INITAK);                       //等待回到一般运行模式
    while(CAN0 CTL0_SYNCH ==0);                    //等待总线时钟同步
    CAN0 RIER_RXFIE = 0;                           //禁止接收中断
}
/* === CAN0 发送 === */
Bool MSCAN0 SendMsg(struct can_msg msg)
{
  unsigned char send_buf, sp;
  if(msg. len >8) return(FALSE);                   //检查数据长度
  if(CAN0 CTL0_SYNCH ==0)                          //检查总线时钟
    return(FALSE);
  send_buf =0;
  do {                                             //寻找空闲的缓冲器
    CAN0 TBSEL = CAN0 TFLG;
    send_buf = CAN0 TBSEL;
    }
  while(! send_buf);
  CAN0 TXIDR0 = (unsigned char)(msg. id >> 21);   //写入标识符
  CAN0 TXIDR1 = (((unsigned char)(msg. id >> 13))&0xe0) |0x18 |(((unsigned
char)(msg. id >>15))&0x07);
  CAN0 TXIDR2 = (unsigned char)(msg. id >> 7);
  CAN0 TXIDR3 = ((unsigned char)(msg. id <<1));
  if(msg. RTR)                                     //RTR =阴性
    CAN0 TXIDR3 |=0x01;
  for(sp =0;sp < msg. len;sp ++)                   //写入数据
    * ((&CAN0 TXDSR0) +sp) =msg. data[sp];
  CAN0 TXDLR =msg. len;                            //写入数据长度
  CAN0 TXTBPR =msg. prty;                          //写入优先级
  CAN0 TFLG = send_buf;                            //清 TXx 标志 (缓冲器准备发送)
  return(TRUE);
```

```
    }
    /* === CAN0 接收 === */
    Bool MSCAN0 GetMsg(struct can_msg *msg)
    {
      unsigned char sp2;
      if(!(CAN0RFLG_RXF)) return(FALSE);                    //检测接收标志
      if(!CAN0RXIDR1_IDE)                                    //检测 CAN 协议报文模式（一
                                                               般/扩展)标识符
      return(FALSE);
      msg->id=(((unsigned long)CAN0RXIDR0) <<21) |((unsigned long)(CAN0RXIDR1&0xe0) <<
13) |\
      ((unsigned long)(CAN0RXIDR1&0x07) <<15) |(((unsigned long)CAN0RXIDR2) <<7) |\
      ((unsigned long)(CAN0RXIDR3&0xfe) >>1);               //Freescale 与 J1939 的 ID
                                                               结构不完全一致,需要做调整
      if(CAN0RXIDR3&0x01)
        msg->RTR=TRUE;
      else
        msg->RTR=FALSE;
      msg->len=CAN0RXDLR;                                    //读取数据长度
      for(sp2=0;sp2<msg->len;sp2++)                          //读取数据
        msg->data[sp2] = *((&CAN0RXDSR0)+sp2);
          CAN0RFLG=0x01;                                     //清 RXF 标志位 (缓冲器准备接收)
          return(TRUE);
      }
      /* ===中断接收函数 === */
      #pragma CODE_SEG __NEAR_SEG NON_BANKED
      void interrupt CAN_receive(void)
      {
          if(MSCAN1GetMsg(&msg_get))
          {
            if(msg_get.id==ID && (! msg_get.RTR))//接收新信息
            {
                LEDCPU = ~ LEDCPU;
                datain =1;
            }
          }
      }
      #pragma CODE_SEG DEFAULT
```

"main.c" 中相关部分:

```
    #define ID                     0x0CF00400      //发送标识符
    #define data_len_TX            8               //发送数据长度
    struct can_msg msg_send, msg_get;
```

```
unsigned char datain = 0;
  msg_send. id = ID;                    //发送报文
  for(k = 0;k < data_len_TX;k ++)
  {
    msg_send. data[ k] = senddata[ k];
  }
msg_send. len = data_len_TX;
msg_send. RTR = FALSE;
msg_send. prty = 0;
if(! MSCAN0 SendMsg(msg_send)){   //发送过程出现错误
...;                               //错误处理代码
  }
```

更详细的代码内容可扫描此处二维码获取。

CAN 总线实例代码

6.5 LIN 总线

6.5.1 LIN 总线协议

LIN（local interconnect network，本地互联网络）总线是一种单线串行
通信网络，其设计目标是为现有汽车网络（如 CAN 总线）提供辅助功能，主要用于对总线的带
宽、性能或容错等功能没有过高要求的应用。LIN 通信是基于 SCI（UART）数据格式，采用单
主控制器/多从设备的模式，无需总线仲裁机制，其最高数据传输速率为 20kbit/s，通信距离可
达 40m。LIN 总线细分为物理层和数据链路层。

1. 物理层

LIN 总线采用单 12V 信号线通信，共需要 VBAT、LIN-BUS、GND 三根线，可以采用 DC/DC
芯片从 VBAT 转换得到所需的电源电压。LIN-BUS 传输数据是单线，各节点通过线与的方式接入
总线，一个主机节点可以同时最多与 16 个从机节点进行通信，主机节点和从机节点的端电阻的
典型值分别为 1kΩ 和 30kΩ；具体的波特率由 SCI 模块的波特率决定，推荐使用 2400、9600、
19200。LIN 总线的物理层一般采用专用芯片来实现，常用的 LIN 总线驱动芯片有 TJA1020 和
MC33661 等，采用如图 6-41 所示的硬件连接。

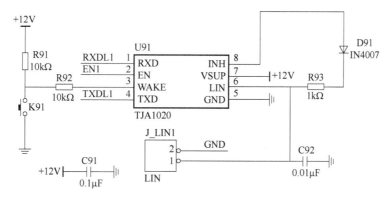

图 6-41　LIN 总线采用 TJA1020 的硬件连接

2. 数据链路层

（1）LIN 总线的网络结构　LIN 网络由 1 个主机节点和多个从机节点组成。主机节点中既有主机任务又有从机任务，其他节点都只有从机任务。LIN 总线上的访问由主机任务发起，从机任务做出响应。报文帧是 LIN 总线上数据传输的实体，每个报文帧都由报文头和报文响应组成。主机任务负责发送报文头，只有一个从机任务发送报文响应，通过主机任务中的报文头，从机任务可将数据发送到其他任何从机任务中。主机节点控制整个网络的通信，网络中不存在冲突，不需要仲裁。整个网络的配置信息只保存在主机节点中，从机节点可以自由地接入或脱离网络，而不会对网络中的其他节点产生任何影响。LIN 总线节点任务如图 6-42 所示。

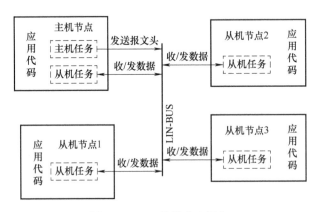

图 6-42　LIN 总线节点任务

（2）LIN 总线的报文帧格式　LIN 总线的报文帧由帧头和报文响应组成。帧头包含同步间隔场、同步场和标识符场。报文帧的用途由标识符唯一定义，约定的从机任务根据标识符提供相关的报文响应并发送到总线上。报文响应由 2、4 或 8 字节的数据场和一个校验和场组成，对这个标识符相关联的数据感兴趣的从机任务将接收报文响应，校验和检验通过后会对数据进行处理。LIN 总线通信时序如图 6-43 所示。

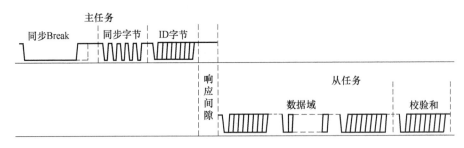

图 6-43　LIN 总线通信时序

LIN 字节场格式基于 SCI（UART）串行数据格式（8N1 编码）实现，即每个字节场的长度是 10 位；1 位起始位 +8 位数据位 +1 位停止位。LIN 报文帧中的同步场、标识符场、数据场、校验和场的格式都符合上述字节场的格式。

1）同步间隔场（SYNCH BREAK）。同步间隔场由主机任务发送，它的作用是使所有节点同步。同步间隔由持续 13 个位时基（发送一位数据所需的时间，基于主机）或更长时间的显性电平（低电平）和最少持续 1 个位时基的隐性电平（高电平）组成，作为同步界定符。

2）同步场（SYNCH FIELD）。同步场的格式固定为 0x55，表现为 8 个位定时中有 5 个下降沿。各从机节点可根据同步场计算基本的位定时。

3）标识符场（IDENTIFIER FIELD）。标识符场定义了报文的内容和长度，包含 6 个标识位和 2 个校验位。标识符场时序如图 6-44 所示。其中，ID4 和 ID5 决定了报文的数据场数量（N_{DATA}），具体对应关系见表 6-15。

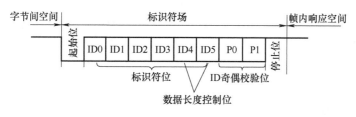

图 6-44 标识符场时序

表 6-15 数据场数量关系

ID5	ID4	N_{DATA}
0	0	2
0	1	2
1	0	4
1	1	6

标识符场中的奇偶校验位可通过下面的关系式计算：

$$P0 = ID0 \oplus ID1 \oplus ID2 \oplus ID4（奇校验）$$
$$P1 = \overline{ID1 \oplus ID3 \oplus ID4 \oplus ID5}（偶校验）$$

通过上面的计算式即可保证标识符场不会为"0xFF"或"0x00"。标识符的类型可以按照 6 位可设定的标识位分为 4 种：0 ~ 59（0x3B）用于信号传送的报文帧；60（0x3C）和 61（0x3D）用于传送诊断数据；62（0x3E）保留给用户定义的扩展帧；63（0x3F）保留给以后的协议增订使用。

4）数据场（DATA FIELD）。一个数据场可装载 1 ~ 8 字节的数据，具体的字节数由 ID4 和 ID5 决定。如果数据长度大于 1 个字节，低字节数据先发送。

5）校验和场（CHECKSUM FIELD）。校验和场是数据场所有字节的和的反码。数据场字节和按"带进位加（ADDC）"方式计算，每个进位都被加到本次结果的最低位（LSB）。所有数据字节和的补码与校验和字节相加所得的和必须是"0xFF"。

（3）报文滤波和确认　报文滤波基于标识符，必须通过网络配置来确认。每个从机任务对应唯一的传送标识符，每个从机节点均接收标识符，并决定是否对帧头做出响应传输数据。主机节点既可以与每一个从机节点进行单独通信，也可以进行网络广播。

对于在总线传输的报文，任何节点都可以同时检测到报文，并同时对此报文做出反应。发送器和接收器校验报文是否有效的时间点各不相同。如果直到帧的末尾均没有错误，则此报文对于发送器有效。如果直到最后一位（除了帧末尾位）均没有错误，则报文对于接收器有效。总线上传送的事件信息也可能丢失，而且这个丢失不能被检测到。如果报文错误，则主机任务和从机任务都认为报文没有发。

（4）LIN 总线的唤醒和睡眠

1）唤醒。任何节点均可发起唤醒请求，用于唤醒处于睡眠状态的 LIN 网络（主机节点可以通过发起一个普通的报文帧头作为唤醒信号脉冲）。唤醒请求是通过强制使总线处于显性状态 250μs ~ 5ms。每个从机节点都应该监测唤醒请求（一个超过 150μs 的显性脉冲），并且准备在

100ms 内监听总线命令（从显性脉冲结束的边沿算起），当从机节点准备就绪时，主机也需准备就绪，开始发送报文帧头寻找总线唤醒的原因。

如果主机节点在总线发生唤醒请求后的 150ms 内没有发送报文帧头，那么原先发起总线唤醒请求的节点将再发送一次新的总线唤醒请求，最多重复 3 次，而后需在等待 1.5s 后，再发送第 4 次唤醒请求。

2) 睡眠。在一个处于活动状态的 LIN 网络中，所有从机节点均能被强制进入睡眠模式（通过主机节点向从机节点发送主机请求报文帧 0x3C，且数据场的第一个字节为 0 来实现）。该报文帧被称为进入睡眠命令。此外，若 LIN 总线处于不活动状态的时间超过 4s，从机节点自动进入低功耗模式。

6.5.2 LIN 的主要寄存器

S12XE 通过 SCI 模块支持 LIN 总线的传输，SCI 模块中相关寄存器使用和设置如下。

1. SCI 状态寄存器 2——SCISR2

通过设置该寄存器可以配置 SCI 的寄存器映射、收发数据极性、发送间隔的长度等。

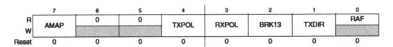

1）AMAP：寄存器映射选择位。0 为 SCIBDH、SCIBDL 和 SCICR1 可以被读写；1 为 SCIASR1、SCIACR1 和 SCIACR2 可以被读写。

SCI 模块的 SCIBDH（地址 0×0000）、SCIBDL（0x0001）、SCICR1（0x0002）和寄存器 SCIASR1（0x0000）、SCIACR1（0x0001）、SCIACR2（0x0002）共享地址。通过 AMAP 位选择访问两组寄存器。

2）TXPOL：发送数据极性选择位。0 为正常极性发送；1 为反转极性发送。

3）RXPOL：接收数据极性选择位。0 为正常极性接收；1 为反转极性接收。

4）BRK13：发送间隔长度选择位。0 为发送间隔信号长度为 10 位或 11 位；1 为发送间隔信号长度为 13 位或 14 位。

5）TXDIR：单线模式下 TXD 数据方向选择位。0 为 TXD 作为输入引脚；1 为 TXD 作为输出引脚。

6）RAF：接收器活动标志位。0 为接收器不活动，没有接收数据；1 为接收器活动，正在接收数据。

2. SCI 替代控制寄存器 1——SCIACR1

该寄存器控制场同步间隔检测中断、位错误检测中断的使能和禁止等。该寄存器仅在 SCISR2 的 AMAP 为 1 时可被读写。

1）RXEDGIE：接收边沿检测中断使能位。0 为接收边沿检测中断请求禁止；1 为接收边沿检测中断请求使能。

2）BERRIE：位错误中断使能位。0 为位错误中断请求禁止；1 为位错误中断请求使能。

3）BKDIE：间隔检测中断使能位。0 为间隔信号检测中断请求禁止；1 为间隔信号检测中断请求使能。

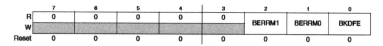

3. SCI 替代控制寄存器 2——SCIACR2

该寄存器控制位错误检测的类型和间隔检测电路工作与否。该寄存器仅在 SCISR2 的 AMAP 为 1 时可被读写。

	7	6	5	4	3	2	1	0
R	0	0	0	0	0	BERRM1	BERRM0	BKDFE
W						BERRM1	BERRM0	BKDFE
Reset	0	0	0	0	0	0	0	0

1）BERRM1、BERRM0：位错误检测类型选择位。00 为禁止位错误检测；01 为接收端在发送引脚发送中的第 9 个时隙采样校验；10 为接收端在发送引脚发送中的第 13 个时隙采样校验；11 为保留。发送器发送一位数据的位时基又分为 16 个时隙。这两位共同决定接收端对总线数据的采样点时隙。

2）BKDFE：间隔检测使能位。0 为间隔信号检测禁止；1 为间隔信号检测使能。

4. SCI 替代状态寄存器 1——SCIASR1

该寄存器可显示位错误检测和场间隔检测的运行结果等。该寄存器仅在 SCISR2 的 AMAP 为 1 时可被读写。

	7	6	5	4	3	2	1	0
R	RXEDGIF	0	0	0	0	BERRV	BERRIF	BKDIF
W	RXEDGIF						BERRIF	BKDIF
Reset	0	0	0	0	0	0	0	0

1）RXEDGIF：接收边沿检测中断标志位。0 为接收端未检测到有效边沿；1 为接收端检测到有效边沿。

2）BERRV：位错误类型位。0 为发送端输出高电平而接收端检测到低电平；1 为发送端输出低电平而接收端检测到高电平。

3）BERRIF：位错误检测中断标志位。0 为未检测到位错误；1 为检测到位错误。

4）BKDIF：间隔中断检测标志。0 为未检测到间隔信号；1 为检测到间隔信号。

6.5.3 LIN 应用实例

【例 6-5】 采用 TJA1020 实现 LIN 的传输。用 SCI0 驱动 LIN1 节点，用 SCI1 驱动 LIN2 节点，SCI0 发送数据，并检验发送的数据是否正确，SCI1 用于接收数据。

程序代码主要包括：初始化 LIN、计算奇偶校验位、计算和校验位、LIN 发送信息、LIN 接收信息等函数。具体代码可扫描下方二维码获取。

LIN 总线实例代码

第 7 章

基于 V 模式的汽车嵌入式系统开发

本章阐述了汽车电子系统和嵌入式系统软件开发的特点，从应用软件、运行环境和基础软件三个方面介绍汽车开放系统结构 AUTOSAR。对汽车嵌入式系统的 MBD 开发方法进行了介绍，通过应用实例系统地介绍了 MATLAB 面向 MBD 开发工具，包括 Simulink 控制模型搭建和可视化仿真、Stateflow 基于有限状态机和流程图的模型搭建和仿真、Real-Time Workshop 自动代码生成等工具箱。结合实例介绍了模型在环（MIL）测试、软件在环（SIL）测试、处理器在环（PIL）测试、硬件在环（HIL）测试等嵌入式系统在环仿真与测试技术。介绍了 V 模式基于 CCP 和 XCP 的嵌入式系统标定技术和 CANape 车载控制器匹配、标定系统的应用。

7.1　汽车嵌入式系统软件架构 AUTOSAR

7.1.1　汽车电子系统和嵌入式系统软件开发的特点

汽车电子系统由大量的微控制器、传感器和执行器构成，是由多个嵌入式系统通过网络连接起来的一个庞大且复杂的控制系统。汽车嵌入式系统也从关注单个电控单元向将汽车作为整体的复杂控制体系过渡。传统的嵌入式系统开发方法已经很难满足需求，因此出现了一些新的开发方法、体系、流程和工具，形成了汽车嵌入式系统开发所独有的开发论。

1. 汽车电子系统特点

（1）异构性　主要体现在两个方面：

1）汽车电子系统中各个部件完成的功能各不相同。有的控制功能非常复杂，如发动机控制；有的控制功能相对简单，如车窗控制。不同的控制系统选用的微控制器在计算能力、内存、通信要求等方面存在差异，从而构成一个异构的控制系统。

2）计算模型的异构性。汽车电子系统中所处理的对象，既包括连续量，又包括离散量；既包括并行执行的功能，也包括串行执行的功能。需要使用不同的计算模型进行描述，例如，车门控制适合使用有限状态机模型，油门控制适合使用连续时间模型，发动机控制模型则是混合模型。

（2）网络化　车内控制单元数量众多，所要求的通信带宽差异很大，而且 CAN 总线协议本身存在着节点数量、通信速率和通信距离的制约，不能简单地将整个车内控制系统连接为一个网络。需要根据功能、通信带宽，将车内网络划分成多个子网，通过网关将这些子网连接起来。分布式网络连接的电子控制系统是汽车电子系统发展的必然结果。

（3）可靠性高　汽车电子控制系统大多属于涉及安全的关键系统，其中许多功能都有安全性和可靠性的要求。此外，汽车电子器件的工作环境非常恶劣。为了保证系统在各种极端条件下均能够正确地执行规定的功能，系统在设计时必须充分考虑可靠性的要求。

（4）灵活性强　不同产品的软件和硬件具有一定的差异，此外产品执行标准的变更或者用户需求的改变，都要求汽车电子控制系统的软硬件具有较强的灵活性，方便修改以适应不同的需求。

（5）其他非功能约束　汽车电子控制系统对于非功能属性也有严格的要求。汽车电子控制系统中的多数部件关系到车辆和乘员的安全，通常具有很强的实时性要求；汽车电子部件大多使用车上的蓄电池供电，节能问题也日益突出；汽车电子系统大多安装在空间极其狭小的密封空间中，需要尽量降低微控制器工作时的发热量，提高电子系统工作的稳定性；汽车电子系统的设计还有成本、体积等方面的要求。

2. 汽车电子系统开发思想

随着车载控制系统日益先进和复杂化，汽车嵌入式系统软件开发和维护的成本越来越高。汽车电子系统复杂化极易带来汽车安全和可靠性隐患，由此导致汽车被"召回"现象频繁发生。为此，汽车电子系统和汽车嵌入式系统出现了一些新的开发思想，具体体现在以下几个方面：

（1）系统架构标准化　为了提高汽车嵌入式系统软件的复用性和可移植性，车用软件（尤其是底层与中间层、操作系统等）正朝着标准化的方向发展。出现了汽车开放系统结构 AUTO-SAR、汽车电子开放系统和对应接口标准 OSEK（open systems and the corresponding interfaces for automotive electronics）/汽车分布式执行标准 VDX（vehicle distributed executive）等。软件架构的标准化极大地推动了汽车电子控制系统的发展。

（2）系统设计模型化　在嵌入式控制系统中，模型与算法是软件的核心。开发人员需要通过模型进行交流、优化设计、管理代码、系统测试以及管理文档。因此，基于模型的开发（MBD）技术得到了迅猛发展，已成为汽车嵌入式系统软件开发的主要途径。

（3）系统设计自动化

1）汽车嵌入式系统软件开发自动化是提升软件开发效率的必要途径。在以模型为中心的软件设计基础上，借助自动化软件工具来实现系统代码自动生成、系统文档自动生成、系统测试案例自动生成等，已经成为加快汽车电子软件开发进程的唯一选择。

2）系统软件开发自动化保证了系统的设计、代码和文档之间的一致性。

3）系统标定自动化是汽车电子控制系统开发中的重要环节。面对各种复杂的工况，通过自动化的标定工具，大大缩减系统标定的时间。目前，面向汽车电子控制系统开发需求，出现了比较完善的系统开发自动化的工具链，如 MATLAB 的 Simulink/Stateflow/Real-Time Workshop 的控制模型搭建、控制算法实现、控制系统仿真与验证、C 代码自动生成的汽车嵌入式系统软件自动开发环境，dSPACE 控制系统硬件在环仿真工具，CANoe 基于网络的汽车控制系统开发工具，CANape 基于网络的标定工具等。

（4）算法与实现相分离　嵌入式系统的重大突破往往来自控制算法的发明或改进，控制算法与工程领域的具体问题是密切关联的。传统的汽车电子软件开发要求算法设计人员需要同时承担软件实现的工作。由于软件实现本身也具有一定的专业性，随着控制软件变得越来越复杂，对软件实现人员的要求越来越高。因此，将算法设计与软件实现相分离，才能保证控制算法的专业性和软件实现的高效性。

（5）应用与平台相独立　传统的汽车电子控制软件与汽车电子控制单元（ECU）紧密联系，每个控制系统软件面向特定的应用、运行在特定硬件平台，这种应用架构只能解决特定的控制功能需求，如发动机控制系统、变速器控制系统等。针对日益增长的复杂应用需求，如要求发动机控制单元、变速器控制单元、ABS 控制单元以及安全气囊控制单元等多个控制单元紧密协作的集成安全应用，很难通过传统的设计方法实现。为满足集成应用开发，需要一套全新的软件架构和开发方法，以支持控制系统的软件与硬件平台的分离。未来的汽车电子应用将是运行在汽车分布式的电子控制单元，软件开发商与硬件开发商也将是互相独立的，但彼此必须遵循统一的规范。

（6）验证和可靠性保障　正确性、安全性、稳定性、可靠性是汽车电子软件最重要的目标。传统的仿真和测试只有在系统设计完成后才能进行，许多错误不能被及早发现，由于错误的传递和放大，最后系统的错误呈几何级数增加。此外，仿真和测试也并不能完全消除系统设计的错误。因此，需要在系统设计的每一个阶段对系统的设计进行验证。近年来，在汽车嵌入式系统开发过程中，提出并广泛运用的测试技术有：模型在环（MIL，model in loop）测试、软件在环（SIL，software in loop）测试、处理器在环（PIL，processor in loop）测试、硬件在环（HIL，hardware in loop）测试等，出现了相应的测试验证工具，建立"虚拟车辆"各种功能的测试与验证平台，通过严格且形式化的验证来确保系统设计各个环节的正确性。

7.1.2　汽车开放系统结构 AUTOSAR

AUTOSAR 为车辆系统提供了基于不同层面、标准接口、通用软件底层的基础结构。

AUTOSAR 具有以下特点：

1）模块化。汽车软件元件模块化，可方便实现根据某些电子控制单元功能及其任务特定需求等对软件模块进行裁减。

2）可量测性。可量测性能确保通用软件模块在不同车辆平台的适应性，以防止实现类似功能时发生软件增生。

3）可移植性。函数可移植性能优化现有整个车辆电子系统的资源使用。

4）复用性。软件元件复用性将会提高软件产品的质量和可靠性。

5）标准化接口。不同软件层之间接口的标准化可以看成是 AUTOSAR 实现其技术目标的基础。

AUTOSAR 可以实现以下目标：

1）建立独立于硬件的分层软件架构。

2）为实施应用提供方法论，包括制定无缝的软件架构堆叠流程，并将应用软件整合至 ECU。

3）制定各种车辆应用接口规范，使软件构件在不同汽车平台复用。

4）能够进行全系统和组态过程的优化，且允许为了满足特定的设备和硬件限制的运行需求进行局部优化。

1. 独立于硬件的分层软件架构

为了实现应用程序和硬件模块之间的分离，汽车电子软件架构被抽象成四层，由上至下依次为：应用层（application layer）、运行时环境（RTE，runtime environment）、基础软件层（BSW，basic software）以及微控制器（microcontroller），如图 7-1 所示。

（1）AUTOSAR 应用软件　AUTOSAR 软件（位于 AUTOSAR 运行时环境的上层）由映射于 ECU 的 AUTOSAR 软件组件组成。AUTOSAR 软件组件和软件元组件之间所有的相互作用都由 AUTOSAR 运行时环境引导。AUTOSAR 接口保证了 AUTOSAR 运行时环境周围软件元件的连通。

（2）AUTOSAR 运行时环境　RTE 充当 ECU 内部和 ECU 之间信息交换的通信中心。不管是使用 ECU 间通信通道（如 CAN、LIN、FlexRay、MOST 等），还是在 ECU 内部通信，通过提供相同的接口和服务，RTE 为 AUTOSAR 软件组件提供通信抽象。各个 ECU 的 RTE 有差异，RTE 应根据需要进行剪裁。

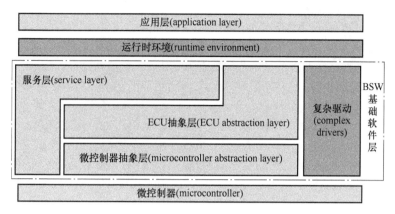

图 7-1　AUTOSAR 分层体系架构

（3）AUTOSAR 基础软件　基础软件是标准化的软件层，为 AUTOSAR 软件组件提供服务，是运行软件功能部件所必需的。基础软件位于 AUTOSAR 运行时环境的下层，并不完成任何功能性工作。基础软件包含 ECU 特定的标准组件，包括：

1）服务。系统服务，比如诊断协议、NVRAM（非易失随机存储器）、Flash（闪存）和内存管理等。

2）通信。通信构架（如 CAN、LIN、FlexRay……），输入/输出管理，网络管理。

3）操作系统。AUTOSAR 是面向所有车辆领域通用的体系结构，因此也规定了 AUTOSAR 操作系统的要求。具体有：静态设定和缩减；实时性能的认证；提供基于优先级的时序调度；提供运行时的保护功能；可在低端控制器上运行而无需外部资源。AUTOSAR 允许在基础软件组件中包含第三方的操作系统。为了使第三方操作系统的接口适应 AUTOSAR 标准，必须将其提取到 AUTOSAR 操作系统中。OSEK 操作系统（ISO 17356-3）是 AUTOSAR 操作系统的基础。

4）微控制器抽象。为了避免从上层软件直接存取微控制器寄存器，硬件操作必须通过微控制器抽象层（MCAL）。MCAL 用来确保与基础软件组件连接的标准接口的硬件特征，管理微控制器外设接口，并提供带有与微控制器无关的数据基础软件组件。MCAL 实现通知机制，用来支持对不同处理器发布命令、响应事件和处理信息。除此之外，MCAL 还包括：数字输入输出（DIO）、模拟/数字转换（ADC）、脉宽调制器（PWM）、EEPROM、Flash、捕获比较单元（CCU）、看门狗、串行外围接口、IIC 总线等接口的抽象。

为了减弱上层软件与所有下层硬件的相关性，ECU 抽象为软件接口，通过复杂设备驱动（CDD）实现对硬件的直接操作。

（4）接口分类　AUTOSAR 有三种不同的接口，分别是：

1）标准接口。标准接口是 AUTOSAR 标准中被标准化的接口，但它并没有使用 AUTOSAR 接口技术，标准接口通常被用在某个 ECU 内部软件模块之间的通信，不能用于网络通信。如果存在一个具体的标准 API（应用编程接口，比如 OSEK 通信接口），则称为标准接口。

2）标准 AUTOSAR 接口。标准 AUTOSAR 接口是使用 AUTOSAR 接口技术标准化的接口，其语法和语义都在标准中进行了规定，通常使用于 AUTOSAR 服务中，由基础软件服务提供给应用程序。

3）AUTOSAR 接口。AUTOSAR 接口定义了软件模块和 BSW 模块（仅仅是 IO 抽象和复杂驱动）之间交互的方式，AUTOSAR 接口是以端口（port）的形式出现的，AUTOSAR 将 ECU 内部通信和网络通信所使用的接口进行了统一。使用 AUTOSAR 接口可以使软件组件在几个 ECU 中分布。ECU 的 RTE 将维护软件组件分布的透明性（开放性）。

从实际使用的角度看，第一和第二类接口都是语法语义标准化的接口，即接口函数的数量、函数的名字、函数参数名字及数量、函数的功能、函数的返回值都已经在标准中进行了定义。不同公司的软件在实施这些接口的时候虽然内容算法不同，但是它们结构和功能是一致的，在 AUTOSAR 规范文档里可查到其接口定义。第三类接口，AUTOSAR 仅规定了简单的命名规则，这类接口和应用高度相关，比如 ECU 控制前照灯打开的接口可以是 Rte_Call_RPort_BeamLight_SetDigOut，也可以是 Rte_Call_RPort_HeaderLight_Output，各公司可以自己定义。又比如仪表想要从 CAN 总线上获得车速，该接口可以是 Rte_IRead_RE_Test_RPort_Speed_uint8，也可以是 Rte_IRead_Test_RE_RPort_Spd_uint8。这些接口必须通过 RTE 交互。

2. AUTOSAR 分层体系架构的详细解读

（1）应用层（application layer）　图 7-2 是 AUTOSAR 应用层的架构。应用层中的功能由各软件组件（SWC，Software Component）实现，SWC 中封装了部分或者全部汽车电子功能，包括对其功能的具体实现及描述，比如控制汽车前照灯、空调等部件的运作，但是与汽车硬件系统没有连接。

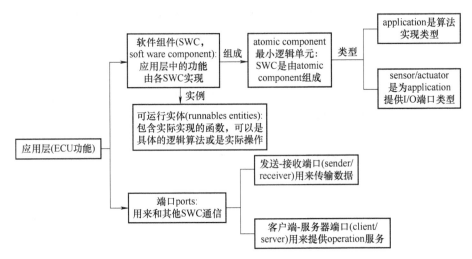

图 7-2　AUTOSAR 应用层的架构

图 7-3 显示了一个应用由三个 AUTOSAR 软件组件组成，它们之间由几个"连接器"互联。

1）软件组件（SWC）。每个 SWC 封装了特定的应用功能。根据不同应用领域的要求，SWC 可能是一个可以复用的小函数（如滤波器），或者是一个封装了整个汽车功能的大模块。但是 SWC 不能被分布在几个 AUTOSAR 控制器中，因此在一部车中一个 SWC 只能分配给一个 ECU。

SWC 精确地描述了组件所提供和所需的数据和服务，包括：组件需要的和能提供的作用和数据；底层结构上的组件需求；组件所需的资源（内存、CPU 处理时间等）；组件指定执行动作的有关信息。SWC 的实现与底层基础结构无关。

如图 7-2 所示，SWC 由最小逻辑单元（atomic component）组成。最小逻辑单元有 application、sensor/actuator（传感器/执行器）两种类型。其中，application 是算法实现类型，能在 ECU 中自由映射；sensor、actuator 是为 application 提供的 I/O 端口类型，用于与 ECU 绑定，但不可像 application 那样能在各 ECU 上自由映射。图 7-4 是 SWC 的一个组成实例。

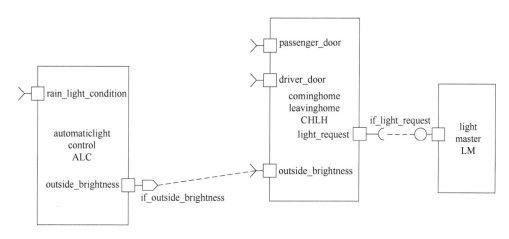

图 7-3 AUTOSAR 软件组件互联实例

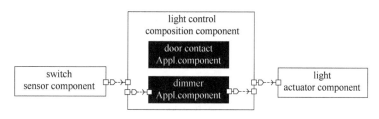

图 7-4 SWC 组成实例

传感器/执行器组件用于封装应用中的传感器或执行器的属性。图 7-5 举例说明了从物理信号到软件信号（如汽车速度）以及软件信号到物理信号（如车灯）的典型转换过程。AUTOSAR 底层结构注重隐藏微控制器和 ECU 的细节，但并不隐藏传感器和执行器的具体细节。作为一种特殊的"AUTOSAR 软件组件"，一个具体的传感器或执行器的属性被称为"传感器/执行器组件"。传感器/执行器组件与其所要映射的 ECU 无关，而与所要设计的传感器或执行器有关。例如，传感器组件的输入是一个 ECU 输入端子上的电信号的软件表达（如传感器产生的电流），输出则是传感器采集的物理量（如车速）。由于性能和时效的原因，这类组件必须在与传感器或执行器有物理连接的 ECU 上才能运行。

2）端口（ports）用来和 SWC 通信。如图 7-2 所示，SWC 具有明确定义的端口，通过这些端口与其他 SWC 互联。AUTOSAR 接口概念定义了 SWC 端口所提供或所需要的服务或数据，既可以是一个客户端-服务器接口（定义了一系列可能涉及的操作），也可以是一个发送端-接收端接口（允许使用通过 VFB 的面向数据的通信机制）。一个端口可以是 PPort 或 RPort。PPort 提供 AUTOSAR 接口，而 RPort 则需要 AUTOSAR 接口。当一个 SWC 的 PPort 提供接口时，此端口所属的 SWC 提供在客户端-服务器接口中操作的实现，并各自产生在面向数据的发送端-接收端接口中描述的数据。当 SWC 的 RPort 需要一个 AUTOSAR 接口时，此 SWC 能调用操作（接口是客户端-服务器接口），也能读取发送端-接收端接口描述的数据元素。

通信内容分别为数据元（data elements）和操作（operations）。其中，数据元采用 sender/receiver 通信方式，操作采用 client/server 通信方式，如图 7-6 所示。

① 客户端-服务器通信模式，该模式在分布式系统中应用广泛，服务器提供服务，客户端使用服务。

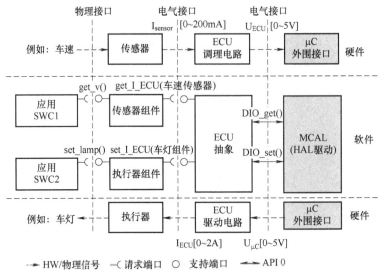

图 7-5　硬件之间的相互作用

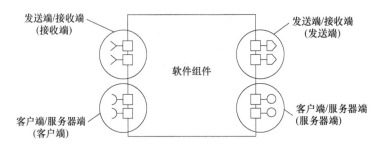

图 7-6　通信方式

　　客户端初始化通信时，请求服务器运行服务，并传送需要的参数集。服务器等待从客户端传入的通信请求，运行所请求的服务，并发送对该客户端请求的响应。单个组件要看软件实现的情况，既可以是客户端，也可以是服务器。

　　在服务器请求初始化之后，同步通信客户端可被阻塞，异步通信客户端不能被阻塞，直到收到服务器的响应。图 7-7 显示了在虚拟功能总线视图中一个由三个软件组件组成、模拟两个连接的客户端-服务器通信的情况。

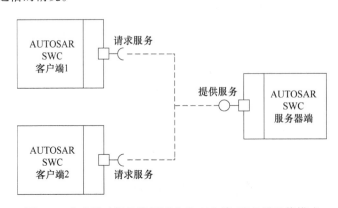

图 7-7　在虚拟功能总线视图中的客户端-服务器通信模式

客户端-服务器端口（client/server）用来提供操作服务，如图 7-8 所示，一个客户端-服务器端口可以包含多种操作、同步或是异步通信特点，操作也可被单个调用。

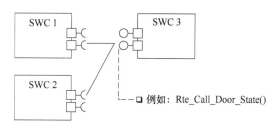

图 7-8　客户端-服务器端口包含多种操作

② 发送端-接收端通信模式，该模式给出了一个异步信息发送解决方案。当发送端给一个或多个接收端发送信息时，发送端不会被阻塞（异步通信），既不等待也不获取从接收端来的响应。也就是说，发送端只管提供信息，接收端自行决定何时以及如何使用此信息。发送信息是通信基础结构的职责。但是，发送端组件并不清楚支持 AUTOSAR 软件组件移植性和互换性的接收端特性和数目。图 7-9 举例说明了如何在 AUTOSAR 视图中模拟发送端-接收端通信。

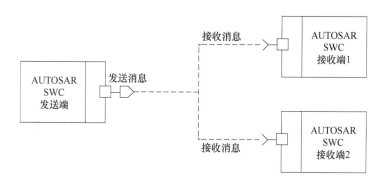

图 7-9　在虚拟功能总线视图中异步非阻塞通信的数据发送

发送-接收端口（sender/receiver）用来传输数据，一个通信端口可以包含多种数据类型。如图 7-10 所示，如果一个数据类型要通过总线传输，那么它必须与一个信号对应起来，数据类型既可以是简单的数据类型（integer、float），也可以是复杂类型（array、record）。

（2）runtime environment 层（RTE）　可运行实体（runnables）包含实际实现的函数，如图 7-11 所示，可以是具体的逻辑算法或实际操作。可运行实体由 RTE 周期性或是事件触发调用。

RTE 层给应用层提供了通信手段，如图 7-12 所示。这里的通信是一种广义的通信，可以理解成接口。应用层与其他软件体的信息交互有两种方式：第一种是应用层中的不同模块之间的信息交互；第二种是应用层模块同基础软件之间的信息交互。RTE

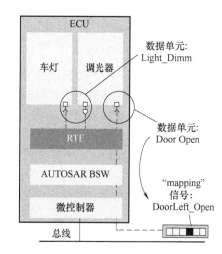

图 7-10　发送-接收端口
包含多种 operations 操作

就是这些交互使用接口的集散地，它汇总了所有需要和软件体外部交互的接口。从某种意义上说，设计符合 AUTOSAR 的系统其实就是设计 RTE。

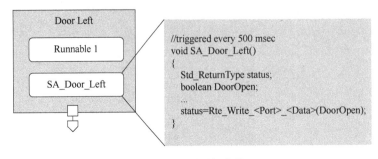

图 7-11　可运行实体

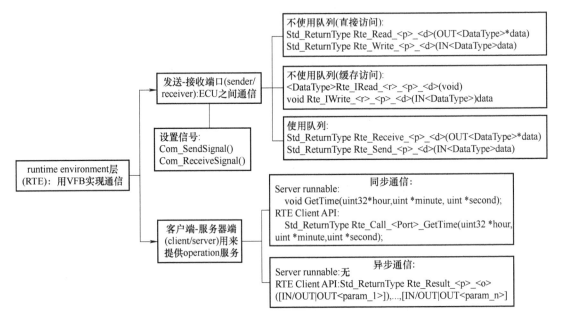

图 7-12　runtime environment 层

　　SWC 之间的通信是调用 RTE API 函数而非直接实现的，必须在 RTE 的管理和控制下完成。每个 API 遵循统一的命名规则且只和 SWC 自身的描述有关。具体通信的实现取决于系统设计和配置，都由工具供应商提供的 RTE generator 自动生成。

　　在设计开发阶段，软件组件通信层面引入了虚拟功能总线（VFB，virtual functional bus）的概念，VFB 实现对 AUTOSAR 所有通信机制的抽象。开发工程师利用 VFB 将软件组件的通信细节抽象，仅需要通过 AUTOSAR 所定义的接口进行描述，就能够实现软件组件与其他组件以及硬件之间的通信。将虚拟功能总线作为虚拟硬件及独立系统集成映射的方法，可以实现组件的无关性，从而实现 AUTOSAR 组件的虚拟集成，可以在开发进程的设计阶段进行汽车软件集成的部分工作。

　　服务和通信协议由基础软件实现。就如同编程语言的标准库为用户增加扩展功能一样，AU-TOSAR 服务为 VFB 用户提供扩展功能。为了重复使用所有 AUTOSAR 组件的扩展功能，AUTO-

SAR 服务接口必须标准化。如图 7-13 所示，AUTOSAR 组件端口、复杂设备驱动、ECU 抽象和 AUTOSAR 服务是连在一起的。复杂设备驱动、ECU 抽象和 AUTOSAR 服务是基础软件的一部分。AUTOSAR 服务的接口是标准化的，设备驱动与 ECU 抽象及特征有关。

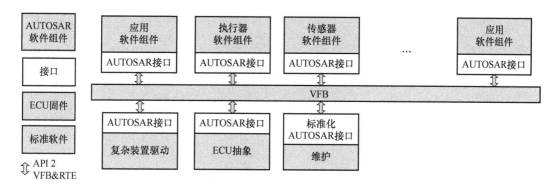

图 7-13　虚拟功能总线

（3）基础软件层（BSW，basic software）　虽然汽车中有各种不同的 ECU，且具有各种各样的功能，但是实现这些功能所需要的基础服务是可以抽象的，比如 I/O 操作、A/D 操作、诊断、CAN 通信、操作系统等，无非就是不同的 ECU 功能，所操作的 I/O、A/D 代表不同的含义，所接收发送的 CAN 消息代表不同的含义，操作系统调度的任务周期优先级不同。这些可以被抽象出来的基础服务被称为基础软件。图 7-14 是基础软件层结构。根据不同的功能对基础软件继续细分成四部分：服务层、ECU 抽象层、复杂驱动和 MCAL，四部分之间的互相依赖程度不尽相同，如图 7-15 所示。

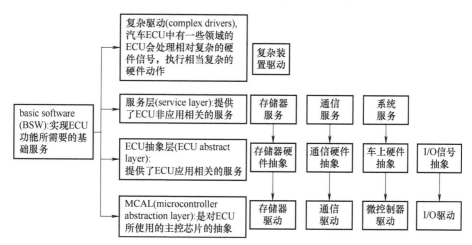

图 7-14　基础软件层结构

1）服务层。这一层基础软件提供了汽车 ECU 非应用相关的服务，如图 7-16 所示，包括 OS、网络通信、内存管理（NVRAM）、诊断（故障管理等）、ECU 状态管理模块等，它们对 ECU 的应用层功能提供辅助支持。

2）ECU 抽象层。这一层软件提供了 ECU 应用的相关服务，它是对一个 ECU 的抽象，包括了 ECU 所有的输入输出，比如 A/D、DIO、PWM 等。这一层软件直接实现了 ECU 的应用层功能，可以读取传感器状态与数据、控制执行器输出。

图 7-15　BSW 基础软件层中 4 个部分说明

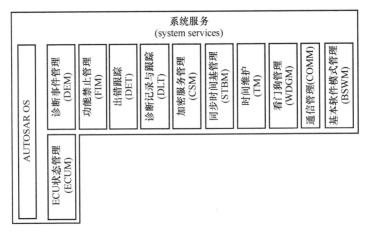

图 7-16　系统服务层内部结构

3）MCAL。这一层软件是对 ECU 所使用的主控芯片 MCU 的抽象，如图 7-17 所示，它是 ECU 软件的最底层部分，直接和主控芯片及外设芯片进行交互。它的作用是将芯片提供的功能抽象成接口，然后把这些接口提供给服务层和 ECU 抽象层使用。

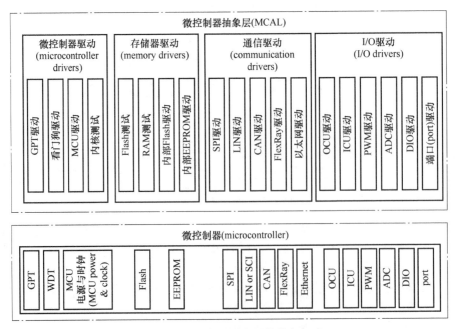

图 7-17　微控制器抽象层架构与组成

4）复杂驱动。复杂驱动层跨越于微控制器硬件层和 RTE 之间，如图 7-18 所示。其主要任务是整合具有特殊目的且不能用 MCAL 进行配置的非标准功能模块，将该部分功能嵌入到 AUTOSAR 基础软件层中，从而实现处理复杂传感器或执行器的特定功能和时间要求。针对一些领域的 ECU 会处理相当复杂的硬件信号，执行相当复杂的硬件动作，如发动机控制、ABS 等，与这些功能相关的软件很难抽象出适用于所有的汽车 ECU，其与 ECU 的应用以及 ECU 所使用的硬件紧密相关，属于 AUTOSAR 构架中在不同的 ECU 上无法移植的部分。复杂驱动程序与 MCU 和 ECU 硬件紧密相关，其上层程序接口根据 AUTOSAR 指定并且实施，其下层程序接口受标准接口程序的限制。复杂驱动可以使用特定的中断或复杂的微控制器外设接口来直接访问微控制器，从而实现

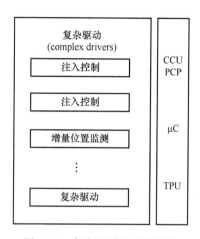

图 7-18　复杂驱动的内部结构

对复杂传感器的测量和执行器的控制，比如喷油控制、电磁阀控制、增量位置检测等。

（4）microcontroller 层　底层驱动层一般由芯片生产厂家提供。图 7-19 显示了 AUTOSAR 实现途径的一个范例，其基本理念就是：AUTOSAR 软件组件（SWC）。

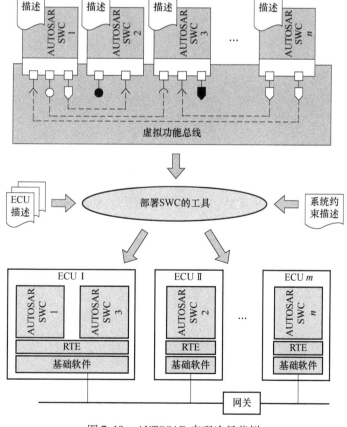

图 7-19　AUTOSAR 实现途径范例

3. AUTOSAR 方法

AUTOSAR 为汽车电子软件系统开发过程定义了一套通用的技术方法，即 AUTOSAR 方法论。该方法描述了从系统底层配置到 ECU 可执行代码产生过程的设计步骤，如图 7-20 所示。AUTOSAR 设计和开发流程分为三个阶段：

第一阶段：系统配置。定义系统配置文件，这是系统设计者或架构师的任务，包括选择硬件和软件组件，定义整个系统的约束条件。AUTOSAR 通过使用信息交换格式和模板描述文件来减少初始系统设计时的工作量。系统配置的输入是 XML 类型的文件，输出是系统配置描述文件，系统配置的主要作用是把软件组件的需求映射到 ECU。

第二阶段：ECU 设计与配置阶段。根据系统配置描述文件提取单个 ECU 资源相关的信息，提取出的信息生成 ECU 提取文件（指定 ECU 所需的来自系统配置描述的信息）。根据这个提取文件对 ECU 进行配置，如操作系统任务调度、必要的 BSW 模块及其配置、运行实体到任务的分配等，从而生成 ECU 配置描述文件。该描述文件包含了特定 ECU 的所有信息。

第三阶段：代码生成阶段。基于 ECU 配置描述文件指定的配置来产生代码、编译代码，并把相关代码链接起来形成可执行文件。

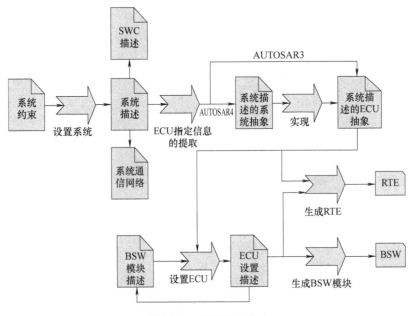

图 7-20　AUTOSAR 方法

7.2　汽车嵌入式系统基于模型的开发方法

7.2.1　汽车嵌入式系统的 MBD 开发方法

1. MBD 简介

基于模型的设计（MBD）是一种用数字化和可视化的方法来解决工程问题和设计相关复杂控制的算法，是一种信号处理和通信系统，它被广泛应用在动力控制、工业设备、航空航天和汽车等领域。MBD 是一种软件开发流程，较之传统软件开发流程，能使开发者更快捷、以更少的成本花费进行控制系统的软件开发。表述系统的模型是 MBD 整个开发流程的中心，贯穿需求、设计、实施与测试等各个环节。

在汽车嵌入式系统开发过程中，很多开发模式促进了 MBD 的发展，主要包括：

（1）基于模型的控制设计　通过建立被控系统的模型实现控制系统设计。

（2）模型驱动设计　能够创建出机器可读和高度抽象的模型，这些模型独立于实现技术，以标准化的方式储存，是使软件开发模式从以代码为中心向以模型为中心转变的里程碑。

（3）基于模型的信息管理　模型被用来关联和组织信息。

（4）基于模型的测试　利用模型来进行 MIL、SIL、PIL、HIL 等测试。

在系统开发过程中，模型可以看成是一种认知的手段，以辅助开发者推理和决策。应用模型可以有效降低系统开发过程的复杂性，当然，从有效性和延续性的角度考虑，模型必须尽量保持系统的实质特性。由于 MBD 的方法应用具有多样性，可以针对不同的系统开发，针对不同层面的抽象，针对不同的设计目标和设计参数，因此对于 MBD 的定义有很多种。一般，MBD 的定义为：利用计算机建立的模型来支持系统开发过程中的交流、文档管理、分析和综合等过程。

2. 基于 MBD 的汽车嵌入式系统开发

在汽车嵌入式系统开发的过程中，需要重点应对以下几个复杂的部分：开发过程的复杂性、产品的复杂性和组织的复杂性。一个典型的例子是汽车主动安全系统的开发，该系统开发过程中需要综合考虑驾驶舒适性、安全性和可靠性等性能因素，考虑软硬件成本，考虑与现有功能、平台、技术以及机械系统相互兼容等方面的约束。

为了管理上述复杂的开发，MBD 必须从以下四个方面提供支持：技术交流、文档管理、分析和设计综合。

（1）技术交流　通过一个或多个可共享的图形化模型来表征系统及其行为，已经成为交流系统设计中核心概念的一个有力手段。通过模型进行沟通，可以及早验证系统设计是否满足期望，这是分析与决策的基础。需要注意的是，以图形方式来进行系统描述有时并不能完全提供足够的系统表征信息，因此，可能需要借助于其他描述工具，如表格等。

（2）文档管理　现代汽车嵌入式系统的设计强调全生命周期的质量管理，文档在产品开发设计、生产、维护和回收的各个阶段都起着极其重要的作用。基于模型的信息管理可通过使用模型来描述信息和它们之间的关系，从而使技术的可复用性和可维护性大大提高。

（3）分析　由于设计以及需求的多样性，对于汽车嵌入式系统，分析尤其重要。而有些重要的性质，如系统逻辑判断、系统时序功能、错误及诊断等通过传统的人工方式很难进行检验。此外，汽车嵌入式系统的使用往往与整车的环境密切相关，因此上述分析有时需要与运行环境相结合。通过测试、仿真、快速原型、基于模型的自动化测试以及验证等手段，MBD 提供了比传统验证技术更有优势的分析手段。

（4）设计综合　综合是指利用工具辅助生成设计的系统和相关文档。如果对利用模型进行综合的规则制定完整，那么可以通过自动综合的手段来实现系统。目前汽车嵌入式系统开发中已经出现几种自动综合的应用。一个典型的例子是通过模型自动生成产品代码，在这种模式下，系统的特性以及行为可通过图形化建模语言/工具来描述，所建立的模型可以用来分析系统的功能并能作为系统实现的基础。其他一些应用还包括文档及测试信息的自动生成和分析等。

MBD 方法体系主要采用下述手段实现对系统开发过程中的技术交流、文档管理、分析和设计综合等的支持。

（1）抽象　将特定的系统通过如失效模式、虚拟结构、传递函数和状态机等方式，形成简化的但可以描述真实的复杂系统特性模型，该模型省去了一些不相关的细节，但保留了需要关注的部分。

（2）形式化、参数化和结构化　为了使模型能够正确地被使用并便于修改以观测、分析和计算，模型一般遵循特定的语法和语义，这就形成了建模语言和建模工具。形式化主要用于不同模型之间的对应关系；模型结构对于形成可靠的模型非常重要；参数化有助于模型的重复使用。

（3）预测　通过多种模型分析技术可以分析确定系统的特性。这些特性可以通过模型属性或模型的输入-输出关系进行计算得到。

（4）可视化　通过抽象和形式化的过程，建模提供了一种使系统结构可视化的方法。通过预测过程（如通过仿真），系统的行为过程实现可视化，从而可以更好地对系统进行理解。

（5）细化　通过层层抽象、形式化、结构化和预测的支持，可以使用一系列的模型来不断细化细节和增加新的内容。

（6）可追溯　通过抽象、形式化和结构化，提供了对系统设计的追溯。

（7）自动化　结合计算机的支持，可以对上述几个部分通过自动化来完成。

图 7-21 是基于 MBD 的产品开发流程，其机械部分与电子电气部分的开发流程是类似的，均可分为：建模→仿真→原型样机→测试→最终方案→产品。

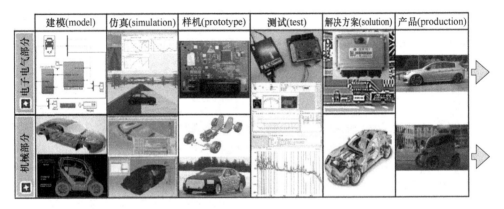

图 7-21　电子系统和机械系统的 MBD 产品开发流程

3. MBD 技术体系

（1）建模技术　包括建模语言、模型以及它们之间的关系。

目前，在嵌入式系统开发过程中，有很多种类的编程和建模语言被广泛使用。建模语言（包括编程语言）通过语法和语义来定义模型并进行相应的解释。语法用于定义概念、关系和约束等，从而决定了可构建的并在语法上正确的模型；语义定义了语言实体及模型结构的含义，对语言的语法定义有时也称为元模型。基于这个概念，产生了统一建模语言（UML, unified modeling language）。UML 具有以下特点：

1）抽象的类型。嵌入式系统建模语言中存在多种抽象类别，典型的抽象类别包括功能、软件平台、数据、通信、系统等。

2）抽象的属性，包括结构接口、行为语义和约束等属性。接口属性用于描述抽象的尺寸、形式和 I/O；约束模型主要用于边界条件定义，从而限定可以用于设定属性的正确值范围。

3）行为描述。抽象的行为属性、关系和它们的语义一起定义了模型的行为。常用的嵌入式系统模型包括离散时间模型、连续时间模型、离散事件模型、多任务模型。

4）抽象之间的关系。抽象之间的关系有分解、通信、同步、共性/通用性、细化等。

系统建模从来都是系统设计的核心问题。UML 是一种定义良好、易于表达、功能强大且普遍适用的建模语言。它融入了软件工程领域的新思想、新方法和新技术，作用域不限于支持面向对象的分析与设计，还支持从需求分析开始的软件开发全过程。UML 适用于以面向对象技术来描述任何类型的系统，而且适用于系统开发的不同阶段，从需求规格描述直至系统完成后的测试和维护。

（2）分析技术　常见的分析技术如模型仿真、稳态分析和动态分析。

MBD 的系统分析技术依赖于工具的支持，通过这种技术来考察某个模型或多个模型的稳态和动态特性。稳态分析主要包括模型接口/连接的兼容性或正确性检验以及模型的完整性检验。动态特性分析主要包括对系统行为的仿真、计算多任务系统的响应时间等。对动态系统的行为分析可以通过仿真等手段来实现。仿真的优势是它几乎不受现实约束，但同时，仿真也只能涵盖有限的测试工况，因此，仿真工况的选取变得很重要。

通过仿真的手段分析系统的行为特性对于理解系统有很好的作用。在分析过程中，随着分析的不断深化，可以不断地细化系统的设计。几种典型的工具都支持这一方法，如功能仿真、软件在环仿真、快速原型和硬件在环仿真等。

（3）综合技术　综合技术包括模型生成和支持。综合技术主要指 MBD 的工具链：用于可以支持设计的相应建模、分析和综合技术的工具，诸如模型编辑、仿真和结果可视、功能模型生成代码、模型管理、设计自动化等功能。

7.2.2　MATLAB 面向汽车嵌入式系统的 MBD 开发工具

MATLAB 软件中提供了完整的 MBD 开发的工具：MATLAB、Simulink、Stateflow 和 Real-Time Workshop。

1. MATLAB 的 MBD 开发工具

（1）MATLAB　图 7-22 是 MATLAB 主要产品及其相互关系。MATLAB 具有以下特点：

1）高效的数值计算及符号计算功能，能使用户从繁杂的数学运算分析中解脱出来。

2）具有完备的图形处理功能，可实现计算结果和编程的可视化。

3）友好的用户界面及接近数学表达式的自然化语言，易于学习和掌握。

4）功能丰富的应用工具箱（如信号处理工具箱、通信工具箱等），为用户提供了大量方便实用的处理工具。

（2）Simulink 工具　Simulink 是 MATLAB 中的一种可视化仿真工具，是一种基于 MATLAB 的框图设计环境，是实现动态系统建模、仿真和分析的软件包，广泛应用于线性系统、非线性系统、数字控制及数字信号处理的建模和仿真。Simulink 提供了一个动态系统建模、仿真和综合分析的集成环境。在该环境中，无需大量编写程序，只需要通过简单直观的交互式图形化环境和可定制模块库就可设计构造出复杂的系统，并对其进行仿真、执行和测试。Simulink 的特点有：

1）丰富的可扩充的预定义模块库。

2）交互式的图形编辑器来组合和管理直观的模块图。

3）以设计功能的层次性来分割模型，实现对复杂设计的管理。

4）通过 Model Explorer 导航、创建、配置、搜索模型中的任意信号、参数、属性，生成模型代码。

5）提供 API 用于与其他仿真程序的连接或与手写代码进行集成。

6）使用 Embedded MATLAB™ 模块在 Simulink 和嵌入式系统执行中调用 MATLAB 算法。

7）使用定步长或变步长运行仿真，根据仿真模式（Normal、Accelerator、Rapid Accelerator）来决定以解释性的方式运行或以编译 C 代码的形式来运行模型。

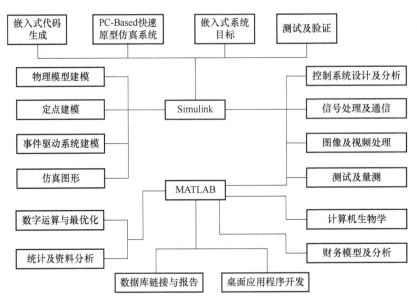

图 7-22   MATLAB 主要产品及其相互关系

8）采用图形化的调试器和剖析器来检查仿真结果，诊断设计的性能和异常行为。

9）访问 MATLAB 从而对结果进行分析与可视化，定制建模环境，定义信号参数和测试数据。

10）采用模型分析和诊断工具来保证模型的一致性，确定模型中的错误。

（3）Stateflow 工具   Stateflow 是基于有限状态机和流程图来构建组合和时序逻辑决策模型并进行仿真的环境。可以将图形表示和表格表示（包括状态转换图、流程图、状态转换表和真值表）结合在一起，针对系统对事件、基于时间的条件以及外部输入信号的反应方式进行建模。Stateflow 可用于设计有关监控、任务调度以及故障管理应用程序的逻辑。

Stateflow 的仿真原理是有限状态机（finite state machine）理论，有限状态机是指系统含有可数的状态，在相应的状态事件发生时，系统会从当前状态转移到与之对应的状态。在有限状态机中实现状态的转移是有一定条件的，同时相互转换的状态都会有状态转移事件，这样就构成了状态转移图。在 Simulink 中允许用户建立有限个状态以及状态转移的条件与事件，从而绘制出有限状态机系统，这样就可以实现对系统的仿真。Stateflow 的仿真框图一般都会嵌入到 Simulink 仿真模型中，同时实现状态转移的条件或事件既可以取自 Stateflow 仿真框图，也可以来自 Simulink 仿真模型。

（4）Real-Time Workshop 工具   Real-Time Workshop（RTW）从 Simulink 模型生成优化的、可移植的和可定制的 ANSI C 代码。利用它可以针对某种目标机来创建整个系统或部分子系统可下载执行的 C 代码，以开展硬件在环仿真。RTW 支持离散时间系统、连续时间系统和混合系统的代码生成。生成代码的典型应用包括训练模拟器、实时模型验证和原型测试。建立在 Simulink 和 RTW 基础之上的基于模型的设计流程，支持工程开发过程从算法设计到最终实现的所有开发阶段。

2. MATLAB/Simulink/Stateflow 的学习与使用

（1）MATLAB 需要重点掌握内容   MATLAB 需要重点掌握的内容有：

1）MATLAB 中矩阵的基本概念和用法。

2）脚本和函数的运行方法。

3）变量的数据类型：boolean、数值型（8 位、16 位、32 位的 int 和 uint，float，double）。

4）标量、向量、矩阵。

5）数组、结构体、元胞数组。

6）文本和字符串处理。

7）简单的二维和三维绘图。

8）图形对象的概念。

9）GUI 设计。

此外，需要掌握 MATLAB 的 M 语言程序设计，这样才能为后续 Simulink 仿真打下坚实的基础。

（2）Simulink/Stateflow 的学习与使用　模仿帮助系统的案例是学习 Simulink/Stateflow 非常高效的途径，这个过程可大量阅读 MathWorks 官网上的帮助文件。下面以实例说明如何用 Simulink 搭建模型。

【例 7-1】　已知系统的数学描述为：系统输入 $u(t) = \sin(t)$，$t \geqslant 0$，系统输出 $y(t) = a \times u(t)$，$a \neq 0$。要求建立系统模型，并以图形方式输出系统运算结果。

1）建立系统模型。启动 Simulink 并新建一个系统模型文件。欲建立此简单系统的模型，需要如下的系统模块（均在 Simulink 公共模块库中）：系统输入模块库 Sources 中的 Sine Wave 模块，产生一个正弦波信号；数学库 Math 中的 Gain 模块，将信号乘上一个常数（即信号增益）；系统输出库 Sinks 中的 Scope 模块，图形方式显示结果。选择相应的系统模块并将其复制（或拖动）到新建的系统模型中即可。

① 打开 Simulink 模块库浏览器，可以看到 Simulink 公共模块库，Simulink 公共模块库是 Simulink 中最为基础、最为通用的模块库，它可以被应用到不同的专业领域。Simulink 公共模块库如图 7-23 所示。

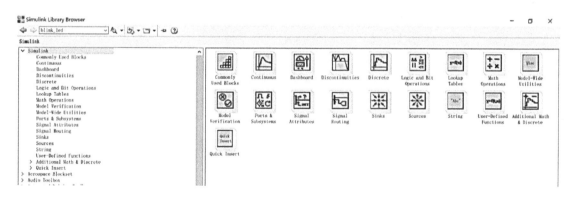

图 7-23　Simulink 公共模块库

② 在选择构建系统模型所需的所有模块后，需要按照系统的信号流程将各系统模块正确连接起来。

连接系统模块的步骤为：将光标指向起始块的输出端口，此时光标变成"＋"；单击鼠标左键并拖动到目标模块的输入端口，接近到一定程度时光标变成双十字，这时松开鼠标左键，连接完成。完成后在连接点处出现一个箭头，表示系统中信号的流向。

在 Simulink 的最新版本中，连接系统模块还有如下更有效的方式：使用鼠标左键单击起始模块，而后按下 < Ctrl > 键，并用鼠标左键单击目标块。

a）信号连线分支与连线改变。在某些情况下，一个系统模块的输出同时作为多个其他模块的输入，这时需要从此模块中引出若干连线，以连接多个其他模块。对信号连线进行分支的操作方式为：使用鼠标右键单击需要分支的信号连线（光标变成" + "），然后拖动到目标模块。

对信号连线还有以下几种常用的操作：使用鼠标左键单击并拖动以改变信号连线的路径；按下 < Shift > 键的同时，在信号连线上单击鼠标左键并拖动，可以生成新的节点；在节点上使用鼠标左键单击并拖动，改变信号连线路径。

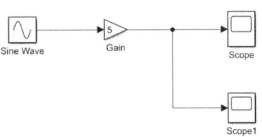

信号连线分支与改变如图 7-24 所示。

b）信号的维数。如果系统模型中包含向量信号，使用 Display 菜单中的 Signal Dimensions 显示信号的维数（在相应的信号连线上显示信号的维数），显示信号的维数控制如图 7-25 所示。显示信号的维数如图 7-26 所示。

图 7-24　信号连线分支与改变

图 7-25　Signal Dimensions 显示信号的维数控制

c）信号组合。在利用 Simulink 进行系统仿真时，在很多情况下需要将系统中某些模块的输出信号（一般为标量）组合成一个向量信号，并将得到的信号作为另外一个模块的输入。例如，使用示波器显示模块 Scope 显示信号时，Scope 模块只有一个输入端口；若输入的是向量信号，则 Scope 模块以不同的颜色显示每个信号。能够完成信号组合的系统模块为常用模块库中的 Mux 模块，使用 Mux 模块可以将多个标量信号组合成一个向量。因此，使用 Simulink 可以完成矩阵与向量的传递。信号组合如图 7-27 所示。

2）系统模块参数设置与系统仿真参数设置。当用户按照信号的输入输出关系连接各系统模块之后，系统模型的创建工作完成。为了进行正确的仿真与分析，必须设置正确的系统模块参数与系统仿真参数。系统模块参数的设置方法如下：

① 双击系统模块，打开系统模块的参数设置对话框。参数设置对话框包括系统模块的简单描述、模块的参数选项等信息。注意，不同系统模块的参数设置不同。

② 在参数设置对话框中设置合适的模块参数。根据系统要求在相应的参数选项中设置合适的参数。

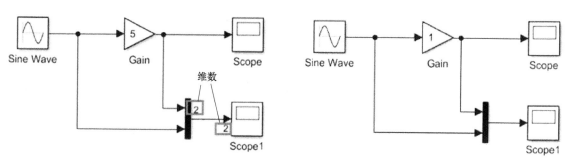

图 7-26　显示信号的维数　　　　　　　　图 7-27　信号组合

系统模块的参数设置如图 7-28 所示。

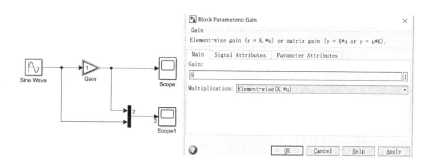

图 7-28　系统模块的参数设置

当系统中各模块的参数设置完毕后，可设置合适的系统仿真参数以进行动态系统的仿真。对于动态系统，系统模块参数设置如图 7-28 所示（增益取值为 5），系统仿真参数采用 Simulink 的默认设置。

3）运行仿真。对系统中各模块参数以及系统仿真参数进行正确设置之后，就可以对系统进行仿真分析了。单击绿色三角形按钮，启动仿真，如图 7-29 所示。

图 7-29　运行仿真

对于这里的动态系统，采用上述的模块参数设置与默认的仿真参数进行仿真，仿真结束后双击 Scope 模块以显示系统仿真的输出结果，如图 7-30 所示。

正弦波信号经过 5 倍增益的结果如图 7-31 所示。图 7-32 为向量信号的输出，其中实线为 Mux 第一端口的信号，虚线为 Mux 第二端口的信号。

4）设计框图界面。在建立了系统模型以后，为了便于用户对系统模型的理解与维护，需要对系统框图界

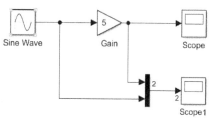

图 7-30　Scope 模块

面进行设计。

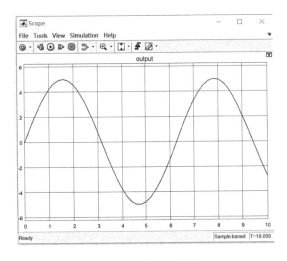

图7-31　5倍增益信号

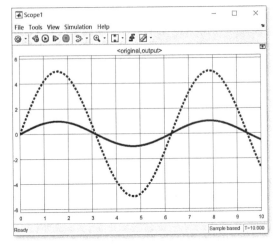

图7-32　原始信号和5倍增益信号

① 模块名称操作。在使用Simulink中的系统模块构建系统模型时，Simulink会自动给系统模型中的模块命名；对于系统模型中相同的模块，Simulink会自动对其进行编号，如Scope和Scope1。对于复杂系统，给每个模块取一个有明显意义的名称非常有利于系统模型的理解与维护。

a）模块命名：使用鼠标左键单击模块名称，进入编辑状态，然后键入新的名称。

b）名称移动：使用鼠标左键单击模块名称并拖动到模块的另一侧，或选择Diagram→Rotate & Flip菜单中的Flip Block Name，翻转模块名称。

c）名称隐藏：取消选择Diagram→Format菜单中的Show Block Name，隐藏系统模块名称。

系统模型中模块的名称应是唯一的，否则Simulink会给出警告并自动改变名称。

② 模块的其他操作。Simulink允许用户对模块的几何尺寸进行修改，以改善系统模型框图的界面。改变系统模块尺寸的方法为：使用鼠标左键单击选择模块，然后拖动模块周围任何一角的方框到适当的大小。

使用鼠标右键单击模块，选择Background Color菜单来设置模块的背景颜色。使用鼠标右键单击模块，选择Foreground Color菜单来设置模块的前景颜色，模块的前景色和由此模块引出的信号线颜色均随之改变。如图7-33所示，设置Gain的背景色为绿色、正弦波模块（source）的前景色为红色。当系统模型框图很复杂时，修改这些属性能够有效地增强框图的可读性。

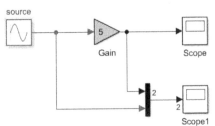

图7-33　更改模块的前景和背景颜色

信号标签对理解系统框图尤为重要。所谓信号标签，也可以称为信号的"名称"或"标记"，它与特定的信号相联系，为信号的一个固有属性。有两种方法生成信号标签：

a）使用鼠标左键双击需要加入标签的信号（即系统模型中与信号相对应的模块连线），这时便会出现标签编辑框，在其中键入标签文本即可。

b）首先选择需要加入标签的信号，用鼠标左键单击信号连线；然后单击鼠标右键弹出 Edit 菜单，选择 Signal Properties 项，在打开的界面中编辑信号的名称。

为了系统模型的可读性，信号标签最好使用能够代表信号特征的名称（如信号类型、信号作用等）。还可以使用这个界面对信号进行简单的描述。如图 7-34 所示，将正弦波信号加上一个 "original" 的标签，

选择信号线并用鼠标左键双击，在信号标签编辑框中键入 < >，在此尖括号中键入信号标签即可传递信号标签。只能在信号的前进方向上传递该信号标签。当一个带有标签的信号与 Scope 模块连接时，信号标签将作为标题显示。信号标签的传递如图 7-35 所示。仿真结果的信号标签显示如图 7-36 所示。

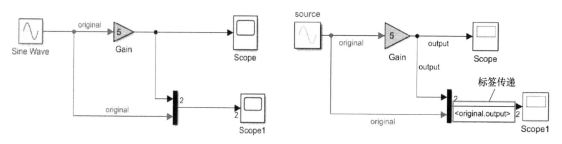

图 7-34　添加信号标签后的模型　　　　图 7-35　信号标签的传递

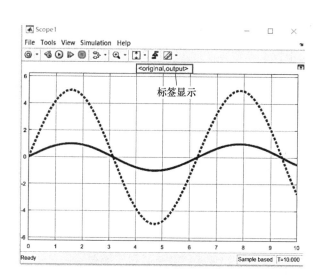

图 7-36　仿真结果的信号标签显示

3. Simulink/Stateflow 的应用实例

【例 7-2】　电路图如图 7-37 所示，已知：$i_L(0^-) = 0$，$V_C(0^-) = 0.5\text{V}$，且 $t < 1$ 时，$U_0(t) = 0$；$t \geqslant 1$ 时，$U_0(t) = 5\text{V}$。其中，$R = 1\Omega$，$L = \dfrac{1}{4}\text{H}$，$C = \dfrac{4}{3}\text{F}$。求解电容两端的电压的变化曲线。

1）根据基尔霍夫电压定律可以得到：

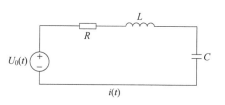

图 7-37　仿真电路图

$$\frac{1}{3}\frac{\partial^2 V_C}{\partial t^2} + \frac{4}{3}\frac{\partial V_C}{\partial t} + V_C = U_0(t)$$

2）建立 Simulink 模型（图 7-38）求解 $V_C(t)$。

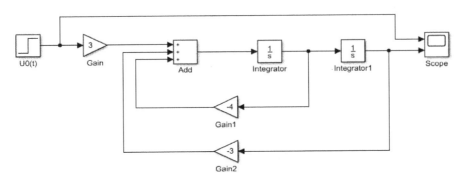

图 7-38　仿真对象的 Simulink 模型

根据初始条件设置积分模块的初始值，然后仿真，仿真结果如图 7-39 所示。

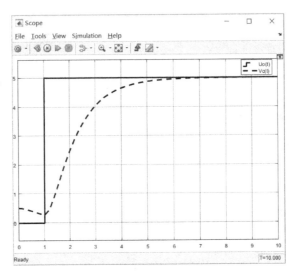

图 7-39　仿真结果

【例 7-3】　自动代码生成。

Simulink 自带了种类繁多、功能强大的模块库，在基于模型设计的开发流程下，通过仿真 Simulink 不仅可以进行早期设计的验证，还可以生成 C/C++、PLC 等代码，直接应用于 PC、MCU、DSP 等平台，在嵌入式软件开发中发挥着重要的作用。这里以 Simulink 模型生成嵌入式 C 代码为例，分析代码生成的原理及应用。

1）根据需求建立系统框图。低通滤波又叫一阶惯性滤波，或一阶低通滤波，是使用软件编程实现普通硬件 RC 低通滤波器的功能。其适用于单个信号中有高频干扰信号的情形。一阶低通滤波的算法公式为：

$$Y(n) = \alpha \cdot X(n) + (1-\alpha) \cdot Y(n-1) \tag{7-1}$$

式中，α 为滤波系数；$X(n)$ 为本次采样值；$Y(n-1)$ 为上次滤波输出值；$Y(n)$ 为本次滤波输出值。

根据式（7-1）建立如图 7-40 所示模型。

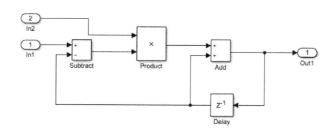

图 7-40　一阶低通滤波模型

2）代码生成。Simulink 的 Simulink Coder 工具箱提供了将模型转换为可优化的嵌入式 C 代码的功能。Configuration Parameters 中集中管理着模型的代码生成方法、格式等约束条件。为了生成嵌入式代码，至少需要配置三部分：模型的解算器（Solver）、模型的系统目标文件（如 ert.tlc 或其他自定义的嵌入式系统目标文件）、硬件实现规定（Hardware Implementation）。

按下 < Ctrl + E > 打开模型的 Configuration Parameters 对话框，如图 7-41 所示。

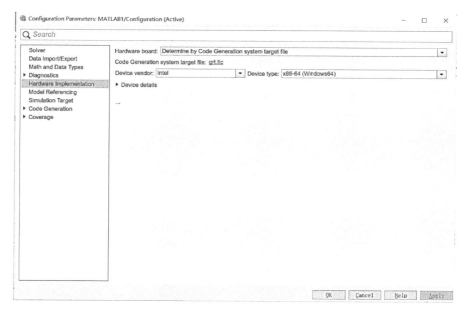

图 7-41　Configuration Parameters 对话框

① Solver 页面的设置。Solver 设置页面如图 7-42 所示。解算器类型必须选择固定点解算器。固定点解算器中提供了多种算法，此模型由于没有连续状态，可以选择 discrete 方法。步长默认 auto，在简单的通用嵌入式代码生成过程中此参数没有实际作用，可以采用默认或设置 0.01s。而在针对目标芯片定制的代码生成过程中，硬件驱动工具箱往往会将步长（step size）作为其外设或内核中定时器的中断周期，使得生成的算法代码在硬件芯片中以同样的时间间隔执行。并且，由于解算器步长为整个模型提供了一个基础采样频率，故被称为基采样率（base- rate）。

② Optimization 页面的设置。当模型中使用参数变量，如 Gain 模块的增益值，在生成代码时，如果希望使用该参数的值直接展开到代码中，就需要设置参数内联选项，如图 7-43 所示框中选项。

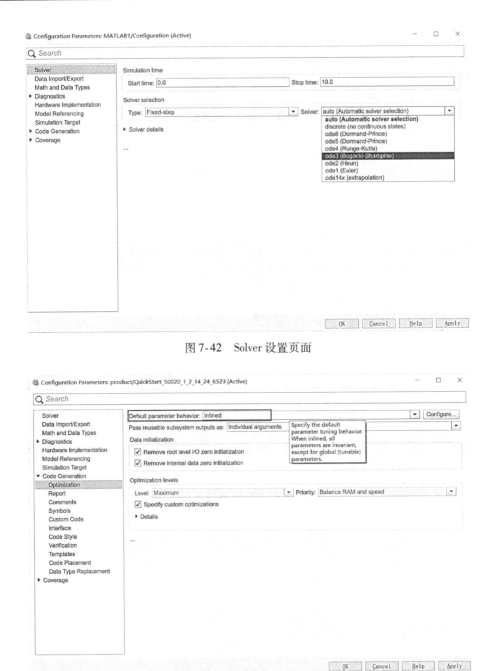

图 7-42　Solver 设置页面

图 7-43　Optimization 页面

Inlined Parameters 选项决定了是否将参数内联到代码中。勾选此选项后，代码生成时模型的参数将以常数方式直接生成到代码逻辑中，不再以一个参数变量的形式生成。当模型中的参数需要作为实时可调的参数生成到代码中时，不选 Inlined Parameters，参数将作为变量生成；如果不需要实时调整参数，可以选择节省存储空间的方式，选择 Inlined Parameters，将参数以数值常数的形式生成到代码中。

③ Hardware Implementation 页面的设置。Hardware Implementation 选项是规定目标硬件规格的选项。在这个选项卡中可以配置芯片的厂商和类型，设置芯片的字长、字节顺序等。学习使用通

用嵌入式芯片为目标的代码生成流程及原理，选择 32 位嵌入式处理器作为芯片类型，如图 7-44 所示框中部分。

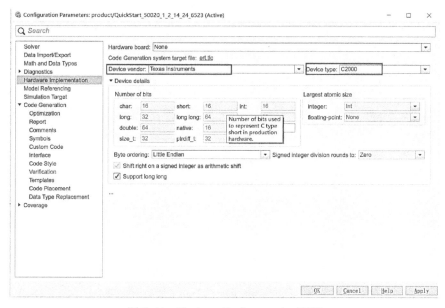

图 7-44　Hardware Implementation 页面

另外一个关键的设置选项是控制整个代码生成过程的系统目标文件 System Target File，ert.tlc 文件是 Embedded Coder 提供的能够生成专门用于嵌入式系统 C 代码的系统目标文件。在 Code Generation 页面中，单击图 7-45 所示右上角 Browse 按钮可以弹出对话框以选择系统目标文件。

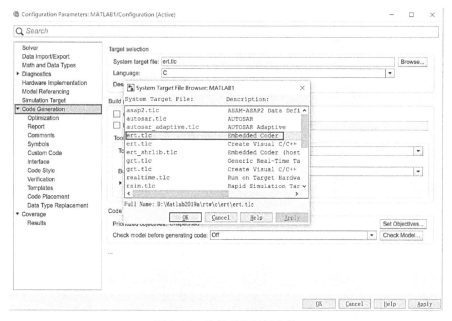

图 7-45　选择系统目标文件

在选择框中选择 ert.tlc 之后，Code Generation 标签页下面的子标签也会发生变化，可提供更多的功能选项标签，如图 7-46 所示，方框内为新增子标签。

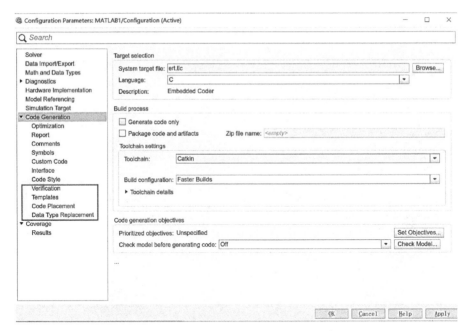

图 7-46　Code Generation 标签页下面的子标签

a）Report 子标签能够打开设置关于生成代码报告的页面，可以选择是否创建 HTML 格式的代码生成报告，并通过勾选框选择是否在模型编译结束后自动打开，其选项卡页面如图 7-47 所示。

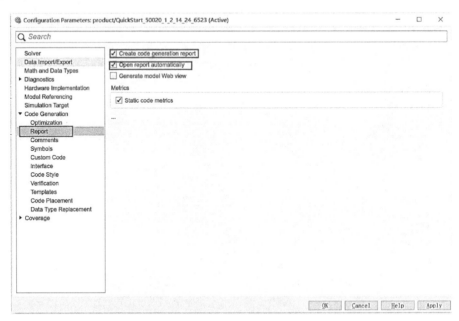

图 7-47　创建 HTML 格式的代码生成报告选项

Metrics 组的 Static code metrics 选项，勾选时将会在代码生成报告中包含静态代码的参数指标。

推荐勾选 Create code generation report 及 Open report automatically 两个选项，模型生成代码完毕后会自动弹出报告列表，而不需要到文件夹中逐一将源文件手动查找并打开。

b）Comments 子标签中包含对生成代码中注释内容的配置，其选项卡如图 7-48 所示。

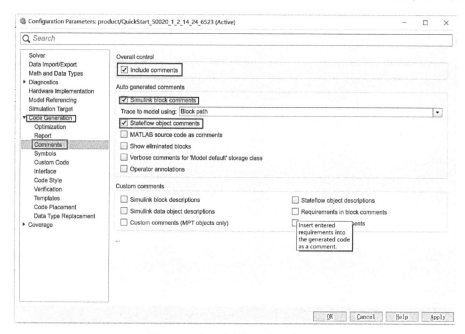

图 7-48　生成代码的注释内容配置

　　Include comments 选项的勾选决定是否在生成代码中添加 Simulink 自带的注释。启动此选项后，Auto generated comments 组及 Custom comments 组的选项便被使能，可以根据需要选择希望生成的注释内容。推荐启动 Include comments 选项并勾选 Simulink block comments、Stateflow object comments 选项，以生成注释，注释中带有可以从代码跳转到对应模型的超链接，方便追溯模块与代码的对应关系。

　　c）Symbols 子标签用于设置 ert.tlc 代码生成的 Identifier format control 参数组名称符号定义规则，如图 7-49 所示。

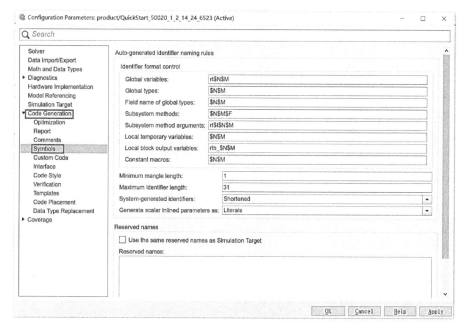

图 7-49　Identifier format control 参数组名称符号定义规则

这些符号包括数据变量和数据类型定义、常量宏、子系统方法、模块的输出变量、局部临时变量及命名的最长字符数等。

Identifier format control 参数组里默认使用标识符：RNMT，这是 Embedded Coder 内部使用的标识符，如图 7-50 所示。

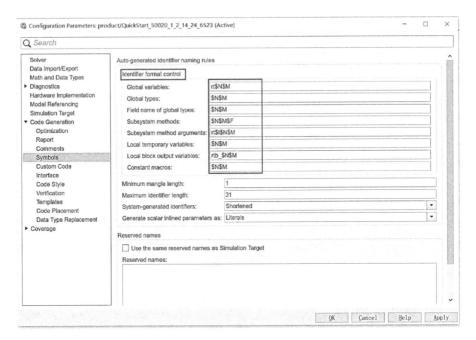

图 7-50　Identifier format control 参数组里默认使用的标识符

这些标识符的具体意义见表 7-1。

表 7-1　标识符的具体意义

标示符	作 用 说 明
$R	根模型的名字，将 C 语言不支持的字符替换为下划线
$N	Simulink 对象：模块、信号或信号对象、参数、状态等的名字
$M	为了避免命名冲突，必要时追加在后缀以示区分
$A	数据类型
$H	系统层标识符。对于根层次模块为 root_，对于子系统模块为 Sn_，其中 n 是 Simulink 分配的系统编号
$F	函数名，如表示更新函数时使用_Update
$C	校验和标识符，用于防止命名冲突
$I	输入/输出标识符，输入端口使用 u 表示，输出端口则使用 y 表示

通过表 7-1 中各种标识符的不同组合，即可规定生成代码中各部分（变量、常量、函数名、结构体及对象）的名称的生成规则。

Simulink 提供的这些标识符生成的变量名虽然可读性不强，但是不会引起代码编译错误。推荐使用默认设置，不要为了提高生成代码的可读性轻易进行修改，以免造成不必要的错误，以后会学习更好更安全的提高代码可读性的优化方法。

d）Custom Code 子标签主要用于添加用户自定义的或者编译模型时所必需的源文件、头文件、文件夹或者库文件等，其选项卡如图 7-51 所示。

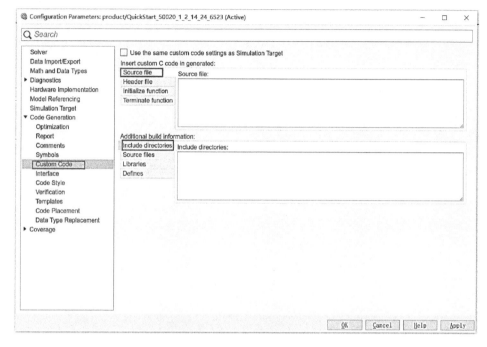

图 7-51　添加源文件、头文件、文件夹或者库文件

e）Interface 子标签中包含 3 组参数：Software environment、Code interface、Data exchange interface，其页面如图 7-52 所示。

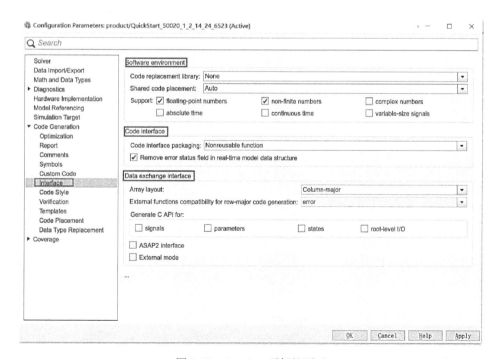

图 7-52　Interface 子标签页面

Software environment 组的参数中提供 CPL（code placement library）的选择，CPL 中定义一个表，根据表格将 Simulink 模块与所对应目标语言的数学函数及操作函数库挂接，以便从模型生成代码。Embedded Coder 提供默认的 CPL。

Support 参数组由 6 个选项构成，如图 7-53 所示。

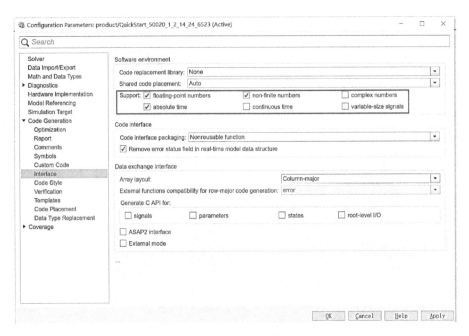

图 7-53　Support 参数组

每个选项代表一种嵌入式编码器对代码生成的支持功能，其中一些功能是需要 Simulink 提供的头文件来支持才能编译为目标文件的，这些头文件一部分存储在路径为 MATLABroot\simulink\include 的文件夹中，一部分是在模型生成代码过程中自动生成的（rt 开头的头文件）。具体参考表 7-2。

表 7-2　自动生成的头文件

选 项 名 称	所需头文件	选 项 名 称	所需头文件
floating-point numbers	rtw_solver. h	absolute time	—
non-finite numbers	rt_nonfinite. h	continous time	rt_continous. h
complex numbers	—	variable- size singnals	—

Code interface 与 Data exchange interface 参数组用来配置生成代码的接口及数据记录的方式，如无特殊要求，建议使用默认配置。

f）Code Style 子标签提供了一些关于生成代码风格的选择框选项，如 if else 分支的完整性、if else 与 switch case 语句的选用、生成括号的频度、是否保留函数声明中 extern 关键字等，如图 7-54 所示。

g）Templates 子标签为嵌入式编码器提供了一组默认的代码生成模版，如图 7-55 所示。

ert_code_template. cgt 中使用 TLC 变量方式规定了文件生成的顺序及添加模型信息注释的位置。模型生成的源文件、头文件及全局数据存储和外部方法声明文件的生成可以使用统一模板。

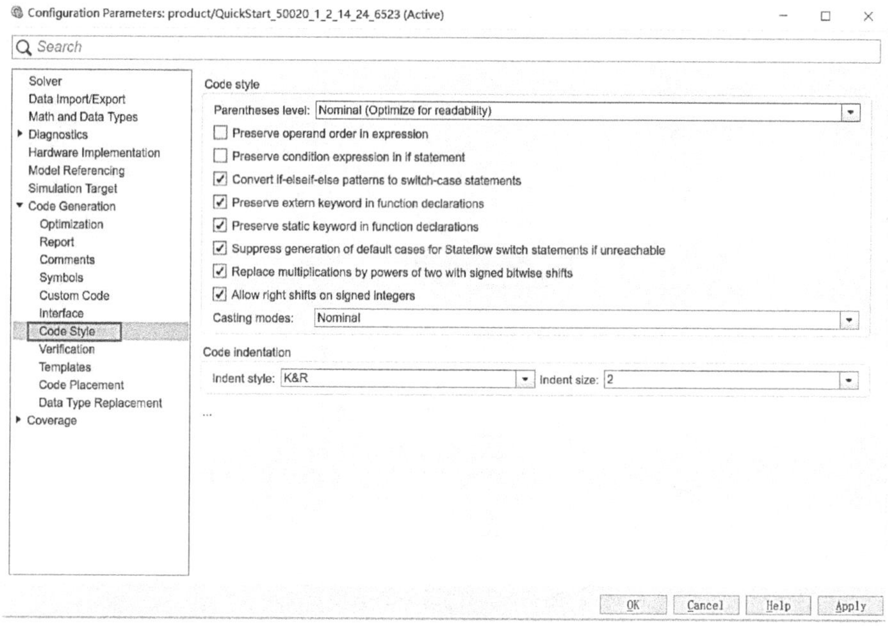

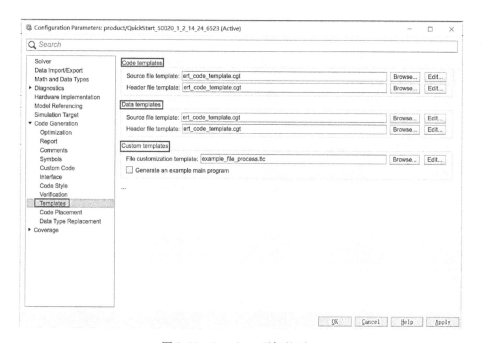

图 7-54　Code Style 子标签页面

图 7-55　Templates 子标签页面

ert_code_template. cgt 中主要规定了代码段的顺序，包含了源文件从注释到变量再到函数体的各种分段，如图 7-56 所示。

顺序从上到下，依次为：文件说明的注释（File Banner）、头文字（Includes）、宏定义（Defines）、数据结构类型的定义（Types）和枚举类型的定义（Enum）、各种变量的定义（Defi-

图 7-56　代码段的顺序

nitions），以及函数体的声明（Declarations）和函数体定义（Functions）。可以在相邻的段中插入自定义内容，但不要打乱已存段的相对顺序。

h）Code Placement 子标签提供的选项将影响生成代码的文件组织方式和数据存储方式及头文件包含的分隔符选择等，其页面如图 7-57 所示。

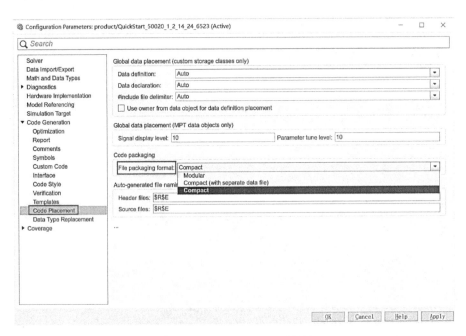

图 7-57　Code Placement 子标签

常用的选项是 File packaging format，表示生成文件的组织方式，对应的生成文件个数不同，内容紧凑程度也不同。具体生成文件的组织方式见表 7-3。

表 7-3 生成文件的组织方式

File packing format	生成的文件列表	省去的文件列表
Mdoular	Model. h Model. c Subsystem fiels（optional） Model_types. h Model_private. h Model_data. c（condinational）	
Compact（with separate data file）	Model. h Model. c Model_data. c（condinational）	Model_private. h Model_types. h
Compact	Model. h Model. c	Model_data. c Model_private. h Model_types. h

省去的只是文件个数，其内容被合并到了其他文件，内容的转移见表 7-4。

表 7-4 省去文件内容的转移

省去的文件	省去文件的内容转移目标
Model_data. c	Model. c
Model_private. h	Model. c 和 Model. h
Model_types. h	Model. h

可以使用默认设置，如果希望减少生成代码列表中文件的个数，可以考虑使用 Compact 的组织方式。

i）Data Type Replacement 子标签默认情况下仅提供一个选项，如图 7-58 所示。

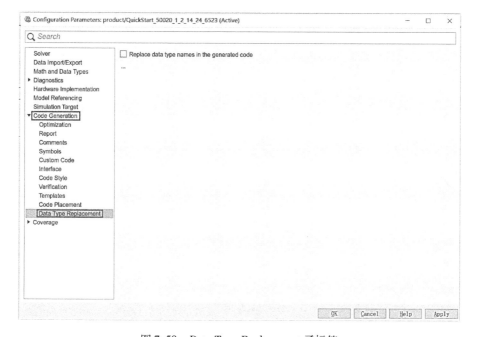

图 7-58 Data Type Replacement 子标签

勾选之后则弹出 3 列数据类型表，分别是 Simulink Name、Code Generation Name 和 Replacement Name，如图 7-59 所示。

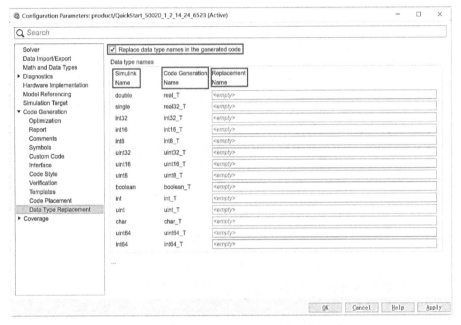

图 7-59　勾选 Replace data 选项之后的界面

前两列按照数据类型的对应关系给出了每种数据类型在 Simulink 和嵌入式编码器生成代码中的类型名，第 3 列则供用户设置，填入自定义的类型名之后，生成代码时将使用自定义的类型名替换 Code Generation Name。

用户填入的自定义类型名不仅是一个别名字符串，还必须在 Base Workspace 中定义其作为 Simulink. AliasType 类型对象。

如定义 U16 数据别名对象来替换 uint16_T 这个内部类型。第 3 列的文本框不必全部填入自定义类型名，可以根据应用场合选择部分或全部来使用。并且可以使用同一个数据类型名替代多个内建数据类型，如使用 U8 同时替换 uint8_T 和 boolean_T 类型。

Code Generation 标签页下提供的子标签页功能说明均已完成。

④ 启动编译。当配置好这些以后，就可以启动模型编译，如图 7-60 所示。

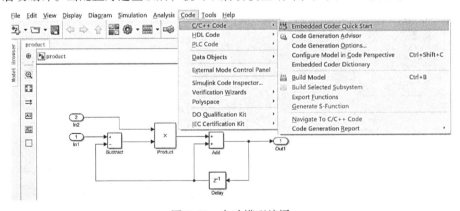

图 7-60　启动模型编译

或者按下 < Ctrl + B >，模型左下角从 ready 显示为 Building，如图 7-61 所示。片刻后弹出 Code Generation Report 界面，如图 7-62 所示。

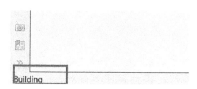

图 7-61　模型编译状态指示

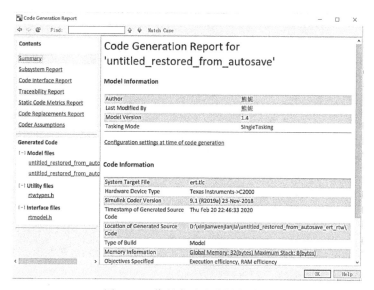

图 7-62　代码自动生成报告界面

与模型名相同的 .c 若模型配置无误，则文件中包含 Mode step function 函数，这里的代码表示模型所搭建的逻辑，如图 7-63 所示。

图 7-63　代码自动生成报告

未经优化的代码可读性较差，但是从四则运算关系中及结构体的成员名上可以看出每一个变量所代表的意义，如图 7-63 中的下列代码：

```
rtb_Delay + = (rtU. In1-rtb_Delay) * rtU. In2;
rtY. Out1 = rtb_Delay;
```

除此之外，生成的代码还提供了 Code to Model 追踪功能，单击图 7-64 所示方框中的超链接，可以直接跳转到模型中对应的模块，该模块或子系统将会以蓝色显示。

图 7-64　Code to Model 追踪功能

单击 < Root >/In2 来演示这个超链接，这个追踪功能提示用户模型与代码的对应关系，即直接跳转到模型中对应的模块，该模块或子系统将会以蓝色显示，如图 7-65 所示（图中的 In2）。

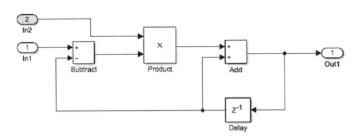

图 7-65　追踪功能在模型中显示

【例 7-4】　LED 控制系统：默认状态时 LED 熄灭；充电时 LED 亮绿灯闪烁状态，2min 后熄灭；故障时 LED 亮红灯闪烁状态，2min 后熄灭；放电时 LED 亮蓝灯闪烁状态，2min 后熄灭。

1）图形化设计，模型搭建界面如图 7-66 所示。

2）早期验证，模型验证界面如图 7-67 所示。

3）代码生成，代码自动生成界面如图 7-68 所示。

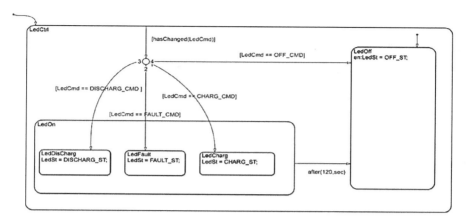

图 7-66　模型搭建界面

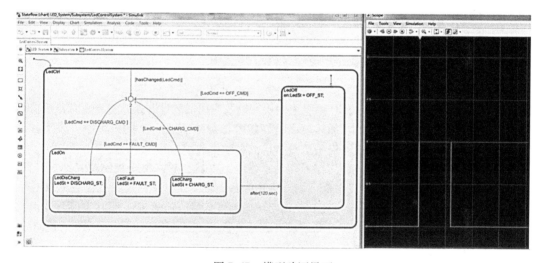

图 7-67　模型验证界面

图 7-68　代码自动生成界面

4）文档自动化，文档自动化界面如图 7-69 所示。

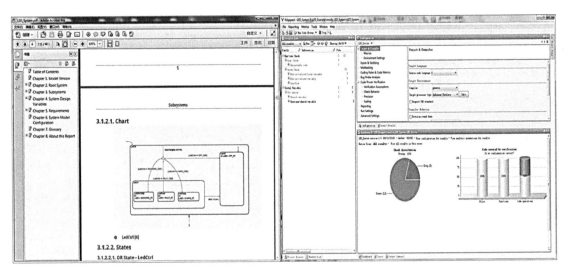

图 7-69　文档自动化界面

【例 7-5】　汽车排气后处理 SCR 计量泵控制系统的 MBD 软件设计。

基于 Simulink & Stateflow 进行 SCR 系统策略研究以及应用层软件开发，主要包括系统协调控制模块、尿素需求量计算模块、低温加热模块以及 OBD 故障诊断模块。采用 MBD 开发流程进行系统算法建模、模型的仿真验证以及模型至 C 代码的自动生成。

1）如图 7-70 所示，SCR 系统的工作原理为：系统上电运行后，电子控制单元通过 CAN 总线获取 NO_x 传感器信号以及柴油机 EMS（engine management system）当前工况信息（转速、负荷、冷却液温度等），通过硬线采集催化转化器上下游温度信号、尿素罐（箱）温度以及液位信号等，依据制定的算法策略计算当前工况尿素溶液需求量。获得尿素需求量后，微控制器根据一定算法将其转化为相应的电动机转速，驱动步进电动机运转抽取尿素溶液至混合腔，尿素溶液与调压稳压过后的压缩空气在混合腔相遇混合，以较高速度通往喷嘴雾化，最终喷入排气管中。尿素溶液在排气管高温环境下可以水解反应生成 NH_3，生成的 NH_3 与排气混合进入催化转化器，在载体上催化剂的作用下发生选择性还原反应，将排气中的 NO_x 还原为无公害的 N_2 和 H_2O。系统下电后，为避免残余尿素溶液结晶而影响下次工作，应进行下电吹扫。由于尿素溶液在 −11℃会出现结冰现象，为保证车辆及其系统在寒冷环境下可以正常工作，控制单元会依据相关策略开启电加热或水加热。

在 Simulink/Stateflow 中搭建了系统使能策略模型如图 7-71 所示，SCR_TemUp 为催化转化器上游温度值，SCR_TemDown 为催化转化器下游温度值，SCR_dmExhFlow 为排气流量；系统的输出有催化转化器床温 SCR_CntTemp，尿素溶液需求量计算模块使能信号 UreaCal_Enable，喷射使能信号 Dosing_Enable 以及 NO_x 传感器加热使能信号 NOxHeat_Enable。

2）尿素计量泵是 SCR 系统最主要的供给部件，其泵结构原理如图 7-72 所示。

计量泵一般有 Init（初始化）、Pump Off（泵停止）、Priming（预注建压）、Dosing（计量喷射）以及 Purging（吹扫）五个工作状态。在系统运行过程中计量泵会根据钥匙电、系统请求状态等各种输入信号进行状态转换控制。由于每个状态的功能不同，所以在每个状态中，还有一些具体的过程控制，如电磁阀的通断、步进电动机的控制、建压次数的统计等，因此控制策略的设计主要分为过程控制和状态控制。计量泵各个状态之间的转换逻辑如图 7-73 所示。

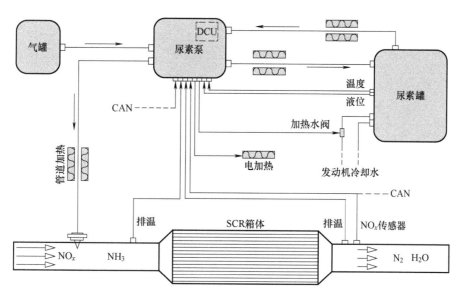

图 7-70　SCR 系统示意图

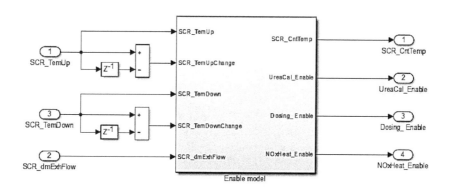

图 7-71　系统使能策略模型

本例基于 Simulink & Stateflow 建立了计量泵控制模型，为了显示清晰，将许多变量进行了简化，如将 Request Pump State 简化为 Req 等，所搭建的计量泵控制策略模型如图 7-74 所示。矩形框图部分为状态图，表示系统的状态，由图中可以看出系统共有五个状态。状态之间的箭头线代表迁移，迁移为状态间的变换提供了路径，且迁移是单向的。箭头线上的一些文字为状态迁移标签，其格式一般为：

$$event[\,condition\,]\,\{condition\_action\}\,/transition\_action$$

设计者可依据功能需求输入标签的部分或全部。圆圈表示连接节点，通过连接节点单个迁移可以表达多个可能发生的迁移，连接节点也可作为迁移通路的判决点和汇合点。由所搭建的模型可知系统上电后计量泵首先进入初始化状态，配置初始化芯片及各端口寄存器，然后根据计量泵请求状态（Req）、钥匙开关信号（Key）、故障标志位（OBD_Flg）、计量泵温度正常标志位（Temp_ok）等信息进行状态转换。

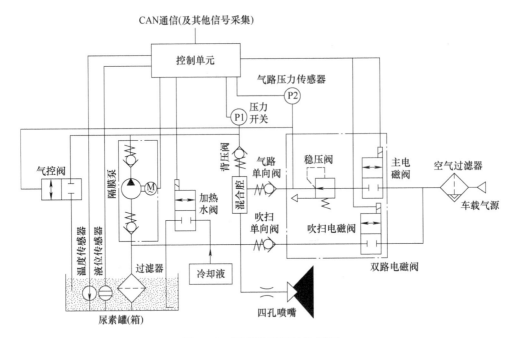

图 7-72　尿素计量泵结构原理

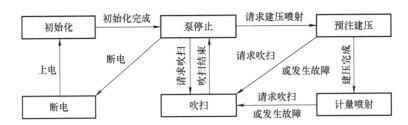

图 7-73　计量泵状态转换逻辑

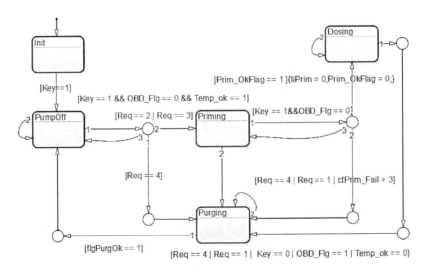

图 7-74　计量泵控制策略模型

双击 Purging 吹扫状态图，如图 7-75 所示。从图中可以看出，在状态图中可以很方便地以图形化的方式进行计量泵吹扫状态的过程控制设计，为仿真及观测方便，将一些标定量以真实数值代替，如吹扫状态下各时间段阈值，也将一些信号参数名进行了简化。同时 Simulink/Stateflow 功能非常强大，它可以调用外部的 .c 和 .h 文件，极大地方便了上层控制模型与底层驱动关联，本设计通过 Stateflow 调用了恩智浦 S12XEP100 控制器底层驱动程序文件中的一些函数和变量。

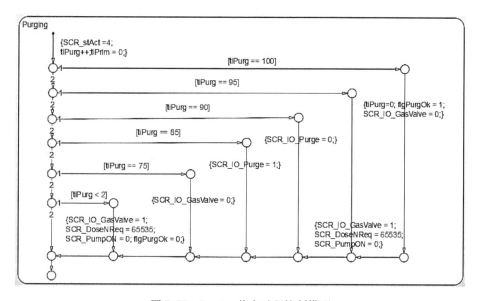

图 7-75　Purging 状态过程控制模型

3）搭建完计量泵算法的模型后，便可以根据系统策略需求设计测试用例，进行算法策略的仿真验证。计量泵策略模型仿真结果如图 7-76 所示，其中 SCR_stAct 为系统实际状态，SCR_Req 为系统请求状态，SCR_Key 为钥匙电信号，OBD_Flg 为故障标志位，PressureAD 为压力开关 AD 值。

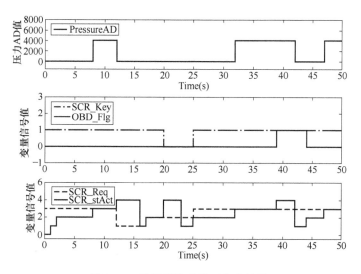

图 7-76　计量泵策略模型仿真结果

从仿真图可以看出，上电后计量泵完成初始化，自动进入 1 状态即泵停止状态。此时系统请求 3 预注建压命令，计量泵响应命令请求进行预注建压，并反馈实际状态为 2，建压一定时间后气阀打开判断压力开关 AD 值，此时 AD 值大于标定值，系统自动进入 3 喷射状态。在喷射状态，如果系统请求 1 泵停止状态或此时故障标志位置 1 或者钥匙下电，系统会自行进入 4 吹扫状态，吹扫结束后自动进入 1 泵停止状态。当钥匙下电或者故障位置 1，系统不响应请求的命令，仍处于 1 泵停止状态。当钥匙电再次打开或无严重故障，计量泵可以响应系统请求命令。从仿真图中可以看出，通过 Simulink & Stateflow 搭建的计量泵控制策略可以根据输入进行准确的状态转换以及状态中的流程控制。

MATLAB/Simulink 中的 Code Generation 模块支持 NXP 公司的 S12XE 系列芯片，所以基于 MATLAB/Simulink 进行了应用层软件代码生成工作。代码生成的流程如图 7-77 所示。

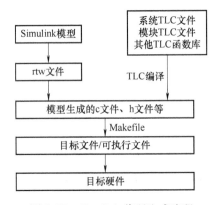

图 7-77　Simulink 代码生成流程

实际运用中需要注意的是必须使用正确的模型，才可以生成准确的代码。策略模型搭建完成后，进行运行仿真，实现了需求的功能，还需要使用 Model Advisor 检查模型以及模型中的设置是否会导致生成的代码无效或不符合 MISAR、MAAB 等标准规范。根据检查报告，可以对模型进行修改，使其满足规范。模型满足规范后，可以利用 Simulink Design Verifier 自动生成测试用例进行模型的验证或者手工添加设计测试用例进行验证。经过了对系统模型的仿真、检查、验证，可以基本确定策略模型的可行性，接着需要进行模型的定点化工作。定点化可以通过人工手动定标，也可以借助 Fix-Point Advisor 工具箱自动定标，定标完成后还可以使用 Fix-Point Tool 对定标的数据进行优化。

模型定点化完成后，就可以进行代码的自动生成以及相关的在环测试。代码生成最重要的工作是数据管理，需要对模型的 Configuration Parameters 进行相关配置，如系统目标文件（System target file）需要选择为 ert.tlc，解算器选择固定步长等。也可以使用 Embedded Coder ® Quick Start 进行快速配置，部分配置如图 7-78 所示。图 7-79 为计量泵控制模型的代码生成报告。报告左上侧 Contents 中包含生成代码的小结、子系统报告、代码接口报告等，左下侧为生成的具体代码文件，包括.c 和.h 文件，后期软件集成中主要移植 ert_main.c 以外的代码；鼠标单击 Pump_Ctrl_Gn_C_OBD.c，如图 7-79 中间部分所示，为模型生成的具体代码，从中可以看出 Simulink 生成的代码风格工整、效率较高、可读性较好；此外代码中注释下划线部分还可以直接追溯到模型中的相关模块，单击代码中注释的 <S1>:51，此时模型中生成此处代码的相应部分便会高亮显示，如图 7-79 右侧所示，这极大地方便了设计人员查看各部分代码以及代码的生成质量。

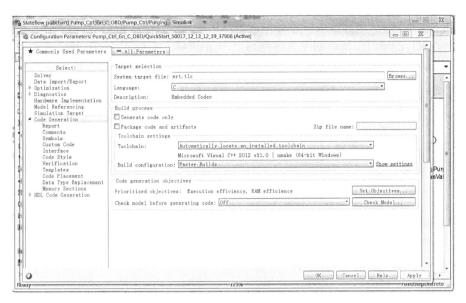

图 7-78　Simulink 代码生成配置

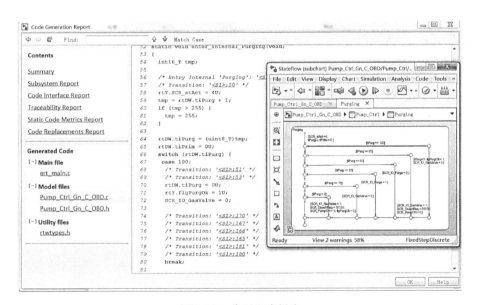

图 7-79　代码生成报告

在 MATLAB/Simulink 中进行模型的软件在环测试（SIL），通过比较控制算法的模型仿真与生成的代码仿真对比，可以有效校验 Simulink 生成的代码在执行上是否与模型一致。

7.3　嵌入式系统在环仿真与测试技术

随着汽车电子技术的快速发展，各电控单元（ECU）的功能越来越智能，而且在线故障诊断（OBD）、网络通信、电控单元之间的交互越来越多，传统的测试方法已无法满足复杂的测试需求。目前，普遍采用模型在环（MIL）测试、软件在环（SIL）测试、处理器在环（PIL）测试、硬件在环（HIL）测试来建立"虚拟车辆或子系统"各种功能的测试平台，利用其丰富的功能和便利的测试手段，工程师在实验室环境下即可开展测试和验证工作。通过该测试平台，针对待测车型建立对应的实时车辆模型及驾驶员环境，通过 I/O 板卡等与待测电控系统实现闭环运行，从而实现对车辆运行工况的模拟，完成对整车网络和各个电控单元的功能测试、通信测试和故障诊断测试。

7.3.1 汽车嵌入式系统开发中的验证

1. 模型在环（MIL）测试

模型在环（MIL）测试可验证控制算法模型是否满足功能需求。如图 7-80 所示，在 Simulink 环境下，除建立控制器模型之外，还需要建立被控对象模型，将控制器和被控对象连接起来并形成闭环，让控制器去控制被控对象。MIL 测试是对模型在模型的开发环境下（如 Simulink）进行仿真，通过输入一系列的测

图 7-80　模型在环测试（MIL）示意图

试用例，验证模型是否满足设计的功能需求。MIL 测试是所有测试中最关键的，因为 MIL 测试的测试准则必须源于功能需求，没有可以参考的。而 SIL/PIL 测试的测试用例往往都是借用 MIL 测试的测试用例，一旦在 MIL 测试这个阶段使用了错误测试用例，即便所有的测试都通过了，最终这个错误也很有可能会流出去。

2. 软件在环（SIL）测试

软件在环（SIL）测试是在 PC 上验证模型是否与代码功能一致。SIL 测试是一种等效性测试，与 MIL 测试的区别是把控制器模型换成了由控制器模型生成的 C 代码编译成的 S-function，如图 7-81 所示。SIL 测试的目的是为了验证生成的代码和模型在功能上是否一致。其基本原则一般是使用与 MIL 测试完全相同的测试用例输入，将 MIL 测试的输出与 SIL 测试的输出进行对比，考察二者的偏差是否在可接受的范围之内。因此这个测试结果就决定了是否带被控对象模型并不是那么重要。SIL 测试一般在 PC 上完成，代码的编译器一般有 LCC、SDK、MSC 等。

3. 处理器在环（PIL）测试

处理器在环（PIL）测试是在目标处理器上验证模型是否与代码功能一致。PIL 测试与 SIL 测试的不同之处在于软件是使用 MCU 的目标编译器进行编译链接，需要运行在目标板上，其基本工作原理如图 7-82 所示。

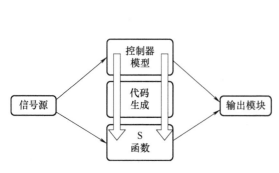

图 7-81　软件在环测试

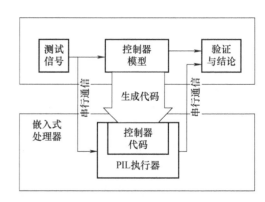

图 7-82　处理器在环测试基本工作原理

测试通过准则是：使用与 SIL 测试相同的测试用例输入进行测试时，比较 PIL 测试和 SIL 测试的输出，如果两者之差在容许范围之内，则测试通过。

（1）等效性验证　PIL 测试需要 Simulink 模型和目标硬件协同工作。将生成的嵌入式 C 代码编译为目标文件下载到目标硬件，硬件与 PC 进行硬件通信方式连接，建立 Simulink 和硬件开发板上 MCU 之间的通信通路。Simulink 信号源提供信号输入，经过通信接口（图 7-82 中采用串口）传递给目标硬件，经过 MCU 计算之后通过通信接口传回 Simulink 模型，并与 MIL 测试模型的仿真结果进行比较，比较二者相同参数、同步计算的输出是否相同。

（2）测量模型生成的代码在目标处理器上的运行时间　如果选择的处理器足够强大，或者确定目标代码的运行不超限，该测试就意义不大了。

4. 硬件在环（HIL）测试

硬件在环（HIL）测试是在 ECU/EPP/整套系统上验证代码是否满足功能需求。HIL 测试通过实时处理器运行仿真模型来模拟受控对象的运行状态，通过 I/O 接口与被测的 ECU 连接，对被测 ECU 进行全方面、系统的测试。从安全性、可行性和合理的成本上考虑，硬件在环测试已经成为 ECU 开发流程中非常重要的一环，减少了实车路试的次数，在缩短开发时间和降低成本的同时提高 ECU 的软件质量，降低产品开发的风险。

HIL 测试的目的是为了验证控制器。HIL 测试过程中，会把被控对象的模型生成 C 代码并编译成可执行的文件放到工控机上运行，以便工控机替代真实的被控对象，然后把控制器和工控机连接起来，实现闭环控制。从控制器的角度上看，相当于其工作在实际控制系统中。HIL 测试经常被用于以下几种情形：

1）被控对象非常昂贵，如果控制器不成熟会导致被控对象受损。

2）被控对象失效会危及人身安全。

3）开发过程中，先开发出控制器，而被控对象还没有开发出来。

HIL 测试提供一个平台，能够将各种复杂的被控对象以数学的表示方法作为动态系统追加到测试环境中，能够很好地仿真被控对象。这些被仿真的被控对象通过传感器等作为接口，将控制系统 MCU 与被控对象的 HIL 测试平台连接起来，进行实时仿真。

HIL 测试系统组成如图 7-83 所示，主要有：

1）实时仿真硬件，实现车辆模型的实时运行、信号模拟和采集、电气故障注入等。

2）实时仿真模型，实现车辆动力学仿真、道路和交通环境仿真、驾驶员仿真等。

3）试验软件，实现软件工程管理、在线监控界面搭建以及自动化测试。

HIL 测试系统功能特点：可模拟真实 ECU 的所有输入信号和采集所有输出信号；可模拟各种电气故障和被控对象的系统故障；覆盖几乎全部的测试工况；可实现完全的自动化测试；可适用于多个型号的 ECU 或 ECU 组合；系统具有良好的扩展性。

HIL 测试在汽车嵌入式系统开发过程中的应用领域有：传统动力系统测试，如 EMS、TCU 等；新能源三电系统测试，如 VCU、BMS、MCU（motor control unit，电机控制单元）、DC/DC、OBC（on board charger，车载充电系统）等；底盘电控系统测试，如 ESC、EPS、EPB（electric parking brake，电子驻车）、Ebooster、4WD，车身电子电气测试 BCM（车身控制模块）、PEPS（passive entry and passive start，无钥匙系统）、ESCL（electrical steering column lock，电子转向柱锁）等；智能驾驶员辅助系统测试，如 ACC、AEB、LDW/LKA、APA（auto park assist，自动泊车辅助系统）、BSD（blind spot vehicle discern system，盲点车辆识别系统）等；信息娱乐系统测试，如 HMI（human machine interface，人机界面）、HUD（head up display，抬头显示）等。

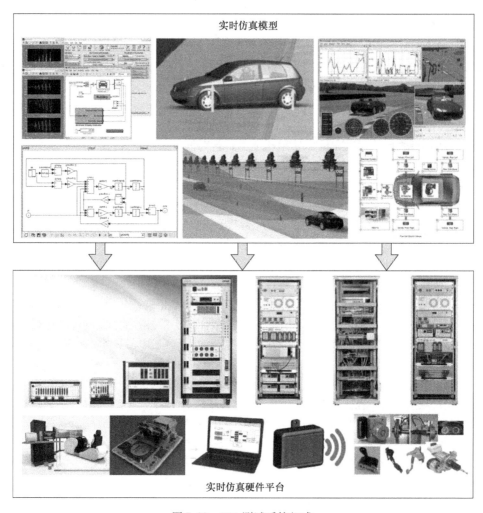

图 7-83　HIL 测试系统组成

　　HIL 测试环境搭建过程中需要考虑以下内容：HIL 测试系统方案设计；实时仿真硬件系统搭建；车辆模型和被控系统模型开发；虚拟控制器模型开发；传感器和执行器模型开发；模型参数化和仿真精度优化；HIL 测试系统与待测 ECU 的闭环调试；典型驾驶场景开发等。

7.3.2　在环测试实例介绍

1. 软件在环（SIL）测试实例

1）MATLAB 的当前文件夹如图 7-84，创建两个 .slx 文件。

图 7-84　创建两个 .slx 文件

2）打开 Blink_LED. slx，配置 Solver 为定步长类型、离散型、步长 1s 等；Hardware Implementation 配置如图 7-85。

图 7-85　Hardware Implementation 配置

3）在 All Parameters 中输入 Create Block 找到对应的参数设置，选择 SIL，再选择 Code Generation→Verification→Enable portable word sizes，如图 7-86 所示。

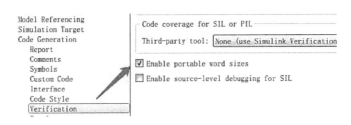

图 7-86　设置代码生成中 Verification

4）搭建模型如图 7-87 所示，单击编译下载按钮，稍等片刻会生成一个 slx 模型，将它复制到 SIL_Blink_LED. slx 中。

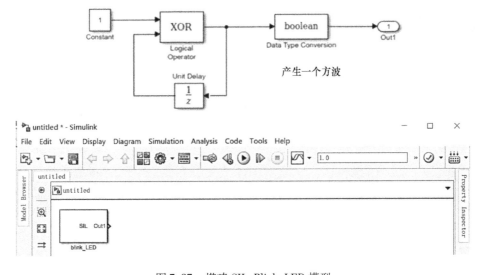

图 7-87　搭建 SIL_Blink_LED 模型

5）在 SIL_Blink_LED. slx 中搭建求差模型，如图 7-88 所示，参数配置同 Blink_ LED. slx。

6）分别将 Normal 和 SIL 模块添加信号线数据标记，如图 7-89 所示。

7）添加两个 Lamp，分别与两个信号线绑定，信号线输出为 0 的时候，Lamp 为绿色；输出为 1 的时候，Lamp 为红色。信号线绑定如图 7-90 所示。

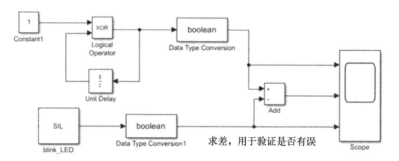

图 7-88　搭建求差模型

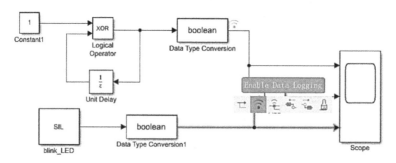

图 7-89　添加信号线

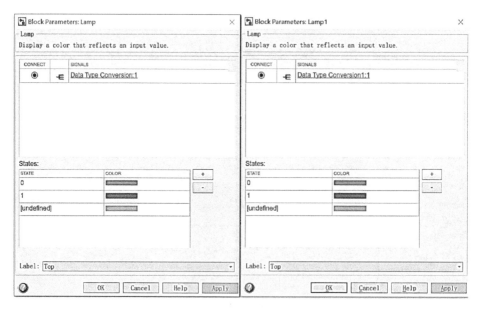

图 7-90　信号线绑定

8）单击 Run 运行，仿真结束，看见两个 Lamp 都为红色，双击 Scope 查看三路输入的曲线，中间一路数据为 0，说明 SIL 测试生成代码的仿真结果和实际 Normal 的仿真结果一致，SIL 测试仿真结果如图 7-91 所示。

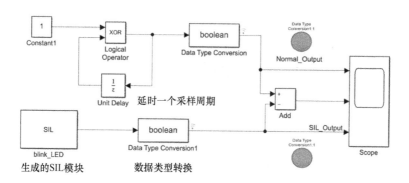

图 7-91　SIL 测试的仿真结果

2. 电动助力转向（EPS）的 HIL 测试系统

如图 7-92 所示，面向 EPS 的 HIL 测试系统一般可以由以下几个部分构成：

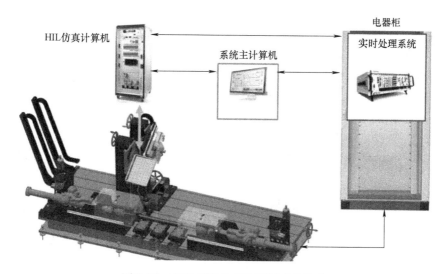

图 7-92　面向 EPS 的 HIL 测试系统构成

1）实时硬件仿真平台。用于模拟与在环硬件的电气及通信输入/输出接口，提供诸如 TAS 信号、电动机位置信号、电流反馈信号、转向齿负载等；接收被测硬件发出的各种信号，传递给车辆模型（或车辆模型 + 转向系统模型）进行计算仿真；同时可以产生各种故障用于故障模拟。

2）实时仿真模型。用于模拟车辆在不同工况下的工作状态。一般来说包括车辆动力学模型、转向系统模型和驾驶员模型等。

3）试验管理软件。用于对试验进行管理、参数设置及监控、可视化界面输出、生成报告等。

根据目的不同，EPS 的 HIL 测试可分为：

1）ECU 级的 EPS HIL 测试系统，如图 7-93 所示，也可以称之为信号级。ECU 软硬件采用实物，闭环回路的其他组成部分均采用虚拟仿真系统。

ECU 级的 EPS HIL 测试系统被测对象是 ECU，结构比较小巧，主要用于验证 EPS 的软件算法。EPS 执行电动机由实时硬件仿真平台进行模拟，这一部分对模型的精度要求很高。

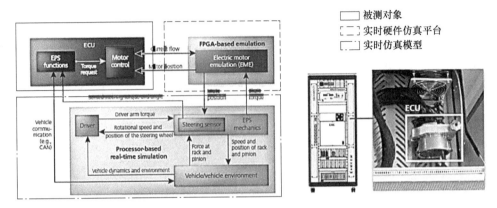

图 7-93　ECU 级的 EPS HIL 测试系统

图 7-93 中实时模型仿真的 Steering sensor 信号直接传递给了 EPS 软件，这种处理方法对 EPS ECU 厂家而言是可行的；但对某些 OEM 用户，因为 EPS 软件不能从模型中直接获取转矩和转角信号，这就需要将实时仿真模型中的转矩和转角信号传递给实时硬件平台，由实时硬件平台模拟出转矩和转角的物理信号提供给 ECU。

2）EPP 级的 EPS HIL 测试系统，如图 7-94 所示，也可以称之为驱动级。EPP 是 electrical power package 的缩写。ECU 及执行机构采用实物，闭环回路的其他组成部分采用虚拟仿真系统。

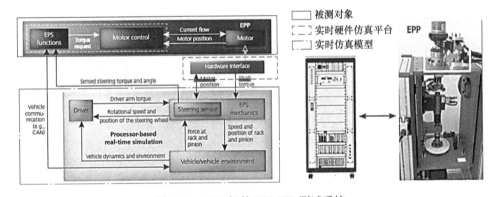

图 7-94　EPP 级的 EPS HIL 测试系统

EPP 级的 HIL 测试与 ECU 级 HIL 测试的区别在于电动机采用真实的助力电动机，但仍然没有转向系统的其他机械部件，因而需要一个额外的伺服电动机（磁粉制动器）来模拟齿条力负载。

3）System 级的 EPS HIL 测试系统，如图 7-95 所示，也可以称之为机械级。系统组件采用实物，闭环回路的其他组成部分采用虚拟仿真系统。

System 级的 EPS HIL 测试被测对象为整套转向系统，实时仿真模型中有整车动力学模型和驾驶员模型（不需要转向器模型和 TAS 转矩转角传感器模型），体积庞大。"实时硬件仿真平台"其实就是两个伺服电动机：一个伺服电动机工作于转矩伺服模式，用于模拟齿条力负载（加载在齿条上或输出轴上均可），转矩指令由整车模型给定；另一个伺服电动机工作于位置伺服模式或转矩伺服模式，用于模拟驾驶员给转向盘各种不同的操作工况，指令由系统主计算机（Host PC）的测试用例给定。这个层级的 HIL 测试系统最接近于真实转向系统在整车的表现。

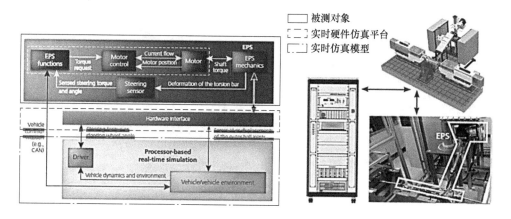

图 7-95　System 级的 EPS HIL 测试系统

Carsim、VeDYNA、IPG 等都是知名的整车动力学模型供应商，以成熟的整车动力学模型为基础，可以自主建立车辆动力模型，整车参数要尽可能准确。对于 EPS 应用而言，与整车模型交互的信息并不是很多，整车模型的主要输入参数有车速、发动机转速和转向盘转角（转矩），整车模型的主要输出参数有齿条力、质心侧偏角和横摆角速度。

转向器模型和 TAS 模型一般需要自己搭建。

测试来源于系统功能需求与安全需求，一般来说分为两类：

1）功能与性能测试。在不同的道路特征下（路面附着系数、水平属性、侧坡属性、路面不平度属性……）目标车辆处于不同的状态（满载/轻载、不同胎压……）时，驾驶员做不同操纵工况（加/减速、双移线、转角阶跃、转角脉冲、转矩阶跃、转矩脉冲、蛇形机动、稳态回转……），考察转向系统的稳定性和操纵感觉。

2）安全与诊断测试。在不同工况下进行故障注入，考察整车的安全性；并检查故障是否被检测到，相应的错误代码、诊断故障代码（DTC，diagnostic trouble code）是否被记录，故障灯是否被点亮；是否能通过诊断会话获取相关的 DTC 及简要说明。

3. 通过 HIL 测试分析电子稳定程序（ESP）

如图 7-96 所示，仿真系统中发动机模型、传动系统模型由供应商提供，整车模型由 dSPACE 的 ASM 搭建。

该仿真系统由一套连接至 dSPACE SCALEXIO HIL 测试系统的电子稳定系统（ESP）的 ECU 组成，dSPACE ControlDesk 和 MotionDesk 用于仿真运行控制和可视化，dSPACE ConfigurationDesk 用于将模型集成到一个应用程序中。

目标是根据物理建模法，将现有 ESP ECU HIL 测试系统中的虚拟车辆仿真模型的某些部件更换为新开发的部件。

车辆动态和环境模型使用 dSPACE 汽车仿真模型建模。原始发动机和动力传动系统模型基于 Dassault Systèmes 的 Co-Simulation 2.0、ITI（International TechneGroup）的 Release Candidate 1 的功能样机接口替换为实时功能 C 代码功能样机单元（FMU）。所有集成模型部件的样本时间为 1ms。

图 7-97 是 ITI 提供的动力传动系统 FMU 的接口示例。模型端口模块用于在 Simulink 模型中创建表示 FMU 接口的端口，通过 ConfigurationDesk，可以分析和连接该接口。

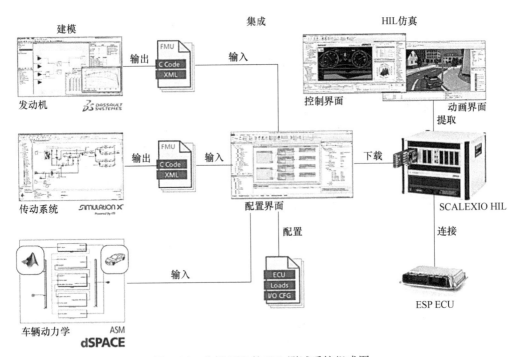

图 7-96　分析 ESP 的 HIL 测试系统组成图

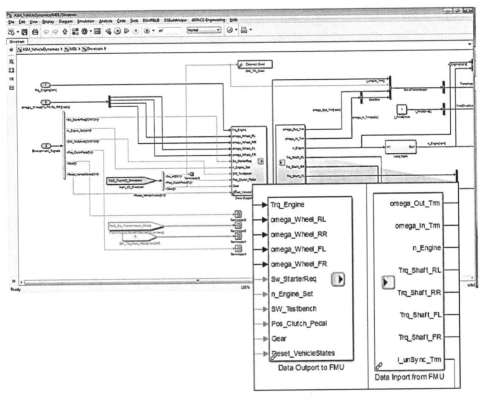

图 7-97　ITI 提供的动力传动系统 FMU

ConfigurationDesk 是 SCALEXIO 硬件的图形配置和实施软件，如图 7-98 所示。两个 FMU 导入 ConfigurationDesk 并与现有仿真模型集成。通过将 FMU 接口与在 Simulink 中创建的模型端口模块连接，集成为一个实时功能应用程序。然后，将整体仿真模型下载到 SCALEXIO HIL 仿真器上。在本实例中，与 Simulink 进行的模型通信被用于将 FMU 集成到现有仿真模型中。或者，FMU 也可以直接连接到 ConfigurationDesk 中的 I/O 功能或其他 FMU，以及 V-ECU。ControlDesk 用于启动和控制仿真运行。逼真的实验布局类似汽车仪表板，如图 7-99 所示。

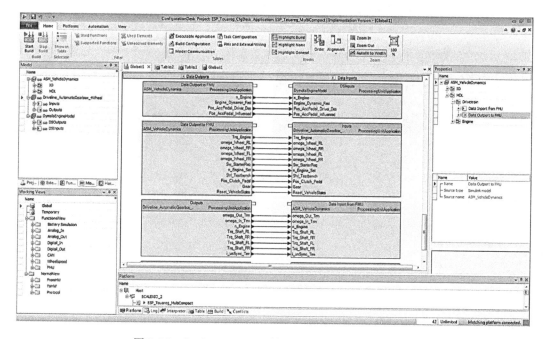

图 7-98   ConfigurationDesk 的 SCALEXIO 硬件配置界面

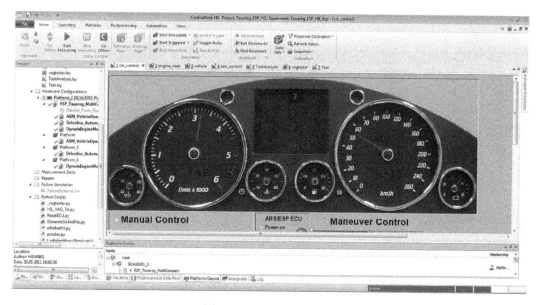

图 7-99   ControlDesk 界面

所有模型变量和参数，如横摆率、制动压力和速度，均在仿真运行过程中实时显示和绘制，可随时了解最新动态信息，如图 7-100 所示。

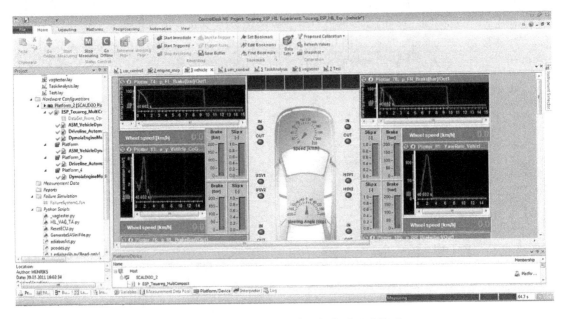

图 7-100　ControlDesk 仿真运行实时显示界面

该实例测试 ESP ECU 的功能：在相同的仿真场景下，汽车在湿滑路面制动，执行两次，一次关闭 ESP ECU，另一次开启 ESP ECU，以进行对比。

MotionDesk 可视化仿真运行，可以看到汽车的实际运行状态行为：第一次仿真运行时关闭 ESP ECU，汽车在制动过程中出现打滑并旋转，如图 7-101 所示；第二次仿真运行时开启 ESP ECU，制动操纵将汽车稳定地操控至停车，如图 7-102 所示。

图 7-101　关闭 ESP 制动过程中车辆姿态　　　　图 7-102　开启 ESP 制动过程中车辆姿态

7.3.3　V 模式下嵌入式系统标定技术

在当今汽车系统中，存在大量的电子控制单元（ECU）作为汽车系统中的中枢系统，其主要的工作过程是采集输入信息（包括驾驶员意图、车辆运行工况等），并采用合理的算法计算输出，用公式 OUT = f(IN) 来表示。为了达到理想的控制效果，算法 f 中会有很多参数，可根据不同的驾驶意图以及车辆运行工况进行适时的调整。ECU 中的程序由软件工程师进行设计，而软件工程师没有能力把这些参数设置成合理的值，这些值是需要在试验中根据汽车数学模型进行设置，这部分工作是由应用工程师/标定工程师在软件开发结束以后利用改变参数分析性能，反复迭代最终测定的。因此应用/标定工程师需要能够在 ECU 程序运行过程中读取（测量，measure）ECU 参数，改变（标定，calibrate）ECU 参数的手段。

1. 汽车嵌入式系统标定基本概念

汽车嵌入式系统一旦完成了软硬件开发，就进入应用环境下的标定工作。标定是指为了使嵌入式控制系统实现相应的功能，使汽车实现诸如操纵稳定性、制动性能、污染物排放性能等性能指标，而对嵌入式系统的控制参数进行调整优化的工作。也就是控制器在实车运行环境或试验台架运行条件下，对嵌入式控制器进行访问，并对大量的控制参数和 MAP 图进行修改和优化，以使汽车相关的综合性能满足指标要求的工作。

汽车嵌入式系统标定是在发动机或整车或子系统的算法（控制策略）、相应的外围器件（包括传感器、控制器、执行器）确定以后，为了得到满意的汽车相关性能，满足客户要求和达到国家标准，对控制系统软件的数据（包括控制参数、MAP 图数据等）进行优化的过程。

汽车性能包括驾驶性、动力性、经济性、操纵稳定性、制动性能、乘坐舒适性能、安全性能、耐久性、环境适应性、污染物排放性能等。汽车的嵌入式系统标定工作就是围绕系统的相关性能展开工作。

为了实现汽车嵌入式系统的标定工作，建立标定环境（包括必要的标定试验条件和高效的标定工具）是十分必要的。可以使用简单的通信手段（如 SCI、CAN）进行实时通信，自主开发软件，实现运行状态下从嵌入式微控制器读取运行参数和控制参数，以及对控制参数和 MAP 图进行修改并写入微控制器。

标定系统的主要作用是监控 ECU 工作变量，在线调整 ECU 的控制参数（包括 MAP 图、曲线及点参数），保存标定数据结果以及处理离线数据等。完整的标定系统包括上位机 PC 标定程序、PC 与 ECU 通信硬件连接以及 ECU 标定驱动程序三个部分。

自动化及测量系统标准协会（ASAM，Automatic Measurement System Standards Association）建立了汽车电控单元测量、标定和诊断三方面的标准（MCD，measurement，calibration and diagnostics），实现了 ECU 与测量标定系统和诊断系统间接口的标准化。CCP、XCP 等协议就是其中最为成功的标准。

以汽车发动机控制系统为例，说明标定分类：

（1）器件标定 通过试验手段得到外围器件（主要是指系统采用的传感器和执行器）的特性参数，主要获取喷油器、冷却液温度传感器、进气温度传感器、进气压力传感器的特性参数。

（2）台架标定 在发动机试验台上对发动机的稳态工况进行数据优化，主要有进气模型标定、基本喷油点火标定、怠速喷油点火标定、全负荷喷油点火修正标定等。具体内容有验证发动机硬件、燃油开环控制、基本点火角和动态点火角调整等。

（3）整车标定 在整车上针对存在的问题进行数据优化，主要包括驾驶性、适应性、污染物排放性能等。具体内容有燃油开环控制、起动过程燃油控制、起动过程点火角控制、闭环燃油控制、空气流量控制、大气压修正、空调控制、助力转向、怠速控制、瞬态燃油控制、起动与运转燃油控制、爆震敏感度、基础排放及标定发动机各种状态等。

（4）热带开发标定 具体内容有零部件温度检验、高温环境点火修正、怠速功能检验、热油运行性能、热态重复起动、热态冷起动、怠速点火角修正、炭罐清洗功能等。

（5）寒带开发标定 具体内容有冷起动、冷态驾驶、瞬态燃油控制、怠速性能验证、冷态点火修正等。

（6）高原开发标定　具体内容有冷起动、大气压计算、高海拔燃油修正、三元催化温度检验、怠速控制、高原驾驶性等。

（7）最终标定　具体有驾驶性能优化、排放性能优化、故障诊断、故障下运行等。

大致标定流程：明确客户需求、系统的确定、外围器件标定、台架标定、整车标定、三高标定、排放标定、客户验收、问题跟踪。

一般标定原则：

1）尽可能通过试验的方法确定标定数据。

2）标定曲线一般是有规律的，不应出现异常点。

3）标定的结果应具有良好的重复性。

4）出现问题时，应在控制策略指导下进行分析判断。

5）更改数据时，应预判是否有其他影响并进行验证。

6）当标定出现矛盾时，根据需求取折中方案。

7）不必追求极致，适度就是最好的。

2. XCP 协议

20 世纪 90 年代，由奥迪、宝马、奔驰、大众等欧洲汽车企业成立自动化及测量系统标准协会，（ASAM），它是汽车工业中的标准协会，致力于数据模型、接口及语言规范等领域。最初，该协会发布的是 CCP（CAN calibration protocol）协议，它是一种基于 CAN 总线的 ECU 标定协议，采用 CCP 协议可以快速而有效地实现对汽车电控单元的标定，即便是现在也仍然有许多欧美汽车厂商在使用。

CCP 协议限定了它的使用范围为 CAN 总线。而随着汽车工业的发展，LIN、FlexRay、MOST、Enthernet 等协议的推出和应用，使得有必要在多种传输媒介上实现测量和标定的通信协议，所以 ASAM 组织又发布了 XCP（universal measurement and calibration protocol）协议，用 X 打头表示该协议可以应用于不同的输出层（CAN、Ethernet、FlexRay、SCI、SPI、USB 等）。需要注意的是，XCP 虽然名为 CCP 协议的升级版本，然而 XCP 协议并不向下兼容 CCP 协议（有兴趣的可以详细看它们的命令码）。无论是 CCP 还是 XCP，它们的量测和标定的原理都是类似的，通常有两种模式：一种是采用一主多从的模式，单个主机可以同时与多个从机通信，如图 7-103 所示；另一种是主机通过下发命令与从机建立连接、解锁、读取数据、修改参数等操作，如图 7-104 所示。

那么主机是怎么读取或者修改从机数据的？ECU 程序使用的参数或者数据，要么在 RAM 中，要么在 Flash 中，要么在 EEPROM 中会有特定的地址。可以通过一个文件（A2L 格式文件）描述出某个参数的属性，

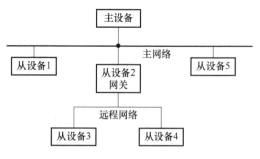

图 7-103　一主多从的通信模式

包括参数显示名、长度、物理单位、转换关系以及映射到 ECU 的地址，主机通过该文件，就可以获取所有上述信息。以读取为例，如想要读取起始地址 A、长度 2B 的数据，那么主机通过设定 MTA（memory transfer address）为 A，并指定长度为 2，然后将命令下发给从机，从机收到命令后，从指定的 MTA 中读取 2B 数据，然后回传给主机。同样的，主机修改数据也是类似的，如图 7-105 所示。

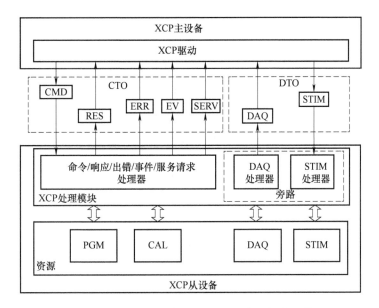

图 7-104 XCP 主设备和 XCP 从设备之间的通信

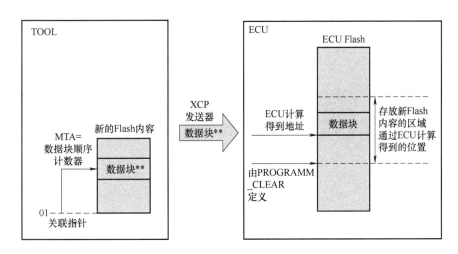

图 7-105 主机（TOOL）与从机（ECU）间的数据读取或修改

以上的交互方式是 CCP/XCP 最基本的通信方式，采用一问一答，也称为查询（polling）模式。为了提高通信的效率和数据吞吐量，CCP/XCP 还支持 DAQ（data acquisition）模式，如图 7-106 所示。基本原理为：主机一次性配置好所有要读取的变量，并关联 ECU 端的不同事件通道，一旦 ECU 对应的事件发生（如每隔 100ms），主动上传数据给主机。

3. 将 CCP/XCP 协议快速移植到自己的 ECU

CCP/XCP 协议原理总体来说简单易懂，但是真正按照协议开发软件模组是相当庞大的工作。可前往 Vector 公司官网下载 Vector 提供的免费开源 XCP Basic 软件包。相比完整的协议，Vector 提供的 Basic 包在功能上有所删减，但这对于主机厂也够用了。如果想要实现全部功能，可以购买 Vector 的 Professional 包，或者基于 Basic 包二次开发。

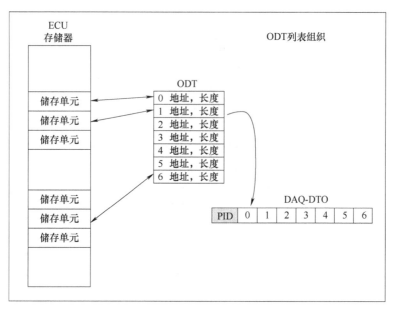

图 7-106　CCP/XCP DAQ 模式

（1）XCP 的用途　在汽车电子软件开发中，经常会遇到需要在整车调试或者台架调试时才能确定的一些变量，这个时候就会用到 XCP。例如，电动机控制器的 PID 参数，可能根据汽车的负载不一样需要调整，这个时候就可通过 XCP 来标定。

XCP 主要用处可总结为四点：①标定；②测量（反馈一些变量的值，供上位机或测试系统查看，如转速等）；③编程和刷新（如更新一部分地址的数据值，其至重编程等）；④对 ECU 功能进行旁路，简单来说就是模拟 ECU 的数据。

（2）XCP 的工具简介　目前 XCP 主要使用的工具有 Vector 公司的 CANape、ITAS 的 INCA、Value CAN 等工具。

（3）XCP 的一般工作流程　首先 XCP 是主从的工作结构，主节点（master）即一个上位机，定义它为测试系统，当然也可以理解为 XCP 工具，一个主节点可以连接多个从节点（slave）。以XCPOnCAN 为例，可以通过 CAN ID 的方式来识别不同的从节点。一般从节点需要两个 CAN ID，一个源地址，一个目标地址，硬件连接如下所示：

master(上位机)↔CAN 工具↔slave(ECU 可多个)

第一步要将 master 和 slave 连接起来，当然是通过发命令的方式建立连接，具体命令后面进行讲解。

第二步可以通过上位机工具监控之前定义好的一些变量，如速度、转矩、电压等。

第三步可以进行一些在线标定功能，比如在台架上标定 PID 的一些参数。标定过程一般是先在一个存储区（RAM）定义的变量中找出一个比较好的参数，然后将这个比较好的参数固化下来，擦除原来的数据写入到另外一个映射好的存储区。当然也可以通过重新擦写一个数据区域，使用其编程的功能。

（4）XCP 地址映射　映射关系是 XCP 中较核心的部分。

这里重点介绍地址映射，先弄清几个概念：逻辑地址、物理地址、参考页、工作页和激活页等。

1）逻辑地址。为了 XCP 的逻辑应用定义的一块地址，就像给一个变量定义了一个名字。

2）物理地址。它是直接对应存储器上的一块地址，比如 RAM 上的 0x0000 ~ 0x0200 一块地址；Flash 0x1000 ~ 0x1200 一块地址。

3）参考页。可以理解为定义的逻辑地址对应 Flash 上的一块地址，比如逻辑地址 0x0000 ~ 0x0200 对应 Flash 上一块 0x1000 ~ 0x1200 地址；参考页的属性在标定过程中是可读不可写的。

4）工作页。可以理解为定义的逻辑地址对应 RAM 上的一块地址，比如逻辑地址 0x0000 ~ 0x0200 对应 RAM 上一块 0x0000 ~ 0x0200 地址；注意工作页的属性是可读可写的（以方便标定修改）。

5）激活页。就是指选择激活的一个页，比如激活工作页或激活参考页等。

再进一步说标定过程：首先激活参考页（仅可读），读取当前参数，比如 PID 中的比例因子 P；再切换激活页，激活工作页（可读可写），这个时候就可以在线修改参数来获得较好的 PID 曲线，从而确定优化后的参数 P；最后，需要将原来参考页上的 P 参数写入优化后的 P 参数，这样就完成了参数的标定。

具体有两种地址映射方式：

1）硬件方式。有些芯片是支持硬件地址映射的，比如英飞凌 TC27X 系列，它的工作方式比较简单，就是在切换激活的工作页时，操作寄存器，使硬件完成地址映射。这种方式实现起来非常简单，但是需要用到硬件，成本会高些。

举个例子：假如 Reg1 = 0 时，激活页是参考页，逻辑地址 0x000 ~ 0x200 对应 Flash 中的 0x100 ~ 0x300；切换激活页为工作页时，Reg1 = 1，对应逻辑地址 0x000 ~ 0x200 对应 RAM 中的 0x000 ~ 0x200。

2）软件方式。其实就是加入一个 offset 偏移量来实现。这种方式实现起来也不复杂，但是会部分增加软件的维护工作。

还是以上面的例子为例：

激活页→参考页：逻辑地址 0x000 ~ 0x200→Offset = 0x100，Flash 地址 0x100 ~ 0x300 = 逻辑地址 + Offset。

激活页→工作页：逻辑地址 0x000 ~ 0x200→Offset = 0x000，Flash 地址 0x000 ~ 0x200 = 逻辑地址 + Offset。

（5）XCP 的命令简介　根据 XCP 命令的分类方法进行介绍。

Master→Slave（上位机到下位机）总共 0xFF 条

名称	PID 范围
CMD	0xC0 ~ 0xFF
STIM	0x00 ~ 0xBF

Slave→Master（下位机到上位机）总共 0xFF 条

名称	PID 范围
response	0xFF
error	0xFE
event	0xFD
service	0xFC
DAQ	0x00 ~ 0xFB //ODT 的序号

下面解释一下以上名称：

1）CMD：指的是上位机下发给下位机的一些命令，比如连接命令 FF、解锁、获取状态等一些和下位机交互的命令。

2）STIM：可以理解为一种上位机向下位机大量发送数据的一种方式，相当于反向的 DAQ。

3）response：肯定应答，指的下位机答复上位机的命令。

4）error：否定应答上位机的命令。

5）event：事件，指下位机发生某事件时通知上位机。

6）service：指下位机在某些情况下，需要上位机执行一些动作，可以理解为请求上位机服务。

7）DAQ：指下位机上传数据给上位机。

具体的一些命令可以参考协议进行进一步了解。

（6）XCP 的 A2L 文件　A2L 文件是一种方便 XCP 进行工作的描述性文件，可以理解为一个通信矩阵，包含了项目信息、ECU 信息、标定变量信息、测量变量信息等，如下所示。

```html
<</span>code class = "language-html">
/begin PROJECT
  /begin HEADER
        ...
  /end HEADER
  /begin MODULE Device
  /begin MOD_PAR
        ...
  /end MOD_PAR
  /begin MOD_COMMON
        ...
  /end MOD_COMMON
  /begin CHARACTERISTIC
        ...
  /end CHARACTERISTIC
  /begin AXIS_PTS
        ...
  /end AXIS_PTS
  /begin MEASUREMENT
        ...
  /end MEASUREMENT
  /begin COMPU_METHOD
        ...
        /end COMPU_METHOD
        /begin COMPU_TAB
        ...
        /end COMPU_TAB
        /begin FUNCTION
           ...
        /end FUNCTION
```

```
        /begin GROUP
            ...
        /end GROUP
        /begin RECORD_LAYOUT
            ...
        /end RECORD_LAYOUT
    /end MODULE Device
/end PROJECT</ /span>code>
```

在 A2L 文件中，主要由以下几部分组成：

1）HEADER。里边包含了项目信息，包括项目编号、项目版本等信息。

2）MODULE。里边包含了在标定测量层面描述 ECU 需要的所有信息，一个 ECU 对应一个 MODULE 块，MODULE 由许多子块来组成。MOD_PAR 这个块里包含了用于管理 ECU 的数据，如客户名、编号、CPU 类型、ECU 的内存分配等，其中最重要的就是 ECU 的内存分配。开发人员需要根据 ECU 内存分段情况定义 MEMORY SEGMENT 和 SEGMENT 里边的 PAGE，这里的 SEGMENT/PAGE 的概念和在线标定中是一致的，一个 MODULE 里边只能出现一次。

3）MOD_COMMON。用来指定 ECU 的一些标准的一般性描述信息，比如大小端、数据的对齐方式、FLOAT 变量的处理方式等，一个 MODULE 里边只能出现一次。

4）CHARACTERISTIC。用来定义标定变量，里边包含了可以被标定的变量的名字、地址、长度、计算公式、精度、最大最小值等信息，一个 MODULE 里边可以出现多次这样的块，即一个 ECU 可以有很多的标定变量。

5）AXIS_PTS。用来定义数组或查表变量对应的轴的类型，它将被 RECORD_LAYOUT 块来引用，一个 ECU 里边可以有很多种不同的轴类型，用于实现查表和插值。

6）MEASUREMENT。用来定义测量变量，里边包含了可以被测量的变量的名字、地址、长度、计算公式、精度、最大最小值等信息，一个 MODULE 里边可以出现很多次这样的块，即一个 ECU 可以有很多的测量变量。

7）COMPU_METHOD。用于定义计算公式，表明原始值和物理值之间的转换关系，这些公式可以被标定变量和测量变量来引用，从而将原始值转换成便于用户阅读和使用的物理值。

8）COMPU_TAB。用来定义原始值和物理值的映射关系，是一种特殊的转换关系，它一般应用于枚举变量。例如，想采集一个代表 XCP 状态机的变量，分别为 0 对应 DISCONNECTED，1 对应 CONNECTED，2 对应 RESUME，那么就可以把这样的映射关系定义成一个 COMPU_TAB，然后关联到对应的变量上。这时候如果上位机采集到 1 这样的原始值，它就可以将当前的状态显示成"CONNECTED"字样，方便阅读和使用。

9）FUNCTION。用来定义函数关系，是可选项，很少使用。

10）GROUPS。把标定变量和测量变量按照一定的逻辑（比如功能模块）组织起来，在上位机工具中形成一个下拉菜单，可以从中选择变量，这个块不是必需的。

11）RECORD_LAYOUT。用来定义标定变量的物理存储结构（单个变量、二维表、三维表等）。

4. CANape 车载控制器匹配、标定系统

CANape 为开发者提供了一种可用于 ECU 开发、标定、诊断和测量数据采集的综合性工具。CANape 支持汽车工业使用的所有标准接口和协议：支持 CAN、LIN 和 FlexRay 总线；使用 CAN、以太网、USB、RS232、SPI、SCI、LIN1.3 和 2.0、FlexRay 的 XCP 协议；使用 CAN 或以太网的 CCP 协议；使用 K 线（需要 Ser2K 转换器）的 KWP2000 协议；使用 ISO 14230（KWP2000 on CAN）和 ISO

14229（UDS）协议，ISO/TF2 和 VW-TP2.0 传输协议；监视 SAE J1939 和 GMLAN 等。

CANape 主要用于电控单元（ECU）的参数优化（标定）。在系统运行期间，同时标定参数值和采集测量信号。CANape 与 ECU 的物理接口可以是使用 CCP（CAN 标定协议）的 CAN 总线，或者是使用 XCP 协议的 FlexRay 实现。另外，通过集成的诊断功能集（diagnostic feature set），CANape 提供了对诊断数据和诊断服务的符号化访问。这样，它就为用户提供了完整的诊断测试仪功能。CANape 使用标准协议的特性使其成为覆盖 ECU 开发所有阶段的一种开放而灵活的平台。

（1）CANape 功能

1）同步实时采集和显示 ECU 内部信号（通过 CCP/XCP）和 CAN、LIN、FlexRay 总线信号，以及来自外部测量设备的信号。

2）通过 CCP/XCP 进行在线标定和通过 XCP 进行实时激励（stimulation）。

3）离线标定。

4）快速而安全地使用二进制文件和参数组刷写 Flash（Flash 编程）。

5）无缝集成 KWP2000 和 UDS 诊断函数。

6）强大的标定数据管理、参数组比较和合并功能。

7）在测量、离线分析或旁通（bypassing）过程中，使用集成的 MATLAB/Simulink 模型进行计算。

8）ASAM MCD3 测量和标定自动化接口。

9）与 ECU 测量数据一起同步采集视频、音频、GPS 和外部测量设备的环境数据。

10）使用集成的编程语言，自动执行用户输入序列和处理测量值与信号。

11）CANape 的特殊功能和选项。

12）监视 CAN、FlexRay 和 LIN 总线（1.3、2.0 和 cooling bus）。

13）通过 CAN、FlexRay、LIN（1.3、2.0 和 cooling bus）、USB、以太网和串口进行测量和标定。

14）支持针对 Flash 和诊断数据的 ODX2.0 标准。

15）受 ODX-F 文件控制的自动 Flash 编程过程。

16）无需键盘输入就可通过音频和视频对驾驶状况进行可靠且同步的评价。

17）使用独立的数据库工具 eASEE.cdm 可对标定数据进行可靠的、基于服务器的管理。

18）选用插件可扩充 CANape 的功能，使其能够显示 GPS 车辆位置、加入 ASAM MCD3 接口、观察 OSEK 操作系统，以及在开发驾驶员辅助系统时通过目测法来主观评价目标识别算法。

（2）CANape 测量数据采集

1）可以使用多种窗口类型和用户自定义面板进行图形化显示。

2）在跟踪窗口中分析总线通信。

3）结合不同来源的真实变量并借助内置的脚本语言或 MATLAB/Simulink 模型，可以在线计算出虚拟信号。

4）使用多种触发器进行数据记录，包括 pre-trigger 和 post-trigger 时间（包含音频和视频）。

5）同步采集标量值和数组。

6）可配置数据记录仪 CANlog 和 CANcaseXL log 进行 CCP 和 XCP 测量。

7）数据测量速率可超过 1Mbit/s（取决于使用的接口）。

8）CANape 提供了众多功能，用于方便处理和评估之前的测量数据。

9）脚本驱动和自动化的测量文件评估。

10）使用集成的编程语言或 MATLAB/Simulink 模型进行算术评估。

11）信号可以按照时间或 XY 视图显示。

12）利用缩放功能、搜索功能和测量标尺观察信号响应。

13）输入注释和宏进行离线分析。

14）导入和导出不同格式的测量文件。

15）从测量文件中导出同步视频片段。

16）使用测量文件管理器方便地处理测量文件。

（3）CANape 标定/参数调整　参数调整既可以以文字方式显示，也可以以图形方式显示（针对特性曲线和 MAP 图），用户自定义面板为用户提供了一种显示和标定特性参数的个性化接口。针对参数调整/标定提供了下列功能：

1）用户可在线标定 ECU 内存中的参数值，也可离线标定 CANape 的"镜像内存"中的参数值，离线模式可以在不连接 ECU 的情况下进行测量前或测量结束后的 ECU 参数处理工作。

2）与测量数据采集并行进行参数标定。

3）可以在参数浏览器这一个窗口中标定 ECU 的所有参数。

4）刷写参数组。

5）基于测量文件中的特定时刻生成参数组。

（4）CANape 用作 Flash 工具和 Flash 任务的开发环境　CANape 支持通过 CCP/XCP 和诊断协议使用二进制文件刷写新版本程序，目前存在支持多种处理器型号的 CCP/XCP Flash 编程内核程序。

使用 CANape 中集成的脚本编辑器，用户可以开发与诊断相关的 Flash 编程任务，使用脚本语言可执行诊断函数并从 ODX Flash 容器中读取必要的信息和数据。在 CANape 中执行 Flash 任务非常简单，可以使用 ODX-F 容器自动完成，也可通过用户输入交互进行。CANape 具备全面测试并分析相关的诊断通信的能力，这使它成为进行 Flash 编程的一个理想开发环境。

为了缩短 Flash 编程过程的执行时间，Vector 提供了一种压缩传输数据的方法，可使用 CANape 中针对 Flash Bootloader CANfbl 的扩展功能和相关的压缩功能。为优化 Flash 过程，CANape 也支持对多个 ECU 并行编程。

（5）快速原型　CANape 使用标准 PC 代替价格高昂的快速原型硬件系统，使用 MATLAB/Simulink 完成功能开发。在创建的模型中方便地加入 XCP driver，该 driver 包含在每个 CANape 产品中，生成代码并编译后，应用程序就可在 WIN32 计算机上以 exe 或 dll 形式运行；然后使用 XCP 就可以全面访问模型的内部测量变量和参数。如果对实时性有严格的要求，则可使用 XPC 接口为 PC 生成一个运行模型的实时操作系统，通过集成在模型中的 XCP driver，用户就可以使用 CANape 进行测量和标定。

使用同样的机制还可以实现基于 PC 的旁通。这涉及通过 XCP 周期性和同步地测量 ECU 内部数据，使用 XCP 激励在 PC 上的计算结果并将结果回送给 ECU。

（6）标定数据管理（CDM Studio）　CANape 使用集成的 CDM Studio 管理多种文件格式的参数组，参数组包含 ECU 描述文件中规定的参数的数值。CANape 提供以下标定数据管理功能：

1）参数组以符号形式存储在与地址无关的参数组文件中，因而参数组的处理独立于创建它们的 ECU 程序。

2）可视化显示和编辑参数组的内容。

3）可以同时打开多个参数组进行比较、合并和编辑。

4）对参数组进行 Flash 编程。

5）支持基于 XML 的 PaCo 格式，可为每个参数值存储充分的元信息，比如成熟度、历史记录、编者、日期和注释等。

6）使用不同数目的插值点在复制的特性曲线和 MAP 图中插值。

7）按照期望的滤波深度进行信号选择和信号显示。

8）导出和导入配置。

标定过程中存储的数据（修订阶段的程序和数据、描述文件、各种文档），可使用独立的软件工具 eASEE.cdm，并且能够保存下来在交叉项目中得到重用。利用对变量、版本和配置的管理，可以有把握地对越来越复杂的标定过程进行控制。

（7）诊断　除诊断单个 ECU，CANape 也提供了以功能寻址方式通过 ECU 查看车辆功能的方法。使用 CANape 可以对诊断数据和诊断服务进行符号化访问。描述文件可以是 ODX 2.0 格式，也可以是 Vector CDD 格式。如果没有专用的诊断描述文件，那么可以使用所提供的通用 UDS 和 KWP2000 文件对功能和原始数据进行符号化访问。作为诊断测试仪，CANape 提供以下功能：

1）从诊断控制台选择、参数化和执行诊断函数。

2）显示和处理故障内存的专用窗口、DTC 和环境参数的符号化显示窗口。

3）脚本驱动、受 ODX 控制的 Flash 编程。

4）在跟踪窗口中全面分析诊断通信：（CAN）报文，传输协议数据，协议数据和诊断数据。

5）通过诊断函数对 A2L 定义的 ECU 数据进行面向地址的访问。

6）按时间顺序可视化显示诊断函数流。

7）实现自动诊断序列的脚本。

8）易于使用的访问诊断服务的自动化接口。

9）功能寻址，比如使用一个诊断函数查询多个 ECU 的 ID。

（8）CANape 使用

1）创建新的项目，如图 7-107 所示。

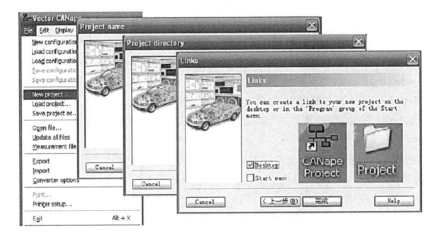

图 7-107　CANape 创建新的标定项目

2）向项目中添加新的设备，如图 7-108 所示，并进行配置，包括 Parameter（CCP 参数）、Calibration Ram（标定 RAM）、Flash、Events、DAQ list 和 General 等配置选项，如图 7-109 ~ 图 7-114 所示。

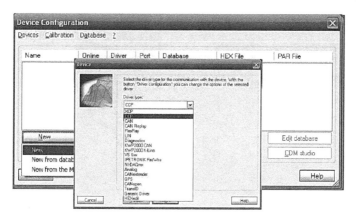

图 7-108　CANape 中添加设备

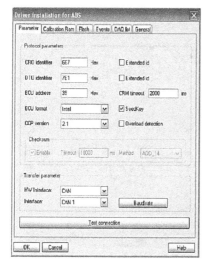

图 7-109　设备配置 Parameter

图 7-110　设备配置 Calibration Ram

图 7-111　设备配置 Flash

图 7-112　设备配置 Events

图 7-113 设备配置 DAQ list

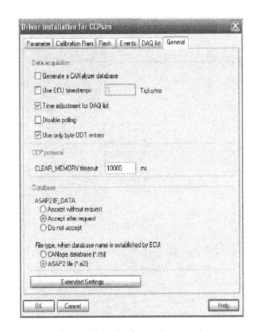

图 7-114 设备配置 General

3）测量参数。创建测量信号如图 7-115 所示。定义测量窗口及其显示参数，参数可以设置以数值、bar 图、图形、表格等形式显示，图 7-116 是定义显示窗口。可以设置测量信号监测参数，用于处理测量信号超出设定范围时的报警等处理，图 7-117 是触发信号的设置。

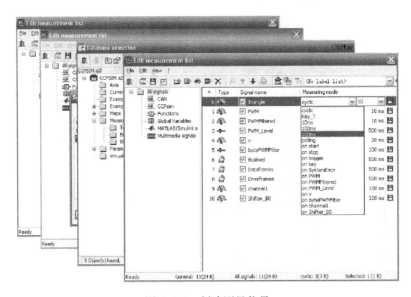

图 7-115 创建测量信号

4）CANape 的标定，可采用在线标定和离线标定两种方法进行标定。

① 在线标定。直接标定，标定对象的值改变时，新的值会直接下载到镜像内存和 ECU 的 RAM 中；间接标定，标定对象的值改变，新的值首先存放在缓冲（buffer）中，不会立即传送给 ECU，直到选择"更新参数"，才会被下载到 ECU 或保存到镜像内存中。

66666666

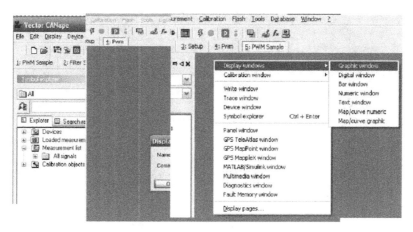

图 7-116　定义显示窗口

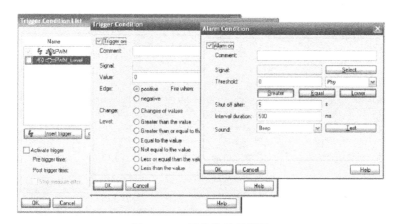

图 7-117　触发信号的设置

② 离线标定（必须激活镜像内存）。离线时，标定对象的改变值会被保存到镜像内存中。当变为在线时，这些值会下载到 ECU 中。

数据的改变方式有：单个数据对象、一组里所有的标定对象、在表格里改变 MAP 图或 Curve 的值（图 7-118）、在图中直接改变 MAP 图或 Curve 的值、根据 ECU 的内部存储地址直接改变数据等方式（图 7-119）。

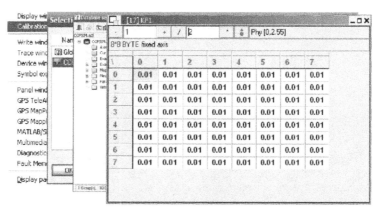

图 7-118　修改 MAP 图数据

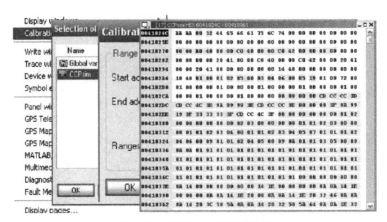

图 7-119　直接改变 ECU 的数据

第8章

面向自动驾驶技术的嵌入式系统设计

本章简要地介绍了面向汽车自动驾驶技术的嵌入式系统。对汽车人工智能和自动驾驶技术进行了介绍，对汽车自动驾驶技术发展面临的问题进行了剖析，介绍了 NVIDIA 的 DRIVE Xavier 嵌入式硬件平台、面向自动驾驶领域的软件开发平台和测试验证平台；介绍了面向交通目标感知的深度学习视觉目标检测方法 YOLOv3 的基本原理，面向视觉深度学习驾驶环境目标检测系统的开发环境，并给出了应用流程与实例。

8.1 汽车自动驾驶技术

8.1.1 汽车自动驾驶技术简述

汽车人工智能（AI, artificial intelligence）的主要研究内容为人机共驾、无人驾驶和车辆协同驾驶。其中，人机共驾是指汽车人工智能系统根据人类状态感知信息，通过智能化人机界面在驾驶人与自动驾驶系统之间协调任务分配，使两者的能力达到最优组合；无人驾驶是指汽车人工智能系统根据行驶环境感知、社会规则感知和人员意图感知，以恰当的行为使车辆安全地行驶在道路上；车辆协同驾驶是指汽车人工智能系统在连续、可靠、稳定的互联数据环境下，通过训练和学习，在 AI 车辆之间实现群体性协同决策。汽车自动驾驶技术的演变就是不断融入人工智能技术的过程。

1. 汽车自动驾驶技术

自动驾驶汽车（AV, autonomous vehicles）就是通过计算机系统实现部分其至完全自动驾驶的智能汽车。美国高速公路安全管理局（NHTSA）和美国汽车工程师学会（SAE）分别提出了全球汽车行业公认的汽车自动驾驶技术分级标准，见表 8-1。

目前，SAE 汽车自动驾驶技术分级方法被广泛采纳，其将汽车自动驾驶技术分成六级（L0～L5），进一步解释如下：

（1）L0——无自动化　完全由驾驶员进行驾驶操作，属于纯人工驾驶，汽车只负责执行命令并不进行驾驶干预。L0 级没有任何自动化技术。

（2）L1——驾驶辅助　自动系统有时能够帮助驾驶员完成某些驾驶任务，且只能帮助完成一些简单初级的驾驶辅助操作。以驾驶员为主控制汽车行驶，在简单自动驾驶状态仍需要驾驶员监控驾驶环境并准备随时接管。对应技术：车道保持系统、定速巡航系统、自动泊车等。L1 级的辅助驾驶只是能让驾驶员在某些驾驶情况下稍微轻松一些。L1 级自动驾驶技术实际上早在很多年之前就已经出现在汽车上了。

表 8-1　汽车自动驾驶技术分级

| 自动驾驶分级 | | 名称 | SAE 定义 | 主体 | | | 系统作用域 |
NHTSA	SAE	（SAE）		驾驶操作	周边监控	支援	
0	0	无自动化	由人类驾驶者全权操作汽车，在行驶过程中可以得到警告和保护系统的辅助	人类驾驶员	人类驾驶员	人类驾驶员	无
1	1	驾驶支援	通过驾驶环境对转向盘或加减速中的一项操作提供驾驶支援，其他的驾驶动作都由人类驾驶员进行操作	人类驾驶员和系统			部分
2	2	部分自动化	通过驾驶环境对转向盘和加减速中的多项操作提供驾驶支援，其他的驾驶动作都由人类驾驶员进行操作	系统	系统	系统	
3	3	有条件自动化	由无人驾驶系统完成所有的驾驶操作。根据系统请求，人类驾驶员提供适当的应答				
4	4	高度自动化	由无人驾驶系统完成所有的驾驶操作。根据系统请求，人类驾驶员不一定需要对所有的系统请求做出应答。限定道路和环境条件等				
	5	完全自动化	由无人驾驶系统完成所有的驾驶操作。人类驾驶员在可能的情况下接管。在所有的道路和环境条件下驾驶				全域

（3）L2——部分自动化　自动驾驶系统有多项功能，能同时控制车速和车道。驾驶员需要监控驾驶环境并准备随时接管。对应技术：自适应纵向避撞系统、车道保持系统、自动泊车系统等。驾驶员仍然需要主导车辆的行驶，一般该级别的自动驾驶技术能拥有高速自动辅助驾驶、拥堵时的自动辅助驾驶、自动泊车和自动危险预警制动等功能，简单来说，在特定的情况下，驾驶员已经可以双手离开转向盘了。目前，大多数新车型所搭载的自动驾驶系统大都具备 L2 级别。

（4）L3——有条件自动化　在条件许可的情况下，车辆可以完成所有的驾驶动作，并具备提醒驾驶员功能。驾驶员无需监控驾驶环境，可以分心，但不可以睡觉，需要随时能够接管车辆，以便随时应对可能出现的人工智能应对不了的情况。对应技术：三维阵列激光雷达、高精度地图等，以及用来处理更为复杂、量更大的信息数据的中央处理器。达到 L3 级的自动驾驶技术后，驾驶员已经基本可以做到"放飞自我"，不过仍然需要警惕观察车辆以及道路的情况。驾驶员的手脚适时放松，为了防止一些特殊情况，依然需要驾驶员做好随时接手车辆控制权的准备，达到了这一级别，驾驶员的重要性已经明显降低了。目前，仅少量高档车达到 L3 级别。

（5）L4——高度自动化　完全自动驾驶，驾驶员可有可无，但依然是在特定的场景下实现。对应技术：激光、雷达、高精度地图、中央处理器、智能道路和交通设施。L4 级别车辆的自动化系统几乎已经能够替代驾驶员了，这时，驾驶员已经能够躺在车里睡觉了，不过如果想自己开车的话，也可以随时接管车辆。目前已出现一些 L4 级概念车。

（6）L5——完全自动化　在任何场景都可以完全自动驾驶。对应技术：涉及法律、高新科技突破，还需进一步的深入研发。L5 级别是自动驾驶技术的最终理想状态，完全的自动化，这也意味着车辆的自动化系统已经完全替代了人类驾驶员，任何因素都不需要车上乘员操心。达到完全自动化的车辆，其事故率也会大大低于人类驾驶的汽车，并且可以预见的是，将的汽车将由座驾转变为座舱，任何条件都可以实现智能计算机控制车辆。当然如果车主想要自己开车的话，也是可以手动接管车辆控制权的。就目前人工智能和自控技术的发展水平以及相关法律法规等的制约，汽车达到 L5 级自动驾驶水平还遥不可及。

2. 汽车人工智能技术

人工智能技术在汽车自动驾驶上的应用主要体现在环境感知、规划决策与车辆控制这三大功能的算法程序上，即运用深度学习、模糊逻辑、专家系统、遗传算法等方法，通过大数据的自主学习和训练，使汽车自动驾驶具备一定程度的智能水平。从产品形式上看，其应用主要体现在检索识别、理解分析、计算决策、视听交互等多个整车性能方面，以及雷达、摄像头、高精度地图、AI 芯片等核心零部件制造商的产品研发上。可见，汽车人工智能技术需要强大计算能力的嵌入式系统。同其他的汽车嵌入式系统类似，面向自动驾驶的汽车嵌入式系统主要由环境感知、规划决策、智能控制三个环节组成。

（1）环境感知　通过激光扫描雷达、毫米波雷达、超声波雷达、视觉传感器、BD/GPS 接收模块、数字地图等实现对驾驶环境的感知，并通过对感知数据的分析处理，实现对驾驶环境的认知与理解。计算机视觉在汽车自动驾驶上的应用主要有交通灯、交通标志和车道线检测、动态物体（车与行人等）的识别与跟踪、基于不同算法的车辆自身定位和动态目标定位等方面。基于深度学习的计算机视觉，可获得接近于人的感知能力。模式识别、卷积神经网络等方法可以用于计算机获取的大量图像视频信息处理，再融合运动预测算法即可实现运动物体的识别跟踪。运动预测算法主要有底层的光流法、立体视觉技术和基于马尔可夫决策过程的多个运动目标识别追踪算法等。

（2）规划决策　行为决策与路径规划是人工智能在汽车自动驾驶领域中的另一个重要应用。增强学习可以有效地解决环境中存在的特殊情况，通过与环境的交互学习，在对应的场景下进行规划和决策以达到最优驾驶行为。其目标是在既定环境下，通过探索学习得到最佳策略，选择最优化的行为。常用的增强学习算法有 REINFORCE 算法和 Deep Q-Learning 算法。基于搜索的算法一般通过搜索树来实现，通过穷举搜索树的每个节点，用递归的方式计算出最值函数和最优策略。基于搜索算法和基于增强学习算法相结合，一方面能够通过搜索获取复杂决策场景的最优策略，另一方面又能通过增强学习加速搜索过程。

（3）车辆控制　汽车自动驾驶的控制是指当收到控制指令后，控制系统调整汽车的机械参数使其达到控制目标的过程。人工智能在车辆控制中的应用主要在自动控制技术方面，集中在模糊控制和专家系统控制，通过控制器中的程序实现对电气系统的控制。模糊控制在汽车控制中的应用主要体现在对行为与动作的智能处理，车载传感器在完成信息采集后，会对信息进行融合处理，在模糊推理算法下，对优先级行为进行确定，通过汽车平台实现各项操作。专家系统控制主要是应用某一特定领域内大量的专家知识和推理方法解决问题的过程，其研究目标是学习模拟人类专家的推理处理过程，以实现对车辆的控制。

3. 汽车先进驾驶辅助技术

汽车先进驾驶辅助系统（ADAS，advanced driving assistant system）是利用安装在车上的各式各样传感器（毫米波雷达、激光雷达、单/双目摄像头以及卫星导航等），在汽车行驶过程中随时感应周围的环境，收集数据，进行静态、动态物体的辨识、侦测与追踪，并结合导航仪地图数据，进行系统的运算与分析，从而能够让驾驶员在最短的时间察觉可能发生的危险以引起注意，从而有效提高安全性的主动安全技术。早期的 ADAS 技术主要以被动式报警为主，当车辆检测到潜在危险时，会发出警报提醒驾车者注意异常的车辆或道路情况。对于最新的 ADAS 技术来说，主动式干预也很常见。

图 8-1 是一些典型 ADAS 技术，图中，LDW（lane departure warning）为车道偏离预警；FCW（forward collision warning）为前方碰撞预警；SVM（surround view monitor）为 360° 全景影像；ACC（adaptive cruise control）为自适应巡航控制；IHC（intelligent headlamp control）为智能前照灯控制；PA（parking assist）为自动泊车辅助。

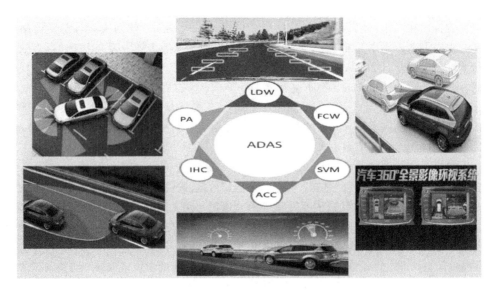

图 8-1　典型 ADAS 技术

表 8-2 是面向 ADAS 功能的感知技术，表 8-3 是面向汽车驾驶系统"人（驾驶员）""车""环境""道路"四要素的感知技术。

表 8-2　面向 ADAS 功能的感知技术

驾驶辅助功能	感知方位	感知距离	感知信息内容	感知实现方法
自适应巡航系统（ACC）	前方	远	车辆信息（前方车辆、自身车辆信息）	摄像头、长距离雷达、轮速传感器等
紧急制动系统（AEB）	前方	中	人、车、障碍物信息	摄像头、激光雷达、微波雷达
前方碰撞预警系统（FCW）	前方	中	车辆信息	摄像头、激光雷达、微波雷达
辅助泊车系统（PAS）	四周	近	车位、障碍物信息	摄像头、超声波雷达、轮速传感器
车道偏离预警系统（LDW）	前方	中	车道线信息、车辆运行数据、驾驶员的操作信息等	摄像头、转向盘转角传感器等
行人检测系统（PDS）	前方	中	行人信息	摄像头、激光雷达、微波雷达
盲区检测系统（BSM）	四周	中	人、车、障碍物信息	摄像头、短距离雷达

（续）

驾驶辅助功能	感知方位	感知距离	感知信息内容	感知实现方法
智能灯控系统（AFL）	前方	中	夜晚和大雾天气的周边环境信息、车速信息、转向盘转动信息等	摄像头、雷达、传感器
车辆夜视系统（NVS）	前方	中	人、车、障碍物信息（夜晚）	（夜视）摄像头、雷达、传感器
交通标志识别系统（RSR）	前方	中	交通标志信息	摄像头、地图信息
驾驶员疲劳预警系统（BAWS）	车内	近	驾驶员头部动作信息、生理指标信息以及对转向盘、加速踏板的控制信息	摄像头、可穿戴设备、转向盘转角传感器、加速和制动踏板位置传感器等
电子稳定程序（ESP）	车上	无	车速、车身姿态、转向盘转动信息等	车身姿态传感器（陀螺仪、加速度计）、轮速传感器等

表 8-3　面向汽车道路交通"四要素"的感知

感知对象	感知内容	感知方法
人（驾驶员）	驾驶员的头部、眼部和嘴等动作信息，以及反映驾驶疲劳的生理指标信息	摄像头、可穿戴设备、车辆的操纵装置动作
车	车辆的运动姿态信息；方位信息；车速信息；转向盘转角，加速和制动踏板等与驾驶员操纵有关的信息；发动机工况信息等	陀螺仪、加速度传感器、轮速传感器、转向盘转角传感器、车上总线平台数据等
道路与环境	车道线信息，交通标志信息，周围车辆、行人和障碍物对象以及距离信息	摄像头、毫米波雷达、激光雷达、超声波雷达、高精度地图等

可见，ADAS 主要感知技术有：

1）摄像头是应用最广泛的感知技术。几乎所有驾驶辅助功能（除 ESP 外）都需要获取图像信息，这与传统车辆驾驶时 80% 以上的信息需要是通过驾驶员的双眼获取是一致的。

2）同波段的雷达，探测距离长短和内容不同。中远距离毫米波雷达、面阵激光雷达的成本非常高，有被摄像头取代的趋势。如百度无人驾驶试验车便采用激光雷达传感器，有 64 对激光发射器与接收器的激光阵列，可 360°旋转，测量范围可达 120m。

3）车载传感器主要用于感知车辆运行工况（车速、发动机工况、车身姿态）和驾驶员驾驶行为（转向盘、加速、制动等操纵）。

4）摄像头+雷达+传感器的多感知源的信息融合，可提高 ADAS 功能的鲁棒性。

5）创建高精度地图是系统工程。高精度（厘米级）、全信息（经纬度、交通指示和限制信息，如车道宽度和数量、车道限制高度、道路坡度和斜率以及交通标志等信息）。

ADAS 保留驾驶员驾驶汽车的界面，仍然以驾驶员控制驾驶过程为主，ADAS 对驾驶环境、驾驶员和车辆状态行为进行在线感知；对驾驶过程中可能或潜在的危险进行推理和判断；通过预警或主动参与控制避免事故的发生，提升汽车驾驶过程中的主动安全性能。在 ADAS 基础上，不断夯实感知、决策、控制等技术，渐进过渡到全自动驾驶水平，是现阶段推动汽车自动驾驶技术不断发展的现实途径。

8.1.2 自动驾驶汽车发展中面临的挑战

1. 技术带来的挑战

现阶段应用于自动驾驶汽车上的人工智能技术还处于"弱智能"阶段。"弱人工智能"专注于完成具体的任务，只能对单一领域问题进行学习训练，对多信息的语义理解还不够。目前的人工智能成果应用于解决具体问题，尚无法达到人脑所具备的智能水平。

对于自动驾驶技术，人工智能技术在感知、规划和决策这三个功能层面及车载计算平台等方面的应用融合是一大挑战，不再是针对某一特定算法功能或计算支撑能力的单项智能，而是真正研发出具备多种智能技术的驾驶脑（车载计算机系统），像驾驶员一样具备感知判断学习的能力。

复杂的驾驶环境，自动驾驶技术面临诸多挑战：感知技术和大数据的通信与处理；系统的稳健性和可靠性亟需提高；缺乏高精度、全信息交通数字地图；交通安全责任界定、汽车保险等面临法规制约；系统成本高。

2. 互联网带来的挑战

人工智能技术在自动驾驶汽车上的应用必然需要实现数据传输与信息交互，多种互联方式中的信息安全对自动驾驶汽车而言是巨大挑战。人工智能技术需要通过互联网对交通路况进行实时更新，此外数据的上传与接收也需要互联网，这使得人工智能技术对互联网的依赖性较强。但目前网络安全形势并不理想，如何使人工智能技术在自动驾驶汽车中得以安全可靠地利用成为亟需解决的问题。

3. 法律带来的挑战

自动驾驶的法律认定方面目前没有现成的法律体系可依据，特别是事故的责任划分方面，这使得自动驾驶汽车的法律约束问题难以解决。当机器人具备自主意识后是否会成为民事主体，以及新型"人机关系"等都值得我们进一步去深思、去完善立法。与之相关的汽车保险与赔偿如何适用法律，也面临重要的革新。事实上，无人驾驶汽车定责的法律问题相当复杂，涉及设计者、制造商、用户等之间的多重法律关系，需要理清的责任包括合同责任、侵权责任、产品责任等。

4. 伦理问题带来的挑战

在研究过程中，自动驾驶技术及相关产业研发人员应当确保智能驾驶算法和智能传感器等与人的理念相一致，不侵犯不挑战人权或在可接受范围内开展研究应用。各国应结合当地具体情况，建设探索与自动驾驶汽车使用者的宗教信仰、文化及伦理观念相一致的自动驾驶汽车和商业化模式。尤其对于人类同样会面临的道德困境中的决策，需要进行更高层面的分析。通过构建一个被大多数人可以接受的伦理框架来进行人工智能决策，在对人类的探索和人性的剖析中，谨慎应对道德伦理方面的挑战。

5. 成本问题带来的挑战

人工智能技术的应用必然会使汽车的技术成本有所上升。

8.2 面向汽车自动驾驶的嵌入式系统

8.2.1 NVIDIA 自动驾驶嵌入式系统介绍

1. 面向自动驾驶领域的嵌入式平台

自动驾驶汽车将改变我们的生活、工作以及娱乐方式，创造出更安全和更高效的道路运输方式。为实现这些革命性的优势，未来汽车将需要大量的计算能力，配备强大的车载计算机系统。NVIDIA 借助其在 AI 领域积累的经验及其在 GPU 领域的全球领先优势，面向汽车自动驾驶领域开发出行业性能领先的 NVIDIA DRIVE 硬件和软件解决方案。

NVIDIA Jetson 是 NVIDIA 为新一代自主机器设计的 AI 嵌入式系统，其所提供的性能和能效可提高自主机器软件的运行速度，而且功耗很低。每个系统都是一个完备的模块化系统（SOM，system on module），具备 CPU、GPU、PMIC、DRAM 和闪存，且具备可扩展性，能够以此为基础构建自定义系统，满足特定的应用需求。为满足汽车自动驾驶领域的需求，NVIDIA 还专门开发了 DRIVE Xavier 单芯片自动驾驶汽车处理器，开发 NVIDIA DRIVE 软件实现关键的自动驾驶功能，并开发了 NVIDIA DRIVE Constellation 汽车自动驾驶模拟仿真测试环境。这些嵌入式系统装有 Linux 操作系统。

目前 Jetson 主流的产品有 Jetson Nano、Jetson TX2、Jetson AGX Xavier、DRIVE Xavier，如图 8-2 所示。

图 8-2　NVIDIA 面向汽年嵌入式系统应用的平台
a) Jetson Nano　b) Jetson TX2　c) Jetson AGX Xavier　d) DRIVE Xavier

1）Jetson Nano。低成本的 AI 计算机，具备的性能和能效可以运行现代 AI 工作负载，并行运行多个神经网络，以及同时处理来自多个高清摄像头传感器的数据。

2）Jetson TX2。适用于边缘设备 AI 应用，目前 Jetson TX2 嵌入式模块有三个版本：Jetson TX2（8GB）、Jetson TX2i 和 Jetson TX2（4GB）。

3）Jetson AGX Xavier。该计算机具有六个主板，用于处理传感器数据和运行自主机器软件，并可以提供完全自主机器所需的性能和能效。

4）DRIVE Xavier。全球首个单芯片自动驾驶汽车处理器，是可扩展的开放式自动驾驶汽车计算平台，在自动驾驶汽车中发挥着"大脑"的作用，提供高性能、高能效的计算，在确保功能安全的前提下实现 AI 驱动的自动驾驶。

DRIVE Xavier 是迄今为止最复杂的系统级 SoC 芯片，拥有超过 90 亿个晶体管，可以处理海量数据。DRIVE Xavier 的 GMSL（千兆多媒体串行链路）高速 I/O 将其与激光雷达、雷达和摄像头传感器连接起来。该系统级芯片内置六种处理器：ISP（图像信号处理器）、VPU（视频处理单元）、PAV（可编程视觉加速器）、DUA（深度学习加速器）、CUDA GPU 和 CPU，可实现近 40 万亿次/s 的运算能力，仅深度学习就高达 30 万亿次/s。其处理水平比 NVIDIA 上一代 DRIVE PX2（特斯拉 Autopilot 2.0 采用该平台）要强大 10 倍。

DRIVE Xavier 作为自动驾驶汽车的大脑，从安全的角度来说，始终需要考虑多样性、冗余度和故障检测。传感器、专业处理器、算法、计算机、驱动，均利用多种方式实现每一功能，这就是多样性。每一关键功能都能配有备用系统，以保证冗余度。例如，雷达、激光雷达和摄像头所探测到的物体将由不同的处理器处理，并利用各种计算机视觉、信号处理和点云算法进行感知。各种深度学习网络能同时运行，辨识出应避开的物体。其他网络则能确定哪一条是可以安全驾驶的道路，实现多样性和冗余度。不同的处理器可以同时运行不同的算法，相互支持，减少未能检测到单点故障的可能性。DRIVE Xavier 还配有多种硬件诊断功能，利用同步比较器可在硬件中复制并选出关键的逻辑区域，内存上的纠错码能检测到故障并提高可用度；内置独特的自我检测功能有助于通过诊断找到芯片上的所有故障。DRIVE Xavier 达到 ASIL-D 汽车行业最高安全评级。

2. 面向自动驾驶领域的软件开发平台

图 8-3 是 NVIDIA DRIVE 软件功能图。NVIDIA DRIVE 软件可实现自动驾驶的诸多关键功能。这个开放式解决方案包含库、工具包、框架、源代码包和编译器，供汽车制造商和供应商开发自动驾驶汽车应用程序。它包括以下几个组成部分：

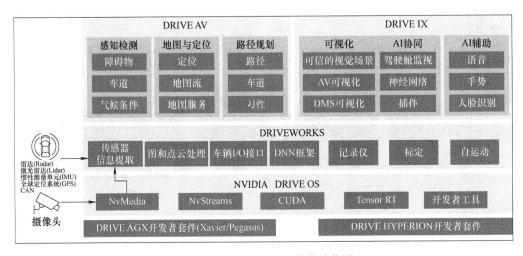

图 8-3　NVIDIA DRIVE 软件功能图

（1）NVIDIA DRIVE OS（驱动操作系统）　NVIDIA DRIVE OS 是一个基本的软件包，由嵌入式实时操作系统（RTOS）、管理程序、NVIDIA CUDA 库、NVIDIA Tensor RT 和其他允许访问硬件引擎的模块组成。DRIVE OS 为安全引导、安全服务、防火墙和无线更新等应用程序提供了安全可靠的执行环境。此外，它还提供了包含 RTOS 实时环境。它具有以下特点：多用户操作系统；64 位实时运行库；硬件加速和摄像头输入处理的 API；丰富的图形处理 API（OpenGL、OpenGL ES、EGL with EGL Stream extensions）；深度学习（TensorRT、cuDNN）。

（2）DRIVEWORKS　NVIDIA DRIVEWORKS SDK 提供参考应用程序、工具和一个综合的模块库，它们充分利用 DRIVE AGX 平台的强大计算能力。其具体内容有：驱动核心（通过接口采集、处理布置在车辆上的传感器数据）、驱动校准（测量并校正传感器校准参数，车辆的运动建模）和驱动网络（使用深度神经网络（DNNs）来检测障碍物、可行驶路径以及需要车辆停车或减速的条件）。

（3）DRIVE AV　提供使用 DRIVEWORKS SDK 的感知、映射和规划模块。其具体内容有：驱动感知（使用 DNNs 和传感器数据检测、跟踪和估计障碍物、路径和等待感知的距离）、驾驶地图（创建和更新高清地图，并将车辆定位到地图上）、驾驶规划（规划和控制车辆的运动，包括路径、车道和行为规划）。

（4）DRIVE IX　提供算法实现车辆周围环境的可视化，执行基于人工智能的驾驶员监控和车内辅助。

CUDA 是 NVIDIA 推出的用于 GPU 的并行计算框架，CUDA 只能在 NVIDIA 的 GPU 上运行，而且只有当要解决的计算问题是可以大量并行计算时才能发挥 CUDA 的作用。

cuDNN（CUDA deep neural network library）是 NVIDIA 打造的针对深度神经网络的加速库，是一个用于深层神经网络的 GPU 加速库。如果要用 GPU 训练模型，cuDNN 不是必需的，但是一般会采用这个加速库。

TensorRT 是 NVIDIA 的高性能推断 C++ 库，可以将训练好的模型分解再进行融合，融合后的模型具有高度的集合度，如卷积层和激活层进行融合后，可以提升计算速度。TensorRT 还包含模型轻量化、动态内存优化以及其他的一些优化技术。此外，其推断代码是直接利用 CUDA 语言在显卡上运行的，所有的代码库仅包括 C++ 和 CUDA，利用这个优化的代码库运行训练好的模型代码后，运行速度和所占内存的大小都会大大缩减。

3. NVIDIA 公司面向自动驾驶技术的仿真与测试平台

NVIDIA DRIVE Constellation 是用于自动驾驶汽车上路行驶之前的测试和验证平台。如图 8-4
所示，它集成了功能强大的 GPU 和 DRIVE AGX Pegasus。在 GPU 上运行的高级可视化软件模拟输入到 DRIVE AGX Pegasus 的摄像机、普通雷达和激光雷达数据，而 Pegasus 对这些数据进行处理，模拟真实路上行驶的输入。此外，可扩展系统能够生成数十亿英里（英里，mile，1mile≈1.6km）的不同自动驾驶汽车测试场景，用于在部署之前对"硬件在环回路"和"软件在环回路"进行验证。利用两台不同服务器的计算能力来提供革命性、可扩展的云计算平台，从而生成在符合条件的路面上进

图 8-4　NVIDIA DRIVE Constellation 系统

行数十亿英里自动驾驶汽车测试的结果。第一台服务器作为 DRIVE Constellation 的模拟器，运行 DRIVE Sim 软件，以模拟自动驾驶汽车的各种传感器，摄像头、激光雷达和普通雷达均包括在内。DRIVE Sim 生态系统中集成驾驶环境模型、车辆模型、传感器模型和交通场景等，可创建一个全面且多样化的测试环境。强大的 GPU 可生成逼真数据流，从而创建各种测试环境和场景，这意味着可以在昼夜不同时间针对罕见和难以实现的条件（暴雨、暴风雪和强烈眩光）以及不同的路面和周围环境轻松地进行测试。第二台服务器作为 DRIVE Constellation 计算机，包含一台功能强大的 DRIVE AGX Pegasus AI 车载计算机，该计算机运行完整的、二进制兼容的且可在汽车上运行的自动驾驶汽车软件。它负责处理模拟数据，就像这些数据是从道路上实际行驶的汽车传感器发来的那样。DRIVE Constellation 模拟器与 DRIVE Constellation 计算机共同创建了"硬件在环"系统。在这一数字反馈回路中，已模拟的传感器数据可以流入 Pegasus AV 计算机，并进行实时处理。Pegasus 的驾驶命令会实时返回，以控制在模拟环境中行驶的虚拟车辆，从而验证软件中的算法是否可以正常运行。

8.2.2　汽车驾驶环境交通目标检测

1. 交通场景的目标检测

汽车自动驾驶中，环境感知系统是最为基础的一环，也是最重要的一环。只有感知系统准确而及时地感知行车环境，决策系统才能做出最为精准的判断。感知内容包括对路面情况的监测、车道线的识别、交通标志的检测与识别、行车环境周围车辆及行人的检测与识别等，只要是行车环境中会对车辆安全有帮助或造成影响的物体均是感知系统的目标。其中，车辆与行人作为交通的主要参与者，能否及时对他们进行检测与识别，对于道路安全来说至关重要，直接关乎驾驶

车辆本身的安全，以及其他交通参与者的安全。

基于视觉的目标检测有以下方法：

1）基于像素分析的方法。主要有基于图像分割的方法、帧间差分方法、相关算法、光流法、滤波法等。

2）基于特征匹配的方法。主要利用的特征有：角点、直边缘、曲边缘等局部特征和形心、表面积、周长、投影特征等全局特征，还有 SIFT、SURF 等。

3）基于频域的方法。较典型的是基于傅里叶变换和基于小波变换的方法。

4）基于识别的检测方法。较典型的是基于边缘碎片模型的目标检测识别方法，基于 Adaboost 的目标检测识别方法等。

（1）机器学习目标检测　早期，机器学习（ML, machine learning）算法在视觉目标检测中得到应用。通过区域选择（在给定的图像上选择一些候选的区域）、特征提取（对这些区域进行基于 SIFT、HOG 的特征提取）、分类器分类（使用训练的分类器 SVM、Adaboost 等进行分类）实现目标检测。但存在的主要问题有：基于滑动窗口的区域选择策略没有针对性，造成目标检测时间过长；人为选择特征和分类器对于多样性的变化并没有很好的鲁棒性，识别准确性不高；能识别交通环境图像中的车、人、交通标志等，如边缘检测实现的道路检测，HOG/SIFT 特征的行人、车辆检测，HSV 空间区域色彩的红绿灯检测等，但在应用过程中存在实时性差、识别精度和鲁棒性差等问题，这些弊端在很大程度上限制了算法的应用。

（2）深度学习目标检测　深度学习（DL, deep learning）源于人工神经网络的研究，模仿人脑神经元之间传递和处理信息的模式，基于数据驱动、自动学习得到潜在（隐含）分别的多层（复杂）表达的算法模型。深度学习是学习样本数据的内在规律和表示层次，这些学习过程中获得的信息，对诸如文字、图像和声音等数据的解释有很大的帮助。深度学习的最终目标是让机器能够像人一样具有分析学习能力，能够识别文字、图像和声音等数据。深度学习是一个复杂的机器学习算法，在语音和图像识别方面取得的效果远超过先前机器学习相关技术。目前，深度学习的识别准确率可以达到97%以上，超过普通人95%的识别准确率。深度学习卷积神经网络的出现，颠覆了传统的特征提取方式，通过大量的数据训练能够自主学习有用的特征。

基于深度学习的机器视觉目标检测技术得到迅猛发展。目前主流的目标检测方法主要分为两种：two-stage 方法，比如 R-CNN、Fast R-CNN、Faster R-CNN 等；one-stage 方法，比如 SSD、YOLO 等。R-CNN 首次将 CNN 引入目标检测，大大提高了目标检测效果，成为目前目标检测领域的主流。但 R-CNN 需要对提取的每个区域（region proposal）进行一次前向 CNN 实现特征提取，计算量较大，无法实时更新。针对 R-CNN 和 SPP-Net 测试和训练速度慢等问题提出了 Fast R-CNN，简化 SPP（spatial pyramid pooling）为单尺度即 ROI（region of interest）pooling，同时 Fast R-CNN 引入多任务损失函数，使整个网络的训练和测试变得十分方便，极大地提高了计算速度。在 Fast R-CNN 基础上，在主干网络中增加区域建议网络（RPN, region proposal networks），在 VOC 数据集达到较高的精度。总体而言，two-stage 方法有很高的检测精度，但其检测速度较慢，难以满足目标检测实时性的要求。基于回归的 YOLO 算法，没有候选框机制，只使用 7×7 的粗糙网格回归，对目标的定位并不是很精准，对小物体的检测效果不好。YOLO 用全连接层直接预测边界框的坐标，会丢失较多的空间信息。YOLOv2 借鉴 Faster R-CNN 的思想，引入 anchor 机制，利用 k-means 聚类在训练集中聚类可以计算出更准确的 anchor 值，大大提高算法召回率。YOLOv3 的基本网络采用残差结构，引入多个残差网络模块和使用多尺度预测的方式改善了 YOLOv2 在对小目标识别上的缺陷，其检测准确率高并且时效性好。

2. 交通场景下目标检测面临的难点

尽管深度学习的机器视觉目标检测性能得到极大的提高，但其应用于复杂交通场景还面临诸多挑战。

（1）深度学习模型参数量和计算量较大　为了使模型获得更强的特征提取能力，模型结构越来越复杂，模型深度越来越深。在性能提升的同时，对计算资源的需求也越来越大。

（2）交通场景环境较为多变　相较于非交通环境，交通场景除了环境更为复杂多变以外，还易受到天气、光照等的影响，复杂的背景使得目标检测模型更易出现漏检、误检情况。

（3）交通场景中的目标比较集中　普遍存在着多目标之间的遮挡问题，且由于交通场景视野较远，存在着许多尺寸较小的目标。

3. YOLOv3 简介

（1）YOLOv3 基础　YOLOv3 采用全卷积结构，以 Darknet53 为基础网络，大量使用 ResNet 残差网络，解决深层网络引发的梯度消失和梯度爆炸问题，更好地获取了物体的特征。除此之外，池化层也没有出现在 YOLOv3 当中，取而代之的是将卷积层的步长设为 2 来达到下采样的效果，将尺度不变特征传送到下一层。Darknet53 网络结构如图 8-5 所示。

（2）锚定（anchor）机制和特征金字塔结构　通常一幅图像包含各种不同的物体，并且物体尺寸相差较大，比较理想的是一次就可以将所有大小物体同时检测出来。因此，网络必须具备能够"看到"不同大小物体的能力。但是网络越深，特征图的感受野就越大，所以越往后的特征图越无法检测小物体，同时底层特征图位置信息更加准确，而高层特征图语义信息较为丰富，所以 YOLOv3 采用了特征金字塔（FPN）结构，最后 3 层特征图结合 anchor 机制进行预测。如图 8-6 所示，首先利用 k-means 聚类得到 9 种尺度的先验框。因为特征图尺度不同，所以每个特征图选取的先验框尺寸都是不同的。最小的 13×13 特征图感

	Type	Filters	Size	Output	
	Convolutional	32	3 3	256	256
	Convolutional	64	3 3/2	128	128
1	Convolutional	32	1 1		
	Convolutional	64	3 3		
	Residual			128	128
	Convolutional	128	3 3/2	64	64
2	Convolutional	64	1 1		
	Convolutional	128	3 3		
	Residual			64	64
	Convolutional	256	3 3/2	32	32
8	Convolutional	128	1 1		
	Convolutional	256	3 3		
	Residual			32	32
	Convolutional	512	3 3/2	16	16
8	Convolutional	256	1 1		
	Convolutional	512	3 3		
	Residual			16	16
	Convolutional	1024	3 3/2	8	8
4	Convolutional	512	1 1		
	Convolutional	1024	3 3		
	Residual			8	8
	Avgpool		Global		
	Connected		1000		
	Softmax				

图 8-5　Darknet53 网络结构

受野较大，应该用较大的先验框去检测大物体，然后上采样与 26×26 特征图融合后，选用中等尺寸的先验框检测中等大小的物体，接着上采样与 52×52 特征图（感受野较小）进行融合，选用较小的先验框检测小物体。

a) b) c)

图 8-6　Darknet53 的 anchor 机制

a）13×13　b）26×26　c）52×52

（3）前传过程　图片输出网络中，经过 Darknet53 提取特征，再由 FPN 生成 3 个不同尺寸的特征图，YOLOv3 对特征图的每一个网格都会预测 3 个边界框（bounding box），每个边界框包括相对位置信息（中心坐标 t_x 和 t_y，框的高度 b_h 和宽度 b_w）、置信度（反映了当前网格中是否有物体以及预测框坐标的准确性）、类别概率。最后对所有预测的边界框使用非极大值抑制（NMS）来剔除重复框，获得物体的准确位置。整个流程如图 8-7 所示。

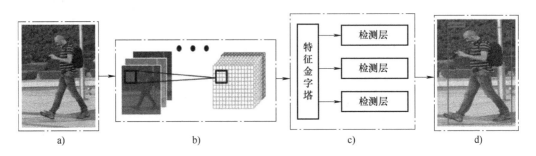

图 8-7　Darknet53 目标检测流程

a）输入图片　b）Darknet53 特征提取网络　c）多尺度的检测过程

d）置信度非极大值抑制（NMS，non-maximum suppression）

4. 基于深度学习的交通目标检测流程

基于深度学习的交通目标检测流程大致分成以下几个步骤：

（1）特征分类　驾驶环境目标特征繁多，需要仔细分类。

（2）建立特征样本库　建立覆盖道路交通参与的各个特征的图片样本库，为每一个特征建立图片样本库。如图 8-8 所示。

图 8-8　目标分类和图片训练集

（3）训练模型　基于深度学习模型，训练得到高效的各类特征的识别模型。

（4）目标识别　验证训练识别模型的有效性、正确率。

（5）目标检测　实现目标的定位，包括目标的距离、速度、方位的估计。

8.3　面向自动驾驶技术的嵌入式系统应用

8.3.1　搭建面向自动驾驶技术的嵌入式系统

作为用于汽车自动驾驶领域的嵌入式系统，其硬件和软件需要具备强大的数据分析和处理能力。此外，深度学习目标检测不仅需要前处理能力非常强大的 GPU 硬件，同时还需要众多相关软件的支持，需要搭建面向汽车驾驶环境检测的深度学习开发环境。

1. GPU 加速工具

（1）CUDA　计算机系统的计算模式开始从仅使用 CPU 的"中央处理"模式向 CPU 与 GPU（graphics processing unit）并用的"协同处理"模式发展。NVIDIA 在 GPU 中架构了多个多通道 ALU 用于并行计算，而且数值计算的速度远优于 CPU。同时，NVIDIA 开发了统一计算设备架构 CUDA（compute unified device architecture），面向 NVIDIA 图形处理器 GPU 提供并行计算平台和编程模型。

通过 CUDA，GPU 可以很方便地进行通用并行计算（有点像在 CPU 中进行的数值计算），从而给大规模的数据计算应用提供了一种比 CPU 更加强大的计算能力。在没有 CUDA 之前，GPU 一般仅用来进行图形渲染（如通过 OpenGL、DirectX）。

CUDA 是一种通用并行计算架构，包含了 CUDA 高性能指令集架构（ISA）以及 GPU 内部的并行计算引擎。开发人员可以通过调用 CUDA 的 API，进行并行编程，达到高性能计算目的。NVIDIA 公司为了吸引更多的开发人员，对 CUDA 进行了编程语言扩展，如 CUDA C/C++ 语言，CUDA C/C++ 可以看作一种新的编程语言，因为 NVIDIA 配置了相应的编译器 NVCC。

CUDA 体系结构包含三个部分：开发库、运行期环境和驱动。

开发库是基于 CUDA 技术所提供的应用开发库，如 CUFFT（离散快速傅里叶变换）和 CU-BLAS（离散基本线性计算）等数学运算库，能解决典型的大规模并行计算问题，也是在密集数据计算中非常常见的计算类型。开发人员在开发库的基础上可以快速、方便地建立起自己的计算应用。此外，开发人员也可以在 CUDA 的技术基础上实现更多的开发库。

运行期环境提供了应用开发接口和运行期组件，包括基本数据类型的定义和各类计算、类型转换、内存管理、设备访问和执行调度等函数。基于 CUDA 开发的程序代码在实际执行中分为两种，一种是运行在 CPU 上的宿主代码（host code），一种是运行在 GPU 上的设备代码（device code）。由于不同类型的代码运行的物理位置不同，能够访问到的资源不同，因此对应的运行期组件也分为公共组件、宿主组件和设备组件三个部分，基本上囊括了所有在 GPU 开发中所需要的功能和能够使用到的资源接口，开发人员可以通过运行期环境的编程接口实现各种类型的计算。

由于目前存在着多种 GPU 版本的 NVIDIA 显卡，不同版本的 GPU 之间都有不同的差异，因此驱动部分基本上可以理解为是 CUDA-enable 的 GPU 的设备抽象层，提供硬件设备的抽象访问接口。CUDA 提供运行期环境也是通过这一层来实现各种功能的。目前基于 CUDA 开发的应用必须有 NVIDIA CUDA-enable 的硬件支持。由于 CUDA 的体系结构中有硬件抽象层的存在，未来可发展成为通用 GPU 标准接口，兼容不同厂商的 GPU 产品。

（2）cuDNN　cuDNN 是 NVIDIA 公司提供的用于深度神经网络的 GPU 加速库。cuDNN 强调性能、易用性和低内存开销。NVIDIA cuDNN 可以集成到更高级别的机器学习框架中，如 Tensor-Flow、caffe 软件。简单的插入式设计可以让开发人员专注于设计和实现神经网络模型，而不是简单地调整性能，同时还可以在 GPU 上实现高性能并行计算。

cuDNN 是基于 CUDA 的深度学习 GPU 加速库，有了它才能在 GPU 上完成深度学习的计算。想要在 CUDA 上运行深度神经网络，必须安装 cuDNN，这样才能使 GPU 进行深度神经网络的工作，工作速度比 CPU 快很多。

2. 深度学习框架

（1）TensorFlow　TensorFlow 是一个基于数据流编程的符号数学系统，广泛应用于各类机器学习算法的编程实现，其前身是谷歌的神经网络算法库 DistBelief。TensorFlow 拥有多层级结构，可部署于各类服务器、PC 终端和网页，并支持 GPU 和 TPU 高性能数值计算，广泛应用于谷歌内部的产品开发和各领域的科学研究。

TensorFlow 由谷歌人工智能团队谷歌大脑（Google Brain）开发和维护，拥有包括 TensorFlow Hub、TensorFlow Lite、TensorFlow Research Cloud 在内的多个项目以及各类应用程序接口（API）。自 2015 年 11 月 9 日起，TensorFlow 依据阿帕奇授权协议开放源代码。

（2）Keras　Keras 为由 Python 编写的开源人工神经网络库，可以作为 TensorFlow 的高阶应用程序接口，进行深度学习模型的设计、调试、评估、应用和可视化。

Keras 支持现代人工智能领域的主流算法，包括前馈结构和递归结构的神经网络，也可以通过封装参与构建统计学习模型。在硬件和开发环境方面，Keras 支持多操作系统下的多 GPU 并行计算，可以根据后台设置转化为 TensorFlow 系统下的组件。

（3）PyTorch　PyTorch 于 2016 年 10 月发布，是一款专注于直接使用数组表达式的 API，近年来成为学术研究的首选解决方案，由 Facebook 提供支持和维护。

PyTorch 可以逐行执行脚本，这就像调试 NumPy 一样，可以轻松访问代码中的所有对象，并且可以使用打印语句（或其他标准的 Python 调试）来查看方法失败的位置。无论模型的复杂性如何，PyTorch 都提供了更直接、更简单的调试。

PyTorch 的设计追求最少的封装，遵循 tensor→variable（autograd）→nn. Module 三个由低到高的抽象层次，分别代表高维数组（张量）、自动求导（变量）和神经网络（层/模块），而且这三个抽象层次之间联系紧密，可以同时进行修改和操作。简洁的设计带来的另外一个好处就是代码易于理解。PyTorch 的源码只有 TensorFlow 的十分之一左右，更少的抽象、更直观的设计使得 PyTorch 的源码十分易于阅读。

3. OpenCV 计算机视觉库

OpenCV 是一个开源发行的跨平台计算机视觉库，可以运行在 Linux、Windows、Android 和 Mac OS 等操作系统上。它轻量级而且高效，由一系列 C 函数和少量 C ++ 类构成，同时提供了 Python、MATLAB 等语言的接口，实现了图像处理和计算机视觉方面的很多通用算法。

OpenCV 用 C ++ 语言编写，主要接口也是 C ++ 语言，但是依然保留了大量的 C 语言接口。该库也有大量的 Python、Java 和 MATLAB/OCTAVE（版本 2.5）的接口，CUDA 的 GPU 接口也已经实现。OpenCV 致力于成为标准 API，简化计算机视觉程序和解决方案。

4. Python 计算机程序设计语言

Python 是一种跨平台的计算机程序设计语言。Python 是一种解释型脚本语言，是一种面向对象的动态类型语言，最初被设计用于编写自动化脚本，随着版本的不断更新和语言新功能的添加，越来越多地被用于独立的、大型项目的开发。可以应用于以下领域：Web 和 Internet 开发、科学计算和统计、人工智能、教育、桌面界面开发、软件开发和后端开发。

除 MATLAB 中的一些专业性很强的工具箱还无法被替代之外，MATLAB 的大部分常用功能都可以在 Python 世界中找到相应的扩展库。和 MATLAB 相比，用 Python 做科学计算有如下优点：

1）MATLAB 是一款商用软件，而 Python 完全免费，众多开源的科学计算库都提供了 Python 的调用接口，用户可以在任何计算机上免费安装 Python 及其绝大多数扩展库。

2）与 MATLAB 相比，Python 是一门更易学、更严谨的程序设计语言，能让用户编写出更易读、易维护的代码。

3）MATLAB 主要专注于工程和科学计算。然而即使在计算领域，也经常会遇到文件管理、界面设计、网络通信等各种需求，而 Python 有着丰富的扩展库，可以轻易完成各种高级任务，开发者可以用 Python 实现完整应用程序所需的各种功能。

Python 的设计哲学是优雅、明确、简单。Python 开发者的哲学是"用一种方法，最好是只有一种方法来做一件事"。在设计 Python 语言时，如果面临多种选择，Python 开发者一般会拒绝花哨的语法，而选择明确的没有或者很少有歧义的语法。因此程序具备更好的可读性，并且能够支撑大规模的软件开发。这些准则被称为 Python 格言。

Python 是完全面向对象的语言。函数、模块、数字、字符串都是对象，并且完全支持继承、重载、派生、多继承，有益于增强源代码的复用性。Python 支持重载运算符和动态类型。

Python 提供了丰富的 API 和工具，以便程序员能够轻松地使用 C 语言、C＋＋来编写扩充模块。

Python 在执行时，首先会将 .py 文件中的源代码编译成 Python 的字节码（byte code），然后再由 Python 虚拟机（Python virtual machine）来执行这些编译好的字节码。Python 的虚拟机是一种抽象层次更高的 virtual machine。Python 还可以以交互模式运行，比如主流操作系统 UNIX/Linux、Mac、Windows 都可以直接在命令模式下运行 Python 交互环境，直接下达操作指令即可实现交互操作。

Python 的设计目标之一是让代码具备高度的可阅读性。在设计时尽量使用其他语言经常使用的标点符号和英文单词，让代码看起来整洁美观。它不像其他的静态语言如 C、Pascal 那样需要重复书写声明语句，也不像它们的语法那样经常有特殊情况和意外。

Python 开发者有意让违反了缩进规则的程序不能通过编译，以此来强制程序员养成良好的编程习惯。并且 Python 语言利用缩进表示语句块的开始和退出（off-side 规则），而非使用花括号或者某种关键字。增加缩进表示语句块的开始，而减少缩进则表示语句块的退出。缩进成为语法的一部分。如 if 语句：

```
if age < 21:
    print("你不能买酒。")
    print("不过你能买口香糖。")
print("这句话在 if 语句块的外面。")
```

根据 PEP 的规定，必须使用 4 个空格来表示每级缩进（不清楚 4 个空格的规定如何，在实际编写中可以自定义空格数，但是要满足每级缩进间空格数相等）。使用 Tab 字符和其他数目的空格虽然都可以编译通过，但不符合编码规范。支持 Tab 字符和其他数目的空格仅仅是为兼容很旧的 Python 程序和某些有问题的编辑程序。

Python 编程语言已经成为人工智能领域的主要编程语言之一。关于 Python 编程语言的具体内容可参考相关书籍。

8.3.2　面向自动驾驶技术的嵌入式系统的应用实例

1. 深度学习视觉目标检测的环境搭建

在 Ubuntu 上进行 YOLOv3 的环境搭建，一共包含 4 个步骤：安装 NVIDIA 显卡驱动、安装

CUDA/cuDNN、安装 OpenCV、安装 Darknet。

（1）安装 NVIDIA 显卡驱动

1）NVIDIA 官网下载驱动程序。

2）更新 Linux 内核：sudo apt update、sudo apt upgrade。

3）禁用 nouveau 第三方驱动。

4）禁用图形功能：sudo service gdm3 stop。

5）驱动安装：sudo 驱动文件路径-no-x-check-no-nouveau-check。

6）输入 nvidia-smi 测试驱动是否安装成功。

（2）安装 CUDA/cuDNN

1）CUDA 版本必须对应显卡驱动版本。官网推荐使用 .deb 文件安装 CUDA，而不用 .run 文件。如果用 .run 文件安装，后面给系统升级后，会导致 CUDA 运行出错。

2）下载 CUDA 的 .deb 安装文件并安装。

3）参考 cuDNN 官方安装教程。

4）cuDNN 的安装文件有两个文件夹，共五个文件，如图 8-9 所示。cudnn.h 是调用加速库的文件，∗.so 是 CUDA 平台里对应文件夹的文件，如图 8-10 所示。

图 8-9　cuDNN 的安装文件

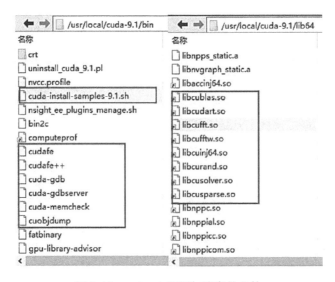

图 8-10　cudnn.h 调用加速库的文件

可以看到，CUDA 已有的文件与 cuDNN 的不同，只要把 cuDNN 文件复制到 CUDA 的对应文件夹里就可以，把 cuDNN 数据库添加到 CUDA 里，cuDNN 是 CUDA 的扩展计算库，不会对 CUDA 造成其他影响。

（3）安装 OpenCV

1）安装依赖项。

2）下载及编译 OpenCV。

3）添加环境变量。

（4）安装 Darknet 下载 Darknet 文档，图 8-11 是 Darknet 的环境配置要求（CMake 是 Linux 自带的）。

- **CMake >= 3.8** for modern CUDA support: https://cmake.org/download/
- **CUDA 10.0**: https://developer.nvidia.com/cuda-toolkit-archive (on Linux do Post-installation Actions)
- **OpenCV >= 2.4**: use your preferred package manager (brew, apt), build from source using vcpkg or download from OpenCV official site (on Windows set system variable `OpenCV_DIR = C:\opencv\build` - where are the `include` and `x64` folders image)
- **cuDNN >= 7.0** for CUDA 10.0 https://developer.nvidia.com/rdp/cudnn-archive (on Linux copy `cudnn.h`, `libcudnn.so` ... as desribed here https://docs.nvidia.com/deeplearning/sdk/cudnn-install/index.html#installlinux-tar , on Windows copy `cudnn.h`, `cudnn64_7.dll`, `cudnn64_7.lib` as desribed here https://docs.nvidia.com/deeplearning/sdk/cudnn-install/index.html#installwindows)
- **GPU with CC >= 3.0**: https://en.wikipedia.org/wiki/CUDA#GPUs_supported
- on Linux **GCC or Clang**, on Windows **MSVC 2015/2017/2019** https://visualstudio.microsoft.com/thank-you-downloading-visual-studio/?sku=Community

图 8-11　Darknet 的环境配置要求

2. YOLOv3 视觉目标检测

（1）安装及编译

1）安装：进入 YOLOv3 开源网页 darknet/Makefile 文件中，修改 Makefile 中的参数 GPU = 1，CUDNN = 1，OPENCV = 1，前面两个参数是控制网络是否使用 GPU 加速，最后一个参数决定是否使用 OPENCV 加速，然后找到 NVCC 选项，更改为安装 CUDA 路径中 nvcc 的路径。

2）编译：执行 sudo make。

（2）YOLOv3 的实际使用

1）下载预训练的权重：wget。

2）文件介绍：. data 文件存放的是训练集路径、测试集路径、类别数、类别名保存路径、保存的权重路径；. cfg 存放的是网络的模型结构。

3）基础命令。

① 检测图片命令：. /darknet detector test cfg/coco. data cfg/yolov3. cfg yolov3. weights- thresh 0. 25。其中，- thresh 0. 25：表示设定 iou 阈值为 0. 25。

② 检测视频文件的命令：. /darknet detector demo cfg/coco. data cfg/yolov3. cfg yolov3. weights- ext_output test. mp4。其中：- ext_output：表示保存检测的视频文件。

（3）检测实例　图 8-12、图 8-13、图 8-14 是实际交通场景目标检测效果。覆盖场景变化、车辆有不同程度的遮挡等情况，可以看出 YOLOv3 深度学习目标检测模型的鲁棒性较好。

3. 驾驶环境目标检测的其他技术

（1）匹配与跟踪技术　车辆目标跟踪算法通常是利用初始化的车辆位置，估计车辆状态或者建立表观模型预测在连续视频帧中该车辆出现的位置，降低了每帧车辆检测的耗时，而面对复杂多变的交通环境，如车辆的快速移动、光照变化、道路环境干扰以及车辆在不同距离时的尺度变化等，使得车辆跟踪算法的鲁棒性面临挑战。这里介绍基于车辆检测框与跟踪框的重叠度（IoU，intersection-over-union）和匈牙利匹配算法以及卡尔曼滤波车辆跟踪算法。

图 8-12　强光逆光交通场景目标检测

图 8-13　正常交通场景目标检测

如图 8-15 所示，粗线矩形框 $ABDC$ 表示车辆目标的检测框，细线矩形框 $EFNM$ 表示同一车辆目标的跟踪框。

图 8-14　夜晚交通场景目标检测

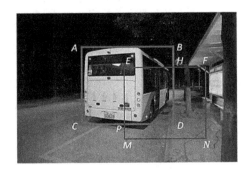

图 8-15　目标检测框和跟踪框的 IoU 示意图

两框之间的 IoU 描述的是二者之间的重叠度：

$$\text{IoU} = \frac{S_{EHDP}}{S_{ABDC} + S_{EFNM} - S_{EHDP}}$$

式中，S 为相应区域面积；IoU 值越接近 1，说明两框的重叠度和相关性越大。

匈牙利匹配算法根据 $\text{Max}\left(\sum\limits_{i=1}^{Q} \text{IoU}\right)$ 建立目标检测框与目标跟踪框之间的匹配对应关系，i 表示车辆检测包围框与车辆跟踪包围框匹配的对数；Q 表示检测到的目标数量，取值范围为 $1 \leqslant i \leqslant Q$（其中 i、Q 均为整数）。

目标匹配成功的 IoU 应该满足：

$$\text{IoU} \geqslant \text{thresh}$$

式中，thresh 为经验值，一般为 $0.5 \sim 1.0$，用于剔除相关性低的检测框和跟踪框之间的匹配。

卡尔曼滤波算法是一种自回归优化算法，广泛应用于动态测量系统中。视频流中的车辆检测通常存在检测框跳动、目标漏检和误检等问题，运用卡尔曼滤波相关理论可以改善目标跟踪的精度和鲁棒性。

（2）目标距离估计技术　为了对被检测目标进行准确定位，需要估计目标相对自车的纵向距离和横向距离。近年来国内外对单目视觉测距方法的研究取得了一些成果，主要有拟合建模法、逆透视变换法、成像几何关系法以及光学投影特性法。下面以成像几何关系法为例介绍。

在摄像头成像中，一般包括三个坐标系：世界坐标系（$O_w x_w y_w z_w$）、摄像头坐标系（$O_c x_c y_c z_c$）和图像坐标系（$OXYZ$），如图 8-16 所示。

世界坐标系中的点（x_w，y_w，z_w）变换到摄像机坐标系的点（x_c，y_c，z_c），可由一个正交旋转变换矩阵 R 和一个平移变换矩阵 T 表示为：

$$\begin{pmatrix} x_c \\ y_c \\ z_c \end{pmatrix} = R \begin{pmatrix} x_w \\ y_w \\ z_w \end{pmatrix} + T$$

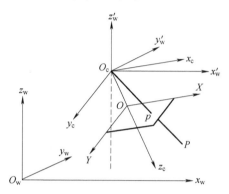

图 8-16　摄像头成像的三个坐标系

R 是世界坐标系相对摄像头坐标系的旋转矩阵，T 是世界坐标系原点在摄像头坐标系中的坐标矩阵。

$$R = \begin{pmatrix} \cos\beta\cos\gamma & \cos\beta\sin\gamma & -\sin\beta \\ -\cos\alpha\sin\gamma + \sin\alpha\sin\beta\cos\gamma & \cos\alpha\cos\gamma + \sin\alpha\sin\beta\sin\gamma & \sin\alpha\cos\beta \\ \sin\alpha\sin\gamma + \cos\alpha\sin\beta\cos\gamma & -\sin\alpha\cos\gamma + \cos\alpha\sin\beta\sin\gamma & \cos\alpha\cos\beta \end{pmatrix}$$

式中，α、β、γ 分别为世界坐标系相对摄像头坐标系的 x、y、z 轴的旋转角度。

$$T = \begin{pmatrix} T_x \\ T_y \\ T_z \end{pmatrix}$$

摄像头坐标系的原点 O_c 在图像坐标系中的坐标为（u_0，v_0），摄像头坐标系和图像坐标系之间的转换关系为：

$$z_c \begin{pmatrix} u \\ v \\ 1 \end{pmatrix} = \begin{pmatrix} 1/dx & 0 & u_0 \\ 0 & 1/dy & v_0 \\ 0 & 0 & 1 \end{pmatrix} \begin{pmatrix} f & 0 & 0 & 0 \\ 0 & f & 0 & 0 \\ 0 & 0 & 1 & 0 \end{pmatrix} \begin{pmatrix} x_c \\ y_c \\ z_c \\ 1 \end{pmatrix} = \begin{pmatrix} f_x & 0 & u_0 & 0 \\ 0 & f_y & v_0 & 0 \\ 0 & 0 & 1 & 0 \end{pmatrix} \begin{pmatrix} x_c \\ y_c \\ z_c \\ 1 \end{pmatrix}$$

$$M = \begin{pmatrix} f_x & 0 & u_0 \\ 0 & f_y & v_0 \\ 0 & 0 & 1 \end{pmatrix}$$

式中，$f_x = f/dx$；$f_y = f/dy$；f 为摄像头的焦距；dx、dy 为单位像素在图像坐标系的物理尺寸。

M 称为摄像头内参数矩阵，其参数仅和摄像头本身结构有关，需要通过摄像头的标定获取，OpenCV、MATLAB 等均提供相应的方法。

因此，可以得到世界坐标系与图像坐标系的变换公式：

$$z_c \begin{pmatrix} u \\ v \\ 1 \end{pmatrix} = \begin{pmatrix} f_x & 0 & u_0 & 0 \\ 0 & f_y & v_0 & 0 \\ 0 & 0 & 1 & 0 \end{pmatrix} \begin{pmatrix} \boldsymbol{R} & \boldsymbol{T} \\ 0 & 1 \end{pmatrix} \begin{pmatrix} x_w \\ y_w \\ z_w \\ 1 \end{pmatrix}$$

通过摄像头采集图像及目标检测得到目标检测框，在此基础上，目标测距的求解过程如下：

1）对前视摄像头进行标定，获取摄像头内参数。

2）通过前视摄像头采集前方道路图像，并根据摄像头标定数据对图像进行校准。

3）检测所有前方车辆，并用检测框将其框选出来。

4）将本车道内最近的前方车辆作为需要测距的目标车辆，并读取其检测框底边中点的像素坐标 (u_1, v_1)。

5）读取前方道路图像底边中点的像素坐标 (u_2, v_2)。

6）结合摄像头内参数，通过坐标变换将像素坐标 (u_1, v_1) 和 (u_2, v_2) 转换成道路平面坐标系中的世界坐标 (x_1, y_1) 和 (x_2, y_2)。

7）计算距离。纵向距离 $S_x = x_1 - x_2 + x_0$；横向距离 $S_y = y_1 - y_2 + y_0$。x_0 和 y_0 为图像底边中点路面相对摄像头的纵向距离和横向距离，可通过静态标定得到。

需要指出，汽车自动驾驶技术涉及的理论与方法非常多，本章的内容也仅是该领域的冰山一角。

第1章

1. 嵌入式系统的定义是什么？嵌入式系统具有哪些特点？

2. 计算机工作的基本原理是什么？其组成部分有哪些？简单说明各组成部分的功用。

3. 嵌入式计算机系统主要由哪几个部分组成？

4. 嵌入式微处理器的体系结构有哪两种典型类型？各有什么特点？

5. 嵌入式微处理器的指令系统有哪两种典型类型？各有什么特点？

6. 嵌入式计算机系统的存储器有哪些常用类型？各有什么特点？

7. 嵌入式计算机系统的通用输入/输出接口有哪些？说明其功用。

8. 嵌入式计算机系统的常用通信接口有哪些？

9. 什么是BSP？其特点是什么？

10. 根据应用形态嵌入式计算机系统可以分为哪两类？各有什么特点？

11. 根据应用领域的不同，计算机系统可细分成哪几类产品？

12. 什么是SoC？其具有哪些特点？

13. 现阶段汽车发展的"四化"是指什么？

14. 汽车电子产品分为哪两类？请加以说明。

15. 汽车嵌入式系统发展经历了哪三个阶段？

16. 为什么汽车上要采用基于网络技术的分布式汽车嵌入式系统？

17. 车载网络的主流协议标准有哪些？各有什么特点？

18. 简述汽车嵌入式系统的开发体系。

19. 采用汽车开放系统架构AUTOSAR进行汽车嵌入式系统开发的意义是什么？

20. 汽车电子产品的软件开发模式有哪些？

21. 简述汽车车控电子产品软件的"V"开发流程。

22. 简述面向汽车嵌入式系统开发的工具链。

23. 请说明机器数和真值的区别。

24. 完成下列数制的转换：

1）10100111B = （   ）D = （   ）H。

2）1.11B = （   ）D。

3）254.625 = （   ）B = （   ）H。

4）1000011.101B = （   ）H = （   ）D = （   ）BCD。

25. 已知 X 和 Y 的真值，求 $[X + Y]_{补} = ?$

1）X = −1110011B，Y = +1100010B。

2）X = 58，Y = −32。

26. 已知 X = −1101000B，Y = −1010111B，用补码运算计算 X−Y。

27. 若与门有 A、B、C 三个输入端，对应状态分别为 1、1、0，该与门的输出端状态是什么？若将该与门更改为或门，其输出端状态又是什么？

28. 思考题图 1-1 中，对应 Y1、Y2、Y3 分别是什么状态？138 译码器哪个输出端会产生有效的输出（输出低电平）？

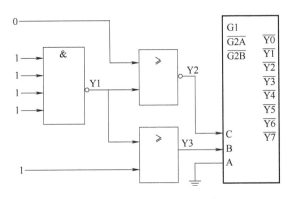

思考题图 1-1　138 译码电路

第 2 章

1. S12XE 系列微控制器的内核微处理器位长是多少？为什么说位长是微控制器的主要性能指标之一？

2. S12XE 系列微控制器的主要功能特性有哪些？

3. 简述 S12XE 系列芯片的内部结构。

4. 简述 S12XE 系列芯片的封装形式。

5. 简述 S12XE 引脚中系统功能类引脚、电源类引脚、I/O 类引脚的功能与特点。

6. S12XE 系列微控制器有哪几种运行模式？

7. 简述 S12XE 系列微控制器的 BDM 硬件调试器。

8. 简述 S12XE 系列 MCU 的存储器组织。

9. MCS-51 和 S12XE 的存储器组织是否一样？它们分别采用什么存储器组织结构？各有什么特点？

10. 为什么 16 位 S12XE 系列微控制器能有效管理 1MB 的存储器？是如何实现的？

11. 简述 S12XE 存储器组织的本地地址分配及分页处理流程。

12. 什么是中断？中断由哪几部分组成？中断的基本功能有哪些？

13. S12XE 如何确定中断服务程序入口？

14. S12XE 的中断分成哪三类？

15. 简述 S12XE 的中断处理流程。

16. 简述 S12XE 的中断优先级控制。

17. S12XE 系列 MCU 内核的组成及其特点是什么？重点叙述内核的寄存器。

18. S12XE 的寻址方式有哪些？

19. PRM 文件由哪五个部分组成？

20. 绘制 S12XEP100 最小系统硬件电路图。

21. 简述 S12XE 的时钟电路设计。

22. 简述 S12XE 的复位电路设计。

23. S12XEP100 配用 8MHz 外部晶振频率时，如何得到 $f_{BUS}=24\text{MHz}$ 的总线频率？并写出初始化锁相环程序。

24. 什么是"看门狗"技术？S12XE 是如何实现"看门狗"功能的？

第 3 章

1. 嵌入式系统开发的常用编程语言有哪些？各有什么特点？

2. 与基于 PC 的软件相比，面向嵌入式系统的软件有哪些特点？请加以说明。

3. 简述发布嵌入式系统程序的方法。

4. 简述嵌入式系统应用中的可编程 IAP 功能。

5. 简述嵌入式系统软件的一般开发流程。

6. 嵌入式系统在软件开发初期需要考虑哪些方面？

7. 基于代码的嵌入式系统软件设计有哪些优缺点？

8. 基于模型的嵌入式系统软件设计有哪些优缺点？

9. MCU 应用程序的架构模式大致有哪几种？各自有什么特点？

10. 简述采用时间片轮询法的不带操作系统的 MCU 软件开发的实现过程。

11. 以 AUTOSAR 汽车开放软件架构为例，说明嵌入式应用软件架构的重要性。

12. 嵌入式系统 C 编程语言的特性有哪些？

13. 说明下面每一句 C 语言程序代码实现的功能：

```
unsigned char bPortA = PORTA;
PORTA = 0xFF;
TSCR1 & = 0xDF;
if ((bits & 0x10)! = 0)
if ( bits & 0x10)
if( bits & (1 << 4))
while ((bits & 0x80)! = 0x80);
PORTA |= (1 << 7);
PORTA & = ~ (1 << 7);
PORTB^ = 0x80;
PORTB = ~ PORTB;
if ((PORTA & 0x81) == 0)
#define EnableSCIReInt ( ) SCICR2 |= (1 << 5)
# define DisableSCIReInt ( ) SCICR2 & = ~ (1 << 5) ,
memcpy((void * )0x2011,(void *)0x2000,8);
```

14. 简述 CodeWarrior 集成开发环境将 C 语言程序转变成下载到嵌入式系统 MCU 中运行的机

器代码的过程。

15. 如何在 CodeWarrior 集成开发环境的 C 程序项目中实现 CAN0 接收中断,在新建项目中完成中断函数的编写和相关寄存器的配置。

第4章

1. 汽车电子产品的一般要求有哪些?

2. 简述汽车电子产品可靠性的重要意义。

3. AEC 的车规级电子产品的验证标准有哪些?

4. AEC-Q100 车载应用集成电路(IC)芯片验证标准包含哪些测试群组?

5. AEC-Q100 定义了用来规范给定器件环境工作温度范围的五个不同温度等级是什么?

6. AEC-Q100 中对 IC 的 ESD 等级有什么要求?

7. 简述 ISO 26262《道路车辆功能安全》国际标准的适用对象。

8. ISO 26262 的汽车安全完整性等级(ASIL)是如何划分的?划分的依据是什么?

9. ISO 26262 中如何对整车级别及系统级别中危险的严重程度、暴露度和可控度的等级进行划分?

10. 汽车嵌入式系统 MCU 的选型原则有哪些?

11. 根据电压不同,车载电源可分为哪几类?分别适用的车型是什么?

12. 采用 DC48V 汽车电源有哪些优点?

13. 简述汽车电源为何会具有直流低压、单线以及负极搭铁的特点。

14. 整车电源有哪四种上电状态?并加以说明。

15. 直流稳压电源按工作原理可分成哪几类?

16. 线性稳压电源的工作原理和特点是什么?

17. 开关型直流稳压电源的工作原理、特点和优缺点是什么?

18. 汽车电源变换大都采用 DC/DC 变换,其工作方式有哪几种?具体电路有哪几类?

19. 分别用 LM2576-5V 和 LM2576-adj 开关电源芯片设计汽车电源为 24V 输入、直流 5V 和 3.3V 输出的电源变换电路(包括原理图和 PCB 图)。

20. 什么是信号调理电路?其主要功能有哪些?选用或设计准则有哪些?

21. 电压跟随器电路有什么特点?一般用于什么场合?若信号电压为 1V,内阻为 $1M\Omega$,直接接负载电阻 $1k\Omega$,则负载两端的电压为多少?若中间加入电压跟随器,则负载两端的电压为多少?

22. 同向放大电路和反向放大电路的主要特征是什么?两种电路有何异同。

23. PWM 的工作原理是什么?

24. MCU 选用 S12XEP100,选用 A4905 直流电动机驱动芯片,采用 PWM 技术设计电路实现电动机正反转、驱动输出力矩调节等功能。

25. 什么是汽车电子的电磁兼容性?为什么汽车电子的电磁兼容性能是非常重要的?

26. 电磁干扰耦合的主要方式有哪些?

27. 嵌入式系统设计中地线系统防干扰技术有哪些?对应的设计原则是什么?

28. 影响传输线信号完整性的因素主要有哪些?有哪些改善信号完整性的措施?

29. 按照协议特性汽车总线分成哪几类?

30. 简述 LIN 总线的特点、原理及其在汽车上的应用。

31. 简述 CAN 总线的特点、原理及其在汽车上的应用。

32. 基于分布式总线的整车电子系统的布置方案有哪些形式？各有什么特点？

33. 根据功能区域，汽车整车总线网络主要可分成哪几大总线？

第 5 章

1. PORTA 连接 8 位拨码开关，PORTB 连接 8 只 LED，通过 8 只 LED 的亮灭反映 8 位拨码开关的设置状态。请设计电路原理图，并编写程序实现相应功能。

2. 利用 PORTA 扩展 4×4（4 行 4 列）键盘。请设计电路原理图，并编写程序实现键盘状态识别。

3. LED 显示器（数码管）一般由 8 个发光二极管构成，通过不同的组合可用来显示 0~9、A~F、小数点等。一般分为共阴极和共阳极两种，多位数字显示时需要采用多个 LED 显示器，利用 PORTA 驱动控制段码，利用 PORTB 驱动控制位码。请设计 3 位 LED 共阴极显示器的电路原理图，并编写程序实现 3 位数据的显示。

4. 简述 A/D 转换的基本原理。A/D 转换器的主要性能指标有哪些？

5. 设计电路并编写程序实现以下功能：ATD0 模块的通道 0 连接一个可调电阻，提供可调的模拟输入电压，PORTB 连接 8 个 LED，采用 8 位 A/D 转换，将 A/D 转换的值发送给 PORTB，通过控制 8 只 LED 灯反映 A/D 值的变化。

6. 温度传感器采用 PT100 热电阻，PT100 的温度与阻值的特性可查阅相关资料得到，采用 12 位 A/D 转换，设计 PT100 的调理电路（采用电桥或串联电阻），编写程序实现温度测量。

7. 简述 D/A 转换的基本原理和主要特性指标。

8. 通过测量车轮转速可实现车速的测量。设采用磁电式转速传感器，车轮整圈设有 60 个凸齿，经过调理电路，得到车轮每转动一圈产生 60 个脉冲，设车轮半径为 0.5m。请设计程序实现通过脉冲计数得到汽车的车速。

9. 利用定时计数器的定时功能，设计时间片轮询法的完整程序。

10. 设计程序利用 PIT（周期中断定时器）实现 0.01s 的精确定时。

11. 设计程序利用 PIT（周期中断定时器）实现频率为 1000Hz、占空比为 20% 的周期性脉冲信号。

12. 设计程序利用 RTI（实时中断）定时功能实现 0.01s 的精确定时。

13. 联结通道 0、1 为 16 位的 PWM，编写程序使之输出频率为 1000Hz、占空比为 20% 的周期性脉冲信号。

14. 设计 4 个电磁阀的控制与驱动电路。MCU 采用 S12XEP100，采用 PWM0~PWM3 四个 PWM 通道产生控制信号，频率为 20kHz，采用四通道 TLE6228 作为电磁阀的驱动芯片；当电磁阀闭合时，设置占空比 100%（确保电磁阀能闭合），且持续 2s 后，将占空比设置成 60%（减小电磁阀的电流，减少发热）；当电磁阀断开时，占空比为 0%；用定时器实现定时。请完成相应的硬件电路设计和相应的程序编写。

第 6 章

1. 利用 SCI0 模块连续发送 0~99 共 100 个数据，总线时钟为 32MHz，串行通信波特率设置成 9600。编写相应的程序代码。

2. 利用 SCI0 实现数据的接收和发送功能。当 SCI0 接收到 0xAA 时，发送 "R"；如果接收到不是 0xAA 时，发送 "W"。总线时钟为 32MHz，串行通信波特率设置成 19200。分别采用查询法和接收中断法，编写相应的程序代码。

3. 实现 S12XEP100 与计算机串口之间的数据通信，将第 6 章思考题 2 利用串口调试工具进行测试。

4. 利用 8 位串行输入并行输出移位寄存器 74LS164，将 S12XEP100 的 SPI0 模块的 MOSI 输出的串行数据转换成并行数据输出，SPI 的分频系数为 2048，74LS164 的 8 位并行输出用 8 个 LED 灯指示。请完成电路原理图设计和程序代码的设计。

5. 简述 CAN 总线的工作原理。

6. 简述 CAN 总线传输帧结构。

7. CAN 扩展帧通信中采用 2 个 32 位识别滤波器的标识符滤波模式，假如仅使 0x18FFDF00、0x18EAFD03、0x18FBFF00 三个 ID 报文能被接收，应如何设置验证码和屏蔽码。

8. 什么是 SAE J1939 通信协议？

9. SAE J1939 通信协议的报文 ID 为 0x18F00010，请写出其 PGN、优先级 P、PF、PS、SA。请查阅 J1939-71 标准，说明报文发送周期是多少？数据域包含哪些 SPN，是如何定义的？进一步分析所包含的 SPN 格式定义。

10. 查阅 J1939-71 标准，说明 PGN61696 的格式定义和数据域 SPN 的格式定义。假如发送报文的 MCU 地址为 0x00，写出报文的 ID。

11. PGN 和 SPN 如思考题图 1-2 所示。假如读取到报文中发动机冷却液温度的总线数值为 100，则发动机冷却液温度是多少？

SPN	110
名称	发动机冷却液温度
类型	测量值
数据长度	1字节
精度	1°C/位 偏移量-40°C
数据范围	-40~210°C

参数组编号	65262(00FEEE₁₆)		
参数组名称	Engine Temperature 1-EEC1		
参数列表			
起始位置	长度	SPN描述	SPN
1	1字节	发动机冷却液温度	110
2	1字节	燃油温度	174
3-4	2字节	发动机油温度1	175
5-6	2字节	涡轮增压器的机油温度	176
7	1字节		52
8	1字节		1134

思考题图 1-2　题 11 图

第 7 章

1. 汽车电子系统有哪些特点？

2. 为什么说汽车控制系统采用标准化架构是十分必要的？

3. 汽车开放系统结构 AUTOSAR 具有哪些特点？通过架构 AUTOSAR 能解决汽车控制系统开发的哪些问题？

4. 理解 AUTOSAR 的分层体系架构，画出 AUTOSAR 的分层体系架构图。

5. 理解 AUTOSAR 的基础软件层，并说明它是如何做到标准化的？

6. AUTOSAR 的接口包括哪几类？分别加以说明。

7. AUTOSAR 设计和开发流程分为哪三个阶段？

8. 什么是基于模型设计（MBD）的汽车嵌入式系统开发方法？其开发内容主要包括哪几个

方面？

9. MATLAB 面向汽车嵌入式系统的 MBD 开发工具有哪些模块？简单叙述各模块的功能与特点。

10. 运用 Simulink 功能自主完成下述数学描述的系统建模与仿真。系统输入：$u(t) = \sin(t)$，$t \geq 0$，系统输出：$y(t) = a \times u(t)$，$a \neq 0$。

11. 结合本书【例 7-1】，在 MATLAB/Simulink 环境下，完成系统建模并自动生成 C 代码。

12. 结合本书【例 7-3】，在 MATLAB/Simulink/Stateflow 环境下，完成系统建模并自动生成 C 代码。

13. 简单说明嵌入式系统在环仿真与测试技术，及使用该技术的必要性。

14. 简述模型在环测试（MIL）、软件在环测试（SIL）、处理器在环测试（PIL）、硬件在环测试（HIL）。

15. 运用 MATLAB 工具软件完成 7.3.2 节中软件在环测试（SIL）实例。

16. 什么是 V 模式下嵌入式系统中的标定技术？简单叙述标定工作的重要性。

17. 汽车发动机控制系统开发时需要做哪些标定？

18. 什么是 CCP 协议？什么是 XCP 协议？

19. 了解 CANape 的功能及使用方法。

第 8 章

1. 什么是汽车人机共驾技术、无人驾驶技术和车辆协同驾驶技术？

2. 美国汽车工程师学会（SAE）提出的汽车自动驾驶技术分级标准中，将汽车自动驾驶分成哪几个阶段？各阶段有什么特点？

3. 为什么说汽车人工智能技术需要有强大计算能力的嵌入式系统？

4. 面向自动驾驶的汽车嵌入式系统主要由哪三部分组成？请分别进行详细说明。

5. 汽车自动驾驶技术中，主要的感知技术有哪些？

6. 自动驾驶汽车的发展面临哪些挑战？

7. 为什么说在驾驶环境感知中基于机器视觉的目标检测技术是非常重要的？

8. 驾驶环境感知中摄像头的主要参数有哪些？说明其工作原理。

9. 如何搭建面向自动驾驶的深度学习目标检测的计算机系统软硬件环境？

10. YOLOv3 视觉图像目标检测的基本原理是什么？简述实现 YOLOv3 目标检测的流程。

11. 为什么说在搭建自动驾驶汽车嵌入式平台时，功能强大的 GPU 是非常必要的？

参 考 文 献

［1］魏学哲，戴海峰. 汽车嵌入式系统原理、设计与实现［M］. 北京：电子工业出版社，2010.

［2］王宜怀，曹金华. 嵌入式系统设计实践——基于飞思卡尔 S12X 微控制器［M］. 北京：北京航空航天大学出版社，2011.

［3］张阳，吴晔，滕勤，等. MC9S12X 单片机原理及嵌入式系统开发［M］. 北京：电子工业出版社，2011.

［4］任勇，王永东，何伟. 单片机原理及应用——使用 Freescale S12X 构建嵌入式系统［M］. 北京：清华大学出版社，2012.

［5］周荷琴，冯焕清. 微型计算机原理与接口技术［M］. 5 版. 合肥：中国科学技术大学出版社，2013.

［6］冯博琴，吴宁. 微型计算机原理与接口技术［M］. 2 版. 北京：清华大学出版社，2007.

［7］温正，孙华克. MATLAB 智能算法［M］. 北京：清华大学出版社，2017.

［8］张威. Stateflow 逻辑系统建模［M］. 西安：西安电子科技大学出版社，2007.

［9］孙忠清. Simulink 仿真及代码生成技术入门到精通［M］. 北京：北京航空航天大学出版社，2015.

［10］王孝武，方敏，葛锁良. 自动控制理论［M］. 北京：机械工业出版社，2009.

［11］董景新，赵长德. 控制工程基础［M］. 北京：清华大学出版社，1992.

［12］刘健. 电路分析［M］. 2 版. 北京：电子工业出版社，2010.

［13］王兆安，刘进军. 电力电子技术［M］. 5 版. 北京：机械工业出版社，2009.

［14］徐科军，黄云志，林逸榕，等. 信号分析与处理［M］. 2 版. 北京：清华大学出版社，2012.

［15］赵光迪. 信号分析与处理［M］. 2 版. 北京：机械工业出版社，2006.